高等学校交通运输与工程类专业教材建设委员会规划教材

渡河桥梁设计概论

王建平　余文明　主　编
李　峰　程建生　陈启飞　段应昌　副主编

人民交通出版社股份有限公司
北京

内 容 提 要

本书为高等学校交通运输与工程类专业规划教材。全书围绕渡河桥梁设计的基本概念、基本准则、基本材料、基本结构,以及渡河桥梁装备器材的焊接、连接、固定、架设等进行系统阐述。本书共分十三章,包括渡河桥梁概述,渡河桥梁装备的任务剖面与指标体系,渡河桥梁装备器材的设计荷载、结构钢材、其他材料、设计准则、上部结构、下部结构、构件焊接技术、拼装连接技术、架设技术、固定技术,以及渡河桥梁技术装备的发展趋势等,在书后有附录,主要内容包括渡河桥梁用木材的相关参数、型钢的相关参数、绳索和铁钉的相关参数等。

本书为道路桥梁与渡河工程专业的一本基础性教材,可作为本科道路桥梁与渡河工程专业及相关专业教材,也可作为相关专业方向的研究生专业基础课程教材,亦可供行业相关技术人员参考。

图书在版编目(CIP)数据

渡河桥梁设计概论/王建平,余文明主编. — 北京:
人民交通出版社股份有限公司,2020.9
ISBN 978-7-114-15875-9

Ⅰ. ①渡… Ⅱ. ①王… ②余… Ⅲ. ①桥梁设计—概论 Ⅳ. ①U442.5

中国版本图书馆 CIP 数据核字(2019)第 235259 号

高等学校交通运输与工程类专业教材建设委员会规划教材
Duhe Qiaoliang Sheji Gailun

书　　　名:	渡河桥梁设计概论
著 作 者:	王建平　余文明
责任编辑:	李　喆
责任校对:	赵媛媛
责任印制:	刘高彤
出版发行:	人民交通出版社股份有限公司
地　　　址:	(100011)北京市朝阳区安定门外外馆斜街3号
网　　　址:	http://www.ccpcl.com.cn
销售电话:	(010)59757973
总 经 销:	人民交通出版社股份有限公司发行部
经　　　销:	各地新华书店
印　　　刷:	北京市密东印刷有限公司
开　　　本:	787×1092　1/16
印　　　张:	20.5
字　　　数:	494 千
版　　　次:	2020 年 9 月　第 1 版
印　　　次:	2020 年 9 月　第 1 次印刷
书　　　号:	ISBN 978-7-114-15875-9
定　　　价:	65.00 元

(有印刷、装订质量问题的图书由本公司负责调换)

序

　　渡河桥梁工程,主要是指克服江河障碍的有关浮桥、门桥、简易固定桥、拆装式金属桥等应急桥梁的技术及其运用,一般用于人员、物资、车辆、补给等利用上述渡河桥梁设备克服江河湖汊、沟渠雨裂等障碍,尤其在作战保障和应急抢险过程中为遂行机动保障工程提供技术支撑。

　　《渡河桥梁设计概论》一书讲述了渡河桥梁工程设计计算的基础,既包括了渡河桥梁技术装备的作用与地位,也包括了渡河桥梁技术装备的指标及体系;既涵盖了渡河桥梁技术装备的设计荷载,也介绍了渡河桥梁技术装备的结构材料;在详细介绍了渡河桥梁技术装备设计的一般规定、基本原则、基本公式和荷载横向分配的基础上,分桥型重点介绍了板梁桥、桁架桥、吊桥索道桥、浮桥门桥的设计要求和准则,分别按照上部结构、下部结构介绍了渡河桥梁装备器材的结构组成和特点;重点介绍了渡河桥梁技术装备的焊接、螺栓连接、单销连接、丙丁连接、铆钉连接等连接形式;最后介绍了渡河桥梁技术装备的架设技术、固定技术等有特色的内容。

　　该书的作者们曾先后编著过《浮桥工程》《渡河工程》《舟艇原理与强度》等书。其中,《浮桥工程》与《舟艇原理与强度》配合使用,分别以浮桥的上部结构计算、下部结构计算的内容为主;《渡河工程》适合单独使用,是各有关院校道路桥梁与渡河工程专业在渡河工程方向的一本综合性专业教材,而现在出版的《渡河桥梁设计概论》这本书,是配合上述专业书使用的专业基础课程的教材。该书理论紧密联系实际,内容翔实系统全面,适合军队和地方相关院校的道路桥梁与渡河工程专业本科学员作为专业基础课程的教材使用。

  本书的作者王建平教授、余文明教授级高级工程师、李峰副教授、程建生教授、陈启飞副教授、段应昌博士等同志几十年来坚持不懈地从事渡河桥梁工程的教学、科研、生产工作,他们分别获得国家级科技进步奖和多项省部级(军队级)科技进步奖,并获得 12 项国家发明专利,发表与渡河桥梁工程有关的学术文章 250 余篇,培养了研究生 60 多名,在本书中融入了他们在教学和科研工作中的最新成果。

  我相信,本书的出版将对渡河桥梁工程专业基础知识的传授和专业人才的培养起积极的推动作用。

中国工程院院士:王景全

2019 年 5 月

前言

渡河桥梁工程主要是指为克服江河湖汊、沟渠雨裂、弹坑断崖等障碍而架设浮桥、门桥、拆装式金属桥、简易固定桥等应急桥梁的技术与设施。《渡河桥梁设计概论》是道路桥梁与渡河工程专业中同类专业基础课程的基本教材。

本书简要介绍了渡河桥梁装备技术的作用与地位、渡河桥梁技术装备的技术指标及体系；重点介绍了渡河桥梁技术装备的设计荷载、渡河桥梁技术装备的结构材料；结合军用设计规范介绍了渡河桥梁技术装备设计的一般规定、基本原则、基本公式、荷载横向分配，以及板梁桥、桁架桥、吊桥索道桥、浮桥门桥的设计要求和准则；将渡河桥梁技术装备分为上部结构、下部结构进行介绍；基于渡河桥梁的结构特点和使用要求，重点介绍了渡河桥梁技术装备的焊接、螺栓连接、单销连接、丙丁连接、铆钉连接等连接形式，以及渡河桥梁技术装备的架设技术、固定技术等。

本科道路桥梁与渡河工程专业被列为特色专业以来，全国有许多高校纷纷开设本专业，对人才培养工作作出了重要贡献。当前道路工程、桥梁工程方面的书籍很多，各学校也纷纷编写了符合本学校特色的教科书，笔者曾先后编著《浮桥工程》《舟艇原理与强度》《渡河工程》《舟桥设计理论》等专业课程使用的教材，而从渡河桥梁设计荷载、设计准则、基本材料、连接方式、上部结构、下部结构、架设技术、固定技术等基础性的内容方面，还没有内容全面、体系完整的书。作者也是基于这个情况着手编写本书的，以供相关学校开设专业基础课程作为教材来选用。

作者王建平教授、李峰副教授、程建生教授、陈启飞副教授、段应昌讲师所工作的陆军工程大学野战工程学院，其历史可以追溯到1953年创建的哈尔滨军事工程学院，至今的六十多年里一直开设道路桥梁与渡河工程（或者道路桥梁与渡河濒海工程）专业，1986年获得了"桥梁与隧道工程"硕士学位授予权，1998年获得了"桥梁与隧道工程"博士学位授予权，2007年"桥梁与隧道工程"学科评为国家重点（培育）学科，培养了一大批道路桥梁与渡河工程的技术人才，也取得了渡河桥梁技术装备丰硕的研究成果；作者余文明教授级高级工程师所在的中国船舶重工集团应急预警与救援装备股份有限公司（国营第446厂），是中国船舶重工集团面向全军和国内外提供应急交通保障装备的重要企业，公司技术研发中心设有舟桥、机械化桥、特种钢桥、军用特种专用车等设计室，充分利用渡河桥梁装备器材"机械化程度高、架桥速度快、机电一体技术先进、环境适应能力强"等特点，加快应急桥梁军民融合式发展，不仅国内拥有大批用户，还先后出口亚洲、非洲、北美洲、南美洲的几十个国家，在国际桥梁界拥有较高知名度。

本书由王建平教授、余文明教授级高级工程师担任主编；李峰副教授、程建生教授、陈启飞副教授、段应昌讲师担任副主编。其中，李峰副教授编写第三章、第五章，程建生教授编写第四章、第十二章，陈启飞副教授、洪娟讲师合作编写第七章，段金辉讲师、焦经纬讲师参与编写第八章，段应昌讲师编写第十一章，申玫讲师进行了绘图、校对等。其余章节由王建平教授、余文明教授级高级工程师编写。本书的编写过程中，得到了李志刚教授、高磊副教授、谢兴坤讲师、白林越博士、赵志钦讲师、孙峰讲师等同志在资料提供、图表绘制等方面的无私帮助，对他们表示感谢。

本书融合了作者们几十年来的相关研究成果，始终得到了中国工程院院士王景全教授的指导。承蒙王院士为本书作序，表示衷心的感谢。

由于编者水平有限，对于书中存在的问题，欢迎批评指正。

编者

2019年5月

目录

第一章 渡河桥梁概述 ··· 1
  第一节 我军渡河桥梁装备的发展历程 ························ 1
  第二节 现代战争特点与渡河桥梁的地位与作用 ················ 3
  第三节 渡河桥梁装备的特点 ······························ 8
  第四节 渡河桥梁装备的体系和典型桥梁介绍 ················ 10

第二章 渡河桥梁装备的任务剖面与指标体系 ···················· 17
  第一节 渡河桥梁装备的任务剖面与系统功能 ················ 17
  第二节 渡河桥梁的战术技术要求 ·························· 20
  第三节 实现技术指标的主要途径 ·························· 25

第三章 渡河桥梁装备器材的设计荷载 ·························· 31
  第一节 渡河桥梁荷载分类与组合 ·························· 31
  第二节 渡河桥梁的等代荷载 ······························ 47
  第三节 渡河桥梁的冲击荷载 ······························ 51
  第四节 公路桥梁的民用荷载作用 ·························· 52

第四章 渡河桥梁装备器材的结构钢材 ·························· 56
  第一节 渡河桥梁结构材料概述 ···························· 56
  第二节 钢材的品种与标号 ································ 57

第三节	钢材的规格	58
第四节	钢材的性能	60
第五节	钢材的容许应力	63
第六节	渡河桥梁用钢材的基本性能	64

第五章 渡河桥梁装备器材的其他材料
第一节	渡河桥梁结构用木材	66
第二节	渡河桥梁结构用铝合金	72
第三节	渡河桥梁结构用复合材料	85

第六章 渡河桥梁装备器材的设计准则
第一节	渡河桥梁设计一般规定	94
第二节	计算原则和基本公式	100
第三节	荷载横向分配	110
第四节	板梁桥设计	118
第五节	桁架桥设计	120
第六节	吊桥、索道桥设计	121
第七节	浮桥门桥设计	123

第七章 渡河桥梁装备器材的上部结构
第一节	梁式桥跨结构	127
第二节	桁架结构	130
第三节	车辙式桥跨结构	140
第四节	重型四折带式舟桥箱式结构	145

第八章 渡河桥梁装备器材的下部结构
第一节	渡河桥梁装备的固定桥脚	150
第二节	渡河桥梁装备的浮游桥脚舟	158
第三节	连岸部分的下部结构	162
第四节	桥础	166

第九章 渡河桥梁装备器材构件焊接技术
第一节	钢结构焊接及其应用	170
第二节	钢结构焊接原理与焊缝形式	171
第三节	钢结构焊缝的构造要求	180
第四节	钢结构焊接连接的计算方法	184

第五节	有关钢结构焊接的相关规定	194
第六节	铝合金的焊接方法与工艺	195
第七节	铝合金焊接连接的强度	200

第十章 渡河桥梁装备器材拼装连接技术 208

第一节	拼装连接的分类与特点	208
第二节	螺栓连接	210
第三节	单销连接	221
第四节	丙丁接头	224

第十一章 渡河桥梁装备器材的架设技术 228

第一节	渡河桥梁装备架设要求和方法	228
第二节	固定式桥梁架设方法	230
第三节	浮桥的架设方法	235
第四节	渡河桥梁架设技术发展设想	241

第十二章 渡河桥梁装备器材的固定技术 243

第一节	渡河桥梁装备固定基本概念	243
第二节	浮桥的阻力	244
第三节	浮桥投锚固定方法	254
第四节	浮桥投锚固定计算	260
第五节	浮桥横张纲固定及计算	267
第六节	浮桥其他固定方法	278
第七节	浮桥锚定计算示例	282

第十三章 渡河桥梁技术装备的发展趋势 287

第一节	外国军队渡河桥梁装备的发展现状	287
第二节	渡河桥梁装备的发展设想	289
第三节	渡河桥梁装备发展的关键技术	291

附录 300

附录A	渡河桥梁用木材的相关参数	300
附录B	渡河桥梁用各种型钢的相关参数	308
附录C	各类绳索和铁钉材料参数	312

参考文献 316

第一章
渡河桥梁概述

第一节 我军渡河桥梁装备的发展历程

我军的渡河桥梁装备经过近半个多世纪的发展,走过了进口、仿制阶段,自行研制、更新换代阶段,稳步发展、科技创新阶段等道路,使我军的渡河桥梁装备跻身于国际较先进水平,提高了我军渡河工程保障能力。

在新中国成立以前,我军渡河工程保障大都采用就便器材进行。例如:1927年8月南昌起义部队撤出南昌,南下广州途经广东韩江三河坝渡口时,利用拖轮牵引自编木筏,将部队全部渡过韩江;1930年11月,红军一军团工兵连在江西袁水河罗坊渡口利用就便器材架设了浮桥;1935年1月红军先遣部队抵达贵州天险——乌江岸边,对岸驻有国民党军队一个旅封锁乌江渡口,红军以二十余勇士组成突击队,泗水过江占领了滩头阵地,工兵分队随即在密集的敌军火力下,强行架设了300多米的浮桥,红军顺利渡过了乌江,胜利占领了遵义;在长征中,红军多次在于都河、湘江、赤水、金沙江、大渡河等江河上架设浮桥或构筑门桥。在解放战争中,解放军利用缴获日军的各种渡河舟桥器材,包括百式舟、99式舟、乙车载式、折叠舟、操舟机、木棉浮囊等在松花江、辽河的通江口、三江口等架设浮桥和构筑门桥渡口,保障作战部队的通行。解放战争时期的保障部队渡河作战更是不胜枚举,在百万雄师渡江作战中,我军工兵部队在西起安庆,东至江阴的几百公里的广大正面上,配合步兵、炮兵,强渡长江成功,为中国人民的解放事业立下了不朽的功勋。

在20世纪50年代，为了抗美援朝从苏联进口了恩2波(Н2П)舟桥、德勒波(ДЛП)舟桥等渡河桥梁装备和器材(开口式)6套，依托这些装备组建了工程兵舟桥部队，并且国内的有关厂家对上述舟桥进行了仿制。但是这些舟桥器材不能完全适应中国江河的特点，不能有效在流速较大的江河上进行渡河工程保障，因此在20世纪60年代开始仿制性能较为先进的舟桥器材，在仿制特波波(ТПП)重型舟桥器材的基础上我军定型了桥脚分置式重型舟桥器材，在仿制勒波波(ЛПП)轻型舟桥的基础上我军定型了轻型舟桥器材。上述两型舟桥器材的仿制成功，为我军渡河桥梁装备和器材的发展起到了关键作用。桥脚分置式重型舟桥器材、轻型舟桥器材在作战、训练、抢险救灾等方面，发挥了重要作用。

进入20世纪70年代，随着我国国民经济的进步和我军装备的不断发展，自行研制了两种带式舟桥，即二折带式舟桥器材、四折带式舟桥器材等。仿制的分置式重型舟桥器材、轻型舟桥器材属于桥脚分置式舟桥，所需要运输车辆及作业人员多，架设速度慢，劳动强度大。而带式舟桥具有桥脚舟、桥桁、桥板合一，所需人员、车辆少，作业机械化程度高、架设和撤收速度快等优点，适用于克服大中江河障碍。另外在20世纪70年代还研制了特种舟桥器材，用于克服长江这样的特大江河障碍。

在20世纪80年代，我军又研究设计了轻型门桥、新型橡皮舟、架桥汽艇、二折带式舟桥改进型、新型特种舟桥等装备。

轻型门桥主要装备工兵分队，是保障装备、人员克服中小江河障碍的轻型渡河器材，可以用来结构漕渡门桥、架设浮桥、架设徒步桥及作冲锋舟使用，具有多用性、灵活性和便于人工作业的特点，该装备大大提高了我步兵团自身渡河的保障能力。

新型橡皮舟主要装备我军摩步师、团的工程兵部(分)队、舟桥团，用于在强渡江河战斗中渡送第一梯队步兵团及先遣支队人员，克服江河湖海(近海)的水上障碍，实施快速机动作战，也可以用于侦察、通信、救护和登陆作战。该装备在研制中其舟底结构采用V字形设计，大大增加了整体刚性；舟底曲线呈滑翔阻力曲线，改善了航行性能，提高了航速；采用了高强度胶布(芳纶胶布)作为舟体材料，提高了抗撕裂性能和抗磨性能；采用了新工艺，以冷粘胶液和冷硫化工艺代替了热硫化工艺，提高了黏结强度。

于1999年研制成功的架桥汽艇，在技术上取得了新的突破，性能上有了明显的提高，其综合技术处于国际先进水平。其舟体采用合金结构，减少了艇的自重及吃水深度；采用喷水推进系统，提高了浅水航行能力；采用电液伺服控制系统，提高了水上的操纵性。架桥汽艇的主要特点有：吃水浅、稳性好、使用范围广；浅水动力性能好、可以冲越浅滩；水上机动性能好，操纵灵活，可以原地回转、高速定位急停；汽艇可以单机作业，大大提高了水上作业的可靠性。

于1992年定型的二折带式舟桥改进型，替代二折带式渡河桥梁装备和器材舟桥部(分)队，装备性能有明显提高，特别是装备造价较低，陆上机动灵活，是我军舟桥部队的骨干装备。二折带式舟桥改进型与我军四折带式舟桥、苏军的ПМП舟桥、美军带式舟桥相比具有以下特点：性能先进，浮桥通载能力、门桥漕渡能力等主要性能达到国际先进水平；机动灵活，舟车由东风EQ240底盘车改装，因此公路机动灵活、方便，对道路要求低，铁路运输不超限；可靠性高、维修性好，装卸载作业利用舟车自身动力靠单钢索完成，不用液压系统，方便部队使用；造价低廉，车桥价格之比趋于合理。与其配套的水上动力是改进型牵引汽艇，也于1992年通过技术鉴定并投入生产，使用性能有较大提高，一套二折带式舟桥改进型配8艘改进型牵引汽艇。

1995年定型的侦察橡皮舟、班用橡皮舟,由于采用了新材料(芳纶)、新结构、新工艺,使用性能比现装备的同类轻型渡河装备有明显提高。

1996年定型新型特种舟桥专用于克服长江等特大江河障碍。新型特种舟桥考虑定点保障、水上机动性强、平战结合的装备,战时用于结合门桥或架设浮桥,保障重装备克服特大江河障碍,也可以用于战略后方的交通保障,平时结合部队训练,开设车辆渡口,直接进行营运,支援国民经济建设。该装备采用了带舵桨推船的大截面、浅吃水驳船的设计方案,大幅提高了在特大江河上的保障能力;采用了主机弹性支撑,骨架和壳板局部加强等措施,解决了高速柴油机的震动问题;设计了新颖的无吊臂型滑道连杆式跳板翻转机构,方便门桥、浮桥的相互转换;特种驳船之间的纵横向连接全部采用电液操纵,结合、分解迅速可靠等。因此该装备的特点有门桥渡送能力强、江河适应性能好、水上机动能力强、机械化程度高,大大提高了在宽大江河上的保障能力。

进入21世纪以来,我军渡河桥梁装备得到了长足的发展,2010年定型的三代重型舟桥是更新换代装备,将装备于舟桥旅和部分舟桥分队,构筑门桥渡口和架设浮桥,保障作战部队、武器装备、人员物资克服300m以上的大江河障碍。该装备集可变结构体系舟桥总体技术、桥跨浮游自展架设技术、多功能动力舟及其控制技术、集成化锚定门桥技术、过程可控的运载车装卸载技术等于一身。同时还研制成功了履带式自行舟桥、重型支援桥、重型机械化桥、坦克冲击桥、山地伴随桥、两栖装甲路面、轻质路面等。

综上所述,目前我军渡河桥梁装备门类相对齐全,部队装备有无问题基本解决,部分装备的综合性能已跻身世界先进行列,有的在应用高新技术提高性能方面取得较好成绩。

第二节　现代战争特点与渡河桥梁的地位与作用

据国外统计,在世界范围内,如果军队每天按30~50km的速度向前方推进的话,每天要遇到6~10条小河,在欧洲战场,大约每三天就会遇到一条50m以上的河流。我国天然道路障碍众多,据统计,流域面积在100km^{2}以上的河流约有50000多条,1000km^{2}以上的河流约有1580多条,超过10000km^{2}的河流有79条。我国河流分布的密度高于世界平均水平,尤其在我国东部南部,江河纵横,水网密布,且特大江河的数量远在美国和欧洲之上。渡河桥梁器材作为工程兵的主要技术装备之一,在未来战争中的作用是显而易见的。

一、现代战争的特点

(一)科索沃战争

20世纪90年代末发生的科索沃战争是一场非对称的战争,北约主要是以空中打击为作战手段,南联盟的抵抗主要体现在防空(反空袭)上。陆军在这场战争中的作用并没有得到充分的展示,只有战后的维和行动值得一提。当时俄罗斯空降部队经过精心准备,于1999年6月11日派出近50辆军车从波黑进入南斯拉夫联盟共和国(以下简称南联盟),沿贝尔格莱德—科索沃公路长途奔袭,在 6 月 12 日凌晨到达科索沃首府普里什蒂纳,并迅速控制普里什蒂纳附近的斯拉蒂纳军用机场,使俄罗斯争取到了与北约讨价还价的筹码。应该讲,一支 200 多人的机动部队在公路遭北约狂轰滥炸后,能够快速机动几百公里(根据地图分析,可能在五百公里以上),抢在北约之前进入科索沃,是一件值得研究的事件,这支部队有可能得到了南联盟工程兵的支援。

　　这场战争给了我们这样的启示,即固定目标一旦成为攻击对象,几乎很少幸免于难。渡河桥梁装备在机动过程中或门桥渡河时,属于机动目标,而在进行桥梁渡河时,就属于固定目标。为防止敌人沿道路发现渡场,必须对渡场进出路进行伪装,它的重要性并不亚于对桥梁本身的伪装。空中轰炸大多在夜晚和凌晨进行,白天并不多见,利用轰炸间隙进行渡河工程保障将是渡河桥梁器材的重要使用方式,超过二三百米宽的河流采用浮桥渡河也是可能的。这就要求渡河桥梁器材具有快速机动和快速反应的能力,也就是说未来战争非常讲究器材使用的时效性,即器材的结合和分解速度要快,车辆通过桥梁的速度要快,门桥的一次性渡送量要大或适中,既争取到完成任务的时间,又争取到自身生存的时间。那种认为一次性渡送量大的门桥毁伤损失太大,因而不适应现代战争的观点,很可能就是一种片面的观点。快速的集零为整和化整为零,才是器材争取完成保障任务和自身生存的重要使用方式,也是舟桥器材今后的发展方向;伪装和隐身技术的应用是渡河桥梁器材使用时争取完成任务和自身生存的主要技术措施。从技术上讲,我们应该做好预研工作,如研究泛水和装车技术,为提高舟桥器材的水陆快速转换速度提供技术支持;研究浮桥动力固定技术,为提高浮桥、门桥的快速转换速度和提高浮桥的架设、撤收速度,提高浮桥在高流速条件下的定位固定能力提供技术支持;研究渡河桥梁结构剩余强度(是指结构遭受一定损伤后的强度或叫剩余承载能力)问题,提高器材的抗破损性和完成任务的能力。

(二)第四次中东战争

　　第四次中东战争发生在 20 世纪 70 年代,空地一体,不但陆军的作用得到了充分展示,而且渡河桥梁的作用也得到了充分显现。例如,在战斗开始阶段,埃及军队(简称埃军)强渡苏伊士运河,其工程兵部队沿 170km 长的运河,开辟了 10 多个浮桥渡场和 50 个门桥渡场,使 5 个装甲师成功地跨越苏伊士运河,突破巴列夫防线并攻上西奈半岛。在战斗僵持阶段,以色列利用情报上的优势,果断进行外线作战,从埃军两个师的防区结合部找到缺口,架设了两座浮桥,渡过苏伊士运河,进入埃及后方作战,彻底打乱了埃军的部署,使战局发生了根本性的逆转。这场战争提醒我们,战场的装备投放量是巨大的,装备的毁伤也将是巨大的,由于战斗准备时间短、战斗节奏快,因此单纯依靠后方补充装备投入战斗的可能性很小,能否使毁伤的装备得到及时修复或将未损坏的装备进行有效的重新组合,这对战斗的胜利至关重要。例如在第四次中东战争中,埃军先后架设了十二座浮桥,战斗过程中,苏联还空运了许多 ПМΠ 舟桥的桥节舟作为补充,但到战争后期,勉强能使用的不足 7 座(有报道说只有 4 座)。这里只提到装备的减少,如果技术兵员也减少的话,就更难得到立即补充。因为两座不能兼容的桥梁装备在遭到破坏后,是不能将它们重新组合成一座桥梁的。同理,熟悉这种装备操作的人员也不一定会操作另一种装备。因此,我们必须大力加强渡河桥梁器材的通用化、系列化和组合化(模块化)研究,并为开展"三化"工作打好技术基础,如开展离心式喷水推进器技术攻关,为带式舟桥向半自行舟桥发展以及为自行舟桥提供配套动力;开展运输架设作业通用平台等技术的研究,使渡河桥梁装备形成总体保障能力。从现代战争的特点来看,强渡江河的渡河工程保障任务将会越来越少,因为战役、战术机动的目的在于寻找有利战机,在于争取战场上的主动,必须隐蔽机动企图,达到奇袭的目的和出奇制胜的效果。所以,面对面的、大规模的强渡江河作战应尽量避免,尤其是在未来反侵略战争中,我军将主要在本土进行作战,通过隐蔽机动和示假伴动,以达成战争目的的军事机动是非常必要和完全可能的。换句话讲,渡河工程保障任务一般也将以偷(暗)渡江河的形式来完成。

我们常说,装备研究要需求牵引。其实,需求牵引的实质就是任务牵引,工程兵的技术装备是随军事技术和军事理论的发展而进步的。因此,从事渡河桥梁装备科学研究的工作者必须了解现代战争的特点和渡河桥梁装备在战争中所起的作用,通过研究战争来研究和明确工程兵的任务;通过研究装备的使用时机和使用方法来为工程兵完成任务提供保障;通过对整个任务剖析,去正确把握装备应具备的性能。只有这样,需求牵引才不是一种形式,而是形式与内容的统一。

描绘现代高技术战争特点的文章很多,有一些论述还比较抽象,本书从20世纪80年代以来所发生的数次高技术局部战争的实例说起,以此让读者感受一下现代科学技术给战争所带来的变化,并从中了解现代高技术战争的特点。

1981年6月,以色列出动14架战斗机避开多国雷达的监视和探测,往返飞行2000km,仅用2min,就破坏了伊拉克经过5年时间并耗资5亿美元建起的核反应堆。1981年8月美军两架E-14战斗机突然从"尼米兹"航母上升空,在锡德拉海湾上空,用两枚"响尾蛇"导弹击中利比亚2架苏-22战斗机。1982年2月,英国特混舰队与阿根廷军队在马尔维纳斯群岛水域展开了激烈的海、陆、空大战,150多架飞机坠入大海,数十艘战舰或葬身海底或受到重创。1982年6月,以色列出动战斗机、预警机和电子战飞机,迅速摧毁了叙利亚部署在贝卡谷地的19个"萨姆"地空导弹连、42个导弹阵地。1985年10月,以色列出动8架战斗机和2架加油机,长途奔袭2400km,瞬间就摧毁了设在突尼斯的巴勒斯坦解放组织总部。1986年4月,美军出动数十架战斗机、电子战飞机和加油机,经约5000km夜间长途奔袭,飞抵地中海上空,与第6舰队的几十架飞机分四个波次空袭利比亚首都的黎波里和班加西,不到半小时,就摧毁了利比亚两城的雷达站、兵营、导弹阵地和20多架飞机。1989年12月美军首次使用F-117隐形战斗机,成功躲过几个国家的雷达监视,飞行数千千米,空袭了巴拿马城西的一个军用机场和2个步兵团,使后续空降部队未受任何抵抗就占领了机场。

上述高技术局部战争使军事家们看到了电子信息的巨大作用,预感到了信息战的悄悄来临。信息战,在广义上是指对垒的军事集团抢占信息空间和争夺信息资源的战争,狭义上是指战争中交战双方在信息领域的对抗。1991年的海湾战争,既是现代工业技术基础力量之间的较量,又是以信息技术为基础的信息时代的战争。1999年的科索沃战争,信息技术的威力更是让人耳目一新,谁拥有了信息优势,谁就拥有了战场的主动权。早在20世纪80年代中期,外国军事专家就指出,谁不研究现代条件下,特别是使用精确制导武器、新式侦察器材、电子器材和指挥自动化系统条件下的战争方法,谁就还生活在昨天。

应该讲,高技术战争是建立在新的科学技术基础和新的军事理论之上的战争,是核威慑条件下的信息化了的战争。战争形态充分体现了陆、海、空、天、电磁等多维立体联合作战的思想。美军新军事革命提出了"主宰机动、精确交战、聚焦保障和全维防护"的作战理念。即通过多维和多向的分散机动,将火力集中于某个方向,同时精确打击战场空间的一切选定目标,通过快速、高效地转移和运送作战物资来降低库存和减少保障机构,通过多层次立体设防来提高部队的生存力和战斗力,以使战斗可以持续不断地进行下去并取得主动。美军的军事思想是建立在新的物质技术基础之上的,是一种保持战场绝对优势的思想。而以弱抗强的作战理念也少不了"争取生存、立足持久、隐蔽机动、造势伏击、机动游击、预先设伏、示假伴动和有效反击"等作战手段。我们应该看到,在陆、海、空、天、电磁多维立体的联合作战中,陆军始终是一个不可或缺的军种。就我国目前的军力而言,陆军更是一个不可或缺的重要组成部分。工程兵主要担负着保障机动、实施反机动、保障生存力和遂行一般工程保障任务,在联合作战中,它不仅为陆军提供工程保障,还可为海、空军提供特种工程保障。在战场的几大行动(机动、打击、保障和防护)中,作战部队一般均需得到工程兵的支援。现代军事理论家认为,随着侦察技术的提高、精确制导武器的发展、夜视能力的提高以及电子战的加入,现代地面作战方式正在发生变革,它从传统的单时段、小区域、空地一体的侦察,跃变为全时段、全空域、立体交叉的侦察,并成为以战术手段实现战略目的的重要条件;从传统的近距离前沿交战,跃变为超视距交战,作战重心向纵深位移。纵深作战可以充分发挥自身能力在空间和时间两个方面延伸战场,促进任务完成,并加强对部队的保护。相应地,纵深也应该具备足够的力量和应付手段,以反击敌人;从运动战、游击战、阵地战相结合的传统作战形式,跃变为以机动为手段的运动战,游击战只起配合作用,阵地战将鲜为人见;电子战由传统的辅助保障手段,一跃变为独立、有效的作战方式,有效地保证了打击任务的完成和打击力量的安全。

传统战法以前线作战为主,现代战法以打击战略、战役重心和破坏战争潜力为目的。陆、海、空、天、电磁联合作战是运用现代地面作战力量的首要原则,它效果充分、力量集中、打击有力。而机动作战是运用现代地面作战力量的核心,非线式机动是机动作战的基本样式,它没有固定战线,是在全纵深范围内通过机动选择有利的作战方向和交战地区,从而达成作战目的的机动,是陆、海、空立体联合机动、合围并重视火力的机动与协调。解放战争中的刘邓大军挺进大别山、第四次中东战争中以色列军队进入埃及后方的作战、美军在海湾战争中的全纵深迂回作战,都曾使战局发生根本性变化,都是运用机动作战的成功战例。

可以预见,在未来高技术战争中,作战保障是机动作战的重要制约因素,作战消耗大,需要快速的技术保障和后勤保障,保障机动是保持连续作战不可缺少的条件。保障力量要发挥作用,就必须在运动中保障作战,在运动中保存自己。地面作战力量是整体作战力量这个大体系的一个组成部分,而整体作战力量的发挥,必须是地面、空中、海上和空间等各种力量的有机配合。据赵南起上将主编的《现代地面机动作战力量》一书介绍,目前,师的作战地域面积为$150 km^2$,未来大约为$6000 km^2$,有人认为是$22500 km^2$(超过了江苏省面积的五分之一),且机场、铁路、公路、桥梁等都是敌人破坏的目标。由此可见,未来作战保障地域相当大、任务相当重,工程兵部队依托其渡河桥梁装备不但要为地面作战力量提供保障,还将为战区内的海、空力量提供工程保障。其实海湾战争证明了人们的上述推断。在海湾战争中,战场每平方千米所占有的兵力只有2.34人,如果一个师的兵力按一万人计,师的作战地域就已经达到两万多平方千米。虽然我们在科索沃战争中没有看到地面作战的场景,但从北约轰炸南联盟的目标来看,交通运输线仍然是双方斗争的重点,北约对南联盟持续轰炸了78天,南联盟境内通向科索沃的四大公路和铁路均遭到不同程度的破坏,共炸毁大小桥梁60多座,其中多瑙河上的大桥无一幸免,极大地破坏了南联盟军队的机动能力和后勤保障能力。而由马其顿通往科索沃首府普里什蒂纳的一条公路上的两条过山隧道、四座大桥和十座小桥却得到了保留,因为这条道路对北约发动地面战争或进行维和行动均是十分重要的。南联盟为防北约入侵,在这条道路的桥梁等重点部位均设置了炸药,一旦北约发动地面战争,就毁掉它们,以迟滞敌方行动。由此可见,道路、桥梁是兵力调动、后勤补给以及内外联系的枢纽,破坏道路、桥梁就是将战场孤立、断血,使敌有生力量陷入瘫痪的境地。而渡河桥梁装备则是这一枢纽得以正常工作的有力保证。

二、渡河桥梁的地位和作用

军事科学技术的发展告诉我们,军队的机械化、摩托化程度越高,它对后方供应的依赖性也越大,进而对道路交通线的依赖性也越大;空中机动虽然能够解决战场快速配置战斗部队的问题,但要保持这支战斗部队的优势,就需要地面战斗支援部队和后勤部队的支持,即空中机动需要地面机动来补充。进入信息时代之后,渡河桥梁器材还有用武之地吗?回答应该是肯定的。虽然不战而屈人之兵,是战争的最高境界,但信息时代的战争,与传统战争相比涉及战场面积更广,战争破坏更加残酷。当使用杀伤性兵器时,战争是前者;当使用计算机病毒和黑客等非杀伤性手段时,战争是后者。军事专家预言,在信息时代将产生的作战式样有:指挥控制战、计算机空间战、黑客战、虚拟现实战、精确战和全纵深同时作战。信息时代的作战样式,其实质就是在过去可以实现的作战样式的基础上,增加了过去所不能实现的作战样式。所以,渡河桥梁器材不但不会失去作用,相反却对渡河桥梁器材提出了更高的要求。渡河桥梁装备不但是保障地面机动的重要装备,也是抢修机场跑道和提供陆、海基飞机短跑道的重要装备,更是一个劣势国家维持其战争潜力的重要装备,它在未来战争中必将大有用武之地。从海湾战争和科索沃战争来看,虽然战争形式主要体现在空中打击上,但保障飞机(如预警飞机、电子战飞机和空中加油机等)与作战飞机的比例却比过去任何时候都要高。它给了我们这样的启示,既保障部队在未来高技术战争中的任务将越来越多,保障任务完成的好坏直接关系到战争的成败。西方军事分析家在分析了20世纪90年代的局部战争和国际维和行动后认为,即使到21世纪,强有力的工程兵支援仍然是军队机动的根本保证。应该说,工程兵是联合作战力量中不可缺少的组成部分,工程兵依托其相应的技术装备,在未来战争中将任重而道远。

(1)渡河桥梁在现代战争中的地位

现代战争由于武器装备的杀伤破坏纵深大,军队机械化、摩托化程度高,因此是高度机动的战争。在未来局部的或大规模的战争中,作战双方要想保存自己,并获得胜利,就必须具有高度的机动能力。军队的机械化程度越高,其对地面条件(交通网络)的依赖性也越大。因此作战双方都特别重视军队克服江河障碍的问题。

(2)渡河桥梁在现代战争中的作用

在现代战争中,作战双方力争主动、力避被动,保持自己行动的自由并最大限度地陷敌于被动,必然在交通线上展开激烈的机动与反机动,破坏与反破坏,封锁与反封锁的斗争。如在20世纪50年代的抗美援朝战争中,美军曾动用其空军70%的兵力实施所谓"绞杀战",封锁、破坏朝鲜后方交通,使朝鲜后方主要道路上20m以上的桥梁几乎全被摧毁。20世纪60年代美军在侵略越南的战争中,也把80%的炸弹投在运输线上。20世纪90年代海湾战争"沙漠风暴"行动后期,美军为聚歼伊拉克军队主力,将伊军后方的大中型桥梁基本炸毁,伊军在既无力修复被破坏的原有桥梁，又缺乏有效的渡河手段情况下，加之力量对比悬殊，而遭受严重损失。诸多战争实例均证明道路、桥梁对军队作战的重要影响。特别在一方掌握制空权和广泛运用高新技术武器的情况下，另一方道路、桥梁、渡口遭到破坏的程度将极为严重。在未来战争中的道路、桥梁、渡口保障任务将是异常艰巨繁重的。

  在战时为了保障军队及技术兵器高速前进和机动，为了维持前方和后方交通，保证军事物资、装备、伤病员不间断地前运、后送，为了减少敌军火力杀伤和破坏等，必须采取多种有效手段，克服战场上为数众多的江河等障碍，保持交通运输的畅通。克服江河障碍的方法很多，桥梁渡河与其他渡河方法相比，它能不间断地保证渡河具有最大的通过能力，是部队大规模渡河最有效方法之一。因此目前我军仍在不断地研制、发展和装备新的渡河桥梁器材，使桥梁器材具有足够的承载力、高度的机动性能、架设与撤收迅速可靠及对各种河流的广泛适应能力。随着科学的发展以及国防现代化的实现，相信我军的桥梁器材将不断更新，渡河能力将不断提高。

  (3) 必须重视就便材料桥梁在现代战争中的作用

  近年来渡河桥梁制式器材已有较大的发展，它的机械化和自动化程度也越来越高。而相比之下，架设就便材料桥梁则消耗材料多，费时长，使用兵力多，劳动强度也大，这就显得越来越不适应战术技术要求。因此，有人认为应将架设就便材料桥梁的任务从工兵的任务中去掉。显然，这是一种偏见，尽管架设就便材料桥梁在战术技术方面不够满意，急待改进，但是在未来战争开始以后，架设就便材料桥梁对克服自然障碍仍然是具有决定性意义的。这是因为：

  ①部队装备的制式器材数量有限，战争开始以后，它不仅要用于克服水障碍，而且还要用于克服其他自然障碍(如沼泽地、山谷等)，加之它受到的破坏等，必须考虑架设就便材料桥梁，对它进行替换和补充。

  ②制式器材在战时的补充往往比较困难。因为制式器材无论在材料、工艺、架设等方面都有较高的要求。战争时期，工业部门几乎没有能力及时和广泛地提供备用的制式桥梁渡河器材。

  ③就便材料桥梁，取材容易，制作简单，在战争年代有大量的木材、型钢、钢管、钢轨、钢缆以及在战争进程中被破坏了的工业与民用建筑金属结构的杆件可以利用，并且通过部队本身的兵力和工具就能制造出简单的桥梁结构。尽管架设就便材料桥不能解决克服自然障碍的全部问题，而且架设速度较慢，但在战争开始以后的许多情况下，用就便材料架桥是必不可少的，有时甚至具有决定性意义，不能单纯考虑架设速度这一个因素。

  ④架设就便材料桥梁，这不仅仅是对架设新的桥梁而言，加强固定桥、修复遭到破坏的桥梁也均属于这个范围。基于人民战争的战略思想，当把敌人放进来打时，就有大量的原有桥梁的利用、加强和修复问题，架设就便材料桥梁的意义因而也就更大。

  总之，在未来战争中，制式桥梁器材不能代替就便材料架设的渡河桥梁，只要设计和组织等准备工作充分，就能成功地架设就便材料渡河桥梁。因此，我们对它的学习和研究不应忽视。

第三节 渡河桥梁装备的特点

  渡河桥梁由于其特殊的用途和作战使命，因此在设计时与民用桥梁的理念和规范都是不同的，例如，渡河桥梁的设计理念是"安全、快速、高效、隐蔽"，与民用桥梁的"安全、适用、经济、美观"形成鲜明对比；民用桥梁的设计寿命是100年，而渡河桥梁的设计寿命是"通载几万次,架设几千次"等。综上所述,渡河桥梁的特点可以归纳为以下 6 个方面。

一、伴随部队机动

无论是军用固定桥,还是浮桥舟桥、桥梁配套装备,都配备了轮式底盘(图 1-1)或者履带式底盘(图 1-2),而轮式底盘大多是越野车辆,其陆上行驶速度与所保障的部队装备速度基本一致,它们还可以通过铁路输送。另外,有的还可以水上机动,未来我们还要发展空运、空投的渡河桥梁。民用桥梁一般由上部结构、下部结构组成,而渡河桥梁除了上述两部分外,还有桥(舟)车部分。

图 1-1 轮式底盘

图 1-2 履带底盘

二、架设撤收快速

俄罗斯 ПМП 架设载质量 60t,长度为 227m 的履带式浮桥仅需要 30min,瑞典 FB48 快速桥架设载质量 60t、长度 48m 的桥梁需要 75min。我军特种舟桥在长江上,在预有准备的情况下,架设千余米的浮桥时间在 1h 以内。先进的渡河桥梁装备由于采用了机械化运输、机电化展开、自动连接闭锁、液压机构工作、水上自动航行等技术措施,因此架设和撤收速度快。

三、机械电子一体

渡河桥梁装备兼顾了运输、展开、架设、撤收、动力等各种功能,装备先进,机电一体化程度高。例如,法国的 EFA 自行舟桥(图 1-3)是在 MAF-Ⅱ水陆快速桥的基础上发展起来的,与其他自行舟桥相比最显著的不同点是桥跨结构前后展开,两侧再配以浮囊。EFA 自行舟桥的前后两个车轴可收放,水上推进采用两个可以 360°转向的离心泵式喷水推进装置,它们由电液伺服控制,两侧装有可膨胀的浮囊来增加浮力。

图 1-3 法国 EFA 前方渡河支援器材舟车

四、运输架设兼备

冲击桥运输和展开架设是由坦克底盘车来完成的;重型机械化桥和重型舟桥的运输和架设是由 8×8 或 6×6 的越野底盘车来完成的;轮式自行舟桥做到了车桥艇合一,其可以提升车轴的底盘车是专门研制的,桥梁从运输到架设都由一体化底盘车完成。

五、装备系统成套

例如,在前线冲击桥中,有坦克冲击桥、轮式冲击桥、履带式自行舟桥、轮式自行舟桥等;对于机械化桥来说,跨度有7m、10.5m、15m,可以一跨架设,多跨连架;对于装配式桥,有从单层单排(16t)到双层三排加强(70t)的数十种桥型;对于自行舟桥,有轮式、履带,有漕渡门桥、浮桥;对于重型舟桥,可以是带式浮桥、分置式浮桥、组合式浮桥,还可以是漕渡门桥;以上装备系统成套,适应不同环境、不同障碍的架桥使用。

英国研制的BR90综合架桥系统包括近距离支援桥(图1-4)或架桥坦克和通用支援桥(图1-5)两部分,它可以跨越9~60m的壕沟。各种桥梁均由7种铝合金的桥节组合而成,每个桥节的接头都具有相同的模数。用这些桥节组成两个相互连接的4m宽的车行道,主梁高1m,所有桥型的设计荷载均为70军用荷载级。

图1-4 近距离支援桥

图1-5 通用支援桥

六、装备通用互换

对于机械化桥,桥跨可以与任意一跨进行连接,桥车可以运载任一桥跨,正向架设反向可以撤收。对于带式舟桥,舟体可以与任意一个舟车进行连接,舟车可运载任一舟体,任何零件部都可以互换互用。为了达到以上精度,在生产制造中广泛采用胎架(分段胎架、总装胎架、舾装胎架、检验胎架)制造。

第四节 渡河桥梁装备的体系和典型桥梁介绍

一、渡河桥梁装备的体系

渡河桥梁装备属于工程装备的一部分,传统上,我们又将其分为渡河桥梁装备和器材、军用固定桥装备、机械化路面装备、水上动力装备等。

渡河桥梁装备有许多分类方法,按器材种类可分为制式桥梁装备、战备桥梁装备、就便桥梁器材;按载质量可分为50~60t的重型桥、30~40t的中型桥、20t以下轻型桥和供人员通行的徒步桥等;按桥梁材料分为木质桥、钢质桥、高强度铝合金桥和复合材料桥。

下面主要按装备体系和作战使用的分类来加以介绍。

按装备体系,渡河桥梁可以分为军用固定桥、浮桥(舟桥)和桥梁配套器材(表1-1)。其中,军用固定桥是根据作战保障需要应急架设的桥梁,其桥脚是固定的,或者桥梁的桥跨直接架设在障碍两侧。一般用于克服小型江河、干沟、河渠等障碍。浮桥(舟桥)是以各种浮体为中间桥脚所架设的桥梁,有桥脚分置式浮桥和带式浮桥之分,还可以进行门桥漕渡,一般用于克服宽大江河障碍。桥梁配套器材是为保障渡河桥梁架设、机动而配套的路面器材、水上动力、抢滩冲锋、侦察维修等装备,这些器材也可以独立使用。

渡河桥梁装备分类　　　　　　　　　　表1-1

按作战使用分类	按装备体系分类		
	军用固定桥	浮桥(舟桥)	桥梁配套器材
前线冲击桥	冲击桥	履带式自行舟桥 轮式自行舟桥	冲击型路面器材
伴随机动桥	快速支援桥 重型机械化桥	重型分置式舟桥 重型四折带式舟桥	战术机动路面
后方保障桥	重型桁架桥	特种舟桥	登陆栈桥系统

按作战使用,渡河桥梁可以分为前线冲击桥、伴随机动桥、后方保障桥。其中,前线冲击桥是由履带(或轮式)装甲车辆为底盘,部分具有水陆两栖功能;可在一线敌火威胁下迅速展开、架设;通常克服中小江河和干沟、浅滩等障碍。伴随机动桥是由轮式车辆为底盘,具有越野行驶、伴随部队机动、随时展开架设、撤收功能的桥梁,作为机械化路面保障桥梁装备使用。后方保障桥是由车辆运输、专门架桥机具作业,较快架设大跨度、重型桥梁或浮桥,其中,特种舟桥主要用于克服宽大江河障碍。

二、典型桥梁装备介绍

坦克冲击桥是一种前线冲击桥,其由装甲车辆载运,并用该车上的动力与机械装置在车内操纵,可在敌方火力下快速架设渡河桥梁。MAN 豹1鬣蜥冲击桥(图1-6)为德国研制的冲击桥,其乘员2名,桥车质量近50t,荷载等级为MLC70(MLC为军用荷载等级 Military Load Class 的英文简写),可以架设26m长的桥梁,桥面宽度为4m。

再如俄罗斯的 MTY-90 冲击桥(图1-7),车身与底盘均以T-72或T-90主战坦克为基础,该桥的越障总跨度可达24m,并可负荷500kN。它包括三段桥节,两块相同的跳板和一段中部桥节,呈剪刀式提升并展开。在此过程中,前部的支撑框架放至地面,以承担在桥梁展开时的大部分重量,总架设时间为3min。

图1-6　德国MAN豹1鬣蜥冲击桥外形图

图1-7　俄罗斯的MTY-90冲击桥架设状态图

快速支援桥是一种伴随机动桥,能够伴随部队机动保障、快速架设的大跨度重型装配式桥。例如瑞典的 FB48 快速桥(图 1-8)由一座 48m 长的桥和两块 15m 跳板组成;结构材料为高强度钢材;架桥从沟一岸开始,可从沟的任意一岸撤收;桥梁的架设人员为 7 名,最大桥长为 48m,最大净跨为 46m,车辆辙道宽为 4m,最长架设时间为 75min。

图 1-8　瑞典的 FB48 快速桥

重型机械化桥是一种伴随机动桥,它由各种轮式车辆载运,是可伴随部队机动,机械化架设撤收,快速克服江河、沟渠障碍的渡河桥梁。德国鼹鼠机械化桥的架桥车(图 1-9)采用 8×8 越野车的底盘改装,桥跨用铝、锌、镁材料制造,分为两节叠摞装车。架设方法采用平推式,桥梁载重量为 545kN,最大载重量为 635kN,一套器材可以架设 26m 长的桥梁(图 1-10),克服障碍的宽度为 25m,一套器材架设作业标准时间为 8min,最短时间为 5min,作业人数为 2 人。

图 1-9　德国鼹鼠机械化桥上下桥节连接完毕　　图 1-10　德国鼹鼠机械化桥架设的组合式桥梁

英国装配式公路钢桥(图 1-11)(M2 贝雷桥)可用作战术桥,又可用作后方交通线固定桥,可以通过所规定的车辆荷载。两侧主桁架可由单排、双排或三排并列配置,也可架成双层和三层桁架,用以提高承载能力。这种贝雷桥还可架设吊桥、浮桥和铁路桥。该型桥梁的标准履带式载重量为 540kN,最大载重量(履带式)为 720kN,运输车辆为 25 辆 5t 卡车和 8 辆拖车,桥梁结构形式为双排双跨单层桥,单跨长 24.36m,桥梁全长 48.72m,单行道桥面宽度为 3.81m。

图 1-11　抢修桥梁中的装配式公路钢桥

自行舟桥都属于前线冲击桥,其分为履带式自行舟桥和轮式自行舟桥两种,用于行进间渡河和强渡江河,保障武器装备快速克服江河障碍。它舟车艇合一,水陆自行,可直接泛水,迅速结合门桥或架设浮桥。例如俄罗斯的ΠMM自行舟桥(图1-12),一套器材10辆桥车,架设浮桥91m,架设时间60min,浮桥载重量600kN,还可以结合单车漕渡门桥(图1-13)、双车漕渡门桥、三车漕渡门桥,载重量分别为425kN、850kN、1275kN,每台桥车的作业手❶为3人。

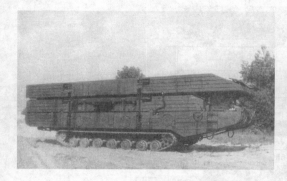
图1-12 俄罗斯ΠMM自行舟桥

图1-13 俄罗斯ΠMM自行舟桥结合的漕渡门桥

M3自行舟桥(图1-14)由英国和联邦德国共同研制,其桥车驱动型式为4×4,乘员数3~4名,全重25.3t,公路最大行驶速度76km/h,水上航行速度14km/h,全套器材8辆桥车,可以架设100m载重量为540kN的浮桥(图1-15),也可以结合单舟漕渡门桥(图1-16),其载重量120kN,满载航速13km/h。

图1-14 M3自行舟桥

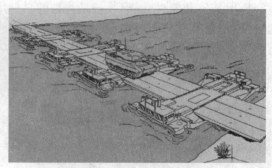
图1-15 M3自行舟桥架设的浮桥

图1-16 M3自行舟桥结合的漕渡门桥

---

❶ 作业手即作业人员。

再如EFA自行舟桥,在桥车的前后两端各铰接一块铝合金跳板(图1-17),单节跳板长度达到5.5m。一台桥车架设浮桥的长度为23.68m,架设100m浮桥仅需5台桥车(图1-18),浮桥的载重量为履带式600kN,公路行驶速度为60km/h,适应流速2.5m/s。

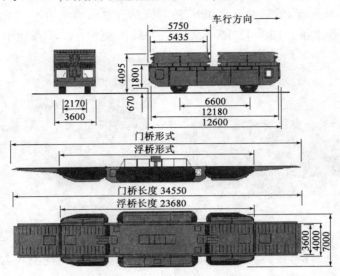

图1-17　EFA自行舟桥(桥跨前后展开)(尺寸单位:mm)

以ТПП重型舟桥纵列为代表的重型舟桥(图1-19),是苏联军队20世纪50年代的主要渡河桥梁装备和器材,该类装备是舟桥的早期形式,其架设作业复杂,作业手劳动强度大、架设速度慢,但是其变化形式多、适应流速大。虽然带式舟桥已经成为各国工程兵的主力装备,但有些国家目前仍将其作为制式装备。

图1-18　法EFA前方渡河支援器材舟车外形图

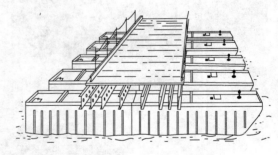

图1-19　ТПП重型舟桥的浮桥段

带式舟桥的桥脚舟、桥跨结构(桥桁)、桥面系(桥板)等合为一体,典型的有苏联ПМП带式舟桥(图1-20),其特点是:①与自行舟桥比较,吃水浅,适应性强,架设简单,运输车造价低廉;②与桥脚分置式舟桥相比,零部件少,连接方便,架设时间短,作业劳动力较少;③节套舟的泛水和撤收均实现机械化,行军状态与使用状态能相互迅速转换;④桥节门桥和漕渡门桥结构相同,可迅速转换渡河方式。

ПМП带式舟桥架设载重量履带式200kN时浮桥长度为382m,车行道宽为3.29m,架设时间为50min,作业人数为136名;架设载重量履带式500kN时浮桥长度为227m,车行道宽为6.53m,架设时间30min,作业人数为136名;另外利用该器材还可结合400kN、600kN、800kN

和1100kN的漕渡门桥。

特种舟桥（图1-21）是后方保障桥，是在特大江河上架设浮桥、构筑门桥的舟桥。例如，俄罗斯的ППС重型桁架浮桥，是20世纪50年代发展的一种重型舟桥器材，主要用在宽大江河上构筑500～2000kN的浮桥和门桥渡口。它由大型的舟桥桥节、桁架梁和桥面系组成。桥梁的最大承载能力至少为600kN。

图1-20　ПМП带式舟桥正在通载

图1-21　特种舟桥

30吨级冲击型路面器材（图1-22）是由高拉力挤压成型铝合金板构成，铝合金板长3.352m、宽0.257m，铝合金板用簧片与槽相连，形成一个宽3.352m、长50m的防滑路面，由运输车进行敷设和撤收。一套长45m的路面器材由两辆6×6卡车来装载，每辆装载22.5m。

法国战术机动路面（图1-23），可以使车辆或航空器快速通过任何地形，敷设时对地面不需要做任何准备工作。该路面是柔性的，路面表层为防滑面，能够承受的温度从-40℃到160℃不等。它敷设时使用卷筒，并可进行撤收重复使用，每块路面长为2.77m，总长为50m，路面宽为4.2m。

图1-22　30吨级冲击型路面器材

图1-23　法国战术机动路面

以英国Mexecell海上模块式后勤系统（图1-24）为代表的登陆栈桥系统，是用于濒海工程保障的重要装备，Mexecell海上模块式后勤系统的用途包括构成浮游栈桥、滩头登陆门桥、车辆能驶上驶下的滚装平台、水下施工平台、钻井平台、海上高架平台、驳船纵列、潜水支援平台、高架结构和海上防波堤等。其甲板能承载60军用荷

图1-24　英国Mexecell海上模块式后勤系统作业过程

载级轮式车辆和 70 军用荷载级履带式车辆的荷载。Mexecell 海上模块式系统模块在 3 级海况条件下进行连接和分离作业,构成的系统可承受 6 级风浪条件辅助器材包括系柱、系缆桩、护舷装置、航行灯具、滩头跳板、定位桩槽(用于外桩定位)和定位桩孔(用于内桩定位)等多种"快速安装定位"器材。

第二章
渡河桥梁装备的任务剖面与指标体系

第一节 渡河桥梁装备的任务剖面与系统功能

一、渡河桥梁装备的任务剖面

研制定型并装备到舟桥部队的渡河桥梁(舟桥)装备的任务剖面如图 2-1 所示。

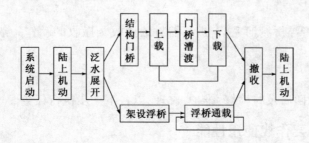

图 2-1 渡河桥梁(舟桥)装备任务剖面

1. 系统启动

对于库存封存装备即刻下达装备启封动用指令,进行一次启封后装备保养,进行底盘车的全面检查,重点为油料、轮胎气压、蓄电池的检查等,并在营区内进行小范围的运行和跑车,配齐辅助器材。

对于部队列装非库存装备,立即进行系统检查,对照装备使用记录,重点检查上次使用时间及状况,进行一次常规保养,配齐零配件和辅助器材。

2. 陆上机动

陆上机动在短距离时是指舟车编队,进行机动开进到位,如果远距离机动,则要申请铁路输送计划,并进行铁路机动。

3. 泛水展开

达到泛水场地后,进行舟桥装备行军状态向使用状态的转换,一般舟桥可采用自动下滑泛水、强制泛水、惯性制动泛水,或使用吊车泛水展开;新型重型舟车可以采用正常河岸泛水、陡岸泛水、缓坡泛水、陆地上泛水等;自行舟桥做好直接舟车泛水前的准备工作即可。

4. 结构门桥

根据需要漕渡的荷载类型和吨位,组成门桥结合与分解作业班。一般按照结合桥脚舟、结合半门桥、结合门桥、设置跳板等作业步骤进行。

5. 门桥漕渡

漕渡门桥在动力舟或者水上汽艇等配合下,搭载武器装备或人员、物资,按照"8"字形航线、三角形航线、直线形航线进行漕渡,漕渡作业一般分为靠岸、上载、离岸、漕行、对岸靠岸、下载、返回等步骤。

6. 架设浮桥

在舟桥装备泛水展开后,首先结合桥节门桥和闭塞(表示最后一个桥节门桥进入桥轴线与浮桥两端连接的过程)门桥,按照门桥架设法、旋转架设法、单舟架设法或者混合架设法,将门桥引入桥轴线并相互连接,最后进行浮桥的闭塞、校正等。桥节门桥可以根据地形和河流情况,分别配置在两岸的上下游,也可有选择地配置。

7. 浮桥通载

浮桥架设完毕,渡河部队按照计划进行渡河。在浮桥上通行要遵守通行规则,保持规定的车速和车距。

8. 撤收

执行门桥渡河或者浮桥渡河完毕,进行器材的撤收。撤收的动作一般按照上述相反动作进行。

9. 陆上机动

陆上机动返回,返回后及时检修、维护、修理,以备下一步执行任务。

二、渡河桥梁主要作战使用性能

渡河桥梁主要使用性能指标体系包括:支援、适应、作业、机动、可靠、安全的性能(图2-2)。

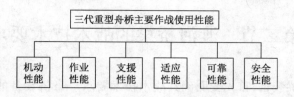

图 2-2　三代重型舟桥主要作战使用性能

（1）支援性能是漕渡门桥和浮桥在支援有关技术兵器渡河的过程中表现出的由自身结构所决定的各项保障能力，主要包括承载能力、航行速度、渡送能力、通载能力等。

（2）适应性能是器材对江河自然环境的适应能力和应变能力，主要是其能适应的最大流速、最大岸坡、最大风速、最大浪高等。

（3）作业性能是器材在架设和撤收两个作业阶段中所具有的与作业效率相关的性能，主要是指结合时间、分解时间、转换时间等。

（4）机动性能是器材在机动阶段所具备的机动越野能力，主要表现为最高机动速度、最小转弯半径、最大爬坡度及越野能力等。

（5）可靠性能是器材在整个寿命周期内完成与维持规定功能的能力，具体体现为可靠性、维修性、有效性和耐久性等。

（6）安全性能是器材在作战环境中的生存能力，主要是指其抗损性及抗沉性等。

三、渡河桥梁装备的系统功能

渡河桥梁（舟桥）装备系统的主要功能见图 2-3。

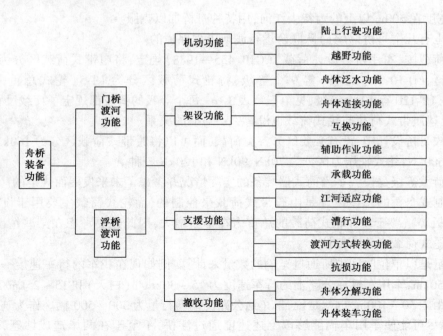

图 2-3　渡河桥梁（舟桥）装备系统的主要功能

第二节　渡河桥梁的战术技术要求

　　研制设计渡河桥梁装备,首先要明确其战术技术要求。舟桥装备的战术技术要求是根据该器材所遂行的工程保障任务和当前的技术水平提出来的。制定战术技术要求是一项十分重要的工作,必须根据需要和可能两个方面,调研国内外同类舟桥装备的技术性能和总体方案,针对装备所遂行工程保障任务,经过预先研究、总体方案综合论证,甚至有的需要开展原理样机的探索来完成战术技术要求的制定,并经上级部门批准。

　　制式舟桥的战术技术要求,主要包括以下几个方面。

一、渡河桥梁的通载能力

　　渡河桥梁的通载能力是对所有桥梁的共性要求。对于所设计的制式舟桥器材,要求它必须在一定宽度的江河上,保障一定的军用荷载有一定的通行量,即保证一定规模的军队及其武器装备,以一定的行军速度,在一定的时间内克服江河障碍。

　　我国河流按其宽度可以分为以下 4 类:

　　(1)宽度在 50m 以下的为河渠,主要用军用固定桥(机械化桥、支援桥、装配式公路钢桥等)克服。

　　(2)宽度在 50～100m 的为小型江河,可用轻型舟桥装备克服。

　　(3)宽度为 100～300m 的为中等江河、宽度为 300～500m 的大型江河,则以重型舟桥进行克服。

　　(4)宽度在 500m 以上的为特大江河,用特种舟桥加以克服。

　　目前也有几个舟桥部(分)队联合遂行渡河工程保障的。

　　军用荷载按《军用桥梁设计荷载》(GJB 435—1988)规定,将履带式荷载区分为 LD-5(履带式 50kN)、LD-10、…、LD-60 等 9 个等级,将轮式荷载区分为 LT-5(轮式总重力 50kN)、LT-10、…、LT-120 等 12 个等级,见第三章表 3-6。每个等级的荷载都规定了荷载尺寸、轴压力分布等;上述履带式荷载与轮式荷载也没有一一对应的关系。

　　在制式舟桥设计中,没有必要区分各类荷载,而可以将履带式荷载区分为 160kN、250kN、400kN 和 600kN,轮式轴压力区分为 70kN、90kN 和 120kN 三种。

　　这些荷载等级是按我军当前武器装备的实际情况并考虑了未来发展而规定的。

　　一般制式舟桥的总体设计是由履带式荷载来控制的,而轮式荷载主要用于设计桥面系(桥板、甲板等),鉴于现在轮式荷载的总重力在不断增大,因此也要考虑在某些情况下,对舟桥总体用轮式荷载来验算校核。

　　通行量是以单位时间内所通过车辆的数量来计算,例如现在我军的行军速度一般为一昼夜 180～250km,军用车辆在公路上的行军速度为 15～30km/h(白天)和 15～25km/h(夜晚),车辆的间距为 50～100m,也就是说,单车道公路上的通行量为 300～500 辆。作为连接两岸的浮桥,应该尽可能使军用车辆能够以上述速度通过浮桥,不至于在两岸造成堵塞,影响部队机动。

　　为了保证浮桥有一定的通行量,必须对舟桥装备的设计提出一系列的具体要求,如规定桥面宽度、限制桥面的最大纵坡度等。为了使得车辆顺利上下浮桥,还要规定两岸进出口的直线段长度和最小转弯半径等,这些要求大体相当于四级公路和简易公路的标准。

浮桥的通行量除与上述条件有关外,还和车辆的速度和车距有关。为了减少车辆对舟桥的冲击作用,一般要限制车辆在浮桥上的行驶速度。车辆减速通行对通行量带来的影响,可以用缩小车距来弥补,但是车距的缩小有可能造成舟桥结构强度受到影响。所以,按照履带式荷载设计的连续体系浮桥,设计荷载的间距最好不小于 π/β(β 为连续体系浮桥的弹性特征系数,其含义和计算请参阅笔者所编的《浮桥工程》一书)。

在舟桥装备的使用维护说明书中,对车速和车距必须有明确的规定,既要保证有一定的通行量,又要保证舟桥的安全。

制式舟桥所架设的浮桥通载能力,相对于民用桥梁来说,要求是比较低的,但是考虑到制式舟桥的其他战术技术要求,则这个要求并不低。

二、渡河桥梁的架设速度

架设速度是对制式舟桥最主要的要求之一,这也是推动制式舟桥不断向前发展的动力源泉。

对制式舟桥架设作业的速度要求是根据它的使用时机的紧迫性而提出的。在强渡江河作战时,构筑门桥、架设浮桥进行渡河的作业都是在敌火力下进行的。为了减少作业时的伤亡、加快夺取对岸滩头阵地,需要尽快完成架设作业,以便后续部队源源不断渡过江河。当军队在行进间渡河时,伴随部队机动的舟桥部(分)队,必须在极短的时间内架设成浮桥,以减少部队在渡口的等待时间。在渡口遭到敌火力威胁或打击时,能够迅速撤收并能够及时转移地点重新架设。因此,从战术要求来看,架设作业时间要求越短越好。架设速度由舟桥装备的先进性和部队作业的熟练程度来定。

架设作业时间是指从器材运送到河岸时起,到浮桥架设完成为止的总时间,它主要由下述三个环节组成:

(1)器材泛水卸车时间,它取决于泛水卸载方式、泛水卸车的正面宽度和岸边地质条件。尽量选择较好、较多的泛水卸车点,设计时要优先考虑先进的卸车方式,如桥脚分置式舟桥器材均采用节套舟(舟上有桥跨、桥板、连接构件等)集中泛水的方式,四折带式舟桥一般采用惯性泛水方式,速度较快,而二折带式舟桥改进型则在惯性卸载泛水前,首先要完成尖形舟(也称为尖舟)的预展工作,速度相对要慢一些。自行舟桥的主要优点是能够直接驶入水中,省去了泛水卸载的环节。

(2)在岸边结构门桥的时间。桥脚分置式舟桥需要连接舟、连接半门桥、配置固定桥桁、铺设桥板等,花费时间较长。而带式舟桥采用了舟、桁、板三合一,能够在泛水后自动展开,作业手只需要进行舟之间的连接,用时较少;自行舟桥在陆上泛水的同时,就可以进行门桥内部的连接,速度最快。

(3)在桥轴线上架设浮桥的时间。任何形式的舟桥装备,都需要引入桥轴线,架设浮桥,也可以采用多种措施来加快这一作业环节。缩短这个环节的时间更为重要,因为整个环节是暴露在江河上进行的,容易受到敌火力打击,且作业面小,不能展开进行,加之水急浪高、条件恶劣。因此,应尽量将有关作业由河中转移到岸边来做,即尽量采用较长的桥节门桥河中浮桥段来架设浮桥。

制式舟桥装备的撤收转移速度同样是十分重要的。

三、渡河桥梁的适应能力

适应能力是针对制式舟桥器材提出的特殊要求，因为装备给部队使用的舟桥器材，可能用于各种不同的环境条件下，它必须能够适应不同的河流、不同的荷载、不同的环境，并且能够变门桥渡河为浮桥渡河。

我国河流众多、差异极大，适应能力除受河流宽度影响外，还有流速、水深、河底土壤、岸边情况等影响因素。制式舟桥器材必须在最大限度内适应这些因素的变化。

我国的河流按照流速大小可以分为四类：流速在 1m/s 以下为低流速；在 1~2m/s 为中等流速；在 2~3m/s 为高流速；在 3m/s 以上为急流速。

根据统计，85%的预先渡场的常水位流速均不超过中等流速，67%的渡场的洪水位的流速也在高流速以下，仅有极少数河流的流速为急流速。因此，一般重型舟桥器材的适应流速为 3m/s 即可，对于极少数的急流江河，则采用辅助设备（动水板、张纲锚定）或者特种结构的舟桥来克服。

我国江河按水深可以分为：浅水即水深 1m 以下，中等水深即水深 1~6m，深水即水深 6~20m，水深 20m 以上为特大水深。水深对浮桥也有一定的影响，如浅水不便架设浮桥，特大水深则不易投锚固定等，而中等水深和深水则比较适宜架设浮桥。

设计舟桥的岸边部分时，要考虑不同岸边坡度和水位涨幅的适应性。对于土质不良岸滩，有时要设计与舟桥配套的路面器材，配合使用。

舟桥器材的主要设计吨位，是按浮桥（门桥）能够通过的最大履带式荷载来规定的，但是在许多情况下，只有较低的荷载通过时，则浮桥应该能够改变组成形式，架设较轻吨位的浮桥，以便能够架设更长、更多的浮桥。20 世纪 60 年代的重型舟桥属于桥脚分置式舟桥，通过改变桥脚舟的组成、桥脚舟的间距、桥桁的数量、桥面车行道的数量等，可以架设十余种浮桥、构筑若干种漕渡门桥，这也是该器材受到部队欢迎的原因之一。带式舟桥一般只能架设全型舟浮桥（设计载重）、半全型舟浮桥两种浮桥。

几乎所有的制式舟桥都能够构筑漕渡门桥，主要是因为在强渡江河的第一阶段，江面上受到敌军火力打击的威胁大时，需要采用漕渡门桥的形式进行渡河工程保障；当敌人空袭威胁大时，浮桥易遭敌破坏，需要将浮桥改为门桥渡河；当渡河车辆中，重型荷载数量不多时，可以架设轻型浮桥通过一般车辆，另外构筑少量门桥渡送重型荷载。

随着现代化、信息化技术的发展，战争中空中威胁增大，浮桥的目标很大，其生存能力较低，在宽大江河上越来越趋向于门桥渡河。

随着舟桥装备的不断发展，电子元器件、机电设备、控制设备、机械设备等越来越多，因此对于环境适应性也提出了越来越多的要求，如电磁兼容性、抗电磁干扰性、电磁辐射性、振动、噪声、摇荡等，根据舟桥装备的具体情况会提出各自的要求。

环境适应性还应重点考虑高原、高寒、盐雾、山区、沿海潮汐、丛林等的影响。

四、渡河桥梁的机动能力

制式舟桥器材必须兼有陆上和水上的机动性能。

为了便于分散泛水和集中架设，便于分解、疏散、转移渡口，制式舟桥器材必须具有一定的水上机动能力，必须备有足够的动力艇或自备动力，舟体须有一定的线型，以减少阻力，提高航速。目前水上机动的动力主要有以下五类：第一类是专用的汽艇，目前我军使用的汽艇有65型汽艇、79型汽艇和架桥汽艇；第二类采用动力尾舟，主要装备特种舟桥、三代重型舟桥；第三类为推船，主要装备新型特种舟桥；第四类为水路两栖底盘，例如装备自行舟桥；第五类以舷外机作为动力，主要装备二折带式舟桥配的67式操舟机，动力舟桥(图2-4)采用舷外机作为水上动力。

图2-4　动力舟桥

除了水上机动性以外，陆上机动性也是不可缺少的。战争多数情况下，都要横跨江河进行，部队的机动是以车辆在陆地交通线上运动为主，有时也需要进行越野机动。装备有舟桥的工程兵部队，要和军队一起行动，故舟桥器材基本上都是由越野车辆来运输，而配属装甲部队的自行舟桥都是与该部队的装甲底盘类似，具有相当的机动能力。

为了使设计的舟桥器材能够适应车辆运输，对舟桥器材提出一些具体要求。如器材构件的大小、重量分别不超过汽车的装载尺寸和载重能力，还不能超过运输线上桥梁和隧道的净空规定，还要考虑汽车装载后在铁路上运输的要求。当前的重型舟桥、自行舟桥装载后在铁路上都达到一级超限，因此在铁路上运输需要限速行驶，或者将舟与舟车分开运输，这增加了铁路运输平板车数量，增加了作业步骤。

设计制式舟桥时，要尽量使得装车效率提高，减少运输车的数量，缩短行军纵列长度。提高制式舟桥陆上机动的关键是选择越野性能较好的底盘车，因为它不但要在公路上快速机动，而且要在临时开辟的接近路、下河坡路上行驶，还要在松软的河滩上进行泛水装车作业。

根据作战需要和非战争军事行动的要求，制式舟桥器材还需要具备直升机吊运架设、运输机空运，甚至空投的能力，这对制式舟桥提出了更高的要求，要求制式舟桥器材的重量轻、耐冲击，因此各种高性能复合材料将广泛用于舟桥制造；同时要求制式舟桥的运输尺寸小，因此折叠式、充气式等新型结构将用于舟桥的设计。

五、渡河桥梁的抗损性能

除要求舟桥器材在正常情况下按强度和吃水条件承受荷载以外，还要考虑在作战环境下有较高的抗损性能，这也是军用器材的特殊要求。

在战时运输、泛水、架设、撤收、装车等作业环节都是十分紧凑的，要求各个拼装连接构件有足够的刚度和强度，能够耐碰、耐震和耐火。

直接承受车辆荷载的桥面部分，要能够耐磨和耐冲击作用。舟桥的主要荷载为坦克，坦克的冲击震动是较大的，坦克履带对桥面的磨损作用也十分明显，履带的局部压强也很大，容易造成桥面的塑性变形。

因此各类构件在设计时应采用适当的冲击系数，桥板要适当增加磨损厚度，局部集中受压处要予以加强。

要考虑承受反复应力的构件，特别是连接件的疲劳破坏问题，因为这些连接构件大多为低合金高强度钢的焊接结构，形状不规整，应力集中程度高，又由于连接处有间隙而在通行过程中存在碰撞现象,故其疲劳强度大大低于材料的强度,常常出现突然断裂的疲劳破坏。

制式舟桥的桥脚舟,要考虑防风浪和防沉的措施,采用闭口式舟、水密隔舱和填充难沉材料,可以大大提高舟桥的抗沉抗损能力。显然我们不是采取增大构件尺寸或者断面的方法来提高其抗损性,而是采取合理的措施来减少在炮火下受损害的程度和影响,做到局部受损、无关大局、迅速更换、即刻恢复。

六、渡河桥梁的可靠性能

制式舟桥装备的可靠性能参数主要包括:固有可用度、平均故障间隔行驶里程、平均故障间隔时间、平均作业故障间隔次数等。

(一)固有可用度 A_i

分系统的固有可用度按下式计算:

$$A_i = \frac{\sum_{i=1}^{n} T_i}{\sum_{i=1}^{n} T_i + \sum_{i=1}^{n} (M_{ct})_i} \tag{2-1}$$

式中:A_i——固有可用度;
  n——样机台数;
  T_i——第 i 台样机的工作时间(h);
  M_{ct}——修复维修时间(h)。
系统按照任务剖面计算时按照上式计算,否则按下式计算:

$$M_{ctj} = \left(\frac{1}{A_{ij}} - 1\right) T_j \tag{2-2}$$

$$A_I = \frac{\sum_{j=1}^{m} T_j}{\sum_{j=1}^{m} T_j + \sum_{j=1}^{m} M_{ctj}} \tag{2-3}$$

式中:A_I——系统的固有可用度;
  A_{ij}——第 j 个分系统的固有可用度;
  T_j——第 j 个分系统任务剖面中的工作时间(h);
  M_{ctj}——第 j 个分系统任务剖面中修复维修时间(h)。

(二)平均故障间隔行驶里程 MMBF

其计算公式如下:

$$\text{MMBF} = \frac{\sum_{i=1}^{n} M_i}{\sum_{i=1}^{n} N_i} \tag{2-4}$$

式中:MMBF——平均故障间隔行驶里程(km);
  n——样机台数;
  M_i——第 i 台样机的总行驶里程(km);
  N_i——第 i 台样机在整个可靠性行驶时间内的故障总次数。

（三）平均故障间隔时间 MTBF

$$\mathrm{MTBF} = \frac{\sum_{i=1}^{n} T_i}{\sum_{i=1}^{n} N_i} \tag{2-5}$$

式中：MTBF——平均故障间隔时间(h)。

（四）平均作业故障间隔次数 MNBF

$$\mathrm{MNBF} = \frac{\sum_{i=1}^{n} N_i}{\sum_{i=1}^{n} T_i} \tag{2-6}$$

式中：MNBF——平均作业故障间隔次数。

第三节 实现技术指标的主要途径

一、针对支援性能的主要途径

（一）承载能力

根据舟桥使用的目的，一般将舟桥分为重型舟桥、中型舟桥、轻型舟桥和轻型门桥，而目前轻型舟桥都是由重型舟桥兼顾使用的。

重型舟桥目前都是以高强度合金钢制作，为了提高承载能力，一方面在不影响陆上机动性的基础上努力增加排水量，另一方面还要降低自重。增加排水量主要就是增加水线面面积，也就是增加水线面处的水线长和型宽，并增大水线面面积系数。为了确保舟桥装备陆上机动，因此大多是以舟单元的划分和拼组来实现的。轻型门桥是以玻璃钢、铝合金等材料制作，因此用最少(轻)的材料提供最大的承载能力。

从结构设计上，减少自重增大排水体积的通常做法：一是采用折叠式结构，运输时折叠固定放置，使用时展开连接使用；二是采用充气气囊式，库存运输时放掉气体，使用时充气加强；三是由较小的浮体相互拼组形成较大的浮体。

承载能力与舟桥的总体强度有关，还与舟桥的局部强度有关。

（二）航行速度

舟桥装备结合成的门桥漕渡、架设浮桥时桥节门桥的引入桥轴线等，都需要一定的航行速度，航行速度的快慢将影响渡口遂行渡河工程保障的能力，同时也直接影响渡口的战时生存能力。

航行速度的快慢与三个因素有关：一是江河状况，包括江河流速、风速、流向、水深等；二是水上动力的有效推进功率，水上动力有架桥汽艇、动力舟、舷外机等，推进器的形式有螺旋桨式、喷水推进式等；三是水上结构物(漕渡门桥、桥节门桥，包括水上动力本身)的外形，尤其是吃水线以下的湿表面形状。

舟桥的航行速度设计主要包括航行速度的论证分析、水上结构物外形设计、水上动力的设计以及水上动力与结构外形的匹配分析；除了采用理论分析的方法外，最有效的方法是采用水池模型试验进行验证。

（三）渡送能力

舟桥装备的渡送能力一般是指结合的漕渡门桥在单位时间里漕渡战斗兵器的数量，因此渡送能力的大小与以下因素有关：一是漕渡门桥在水上的航行速度。二是漕渡门桥的承载面积。一般标准漕渡门桥可以搭载设计荷载一个战斗单元，但是有的大面积漕渡门桥一次可以搭载多个战斗单元，例如某二折带式桥结合的 6×10t 大面积漕渡门桥可以搭载 6 辆运输车，搭载总重量不超过 600kN，又如特种舟桥的渡驳一次可以漕渡坦克 10 辆，计 3600kN。三是岸边适应能力，有的门桥需要靠泊码头卸载，有的自带跳板进行卸载。四是门桥在河道上的灵活性，包括浅水动力性能、回转性能、加速度性能等。

（四）通载能力

舟桥装备的通载能力主要是指架设的浮桥在单位时间里通行战斗兵器的数量。因此舟桥架设的浮桥通载能力主要与以下因素有关：一是，浮桥的车行道数量，一般的浮桥都是按照设计荷载单车道通行的，大都可以在轻载时作双车道通行，但是俄军 ПП-91 舟桥纵列就可以架设重荷载双车道浮桥；二是，浮桥的通载能力还与战斗兵器在浮桥上的通行速度与间距有关，即速度越快、间距越小，则说明浮桥的通载能力越大。

（五）车行道数量与宽度

车行道的数量与宽度是舟桥装备的主要技术参数，直接影响舟桥支援性能。

车行道的数量一般为一道或者两道，有时也可以多道。

其宽度按照通行荷载的吨位来确定，单车道一般为 3.8～4.0m，双车道一般为 6.6～8m。构成舟桥桥面宽度的方法有以下几种：纵向拼组法、横向拼组法、桥跨外移法、水平旋转法、翻盖加宽法和附加外板加宽法。

1. 纵向拼组法

桥脚舟的纵向是浮桥的横向，单舟构成单车道、双舟构成双车道，以此类推，如图 2-5 所示。

2. 横向拼组法

桥脚舟的横向就是浮桥的横向，由若干尖形舟、方形舟（也称为方舟）构成不同宽度的浮桥桥面，如图 2-6 所示。

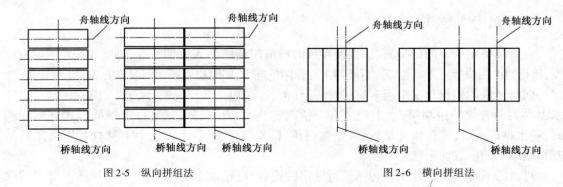

图 2-5　纵向拼组法　　　　　　　图 2-6　横向拼组法

3. 桥跨外移法

在运输过程中,两个桥跨之间没有间隙,在使用时桥跨外移固定,中间用车辙板拼装,如图 2-7 所示。

4. 水平旋转法

在运输时,桥跨沿车辆轴线方向放置,使用时首先车辆旋转 90°,使得沿车辆轴线方向的长度变为桥梁宽度,以达到加宽桥面的目的,如图 2-8 所示。

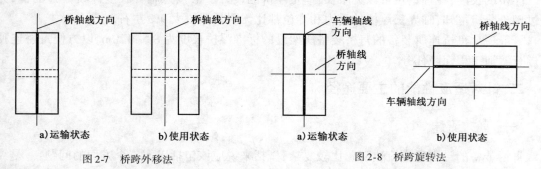

图 2-7 桥跨外移法　　　　图 2-8 桥跨旋转法

5. 翻盖加宽法

在不超过车辆最大宽度的基础上,将部分桥面设计成翻盖形式叠放并进行固定,使用时通过人工方式进行翻盖,在翻盖铰接处可以设计扭力杆,以减少人工翻盖作业量;有条件时也可以设计成机械翻盖、液压翻盖等翻盖方式,以节省劳动强度,如图 2-9 所示。

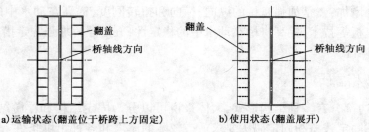

图 2-9 翻盖加宽法

6. 附加外板加宽法

运输时将附加外板与桥跨(舟体)分开运输,结合展开后,再将附加外板与其连接,达到桥面规定宽度。这种方式的外板一般是用轻质复合材料设计的,可减小劳动强度和作业量(图 2-10)。

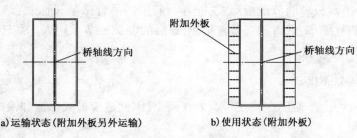

图 2-10 附加外板加宽法

(六)门桥和浮桥长度

门桥和浮桥的长度分别指结合的漕渡门桥的长度及架设的浮桥长度。

对于漕渡门桥来说,其长度直接影响到门桥的装载面积大小和一次漕渡能够渡送武器装备数量的多少,一般其长度为 12～36m。门桥太短,搭载面积小、纵向稳定性不好;门桥太长,门桥的水阻力大、速度会降低,在漕渡时回转、航渡的灵活性不够,另外目标也过于明显。

浮桥的长度,在理论长可以无限长,但是浮桥的设计一般按照临界长度浮桥设计的,因为通过理论分析可知,临界长浮桥的受力和变位都比无限长浮桥大9%左右。

一般一个舟桥连所装备的舟桥装备所架设的标准浮桥长度为 80～120m,以方便舟桥连独立遂行渡河工程保障任务。

二、针对适应性能的主要途径

(一)最大流速

舟桥装备的最大适应流速问题比较复杂,概括来说应该包括以下三个方面的问题:一是浮桥的阻力和锚定问题,随着流速的增加,浮桥的阻力急剧增加并影响浮桥的稳定;二是门桥的阻力与航速问题,对于漕渡门桥来说,阻力越大则航速越慢;三是若流速达到一定的界限,则门桥或浮桥动水稳定性受到影响,易发生失稳。

主要采取的措施有以下六个方面内容:一是合适的舟桥结构形式,桥脚分置式舟桥的水阻力要比带式舟桥的小;二是采用流线型舟体外形以减少阻力,但是舟型系数小则排水量也随之减小,而吃水会增加;三是加强舟桥的纵向、横向和扭转刚度,提高在动水中的稳定性;四是采用导流板、压流板等技术,提高舟桥在动水中的稳定性;五是浮桥加强锚定措施;六是门桥增加水上动力及其匹配。

(二)岸坡和土质

浮桥的岸边部分有多种结构形式,大体来说可以分为固定结构和浮游结构。对于固定结构来说,构筑的固定栈桥和固定码头要求适应较陡的岸坡和各种土壤条件。固定栈桥(码头)的跨度要能够变化,根据不同岸边条件可以考虑连跨架设。

对于浮游结构来说,可以构筑浮游栈桥(码头),也可以采用承压舟直接带跳板的形式。用岸边舟构筑浮游栈桥时,一端搁置岸边,另一端浮游在水中,可以适应水位的变化,在浮桥闭塞时可以方便地移动栈桥的位置来调整浮桥长度;而采用承压舟接岸的形式,要求每个舟都需要按照最不利工况来设计,另外接岸的跳板将直接影响适应岸坡的情况。

跳板采用一节跳板和两节跳板形式,前者一般采用吊臂来架设撤收,结构简单但设置、架设复杂,有一定的故障率;后者第一节常采用液压结构,第二节采用人工翻转的结构,因此适应岸坡性能更好。

(三)最大风速和浪高

对于特种舟桥,由于使用在长江等宽大江河上,因此适应最大风速和浪高也是重要的技术要求。

风速的影响与流速一样,应同时考虑;而适应浪高能力主要靠增加型深或舷板高度来克服。

一般的带式舟桥型深就是舟桥的高度,不用考虑波浪的影响,而特种舟桥的型深为1.2～1.3m,舷板高度为0.5～0.6m,舟的总高达到1.7～1.9m,增加了舟高则影响装车后在陆上公路行驶时的高度。

(四)其他环境适应性要求

为满足其他环境适应性要求,如电磁兼容性、抗电磁干扰性、电磁辐射性、振动、噪声、摇荡、高原、高寒、盐雾、山区、沿海潮汐、丛林等适应性,主要对舟桥装备上所使用电子元器件、液压件、动力设备严格把关,选用可靠、稳定的配件。

三、针对作业性能的主要途径

(一)作业时间

舟车的泛水与装载、门桥的结合与分解、浮桥的架设与撤收等作业时间的长短是舟桥装备的主要技术指标。该时间应该包括作业准备时间、作业过程时间、再作业准备时间等。

因此,要求作业的动作步骤少且简单,机械化、自动化水平高,尽量采用自动架设、自动展开、集成化设计等措施。带式舟桥的门桥结合与分解的作业时间要远远小于桥脚分置式舟桥,其采用了集舟、桁、板为一体的结构形式;自行舟桥又将车、舟、艇合为一体,其展开使用更加迅速。

(二)作业人数

与作业时间一样,集成化、机械化、自动化的设计,将减少作业手人数,减小劳动强度。

作业人数还要涵盖装备准备阶段、装备使用阶段、装备撤收阶段、装备维护维修阶段等各个阶段。

作业人数也要包括装备操作手人数、舟车驾驶员人数、配套水上动力操纵员人数、辅助作业人数等。

(三)转换时间

舟车的泛水与装车是舟桥从行军状态向使用状态转换,这里的转换时间是指浮桥渡河与门桥渡河的转换所需要的时间,一般来说,带式舟桥的转换要比桥脚分置式的转换要快,因为标准吨位浮桥的桥节门桥与漕渡门桥结构基本一致,而将漕渡门桥连接起来就是标准的浮桥。但是桥脚分置式舟桥无论是舟节数量、舟间距、桁的数量和位置都需要重新调整,因此转换时间长、作业量大。

自行舟桥从行军状态到使用状态的作业步骤更少、动作更迅速,人员仅做一些辅助工作即可。

(四)训练周期

作业手训练周期的长短,主要由装备作业的复杂程度来决定。因此设计的舟桥装备要采用集成化、程序化、模块化设计,做到操作动作少、操作程序简单、操作提示(图示、流程、语音)明显等,使得各个科目的训练周期短,提高操作手训练的效率。

四、针对机动方式的主要途径

(一)公路机动

公路机动是陆上机动的主要方式。在舟桥设计中,主要做到不超限,即高度、宽度不超界限,单轴压力不超过 130kN,前后桥之间尽量缩短,重心高度尽量降低,重心前后位置适宜,以满足各种等级道路、越野道路的行驶要求。

(二)铁路机动

铁路机动是陆上长距离运输的主要方式。目前渡河桥梁装备几乎都是铁路运输二级超限,舟车整体装上铁路平板车可以进行运输,但是需要限速(30~40km/h)行驶,因此往往需要装备和舟(桥)车分装运输。

因此在设计时应该考虑下列问题:一是尽量采用各种技术措施,使得舟桥装备铁路整体运输不超限;二是在超限的情况下,做到舟桥装备在铁路站台上自行装卸,三是在舟桥装备和舟(桥)车上设置起吊、固定装置,便于在铁路平板车上的分装运输。

(三)空运空投

空运空投是舟桥装备未来立体投送的主要方式,目前的渡河桥梁还没有考虑空运空投的运输方式。

空运空投舟桥装备主要考虑以下三个问题:一是采用新材料、新结构、新工艺,使得舟桥装备轻型化,满足未来空运空投的要求;二是尽量减小舟桥装备的外形尺度,以满足空投空运的需要;三是在空运空投后如何保证装备完全完好、如何迅速展开、如何迅速转移等方面加以研究。

五、针对可靠性、安全性的主要途径

装备的可靠性、安全性关系装备的总体质量、战术技术性能和装备使用寿命,因此在设计、制造、使用过程中都要加以考虑。

装备的可靠性在设计时主要考虑以下几个方面:一是选用性能可靠的材料和元器件;二是采用成熟可靠的技术;三是操作控制有多种手段,有可靠性的冗余度;四是在结构设计时要考虑各种不利条件和工况;五是要从系统可靠性的指标出发,合理进行可靠性分配。

装备的安全性在设计时主要考虑以下几个方面:一是选用安全性好的材料、元器件和作业技术;二是对于危险操作有提示、警示、保护或限制措施;三是对于操作程序复杂且有危险的应尽量采用自动操作方式;四是装备中的电、气、磁、液等要有安全保护措施;五是结构设计要有安全性考虑。

第三章
渡河桥梁装备器材的设计荷载

第一节 渡河桥梁荷载分类与组合

一、渡河桥梁荷载种类

选定荷载、结构分析计算和绘制结构图纸是渡河桥梁设计工作中的三个主要组成部分。设计荷载的种类、形式、大小和组合选择是否恰当，关系到渡河桥梁在它的有限使用期限内的安全，也关系到桥梁器材生产和装备费用的合理投资。实际上，荷载的分析与选定是比结构分析更为重要的问题。随着技术兵器的进步和渡河桥梁器材的发展，作用在桥梁结构上的荷载越来越复杂。例如，对于大跨径吊桥和索道桥结构，风荷载、风振问题的重要性愈显突出。由于荷载种类、形式复杂化，在渡河桥梁装备和器材设计中，须考虑荷载可能同时出现的组合。

二、荷载的分类与组合

荷载可以根据不同的观点分类。过去我们按其作用方向，将桥梁上所承受的外力分为垂直荷载、水平荷载和其他外力三大类。《军用桥梁设计荷载》(GJB 435—1988)将荷载分为永久荷载、可变荷载和偶然荷载。

(一)荷载分类

1. 永久荷载(恒载)

永久荷载是指桥梁结构在设计使用期内,其值不随时间变化,或其变化与平均值相比可忽略不计的荷载,有结构重力、土的重力及土侧压力、静水压力和浮力。

2. 可变荷载

可变荷载是指桥梁结构在设计使用期内,其值随时间变化,或其变化与平均值相比不可忽略的荷载。按其对桥梁结构的影响程度,又分为以下两种。

(1)基本可变荷载(活载)。渡河桥梁的基本可变荷载有车辆(及技术兵器)、车辆冲击力、人群及骡马。

(2)其他可变荷载。渡河桥梁的其他可变荷载有风力、车辆制动力、车辆水平横向力、流水压力和冰压力。

3. 偶然荷载

偶然荷载是指桥梁结构在设计使用期内不一定出现,若一旦出现,其值很大,且持续时间很短的荷载。如船只或漂流物的撞击力等。

各种荷载列于表3-1。

荷 载 分 类 表　　　　　　　　　　　　　　表3-1

序号	荷 载 分 类		荷 载 名 称
1	永久荷载(恒载)		结构重力
2			土的重力及土侧压力
3			静水压力
4			水的浮力
5	可变荷载	基本可变荷载(活载)	履带式荷载(LD)
6			轮式荷载(LT)
7			车辆冲击力
8			人群荷载
9			骡马荷载
10		其他可变荷载	风力
11			车辆制动力
12			车辆水平横向力
13			流水压力
14			冰压力
15	偶然荷载		船只或漂流物撞击力
16			偏心基本可变荷载

注:如构件主要为承受某种其他可变荷载而设置,则计算该构件时,所承受的荷载作为基本可变荷载。

(二)荷载组合

上述所列举的各种荷载,只提供了我们考虑问题的范围。在渡河桥梁设计时,则要考虑怎样合理地将各种荷载组合起来。组合的原则是根据结构物的特征,并考虑荷载可能同时出现的作用概率,把可能同时出现的各种荷载合理加以组合。渡河桥梁设计所考虑的荷载一般只限于三种经常作用的荷载,即结构重力(自重)、车辆(及技术兵器)等活载和车辆冲击力,以及三种不经常作用的荷载,即风力、车辆水平横向力和车辆制动力。其他荷载在一般情况下不予考虑。

在实际情况下,桥梁的各构件只承受上述诸荷载中的一种或几种,故在计算各构件时,须将可能同时作用于此构件的荷载进行组合,选择最不利的情况进行设计计算。《军用桥梁设计荷载》(GJB 435—1988)中规定:将其区分为荷载正常组合与荷载偶然组合两种。

1. 荷载正常组合

对于渡河桥梁结构物承受基本可变荷载为主的构件,组合中只包括经常作用的基本可变荷载;而对于承受其他可变荷载为主的构件(如纵向联结系),组合中只包括一种其他可变荷载。

2. 荷载偶然组合

对于渡河桥梁结构物包括偶然或不经常作用的某些其他可变荷载的组合,如对于承受基本可变荷载为主的构件,组合中包括不经常出现的荷载(如活载的偶然最大偏心位置作用),或者包括基本可变荷载与其他可变荷载同时作用;对于承受其他可变荷载为主的构件,组合中包括两种以上的其他可变荷载。渡河桥梁结构的荷载组合列于表3-2。

渡河桥梁结构的荷载组合表　　　表3-2

结构名称	组合类型	自重	履带式荷载		风力	水平横向力	制动力	冲击力
			偏心距 $e \leq 75$cm	最大偏心距				
主梁、主桁架	正常	△	△					△
	偶然1	△		△				△
	偶然2	△	△		△	△		
桥面系纵横梁	正常	△	△					△
	偶然	△				△		△
主桁架联结系	正常				△			
	偶然				△			
桥脚桩(支)柱	正常	△	△					
	偶然1	△		△				
	偶然2	△	△				△	
桥脚斜撑	正常				△			
	偶然				△			
桥脚系材							△	
支座		△	△					△

注:表中有△符号的是需要考虑的荷载组合。

按容许应力法设计、采用这两种荷载组合进行渡河桥梁结构构件计算时应有所区别,应按不同的荷载组合给出不同的材料容许应力值。用正常组合计算时,容许应力值不得提高,因组合中的荷载是经常作用的,它是设计渡河桥梁最基本的荷载组合。用偶然组合计算时,因组合中包括了一些偶然或不经常作用的荷载,则容许应力值可以提高。容许应力值提高系数因不同材料和不同结构而异,对于木质低水桥,可提高 30%;对于高水桥、桁架桥,可提高 20%;对于渡河桥梁,所用的钢材容许应力值提高以不得超过 $0.9\sigma_s$ 为限,σ_s 为钢材的屈服强度。在用荷载正常组合计算时,最后的计算应力不得超过构件所用材料的容许应力;当用荷载偶然组合计算时,最后的计算应力不得超过提高后的材料容许应力。

三、渡河桥梁永久荷载

永久荷载(恒载)是指作用位置、大小和方向均固定不变的荷载。作用在渡河桥梁上的恒载,主要是结构物的自重(重力)及附属设备等外加重力。在跨径较大的桥梁中,恒载往往占承受荷载的相当大的比例,因此在构件计算时,必须考虑恒载的作用。但结构设计的一个矛盾是:在桥梁开始设计时,结构的实际重力并不知道。为了进行设计计算,先初步估算结构重力是必要的,待完成设计后,再根据各构件确定的实际尺寸计算结构重力,并与估算的结构重力相比较。若结果与估算的结构重力相差较大,则必须对设计做必要的修改,进行第二次循环;若结果与原来估算的结构重力相差在 5% 之内,则设计认为是可以使用的。

(一)结构重力(自重)

影响桥梁结构自重的因素很多,主要有活荷载(也称为活载)、跨径、结构所用的材料、桥梁的结构形式。估算结构重力时,必须考虑这些因素。目前经常采用的方法是根据已完成设计的或已定型生产的、有相似活载、跨径、材料及结构形式的桥梁,估计将要设计的桥梁结构重力,具体做法是用已定型器材消耗材料的体积,乘以相应材料的重度来确定。渡河桥梁常用材料的重度列于表 3-3。

渡河桥梁常用材料重度　　　　　　表 3-3

材 料 种 类		重度(kN/m³)
钢、铸钢		78.5
铸铁		72.5
黄铜		81.1
青铜		87.4
铝合金		28.0
钢筋混凝土		25.0~26.0
混凝土		24.0
填土		17.0~18.0
松、杉及阔叶软木	半干未防腐材	6.0
	防腐材	7.5
	新伐材、湿材	8.5
落叶松及阔叶硬木	半干未防腐材	7.5
	防腐材	9.0
	新伐材、湿材	10.0

续上表

材 料 种 类	重度（kN/m³）
玻璃钢	15.0～18.0
硬质聚氨酯泡沫塑料	0.3～0.4
聚氯乙烯泡沫塑料	0.2
聚苯乙烯泡沫塑料	0.45

（二）主动土压力

1. 无车辆荷载时

作用在桥台（桥础）、挡土墙前后的主动土压力计算公式：

$$E = \frac{1}{2} B \cdot \mu \cdot \gamma \cdot H^2 \tag{3-1}$$

式中：E——主动土压力；
γ——土的重度；
B——桥台（桥础）的计算宽度或挡土墙的计算长度；
H——计算土层高度；
μ——系数，可按下式计算：

$$\mu = \frac{\cos^2(\varphi - \alpha)}{\cos^2\alpha \cos(\alpha + \delta)\left[1 + \sqrt{\frac{\sin(\varphi + \delta)\sin(\varphi - \beta)}{\cos(\alpha + \delta)\cos(\alpha - \beta)}}\right]^2} \tag{3-2}$$

φ——土的内摩擦角；
β——填土表面与水平面的倾角，当计算台后或墙后的主动土压时，β 按图 3-1a) 取正值；当计算台前或墙前主动土压时，β 按图 3-1b) 取负值；
α——桥台（桥础）或挡墙背与竖直面的夹角。俯墙背（图 3-1）时为正值，反之为负值；
δ——台背或墙背与填土间的摩擦角，一般采用 $\delta = \varphi/2$。

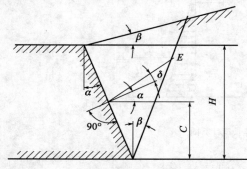
a) 计算台后或墙后的主动土压力时

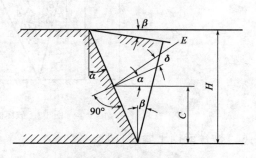
b) 计算台前或墙前主动土压力时

图 3-1 主动土压力图

主动土压力的着力点自计算土层底面算起,$C = H/3$。

2. 有车辆荷载时

当 $\beta = 0°$ 时,桥台(桥础)或挡土墙后填土破坏棱体上的主动土压力计算公式为:

$$E = \frac{1}{2}\gamma H(H + 2h)B\mu \tag{3-3}$$

式中:h——车辆荷载的等代均布土层厚度;
其他符号意义同前。

主动土压力的着力点自计算土层底面算起,则:

$$C = \frac{H}{3} \cdot \frac{H + 3h}{H + 2h} \tag{3-4}$$

3. 破坏棱体破裂面的确定

当 $\beta = 0°$ 时,破坏棱体破裂面与竖直线夹角 θ 的正切值计算公式为:

$$\tan\theta = -\tan\omega + \sqrt{(\cot\omega + \tan\omega)(\tan\omega - \tan\alpha)} \tag{3-5}$$

式中,$\omega = \alpha + \delta + \varphi$;其他符号意义同前。

4. 破坏棱体长度计算的确定

当原有桥梁边跨遭受破坏抢修时,需在桥台上设临时抢修桥梁支座,故需要验算台后土壤的破坏棱体长度,破坏棱体长度 l_0 按下式计算。

(1)桥台或挡土墙背向外倾斜(图3-2)时:

$$l_0 = H(\tan\theta + \tan\alpha) \tag{3-6}$$

式中:H——计算土层高度(填土高);
$\tan\theta$——按式(3-4)计算;
其他符号意义同前。

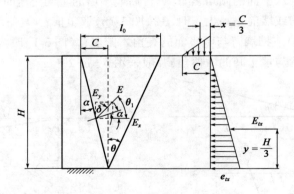

图 3-2 破坏棱体长度计算图

(2)桥台或挡土墙竖直时:

$$l_0 = H \cdot \tan\theta \tag{3-7}$$

$$\tan\theta = -\tan\omega_1 + \sqrt{\tan\omega(\cot\varphi + \tan\omega_1)} \tag{3-8}$$

式中,$\omega_1 = \varphi + \delta$;其他符号意义同前。

（三）静土压力

计算吊桥锚碇时,锚碇结构上的静土压力,按下式计算：

$$e_j = \xi \cdot \gamma \cdot h \tag{3-9}$$

$$E_j = \frac{1}{2}\xi \cdot \gamma \cdot H^2 \tag{3-10}$$

上述式中：e_j——高度 h 处的静土压力强度（kPa）；

E_j——高度 H 范围内单位宽度的静土压力；

ξ——压实土的静土压力系数,见表3-4；

γ——土的重度；

h——填土顶面至任一点高度；

H——填土顶面至基底高度。

压实土的静土压力系数 表3-4

土 的 名 称	ξ	土 的 名 称	ξ
砾石、卵石	20	亚黏土	45
砂土	25	黏土	55
亚砂土	35		

四、渡河桥梁可变荷载

可变荷载包括基本可变荷载（活荷载）和其他可变荷载,基本可变荷载主要是车辆（或技术兵器）荷载及其影响力,其他可变荷载包括自然和人为产生的各种变化力。

（一）基本可变荷载（活载）

1. 设计荷载诸元

渡河桥梁装备和器材,包括各种类型的浮桥、漕渡门桥、临时码头,也包括机械化桥、拼装式桥、冲击桥、伴随桥等,均按照表3-5的设计荷载选用。其中,总体结构设计计算选用履带式荷载,局部结构的设计计算选用轮式荷载。

设 计 荷 载 诸 元 表3-5

	荷载(kN)	履带接地长(m)	履带轴线间距离(m)	履带宽(m)
履带式	160	3.1	2.4	0.4
	250	3.5	2.4	0.4
	400	4.1	2.6	0.6
	500	4.5	2.6	0.7
	轴压力(kN)	轮距(m)	轴距(m)	车轮宽度(m)
轮式	70	1.7	4.0	0.3
	90	1.8	4.0	0.4
	120	1.9	4.0	0.7

2. 车辆荷载等级

在渡河器材的设计中,车辆荷载分为履带式荷载(LD)和轮式荷载(LT)两种,各等级对应的荷载总重力见表3-6。

军用车辆荷载等级表 表3-6

荷 载 等 级		总重力 (kN)	荷 载 等 级		总重力 (kN)
履带式	轮式		履带式	轮式	
LD-5	LT-5	50	LD-40	LT-40	400
LD-10	LT-10	100	LD-50	LT-50	500
LD-15	LT-15	150	LD-60	LT-60	600
LD-20	LT-20	200	—	LT-80	800
LD-25	LT-25	250	—	LT-100	1000
LD-30	LT-30	300	—	LT-120	1200

注:1. LD-5 表示履带式荷载 50kN 级,LT-5 表示轮式荷载 50kN 级,以此类推。
2. 该表不表示履带式荷载与轮式荷载同等级必须对应的关系,在设计时自主选用。

3. 履带式车辆主要技术指标

图 3-3 中,H 为履带式车辆重心离地高度,一般取 1.1m;G 为履带式车辆总重力;L 为履带式车辆底盘车长度;W 为履带式车辆履带外缘宽度;C 为履带中心距;B 为履带宽度;S 为履带着地长度。

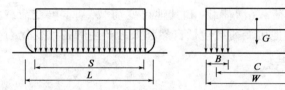

图 3-3 履带式车辆主要参数示意图

履带式车辆主要技术指标见表3-7。

履带式车辆主要技术指标 表3-7

参数	单位	LD-5	LD-10	LD-15	LD-20	LD-25	LD-30	LD-40	LD-50	LD-60
G	kN	50	100	150	200	250	300	400	500	600
S	m	2.7	3.6	3.6	3.6	3.8	4.0	4.2	4.5	5.0
B	m	0.3	0.3	0.4	0.4	0.4	0.5	0.6	0.7	0.7
C	m	1.9	2.5	2.6	2.6	2.6	2.6	2.6	2.6	2.8
L	m	4.5	5.5	5.5	6.0	6.0	6.0	6.0	7.0	7.5
W	m	2.2	2.8	3.0	3.0	3.0	3.1	3.2	3.3	3.4

4. 轮式车辆主要技术指标

图 3-4 ~ 图 3-8 中:g_i 为轮式车辆第 i 轴的轴压力;l_i 为轮式车辆第 i 轴和第 $i+1$ 轴的中心距;c_1 为轮式车辆前轮中心距;c_2 为轮式车辆后轮中心距;l 为轮式车辆长度;w 为轮式车辆宽度;b 为前轮轮胎着地宽度;s 为前轮轮胎着地长度;b' 为后轮轮胎着地宽度;s' 为后轮轮胎着地长度。

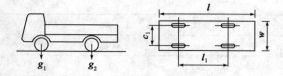

图 3-4　LT-5 至 LT-20 军用汽车图

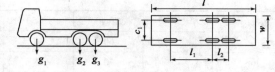

图 3-5　LT-25 军用汽车图

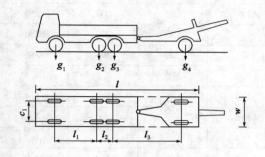

图 3-6　LT-30 军用汽车图

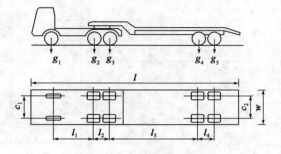

图 3-7　LT-40 至 LT-60 军用汽车图

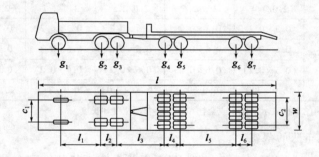

图 3-8　LT-80 至 LT-120 军用汽车图

轮式车辆主要技术指标见表 3-8。

轮式车辆主要技术指标　　　　　表 3-8

参数	单位	LT-5	LT-10	LT-15	LT-20	LT-25	LT-30
g_1	kN	20	30	50	70	70	70
g_2		30	70	100	130	90	70
g_3		—	—	—	—	90	70
g_4		—	—	—	—	—	90
l_1		3.3	4.0	4.0	4.0	3.0	3.5
l_2	m	—	—	—	—	1.45	1.45
l_3		—	—	—	—	—	5.0
c_1/c_2		1.6	1.8	1.8	1.8	2.0	2.0
$b \times s$		0.25×0.2	0.25×0.2	0.25×0.2	0.30×0.2	0.35×0.2	0.35×0.2
$b' \times s'$	m²	0.25×0.2	0.50×0.2	0.50×0.2	0.60×0.2	0.35×0.2	0.35×0.2
$l \times w$		5.5×2.3	7.0×2.5	7.0×2.5	7.0×2.5	8.0×2.5	12.0×2.5

39

续上表

参数	单位	LT-40	LT-50	LT-60	LT-80	LT-100	LT-120
g_1	kN	60	70	70	60	60	60
g_2		70	85	125	70	70	70
g_3		70	85	125	70	70	70
g_4		100	130	140	150	200	250
g_5		100	130	140	150	200	250
g_6		—	—	—	150	200	250
g_7		—	—	—	150	200	250
l_1	m	3.5	3.5	3.5	3.5	3.5	3.5
l_2		1.4	1.4	1.4	1.4	1.4	1.4
l_3		8.5	8.5	8.5	4.0	4.0	4.0
l_4		1.3	1.4	1.4	1.2	1.2	1.2
l_5		—	—	—	4.0	4.0	4.0
l_6		—	—	—	1.2	1.2	1.2
c_1/c_2		2.0/2.4	2.0/2.5	2.0/2.5	2.0/2.7	2.0/2.7	2.0/2.7
$b \times s$	m²	0.3×0.2	0.3×0.2	0.3×0.2	0.3×0.2	0.3×0.2	0.3×0.2
$b' \times s'$		0.6×0.2 (0.5×0.2)	0.6×0.2 (0.6×0.2)	0.6×0.2 (0.6×0.2)	0.6×0.2 (0.5×0.2)	0.6×0.2 (0.5×0.2)	0.6×0.2 (0.5×0.2)
$l \times w$		16.0×3.0	16.0×3.0	16.0×3.0	20.0×3.5	20.0×3.5	20.0×3.5

注:表中 $b' \times s'$ 栏括号内的数据表示半挂车或全挂车的轮胎着地宽度和长度。

5. 对于车辆荷载车队的规定

军用固定桥的单跨长度不大于 50m 时,只考虑单个车辆荷载作用;大于 50m 时,应考虑车辆荷载车队的作用,车队按同级别履带式车辆或轮式车辆考虑。

在考虑车辆荷载车队的作用时,对于浮桥和桁架式固定桥,车辆荷载距离取 30m;对于吊桥,车辆荷载距离取 30~80m。此处的车辆荷载距离,对于履带式荷载是指其中心距,对于轮式荷载是指两荷载相邻轴的中心距。

6. 人群荷载

军用固定桥、浮桥的人行道上的人群荷载按 $3kN/m^2$ 计算,人行道板每块按 1.2kN 的集中竖向力计算,栏杆立柱顶上水平推力按 $0.75kN/m$ 计算,栏杆扶手上的竖向力按 $1kN/m$ 计算。徒步桥上每名士兵战斗负荷按 0.95kN 考虑,间距一般按 1.5m 计算。

(二)其他可变荷载

1. 风力

所谓风就是流动的空气,通常用风速和风向来表示。天然的风力是一种动态的力,它对桥梁的稳定和强度都有影响。对于一个特定结构,风力问题非常复杂,因为影响风力的因素很多,如桥梁的尺寸和外形、主梁(桁)的数量、风的可能侵袭角度、地面的屏蔽作用以及风速与作用时间的关系等。由于将天然风的各种物理特性严密应用于抗风设计是相当复杂的,而且很多问题并未得到理想解决,故在桥梁设计时,需要使其理想化和典型化,把动态的风处理为静态的风,然后确定静态风对结构产生的效应。

(1)横向风力(垂直桥轴线方向)。按照《军用桥梁设计荷载》(GJB 435—1988)的规定,横向风力为横向风压乘以迎风面积,即:

$$P_w = W \cdot A \tag{3-11}$$

式中:P_w——桥梁结构所承受的横向风力(N);
　　　W——横向风压(Pa);
　　　A——桥梁结构的有效迎风面积(m^2)。

横向风压按下式计算:

$$W = K_1 \cdot K_2 \cdot K_3 \cdot K_4 \cdot W_0 \tag{3-12}$$

式中:W_0——基本风压(Pa),当有可靠风速记录时,按 $W_0 = V^2/1.6$ 计算,当无风速记录时,可参照《全国基本风压分布图》,并通过实地调查核实后采用;
　　　V——设计风速(m/s),平坦空旷地面、离地面20m高的各级风的风速见表3-9;
　　　K_1——设计风速频率换算系数,对于大、中桥梁取1.0,其他桥梁包括渡河桥梁采用0.85;
　　　K_2——风载体型系数,桥脚风载体型系数见表3-10,其他构件为1.3;
　　　K_3——风压高度变化系数,见表3-11;
　　　K_4——地形、地理条件系数,见表3-12。

风力分级和相当风速　　　　　表3-9

风级	风名	陆地地面物象征	波浪	相当风速 V(m/s)(离地面10m处)
0	无风	静,烟直上	—	0~2
1	软风	烟能表示风向,但风向标不转动	微波	0.3~1.5
2	轻风	人面感觉有风,树叶微响,风向标转动	小波	1.6~3.3
3	微风	树叶及细枝摇动不止,旗帜吹开	小波	3.4~5.4
4	和风	地面灰尘、纸被吹起,小树枝摇摆	轻浪	5.5~7.9
5	清风	有叶的小树摇摆,内河水面起小浪	中浪	8.0~10.7
6	强风	大树枝摇动,电线呼呼有声,举伞困难	大浪	10.8~13.8
7	疾风	全树摇动,迎风步行感觉不便	巨浪	13.9~17.1
8	大风	细枝折毁,人向前行感到阻力很大	狂浪	17.2~20.7
9	烈风	烟囱顶部及屋瓦被吹掉,小房有损坏	狂涛	20.8~24.4
10	狂风	陆上少见,可使树木拔起,或将建筑物吹毁	狂涛	24.5~28.4
11	暴风	陆上很少,有则必遭重大损毁	—	28.5~32.6
12	飓风	陆上极少,其摧毁力极大	—	大于32.6

桥脚风载体型系数 K_2　　　　　　　　　　　　　　　　　　　　　表 3-10

截面形状		长宽比值	体型系数 K_2
圆形	圆形截面		0.8
方形	与风向平行的正方形截面		1.4
矩形(短边)	短边迎风的矩形截面	$l/b \leq 1.5$	1.4
		$l/b > 1.5$	0.9
矩形(长边)	长边迎风的矩形截面	$l/b \leq 1.5$	1.4
		$l/b > 1.5$	1.3
圆端形(短边)	短边迎风的圆端形截面	$l/b \leq 1.5$	0.3
圆端形(长边)	长边迎风的圆端形截面	$l/b \leq 1.5$	0.8
		$l/b > 1.5$	1.1

风压高度变化系数 K_3　　　　　　　　　　　　　　　　　　　　　表 3-11

离地面或常水位高度(m)	风压高度变化系数 K_3	附 注
5	0.62	
10	0.80	
20	1.00	
30	1.13	表列高度变化系数
40	1.22	只适用于空旷平坦地面
50	1.30	
60	1.37	
70	1.42	
80	1.47	

地形、地理条件系数 K_4　　　　　　　　　　　　　　　　　　　　表 3-12

地形、地理条件	地形、地理条件系数 K_4	地形、地理条件	地形、地理条件系数 K_4
一般地区	1.00	位于避风地点或城区内	0.80
山间盆地、谷地	0.75~0.85	沿海海面及海岛	1.30~1.50
峡谷口、山口	1.20~1.40		

军用低水桥及浮桥结构离开水面的高度一般不超过 5m，若已规定风力定级，其相应的风速换算的风压见表 3-13。

换 算 的 风 压 表 表3-13

风力等级	相当风速 V(m/s) (离水面10m处)	风压 W(Pa) (已换算为离水面5m处)
4	5.5~7.9	20~31
5	8.0~10.7	42~72
6	10.8~13.8	76~124
7	13.9~17.1	125~190
8	17.2~20.7	191~279
9	20.8~24.4	280~387
10	24.5~28.4	388~524

桥梁结构的有效迎风面积,可按结构的外形面积(结构外形轮廓线所包围的面积)乘以桥梁结构的密实系数(折减系数)计算。各种桥梁结构的密实系数见表3-14。

桥梁结构的密实系数 表3-14

结 构 种 类	密实系数
两片钢桁架或钢拱架	0.4
三片及三片以上的钢桁架以及桁拱两弦间的面积	0.5
桁拱下弦与系杆间的面积、上弦与行车道间的面积、空腹式拱上构造的面积,以及吊桥的加劲桁架(或梁)与吊索间的面积	0.2
栏杆	0.2
实体式桥梁结构	1.0
桥面部分、人行道(由桁架弦杆上面到人行道结构的面上)部分	1.0
复式中间桥脚	0.6

《军用桥梁设计荷载》(GJB 435—1988)规定:适应7级和7级以下风力的浮桥和门桥,横向风压按200Pa计算。军用低水桥横向风压按400Pa计算;军用高水桥及其他桥梁,其适应风力等级有明确规定时,横向风力亦可按上述理论进行计算。

上述讨论的风力计算作了静力处理,当结构刚度很大时,这样处理通常是能满足的。如果某结构具有周期较长的固有频率和较小的固有阻尼,稳态风就可以产生一个叫作"涡流"的作用。涡流的产生归因于风围绕着结构通过,并在迎风面上反复产生压力和吸力,这个力的反复方向与风向成直角,使结构在垂直于风的方向产生振动。如果涡流的周期与结构的固有周期相同,那么将会产生较大的振幅,足以导致结构破坏。1940年秋,塔科马海峡吊桥风毁事件就是一例。对于刚性结构,共振的出现,必须是风速比通常出现的风速要大得多。但是,对于柔性结构,共振可能出现在低风速的情况下,塔科马海峡吊桥风毁事件就发生在19m/s的风速情况下。因此,对于柔性吊桥、索道桥和大跨径组合吊桥等柔性结构物,应计算风振的第一阶振动频率、第二阶振动频率及临界风速,活荷载通过桥梁时应尽量避开此临界风速。

(2)纵向风力(顺桥方向)。《军用桥梁设计荷载》(GJB 435—1988)规定:吊桥塔架上的纵向风力可按横向风压乘以塔架的迎风面积计算,其他渡河桥梁结构一般不计算纵向风力。另外还规定:桥上行驶的车辆上作用的纵、横向风力一般不予考虑。

2. 车辆的制动力

车辆的制动力产生于活载在桥上制动和调整它的行驶速度时。制动力由车辆的轮子(或履带)传递到桥面,纵向作用于水平面内。纵向制动力的大小取决于车辆的加速度或减速度的值,最大纵向制动力将由车辆在桥上突然制动而产生。因为车辆在桥上突然制动,车轮(或履带)与桥面之间的摩擦,突然由滚动摩擦转变为滑动摩擦。桥上由滚动摩擦产生的纵向水平力很小,可以忽略不计;但由滑动摩擦产生的纵向水平力,则不可忽略;这个力的数值将视车辆的重量、滑动摩擦因数而定,其值等于车辆总重力乘以滑动摩擦因数。在渡河桥梁上,履带式车辆的制动力等于:

$$T = 0.4P \tag{3-13}$$

式中:P——履带式车辆的总重力;

0.4——滑动摩擦因数取值,在渡河桥梁中取 0.4。

制动力对于木质低水桥,其着力点在桥面上,并传至桥脚。对于钢桁架桥是通过上部结构的支座传到桥脚上,其着力点在支座中心(铰中心或滚轴中心)或滑动支座的接触面和摆动支座的底板面上。因此,在桥脚支座设计和纵向系材设计时,必须考虑这个纵向水平力。

如果上部结构一端是固定支座,另一端是活动支座,则制动力由固定支座所在的桥脚承受。如果上部结构两端固定情况相同,制动力则由几个桥脚共同承受,一般假定由 4 个桥脚承受,即每个桥脚承受 $0.1P$ 纵向水平力。

《军用桥梁设计荷载》(GJB 435—1988)中规定:履带式车辆在渡河桥梁上产生的制动力,按履带式车辆总重力的 40% 计算,军用固定桥如为柔性桥脚,且桥脚不超过 4 个,则此制动力由各桥脚按其刚度分配。若桥脚多于 4 个,仍按 4 个考虑。作用在军用浮桥上的制动力,由全部纵向固定装置平均承受,每岸固定装置承受的制动力按车辆总重力的 10% 计算。

3. 车辆水平横向力

车辆在桥上行驶时,由于行驶方向出现偏斜,必须纠正它的前进方向,此时车辆对桥将产生横向摇摆现象,由此摇摆产生横向摇摆力,即车辆水平横向力。在横向摇摆力作用下,桥梁上部结构上就会产生两个大小相等,方向相反的横向推力 N,如图 3-9 所示。

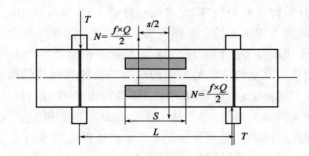

图 3-9 履带式车辆产生横向推力图

这一对横向推力对桥面产生一个扭转力矩,其值为:

$$M = \frac{Q}{2} \cdot f \cdot \frac{s}{2} \tag{3-14}$$

式中：Q——履带式车辆总重力；
s——履带着地长度；
f——履带在桥面上的滑动摩擦因数，钢与木之间无润滑时，取$f=0.4$。

由于扭转力矩作用，在桥梁上部结构两端的桥脚上，产生一对横向水平反力T，两反力T组成一个抵抗力矩，与扭转力矩平衡。抵抗力矩等于$T \cdot L$，由结构平衡得到：

$$T \cdot L = \frac{Q}{2} \cdot f \cdot \frac{s}{2} \tag{3-15}$$

整理后得到：

$$T = \frac{Qfs}{4L} \tag{3-16}$$

将$f=0.4$代入上述公式得：

$$T = \frac{Qs}{10L} \tag{3-17}$$

式中：T——水平横向力；
L——桥梁的计算跨径；
其他符号意义同前。

《军用桥梁设计荷载》(GJB 435—1988)规定：水平横向力由纵向联结系承受。履带式车辆对军用浮桥的水平横向力按车辆总重力的5%计算，由浮桥端部的固定桥脚和系留固定装置承受。

渡河桥梁在设计水平纵向联结系时，要考虑此水平横向力。若按荷载正常组合设计，水平横向力与风力两者取其大者控制设计；若按荷载偶然组合设计，水平横向力与风力进行组合控制设计。

4. 流水压力

水面下桥整个桥跨结构以及其他桥型桥脚位于流水中，迎水面受到流水压力，而在背水面形成旋涡区的压力强度比迎水面的压力强度小很多，这种前后压力强度的差值，就是流水作用在桥梁结构上的总压力。流水压力与结构物的平面形状、结构物表面的粗糙率、水流速度、水流形态、水的温度以及水黏结性等因素有关。

《军用桥梁设计荷载》(GJB 435—1988)规定，军用高水桥桥脚上作用的流水压力计算公式：

$$P = kA\frac{\gamma v^2}{2g} \tag{3-18}$$

式中：P——流水压力(kN)；
γ——水的重度(kN/m^3)；
v——计算流速(m/s)；
A——桥脚阻水面积(m^2)；
g——重力加速度(m/s^2)，取9.81m/s^2；
k——桥脚形状系数，见表3-15。

流水压力合力的着力点，假定在设计水位线以下1/3水深处。

桥脚形状系数 表3-15

桥脚形状	k	桥脚形状	k
方形桥脚	1.5	尖端形桥脚	0.7
矩形桥脚(长边与水流平行)	1.3	圆端形桥脚	0.6
圆形桥脚	0.8		

军用低水桥(包括水面下桥),其流水断面挤压系数 δ 大于0.1者,作用在桥上的流水压力计算公式:

$$P = K_c A (\beta v)^2 \tag{3-19}$$

式中:P——流水压力(kN);

K_c——水流阻力系数,对于一般非流线型外形的渡河桥梁,$K_c=0.6$;

A——桥梁结构(桥跨及桥脚)承受水压力的面积(m^2);

v——计算流速(m/s);

β——绕流系数,$\beta=1/(1-\delta)$;

δ——流水断面的挤压系数,等于桥梁结构承受水压力的面积与流水面积之比。

五、渡河桥梁其他荷载

民用桥梁的偶然荷载主要是指地震荷载以及船只或漂流物的撞击力。渡河桥梁设计时,将活载行驶时的横向最大偏心也视为偶然荷载情况。这是由于渡河桥梁使用时间较短,一般不考虑桥下通航,因此地震荷载和船舶的撞击力设计时不予考虑。漂流物的撞击力通常在结构上采用措施,予以保证。渡河桥梁装备的其他荷载主要包括车辆偏心行驶荷载、冲击荷载、泥土荷载、冰雪荷载、人员荷载等。

(一)偏心行驶荷载

活荷载的最大偏心应在计算横向分配系数时予以考虑。通常认为,活荷载在桥梁横方向可以在车行道宽度内任意行驶。

对于单车道,当活荷载靠缘材内缘行驶时的偏心距称为最大偏心距,记为 e_{max}。对于双车道,则规定在正常情况下,偏心距不得大于0.75m;当偏心距大于0.75m时,则称为偶然情况,此时的偏心称为最大偏心距。其最大偏心距 $e_{max}=(B-B_0)/2$,这里 B 为车行道宽度,B_0 为活荷载的最大外形宽度。

(二)冲击荷载

渡河桥梁的冲击荷载影响可以简化计算,对于固定桥梁,车速以25km/h,其冲击系数可以按表3-16中值选用。对于浮桥、门桥河中部分的总体强度,车辆的冲击系数可以取1.10;对于浮桥、门桥的岸边部分,车辆冲击系数可取1.3。桥梁架设中结构动力作用的静载(桥梁自重)放大系数可取1.15,架设装置及结构的动力放大系数可取1.3。也可以按照本章第三节的方法确定冲击系数。

钢桥冲击系数　　　　　　　　　　　　　表 3-16

结 构 种 类	冲击系数 $1+\frac{1}{2}\mu$
固定桥主桁、桥面系	$1+\frac{1}{2}\times\frac{15}{37.5+L}$，且 ≤1.15
吊桥主桁、主索、塔架	$1+\frac{1}{2}\times\frac{50}{70+L}$，且 ≤1.10

(三) 泥土荷载

当桥面泥土不能及时清理时,应考虑泥土荷载。泥土荷载可取桥梁结构总重的 10% ~ 25%,按均匀分布计算。

(四) 冰雪荷载

当桥面冰雪荷载小于泥土荷载时,在考虑泥土荷载后不需要再考虑冰雪荷载。当桥面冰雪荷载超过泥土荷载后,应考虑冰雪荷载,此时不再考虑泥土荷载。

(五) 人员荷载

桥梁跨径小于或等于 30m 时,人行道的人员荷载为 $4.0 kN/m^2$;桥梁跨径大于或等于 60m 时,人行道的人员荷载为 $3.0 kN/m^2$;当桥梁跨径在 30 ~ 60m 之间时,可由线性内插得到人行道人员设计荷载。徒步桥上每名士兵战斗负荷按 0.95kN 考虑,间距一般按 1.5m 计算。

第二节　渡河桥梁的等代荷载

上述所介绍的渡河桥梁设计荷载,均是由一系列集中荷载或一段均布荷载所组成。如果用影响线来计算桥梁构件由这些荷载所产生的反力、弯矩、剪力、挠度等,确定荷载最不利位置,以及计算其最大影响量时,手续比较复杂,工作量也很大。为了简化这种烦琐的计算工作,计算时通常用一种等代荷载来代替上述荷载。

一、等代荷载的概念

所谓等代荷载,是一种与一组集中荷载或一段均布荷载起同等作用的,经过换算而求得的均布荷载。等代荷载有:等反力等代荷载、等弯矩等代荷载、等剪力等代荷载和等挠度等代荷载。即在同一根梁上,集中荷载(或一段均布荷载)在此梁上产生的最大反力、弯矩、剪力、挠度,与另一种在它影响线全部长度上的均布荷载在此梁上产生的最大反力、弯矩、剪力、挠度相等。

二、等代荷载的求解方法

下面列举等弯矩等代荷载的求解方法,M 影响线为三角形,其面积为 Ω,设等代荷载为 K_e,如图 3-10 所示。

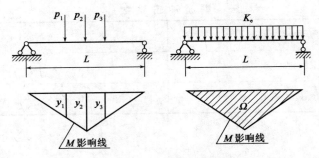

图3-10 三角形影响线集中荷载的等代荷载

由一组集中荷载产生的最大弯矩为：
$$M_{max} = p_1 y_1 + p_2 y_2 + p_3 y_3 + \cdots = \sum p_i y_i$$

由等代均布荷载产生的最大弯矩为：
$$M_{max} = K_e \cdot \Omega \tag{3-20}$$

根据它们作用相等的概念，可得：
$$K_e \cdot \Omega = \sum p_i y_i$$

所以：
$$K_e = \frac{\sum p_i y_i}{\Omega} \tag{3-21}$$

若上述荷载为一段均布荷载，其对应下的影响线面积为 ω，如图3-11所示。由一段均布荷载产生的最大弯矩：$M_{max} = q\omega$，同理可得：
$$K_e \cdot \Omega = q\omega \tag{3-22}$$

其他各量值的等代荷载，这里就不一一赘述。根据等代荷载的概念，各种等代荷载是不难求出的。

三、影响等代荷载的因素

在一组集中荷载或一段均布荷载作用下，等代荷载是根据影响线的尺寸及形状而求得的。影响线一般有下列四个主要组成要素：一是底边长度；二是纵坐标值；三是顶点位置；四是形状（三角形或曲线，曲线又有凸曲线和凹曲线）。这四个要素与所要求的等代荷载的关系如下：

（1）等代荷载的数值，随着影响线长度的增加而减小，这是因为影响线面积增大。

（2）在其他因素不变的情况下，等代荷载的数值与影响线的纵坐标值无关。如图3-12所示的两个三角形影响线，其底边长度及顶点位置均相同，但纵坐标值不同，设其比值为 c，即 $y' = cy$，故影响线的面积为 $\Omega' = c\Omega$，其等代荷载为：

$$K_e = \frac{\sum py}{\Omega}, K'_e = \frac{\sum py'}{\Omega'}$$

因此有：

$$K'_e = \frac{\sum py'}{\Omega'} = \frac{c\sum py}{c\Omega} = \frac{\sum py}{\Omega} = K_e$$

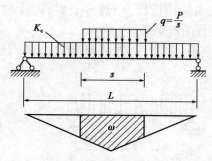
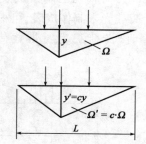

图 3-11　三角形影响线一段均布荷载的等代荷载　　图 3-12　纵坐标值不同的影响线

（3）在其他因素相同的情况下，一组集中荷载的等代荷载数值与影响线的顶点位置有关，随着影响线顶点向跨中移动，等代荷载值将逐渐减小一些。如图 3-13 所示，三个不同顶点的三角形影响线，在两个相同的集中荷载作用下，顶点在端点时，其影响量值最大，故其等代荷载也最大，这是因为顶点在端点时影响线的坡度较缓，y_2 值较大。但一段均布荷载的等代荷载数值与影响顶点位置无关。

如图 3-14 所示，两个顶点位置不同的三角形影响线，在一段均布荷载作用下，其影响值是一样的，由几何关系可以证明：

$$\omega_1 = \omega_2 = \frac{1}{2}\left[y_{\max} + \frac{y_{\max}(L-s)}{L}\right]s = y_{\max} \cdot s \cdot \left(1 - \frac{s}{2L}\right) \qquad (3-23)$$

因此，等代荷载值与顶点位置无关。

（4）曲线形影响线所求的等代荷载，与三角形影响线所求得的等代荷载是有些差别的。如底边长度相等，影响线为凹曲线者，其等代荷载之值比三角形的大些；而影响线为凸曲线的，其等代荷载值较三角形的要小些。这是因为凹曲线的面积比三角形的面积小，故其等代荷载值要大些；而凸曲线的面积比三角形的面积大，故其等代荷载要小些。其由图 3-15 可以看出。

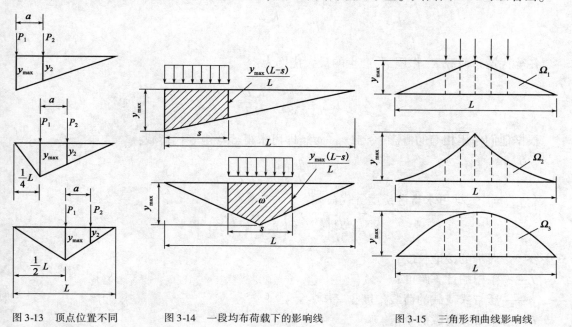

图 3-13　顶点位置不同的影响线　　图 3-14　一段均布荷载下的影响线　　图 3-15　三角形和曲线影响线

民用桥梁设计荷载现已制作成表,可见《公路桥涵设计手册》等资料,设计时直接查用。渡河桥梁设计荷载尚未制作成表,可根据等代荷载的概念求值。

【例3-1】 设计荷载为履带式荷载,求主桁的等弯矩、等挠度等代荷载,计算简图如图3-16所示。

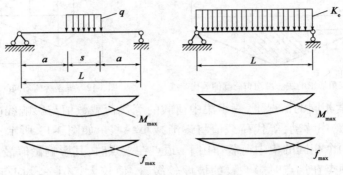

图3-16 计算简图

解：

查《公路桥涵设计手册》,或者查《建筑结构静力计算手册》,在一段均布荷载作用下,产生的最大弯矩为:

$$M_{max} = \frac{qsL}{8}\left(2 - \frac{s}{L}\right)$$

最大挠度为:

$$f_{max} = \frac{qsL^3}{384EI}\left[8 - 4\left(\frac{s}{L}\right)^2 + \left(\frac{s}{L}\right)^3\right]$$

在等代均布荷载 K_e 作用下,产生的最大弯矩为:

$$M_{max}^{K_e} = \frac{K_e L^2}{8}$$

在等代均布荷载 K_e 作用下,产生的最大挠度为:

$$f_{max}^{K_e} = \frac{5}{384} \cdot \frac{K_e L^4}{EI}$$

根据他们作用相等的概念,令 $M_{max} = M_{max}^{K_e}$ 即可求得等弯矩等代荷载:

$$K_e = \frac{qs}{L}\left(2 - \frac{s}{L}\right)$$

令 $f_{max} = f_{max}^{K_e}$,即可求得等挠度等代荷载:

$$K_e = \frac{qs}{5L}\left[8 - 4\left(\frac{s}{L}\right)^2 + \left(\frac{s}{L}\right)^3\right]$$

式中：s——履带的接地长度；

L——主桁的计算跨度；

q——履带式荷载的荷载集度, $q = P/s$；

P——履带式荷载的全重。

第三节 渡河桥梁的冲击荷载

一、产生冲击的原因

(1) 车辆荷载不是由零慢慢增加,而是一上桥就以一定的速度过桥,因此使桥梁发生振动。速度越快,动力作用越大。

(2) 由于坦克履带链节有节奏地不均匀作用于桥上,引起桥梁的振动。

(3) 由于桥面不平整或车轮不圆,好像轮子掉进"坑洞"一样,车轮撞击桥面,引起冲击作用。

(4) 由于车辆在其钢板弹簧上的振动,将引起桥梁结构的振动,这个动力作用将取决于车辆和桥梁的相对质量、结构的固有频率、桥梁的阻尼特性以及振动时间的长短。

(5) 桥梁结构自身的变形,有助于增加动力作用。当桥梁设计活荷载大,结构自重小时,桥梁将产生较大挠度,从而增加结构的动力作用。

二、冲击系数

对于桥梁来说,它所承受的总的动力作用由振动和冲击等组成。这个总的动力作用应采用动力学理论进行计算,但计算太复杂,不容易得到精确的结果,加之车辆类型繁多,桥梁结构形式不同等实际情况,动力作用从理论上详细计算是有困难的,目前各国在设计规范中通常采用一些近似的简单公式确定冲击系数。

冲击系数的概念:桥梁设计时,先把运动的车辆荷载视为静载,求出各构件所受的内力,然后再乘以一个放大系数,使它接近于动荷载所产生的内力。这个放大系数定义为冲击力与静活载的比,称之为冲击系数,即:

$$1 + \mu = \frac{冲击力}{静活载} \tag{3-24}$$

我军金属桥梁设计,是采用民用公路钢桥和吊桥的公式,但活载冲击系数取其一半,即冲击系数采用 $1 + 0.5\mu$,并且规定按此公式计算所得值,对于钢桥不超过 1.15,若超过 1.15,则取 1.15;对于吊桥若超过 1.10,则取 1.10。其原因是:渡河桥梁属于临时性结构物,使用期限比较短;活载在桥上行驶的速度受到限制;为了减轻渡河桥梁器材的重量,提高架设速度,故将冲击系数酌量减小。

设计木桥或木质构件时,由于木材的弹性变形较大,它能大量吸收冲击能量,于是木材有较好的抗振性能,加之安全储备较大,故不计冲击力。

《军用桥梁设计荷载》(GJB 435—1988)中规定的钢桥冲击系数列于表 3-17。

钢桥冲击系数　　　　表 3-17

结构种类	冲击系数 $1 + 0.5\mu$
固定桥主桁、桥面系	$1 + 0.5 \times \dfrac{15}{37.5 + L}$,且 ≤ 1.15
吊桥主桁、主索、塔架	$1 + 0.5 \times \dfrac{50}{70 + L}$,且 ≤ 1.10

注:1. 对于简支的主梁、主桁,L 为计算跨度。

2. 对于悬臂梁、连续梁、刚构、桥面系构件,仅受局部荷载的构件,以及桥脚等,L 为其相应内力影响线的荷载长度(即为各荷载区段长度之和)。

第四节　公路桥梁的民用荷载作用

一、公路桥梁的民用荷载作用分类

公路桥梁所受的作用是按照《公路桥涵设计通用规范》（JTG D60—2015）来选用的，共划分为 3 类 21 种，主要包括永久作用、可变作用和偶然作用，见表 3-18。

桥梁所受作用的分类　　　　　　　　　　表 3-18

编号	作用分类	作用名称
1	永久作用	结构自重（包括结构附加重力）、预应力、土的重力、土的侧压力、混凝土收缩徐变、水的浮力、基础变位
2	可变作用	汽车荷载、汽车冲击力、汽车离心力、汽车产生的土压力、人群荷载、汽车制动力、疲劳荷载、风荷载、流水压力、流冰压力、波浪力、温度作用、支座摩阻力
3	偶然作用	地震作用、船舶撞击作用、漂流物撞击作用、车辆撞击作用

永久作用是指在结构使用期间，其作用的位置、大小和方向不随时间变化，或其变化与平均值相比可以忽略不计的作用。永久作用也叫作恒载（dead load）。

可变作用是指在结构使用期间，其作用的位置、大小或方向随时间变化，且其变化值与平均值相比不可忽略的作用。按其对结构的影响程度，又可以分为基本可变作用（又称为活载，live load）和其他可变荷载。

偶然作用，只包括地震作用、船只或漂流物的撞击作用和车辆的撞击作用。这种作用在设计使用期间内不一定出现，一旦出现，其持续时间较短，但数值很大。

二、汽车荷载

（一）汽车荷载的概念

汽车荷载由车道荷载和车辆荷载组成。

车道荷载由均布荷载和集中荷载组成，主要用于桥梁结构的总体计算；车辆荷载是一个重量为 550kN 的标准荷载，主要用于桥梁结构的局部加载、涵洞、桥台和挡土墙的土压力等。

车道荷载与车辆荷载的作用不得叠加。

设计中公路桥梁汽车荷载分为公路—Ⅰ级和公路—Ⅱ级，其具体使用见表 3-19。

车道荷载使用　　　　　　　　　　表 3-19

高速公路	一级公路	二级公路	三级公路	四级及以下公路
公路—Ⅰ级	公路—Ⅰ级	公路—Ⅰ级	公路—Ⅱ级	公路—Ⅱ级

注：1. 二级公路作为集散公路且交通量少时，其桥涵的设计可采用公路—Ⅱ级荷载。
　　2. 四级公路上重型车辆少时，其桥涵设计所采用的公路—Ⅱ级车道荷载的效应可乘以 0.8 的折减系数，车辆荷载的效应可乘以 0.7 的折减系数。

（二）车道荷载

车道荷载是虚拟荷载（图 3-17）。纵向形式为均布荷载 q_k（表 3-20）加单个集中荷载 P_k

(表 3-21),均布荷载满布于使结构产生最不利效应的同号影响线上,P_k 只作用于相应影响线中一个最大的影响线峰值处;横向形式为两条,其横向间距为 1.8m,数值均等(分别为 $q_k/2$ 及 $P_k/2$)。

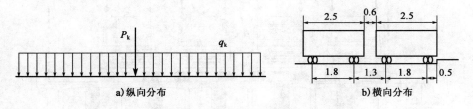

图 3-17　车道荷载(尺寸单位:m)

均布荷载标准值　　　　　　　　　　　表 3-20

汽车荷载等级	公路—Ⅰ级	公路—Ⅱ级
q_k(kN/m)	10.5	7.875

其中,高速公路、一级公路和作为干线公路而且重型车辆较多时的二级公路,可采用公路—Ⅰ级汽车荷载等级,其他公路采用公路—Ⅱ级荷载,公路—Ⅱ级的荷载量值是公路—Ⅰ级的 75%。集中荷载标准值见表 3-21。

集中荷载标准值　　　　　　　　　　　表 3-21

计算跨径	P_k(kN)	
	公路—Ⅰ级	公路—Ⅱ级
$l \leqslant 5$m	180	135
$l \geqslant 50$m	360	270

桥涵跨径大于 5m、小于 50m,采用内插方式,公路—Ⅱ级的荷载量值是公路—Ⅰ级的 75%。

公路桥梁设计车道数量,应该符合表 3-22、图 3-18 的规定,多车道桥梁上汽车荷载应考虑多车道折减,当桥梁设计车道数量大于或等于 2 时,由于汽车荷载产生的效应应按表 3-23 的规定进行折减,但是折减后的效应不得小于两车道的荷载效应。

公路桥梁设计车道数　　　　　　　　　表 3-22

桥面车行道宽度 W(m)		桥梁设计车道数量(条)
单向行驶桥梁	双向行驶桥梁	
$l < 7.0$		1
$7.0 \leqslant l < 10.5$	$6.0 \leqslant l < 14.0$	2
$10.5 \leqslant l < 14.0$		3
$14.0 \leqslant l < 17.5$	$14.0 \leqslant l < 21.0$	4
$17.5 \leqslant l < 21.0$		5
$21.0 \leqslant l < 24.5$	$21.0 \leqslant l < 28.0$	6
$24.5 \leqslant l < 28.0$		7
$28.0 \leqslant l < 31.5$	$28.0 \leqslant l < 35.0$	8

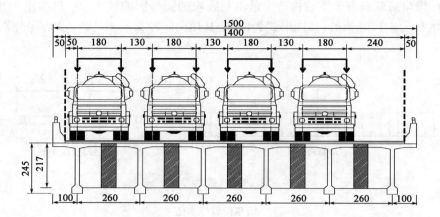

图 3-18 车辆横向布置(尺寸单位:cm)

多车道桥梁横向折减系数　　　　　　　　　　表 3-23

横向布置设计车道数	2	3	4	5	6	7	8
横向折减系数	1.00	0.78	0.67	0.60	0.55	0.52	0.50

大跨径桥梁上的汽车荷载,还应该考虑纵向折减。当桥梁跨径 $L \geqslant 150\mathrm{m}$ 时,应该按照表 3-24 规定进行纵向折减。当为多跨连续结构时,整个桥梁结构均按最大的计算跨径考虑汽车荷载效应的纵向折减。

大跨径桥梁纵向效应折减系数　　　　　　　　　　表 3-24

计算跨径(m)	纵向折减系数	计算跨径(m)	纵向折减系数
$150 \leqslant L < 400$	0.97	$800 \leqslant L < 1000$	0.94
$400 \leqslant L < 600$	0.96	$L \geqslant 1000$	0.93
$600 \leqslant L < 800$	0.95		

(三)车辆荷载

公路桥梁车辆荷载的立面、平面如图 3-19 所示,车辆荷载是实际荷载,总重力为 550kN,共 5 轴,其中最大轴压力为 140kN。车辆荷载用于计算桥梁的局部强度,且没有公路等级之分。其主要技术指标见表 3-25。

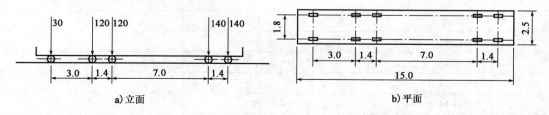

图 3-19 公路桥梁车辆荷载(轴重单位:kN;尺寸单位:m)

公路桥梁车辆荷载主要技术指标 表3-25

项　目	单位	技 术 指 标	项　目	单位	技 术 指 标
车辆重力标准值	kN	550	轮距	m	1.8
前轴重力标准值		30	前轮着地宽度及长度		0.3×0.2
中轴重力标准值		2×120	中后轮着地宽度及长度		0.6×0.2
后轴重力标准值		2×140	车辆外形尺寸(长×宽)		15×2.5
轴距	m	3+1.4+7+1.4			

第四章
渡河桥梁装备器材的结构钢材

第一节　渡河桥梁结构材料概述

材料是人类赖以生存和发展的物质基础,是人类进步的里程碑,是多数发明创造的先导。材料的更新和进步促进了人类社会的发展,人类的文明史也是一部材料发展史。

从原始时代人们就将自然生长的藤蔓、树木、石料等用于建造桥梁。随着人类科学文化的进步与发展,以及桥梁构造物的变革,桥梁结构所用的材料得到了显著发展。这一发展又促进了桥梁结构与制造工艺的进步。渡河桥梁所用的材料是各种各样的,20 世纪 30 年代以前,世界各国军队主要使用木材架设桥梁;20 世纪 60 年代英军又研制了 MGB 中型桁梁桥,联邦德国研制了 KRUPP 军用固定桥,均以铝合金为主要材料。

自第二次世界大战以来,由于武器的发展,机械化程度日益提高,碳素钢、低合金钢和高合金钢等高强度新材料的出现,英军首先研制了贝雷桥,接着苏军研制了 KMM 轻型机械化桥、TMM 重型机械化桥和 MTY 装甲架桥车,它们都是以钢材为主。

20 世纪 60 年代,我国冶金工业生产出低合金钢 16Mn,在南京长江大桥首先得到应用,随后我军也研制生产了以 16Mn 为主要材料的装配式公路钢桥,同时也试验架设了一些中等跨度和大跨度的以钢丝绳为承重结构的吊桥和索道桥。

本章将着重阐述渡河桥梁结构钢材、钢丝绳等材料的品种、性能和计算方法。在第五章将着重阐述渡河桥梁所用木材、铝合金、复合材料的品种、性能和各类结构的计算方法。

第二节　钢材的品种与标号

钢的种类繁多,渡河桥梁用结构钢只占其中的很小一部分。

一、钢的种类

1. 按冶炼方法分类

按冶炼方法(炉种)的不同,钢可分为平炉钢、转炉钢和电炉钢三种。其中,转炉钢质量最差,一般只用于次要的和不受冲击的构件;电炉钢质量最好,主要冶炼高级合金钢;平炉钢质量较好,杂质少,产量高。钢结构中大多数构件都是采用平炉钢。

2. 按浇注方法分类

按钢水浇注方法的不同,钢可分为镇静钢、沸腾钢和半镇静钢三种。镇静钢在浇注前掺入脱氧剂,注锭后冷却缓慢,各种有害气体含量少,钢的晶粒微细、机械性能,尤其是韧性和可焊性比沸腾钢好。镇静钢是大多数钢结构中重要受力构件的制作材料。普通低合金钢一般都是镇静钢。半镇静钢介于镇静钢和沸腾钢之间。

3. 按化学成分分类

由于化学成分的不同,钢可分为碳素钢、普通低合金钢和合金钢三种。碳素钢是铁和碳的合金。根据含碳量的不同,碳素钢可分为低碳钢(C 含量 <0.25%)、中碳钢(C 含量在 0.25% ~ 0.6%)和高碳钢(C 含量 >0.6%)。渡河桥梁钢结构中所用的碳素钢大多是低碳钢。含碳量小于 0.04% 的钢称为工业纯铁。碳素钢根据本身的含硫、磷量的多少,分为普通碳素钢和优质碳素钢。在普通低碳钢的基础上加入少量合金元素(如硅、钒、铌、硼等)而获得的强度和综合性能明显改善的钢,称为普通低合金钢。合金钢含有一种或多种适量的合金元素,因而具有较好的特殊性能,按其合金元素总含量的多少,合金钢又分为低合金钢、中合金钢和高合金钢。

4. 按钢的用途分类

由于钢的用途不同,又可分为结构钢、工具钢和特殊钢。结构钢,又分为建造用钢和机械用钢:建造用钢是用于建造锅炉、船舶、桥梁、厂房及其他建筑用的钢,这类钢材通常要经过焊接施工,所以一般是含碳量不超过 0.25% 的低碳钢,多在热轧或正火状态下使用;机械用钢是用于制造机器或机械零件的钢,一般要经过渗碳和调质处理后才使用。工具钢是用于制造各种工具的高碳钢和中碳钢,包括碳素工具钢、合金工具钢和高速工具钢等。特殊钢则作特殊用途,并具有特殊的物理和化学性能,包括不锈耐酸钢、耐热不起皮钢、磁性材料等。

钢的种类繁多,但渡河桥梁钢结构中采用的只是普通碳素钢和普通低合金钢中的少数几种。

二、钢的标号

钢的标号即钢号,是指各种钢的牌号。钢号能够反映钢的种类以及它的大概成分。本节只介绍普通碳素钢和普通低合金钢的标号。

普通碳素钢,按出厂保证条件分为A、B、C和D四个质量等级。A级钢保证抗拉强度、屈服点和伸长率3项力学性能(需方要求时可保证冷弯性能),但化学成分中,碳、锰含量不作为交货条件。而B、C、D级钢均保证抗拉强度、屈服点、伸长率、冷弯性能和冲击韧性(+20℃,0℃或-20℃)5项力学性能,化学成分也有保证。碳素钢的牌号由代表屈服点的字母、屈服点数值、质量等级符号、脱氧方法符号四个部分按顺序组成。其符号意义为:Q为钢材屈服点"屈"字汉语拼音首位字母;A、B、C、D为质量等级;F为沸腾钢;b为半镇静钢;z为镇静钢;Tz为特殊镇静钢,如桥梁钢等。

在牌号组成表示中,z与Tz符号可以省略。例如,Q235AF表示屈服点为235MPa的A级沸腾钢,Q235B表示屈服点为235MPa的B级镇静钢。

根据钢材厚度(直径)≤16mm时的屈服点大小,普通碳素钢分为Q195、Q215、Q235、Q255、Q275等牌号。它们分别相当于旧标准《碳素结构钢》(GB 700—1988)中的1号、2号、3号、4号和5号钢。由于渡河桥梁结构通常仅使用Q235钢(3号钢),所以《军用桥梁设计准则》(GJB 1162—1991)中仅列出了Q235钢的有关计算数据。

普通低合金钢的牌号由4部分组成,如XX Y Z T。

其中,前两位数字为平均含碳量的万分数(XX),其后标出所含合金元素的符号(Y)和合金含量代号(Z)。当某合金元素平均含量高于1.5%时,在该符号后标出其百分数(取整数),否则可以不标出百分数;当由多种合金元素组成时,则应依次列出。例如:16Mn钢表示平均含碳量为0.16%,主要合金元素为Mn,其平均含量不超过1.5%。第四部分为特殊用途代号(T)。当有特殊用途时,则在钢的代号末尾以拼音字母表示,如:16Mnq,其中q表示桥梁用16Mn钢。15MVC(15锰钒船)是指平均含碳量为0.15%、主要合金元素为Mn和V(含量均小于1.5%)的船舶用钢。

第三节　钢材的规格

渡河桥梁钢结构采用的钢材主要为热轧成型钢板和型钢,以及冷弯成型的薄壁型钢。

一、钢板

钢板又分毛边钢板和轧边钢板两种。

1. 毛边钢板

这种钢板是将钢锭经过纵横两个方向辊轧而成的。因此,其纵横两个方向的强度均较高。这种钢板多用于像板梁的腹板和节点板等存在双向受力的部位。根据钢板的厚度、尺寸大小,又分为薄钢板和厚钢板两种。

(1)薄钢板:厚度为0.35~4.0mm,宽度为500~1500mm,长度为0.5~4.0m。

(2)厚钢板:厚度为4.5~60.0mm,宽度为600~3000mm,长度为4~12m。

2. 轧边钢板(扁钢)

这种钢板只作纵向轧制,因此其横向抗拉强度较纵向低,只能用于轴向受力构件等单向受力处。通常扁钢厚4~60mm、宽12~200mm、长3~9m。

钢板符号用"—"表示,如—200×12×1000 表示钢板宽200mm、厚12mm、长1000mm。

二、热轧型钢

常用的热轧型钢为角钢、工字钢和槽钢(图4-1)。

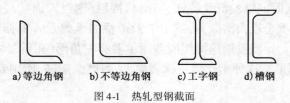

a)等边角钢　b)不等边角钢　c)工字钢　d)槽钢

图4-1　热轧型钢截面

1. 角钢

角钢分为等肢角钢和不等肢角钢两种。等肢角钢用符号"∠"后加肢宽乘以肢厚表示,如∠100×10 为肢宽100mm、肢厚10mm 的等肢角钢。不等肢角钢用符号"∠"后加长肢宽乘以短肢宽乘以肢厚表示,如∠100×80×8 为长肢宽100mm、短肢宽80mm、肢厚8mm 的不等肢角钢。角钢长度一般为3~19m。

2. 工字钢

工字钢分为普通工字钢、轻型工字钢和宽翼缘工字钢三种。用"I"后加号数表示。号数代表截面高度的厘米数。20 号以上的工字钢,同一号数又按腹板厚度分为a、b、c 三类。例如I36a 表示高度为360mm,腹板厚度为a 类的工字钢。宜尽量选用腹板厚度最薄的a 类,因其重量轻、而截面惯性矩相对较大。轻型工字钢的翼缘相对于普通工字钢的要宽而薄,故回转半径也相对较大,可节省钢材。我国生产的最大普通工字钢为63 号,轻型工字钢为70 号,长度为5~19m 的宽翼缘工字钢(H 型钢)。轻型工字钢国外应用广泛,我国已成系列地大量生产。

3. 槽钢

槽钢分为普通槽钢和轻型槽钢两种,在符号"["后也是以截面高度的厘米数为号数表示,例如[36a 表示高度为360mm 而腹板厚度属于a 类的槽钢。我国生产的最大槽钢号数为40 号,长度为5~19m。同样轻型槽钢的翼缘相对于普通槽钢的要宽而薄,故较为经济。

三、薄壁型钢

薄壁型钢是用薄钢板或其他金属(如铝合金)模压或弯制而成。由于壁薄截面相对较开展,故能充分利用钢材的强度,节约钢材。在渡河桥梁,尤其是制式渡河器材中已大量使用薄壁型钢。常用薄壁型钢的截面形式如图4-2 所示。

图4-2　薄壁型钢截面

四、钢丝绳

钢丝绳是由若干层钢丝按不同的绕制方法(同向捻、交互捻和混合捻)、不同的绕制次数

(单绕绳、双绕绳、三绕绳)绕制而成。其结构形式(钢丝绳中钢丝的接触状态)有点接触、线接触和面接触三种。点接触是指钢丝绳股内钢丝直径相等,各层之间钢丝与钢丝互相交叉,呈点状接触,用符号"×"表示。线接触是由于采用不同直径的钢丝捻制,使外层钢丝位于内层钢丝所构成的槽内,丝与丝之间呈线状接触。线接触包括外粗式(X形)、粗细式(W形)及填充式(T形)。面接触是指股内钢丝形状特殊,呈面状接触,密封式面状接触钢丝绳表面光滑,抗蚀性和耐磨性均好,能承受较大横向力,适用于索道桥的承载索。根据股绳截面形式,钢丝绳还可分为圆股、异型股。异型股钢丝绳绳股截面主要有三角形(用符号"△"表示)、椭圆形(用符号"○"表示)和扁圆形。这种钢丝绳支撑表面大,耐磨性能好,使用寿命比普通圆股钢丝绳寿命高3倍。

钢丝绳的表示方法:股数、结构形式、股内钢丝数目-钢丝绳直径-公称抗拉强度-韧性标号-表面状况-捻向-标准号。例如:6股37丝,抗拉强度170kg/mm^2,Ⅰ号甲组镀锌钢丝制成的15mm右同向捻点接触钢丝绳的标记为:钢丝绳6×37-15-170-Ⅰ-甲镀-右同-GB1102。

第四节 钢材的性能

一、渡河桥梁结构对钢材的性能要求

钢材的性能包括物理性能(如相对密度、热膨胀性等)、化学性能(耐腐蚀性)、机械性能(如强度、塑性、冲击韧性等)和工艺性能(如可焊性、可锻性等)。其中,机械性能和工艺性能直接影响钢材的工作,所以常称之为钢材的工作性能。

根据渡河桥梁结构对钢材性能的要求,主要有下列几项性能指标:

1. 较高的强度

即抗拉强度 σ_b 和屈服点 σ_s 比较高。屈服点高可以减小截面,从而达到减轻自重、节约钢材、降低造价的目的。抗拉强度高于屈服点可以增加结构的安全储备。

2. 足够的变形能力

即塑性和韧性性能要好。塑性好则结构破坏前变形比较明显,从而可减少脆性破坏的危险性,且塑性变形还能有效调整局部高峰应力,产生应力重分布,使应力分布趋于平缓。韧性好表示结构在承受动荷载作用下破坏时要吸收比较多的能量,同样也降低脆性破坏的危险程度。

3. 良好的加工性能

即适合冷、热加工,同时具有良好的可焊性,不因这些加工而对强度、塑性及韧性带来较大的有害影响。

此外,根据结构的具体工作条件,在必要时还应具有适应低温、有害介质侵蚀(包括大气锈蚀)以及疲劳荷载作用等的性能。

二、钢材的主要性能指标

1. 强度

强度是钢材抵抗塑性变形和断裂的能力,是决定构件承载能力的重要指标,包括屈服强度

σ_s 和抗拉强度 σ_b 这两项指标。屈服强度是钢材能够达到的最大控制应力,抗拉强度则是钢材破坏时的极限强度。抗拉强度虽比屈服强度高,但一般却很难利用。因为当应力超过屈服强度而尚未达到抗拉强度之前,结构已产生很大塑性变形而失去使用性能。因此,钢材的抗拉强度只作为一种强度储备,即使个别点或局部区域的应力超过屈服强度时,也不致产生断裂。有时用屈强比(即屈服强度与抗拉强度的比值 σ_s/σ_b)来反映材料的安全储备能力大小。屈强比越小,承受超载的能力就越强。一般屈强比为 0.8 左右。

2. 塑性

塑性是钢材应力超过屈服强度后,能产生显著的塑性变形而不立即断裂的性质。钢材的塑性用两种指标来衡量,即延伸率 δ(也叫作伸长率)和断面收缩率 ψ(也叫作面缩率)。延伸率 δ 由钢材的均匀变形和颈缩区的集中变形的总和来确定,严格讲还难以代表钢的最大塑性变形能力。断面收缩率 ψ 则表示试件在产生最大塑性变形的颈缩区的塑性变形特征,所以是较真实和稳定的衡量钢材塑性的指标,但在试验测量时容易产生较大的误差。所以,相关标准和规范中主要采用延伸率来表示钢材的塑性性能。延伸率 δ 是试件拉断后在标距 AB 范围内的残余伸长与原标距 l_0 的比值,以百分数表示,即:

$$\delta = \frac{l_1 - l_0}{l_0} \times 100\% \tag{4-1}$$

式中:l_0、l_1——试件拉断前、后标距 AB 的长度。

当标距和直径之比 l_0/d_0 分别等于 5 和 10 时,伸长率分别用 δ_5 和 δ_{10} 表示。常用钢材的伸长率可从有关标准中查出。构件在个别区域出现的应力集中或材料缺陷,往往很难避免。但当钢材具有良好塑性时,个别区域因材料屈服而产生较大变形。构件内部受力可以重新分布而趋于均匀,避免个别点首先出现裂纹并扩展而导致结构破坏。特别是在振动和冲击荷载作用下,材料的良好塑性就显得更为重要。

3. 冲击韧性

冲击韧性是钢材在塑性变形和断裂过程中吸收能量的能力,用冲击韧性值 a_k 表示。a_k 值可由冲击试验获得。试件截面尺寸为 10mm×10mm、长度为 55mm,中间开有小槽。将试件放在摆锤式冲击试验机上进行试验。如图 4-3 所示,冲断试件后,可从试验机上直接读出摆锤所消耗的冲击功 W_k。将此值除以试件槽口处的截面积 A 所得的商即为冲击韧性值 a_k:

$$a_k = \frac{W_k}{A} \quad (\text{J/cm}^2) \tag{4-2}$$

冲击韧性伴随钢材的金属组织和结晶状态的改变而急剧变化,钢中的非金属夹杂物、脱氧不良等因素都显著影响钢材的冲击韧性。钢结构或构件的脆性断裂,常从应力集中处开始,特别是缺口和裂纹常是脆性断裂的根源。因此冲击试验的试件需做成有代表性的缺口。常用缺口形状有 V 形、U 形和钥匙孔形(图4-3),我国有关旧标准采用 U 形缺口(梅氏试件),而在新标准中规定采用 V 形缺口(夏比试件)。钢材在负温时的冲击韧性值比常温时的低得多,这表明低温对钢材产生脆性破坏有显著影响。因此在寒冷地区(计算温度等于或低于 -20℃)使用的军桥器材,其主要构件所使用的钢材不但要具有常温(20℃ ±5℃)冲击韧性指标,而且还要具有负温(-20℃ 或 -40℃)冲击韧性指标,以保证结构具有足够的抵抗脆性破坏的能力。

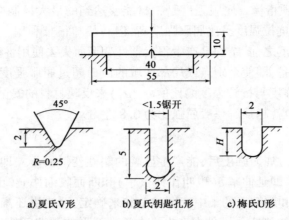

图 4-3 冲击韧性试验(尺寸单位:mm)

4. 冷弯性能

冷弯性能是指钢材在常温下加工产生塑性变形时,对产生裂缝的抵抗能力。冷弯是塑性和韧性的综合测定。它可以通过180°冷弯试验显示出来。试验装置如图4-4所示。通过冷弯冲头加压,把试件弯曲到某一角度 α(一般取 $\alpha = 180°$)。检查试件弯曲部分的外面、里面和侧面,如不出现裂纹、断裂或分层,则认为试件合格。试验中所用的弯芯直径 d,是根据试件的厚度确定的。一般 $d = a$、$2a$、$3a$ 等。冷弯试验既能检验钢材是否适应冷加工制作,还能显现钢材的内部缺陷,如结晶颗粒组织和非金属夹杂物分布等缺陷,是鉴定钢材质量的一种简便方法。

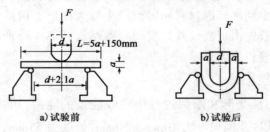

图 4-4 冷弯试验

5. 可焊性

可焊性是钢材的工艺性能之一。焊接结构要求钢材具有良好的可焊性,也就是在一定的材料、结构和工艺条件下,要求钢材施焊后能获得良好的焊接接头性能。可焊性分为施工的可焊性和使用性能的可焊性两种。施工可焊性,是指在一定的焊接工艺条件下,焊缝金属和近缝区均不产生裂纹;使用性能可焊性是指焊接接头和焊缝的强度、冲击韧性以及近缝区的塑性,均不低于主体金属的相应性能指标。钢中含碳量的增加,将使可焊性降低。因此,对焊接结构所使用的钢材,应限制其含碳量,一般不超过0.2%。

6. 耐久性

耐久性是钢结构使用寿命的一项指标,影响耐久性的因素是多方面的。首先是钢材的化学性能,钢材易锈蚀,对此主要依靠刷油漆和加强定期维护来解决。其次是钢材的时效现象,即钢材的力学性能随时间增长而改变的现象,这种现象称为钢材的时效现象。此外,在长期连续的重复荷载或交变荷载作用下,可能当应力低于屈服强度时突然发生撕裂破坏,这叫作钢材的疲劳现象。

7. 耐腐蚀性能

当前渡河桥梁使用的环境越来越恶劣,有的装备需要在濒海、海岸使用,需要耐海水、盐雾腐蚀;有的装备需要在湿热高温地区、高寒冷冻地区反复使用,因此需要具有较高的温差适应性;有的装备在高原高寒地区使用,需要抵御强紫外线照射、强风等恶劣因素;渡河桥梁装备在架设桥梁后,要适应不同环境的水质影响,要通行不同性质的荷载,因此,均需要考虑装备的耐腐蚀性问题。

第五节　钢材的容许应力

由于钢材的性能不完全相同,其实际的屈服强度可能比规范(或标准)中规定的略低,或者在一定的范围内波动。由于荷载的大小难以精确估计,桥梁实际使用中可能出现超载情况。由于桥梁构造的复杂性,设计结构的理论尺寸与实际使用尺寸有出入。结构在制造上有误差以及拼装过程中可能有疵病存在;由于设计原理不能完全正确反映实际使用情况,会导致构件应力难以准确计算,桥梁构件实际应力可能比计算值大,等等。由于上述原因,尽管计算所得的应力小于准则中规定的屈服强度,但构件的实际应力仍有超出屈服强度的可能。为了安全起见,常将屈服强度 σ_s 除以某常数 K(即 σ_s/K),作为控制计算应力的标准。此 σ_s/K 称为容许应力,用符号 $[\sigma]$ 表示;K 称为安全系数。当今世界上各国军队所用的容许应力不同,下面主要叙述我军采用的容许应力。

在设计渡河桥梁器材或鉴定在原有永久性桥上通过军用荷载时,不考虑预留荷载发展的潜力,而作为临时性结构进行设计,所以容许应力的数值比《公路桥涵设计通用规范》(JTG D60—2015)中的规定值要高。对于钢材单纯受轴向拉力或压力的基本容许应力采用 $[\sigma]=0.8\sigma_s$(而民用桥梁 $[\sigma]=0.6\sigma_s$)。当构件受弯曲时,考虑到构件截面不仅边缘应力达到屈服点,而且发展到一定深度,这种一定的塑性发展有利于结构的安全使用,相当于受弯构件强度的提高,因此容许应力又可以提高5%,所以钢材受弯基本容许应力采取 $[\sigma_w]=0.85\sigma_s$。钢材受剪和受挤压的容许应力采用轴向受力的基本容许应力乘以相应的折算系数来确定:

钢材受剪容许应力:$[\tau]=0.6[\sigma]$;

钢材受挤压容许应力:$[\sigma_c]=1.5[\sigma]$。

渡河桥梁设计时,常用钢材的各种容许应力列于表4-1中。若钢材的牌号不明确,又无可靠资料查证,当时间允许,又有试验条件时,可取样做力学试验,确定此类钢材的屈服强度;如果时间紧急,又无条件做力学试验测定其屈服强度,为了安全起见,规定一律按0号钢考虑。渡河桥梁由于采用容许应力法计算,故在设计时,钢材的弹性模量 E 取 2.1×10^5 MPa,剪切模量 G 近似地取 $0.4E$,即 0.84×10^5 MPa。

渡河桥梁所用钢丝绳的容许应力是采用钢丝破断拉力除以总安全系数,钢丝绳破断拉力采用钢丝破断拉力总和的0.85倍,钢丝破断拉力总和按《钢丝绳通用技术条件》(GB 20118—2017)规定采用。钢丝绳的弹性模量,有条件时应做试验确定;当缺乏试验资料时,纤维绳芯的弹性模量取 1.0×10^5 MPa,金属绳芯的弹性模量取 1.2×10^5 MPa。

第六节　渡河桥梁用钢材的基本性能

一、钢材的物理参数

钢材弹性模量:$E = 2.1 \times 10^5 \text{MPa}$。

钢材剪切模量:$G = 0.81 \times 10^5 \text{MPa}$。

钢丝绳的弹性模量可以通过试验确定;当缺乏试验资料或者难以开始试验时,按经验取值。如对纤维绳芯,取$E = 1.0 \times 10^5 \text{MPa}$,对金属绳芯,取$E = 1.2 \times 10^5 \text{MPa}$。

钢材密度:$\rho = 78 \text{kN/m}^3$。

钢材线膨胀系数:$\alpha = 1.2 \times 10^5/\text{℃}$。

二、容许应力

常见渡河桥梁钢材和连接件的容许应力见表4-1。

表 4-1 渡河桥梁钢材和连接件的容许应力（MPa）

材料		屈服应力 σ_s 或 $\sigma_{0.2}$	构件				焊缝连接		螺栓连接		单销连接	
			拉压应力 $[\sigma]=0.8\sigma_s$	弯曲应力 $[\sigma_w]=0.85\sigma_s$	剪切应力 $[\tau]=0.6[\sigma]$	承压应力 $[\sigma_c]=1.2\sigma_s$	拉压应力 $[\sigma^h]=[\sigma]$	剪切应力 $[\tau^h]=0.6[\sigma]$	拉压应力 $[\sigma^b]=0.8[\sigma]$	剪切应力 $[\tau^b]=0.6[\sigma]$	弯曲应力 $[\sigma^p]=1.35\sigma_s$	剪切应力 $[\tau^p]=0.5\sigma_s$
Q235		235	190	200	115	280	190	115	190	150	315	120
Q345		345	275	295	165	415	275	165	275	220	465	175
Q420		420	335	355	200	505	335	200	335	270	565	210
Q460		460	370	390	220	550	370	220	370	295	620	230
DB685		570	455	485	275	685	455	275	455	363	770	285
BS700		700	560	595	335	840	560	335	560	450	945	350
40Cr	注1	785	630	665	375	940	—	—	630	500	785	395
	注2	540	430	460	260	645	—	—	430	345	540	270
45		355	280	300	170	425	280	170	280	225	475	175
30CrMnSiA		835	670	710	400	1000	—	—	670	535	835	420
15MnTi(902)		392	315	335	190	470	315	190	315	250	—	—
14MnVTiRe(903)		441	355	375	210	530	355	210	355	280	—	—
14MnMoNiB(631)		686	550	585	330	825	550	330	550	440	—	—

注：1. 注1，参考现行《合金结构钢》（GB/T 3077）；注2，参考现行《大型合金钢锻件技术条件》（JB/T 6396）。
2. 对于表中没有列出的其他钢号，可根据其 σ_s（或者 $\sigma_{0.2}$），按所给出的算式求出相应的容许应力。
3. 对于单销弯曲容许应力仅适用于第十章第三节推荐的单销构件尺寸所规定的情况。
4. 使用 DB685、BS700 等高强度钢材，应要求提供参照现行《低合金高强度结构钢》（GB/T 1591）的要求提供化学成分、机械性能等相关数据，且屈服强度按常用板厚中的较小值取。
5. 40Cr 屈服应力随热处理工艺不同变化较大，设计时应根据受力条件、选取合力的热处理工艺，确定其容许应力值。
6. 建议 40Cr、30CrMnSiA 的单销弯曲容许应力值取 $[\sigma^p]=\sigma_s$，或根据构件受力特点、重要性确定，但不得超过材料极限应力。

第五章
渡河桥梁装备器材的其他材料

第一节 渡河桥梁结构用木材

木材的优点是具有较高的抗拉强度,抗压和抗弯时有很好的塑性。木材重度小,强度重度比很高,因而木结构具有自重轻的优点。木构件加工简便,施工不受季节影响。干燥的木材对侵蚀性介质具有较高的化学稳定性。

木材的缺点是弹性模量低,受载时有明显的时间效应,其长期强度远低于短期强度。天然缺陷(木节、斜纹和裂缝等)对木材的力学性能有较大影响。木材砍伐后在干燥过程中体积收缩而易于开裂、翘曲,若长期处于潮湿状态将导致腐朽,在热带、亚热带地区,白蚁、蛀虫等对木结构的危害颇大。木材本身易燃,若长期处于高温环境下会变质而强度降低。在设计和施工中应采取有效措施克服木材的这些缺点。

我国的木材资源相对贫乏,总蓄积量只有 90 多亿 m^3,人均占有量低于世界平均水平的 20%,其中可采伐的成片林木只有 14 亿~15 亿 m^3。我国的森林覆盖率目前只有约 18%,且大多分布在东北、西南一带偏远地区,开发困难。我国森林树种很多,但优质针叶材,如松、杉等比例很小。因此,我国目前及今后相当长的时间内,木材的供需矛盾是十分突出的。为了缓和这个矛盾,国家不得不每年花费巨资进口木材。因此在结构设计与施工中,应厉行节约,合理使用木材,并扩大速生树种的利用。

一、木材的分类与选用

(一)按树种分类

木材按树种分为针叶树材和阔叶树材两大类。

针叶树树干长而直,纹理平顺,材质均匀,木质较软而易加工,不易开裂,耐腐蚀性较强,适用作结构用材。过去我国建筑上使用的木材多为优质针叶材。我国各地区的主要针叶材供应情况如下:

东北、华北:红松、云杉、樟子松、落叶松;

西北:云杉、冷杉;

西南:杉木、冷杉、马尾松、云南松。

阔叶树,如柞、桦、榆、槐、桐、杨等,其树干一般较短且不挺直,材质较硬但不均匀,纹理扭曲,易开裂和变形,但在我国分布较广,便于就地取材。在不影响结构质量的前提下,应尽量利用阔叶树种。

渡河桥梁所用树木的种类:常用的针叶树有红松、落叶松、白松、云杉、杉木、柳杉等。红松一般质量可靠,并且易于加工。落叶松强度较高,抗腐性能强,但加工较难,烘干时易生纵向裂缝。杉木纹理顺直,虽然强度较低,却比较可靠。阔叶树木质较硬,多用作木结构中的木键、木销、垫块以及其他细小的连接件。

(二)按加工方法分类

渡河桥梁所用木材的种类,按加工的程度通常分为圆木和锯材两种。

圆木是指去皮、根、梢及枝后,加工成一定直径和长度的木材。天然状态的圆木呈圆锥形。圆木的直径自根部到梢部逐渐减小,其小头直径称为梢径或径级。

圆木直径沿长度的变化率($\Delta d/l$)称为天然倾斜率或锥度。《军用桥梁设计准则》(GJB 1162—1991)规定,标准圆木的锥度可取1%。

圆木上任何截面处的直径可按下式计算:

$$d_x = d_0 + 0.01X \tag{5-1}$$

式中:d_0——圆木的小头直径;

X——所求截面距小头端的长度。

圆木两面砍削时,称为削平圆木或扁木;沿纵轴锯成两半时,称为半圆木或对开材。圆木正常长度可达7~9m,未截断的原材可达十几米。圆木及削平圆木的截面几何特性见表5-1。

圆木及削平圆木的截面几何特性　　表5-1

截面特性	截面形式					
				$b=d/3$	$b=d/2$	$b=d/3$	$b=d/2$
截面高度 h	d	$0.5d$	d	$0.971d$	$0.933d$	$0.943d$	$0.866d$
截面面积 A	$0.785d^2$	$0.393d^2$	$0.393d^2$	$0.779d^2$	$0.763d^2$	$0.773d^2$	$0.740d^2$

续上表

截面特性		截面形式						
		○ d	◐ d	◐ d	$b=d/3$	$b=d/2$	$b=d/3$	$b=d/2$
到边缘的距离	y_1	$0.5d$	$0.21d$	$0.5d$	$0.475d$	$0.447d$	$0.471d$	$0.433d$
	y_2	$0.5d$	$0.29d$	$0.5d$	$0.496d$	$0.486d$	$0.471d$	$0.433d$
惯性矩	I_x	$0.0491d^4$	$0.0069d^4$	$0.0245d^4$	$0.0476d^4$	$0.0441d^4$	$0.0461d^4$	$0.0395d^4$
	I_y	$0.0491d^4$	$0.0245d^4$	$0.0069d^4$	$0.0491d^4$	$0.0488d^4$	$0.049d^4$	$0.0485d^4$
抵抗矩	W_1	$0.0982d^3$	$0.0238d^3$	$0.0491d^3$	$0.096d^3$	$0.0908d^3$	$0.0978d^3$	$0.0912d^3$
	W_2	$0.0982d^3$	$0.0491d^3$	$0.0238d^3$	$0.0981d^3$	$0.0996d^3$	$0.093d^3$	$0.097d^3$
回转半径	i_{min}	$0.25d$	$0.1322d$	$0.1322d$	$0.2471d$	$0.2406d$	$0.2443d$	$0.231d$
中性轴以上(下)面积矩	S	$0.0833d^3$	$0.0225d^3$	$0.0417d^3$	$0.0816d^3$	$0.0779d^3$	$0.08d^3$	$0.0827d^3$

当圆木径级在20cm以上时,一般多锯成板材或方材,通称为锯材。锯材按宽厚的尺寸比例分为板材和方木。

板材:宽度为厚度的两倍以上,或厚度小于10cm。

方木:宽度不足厚度的两倍,或厚度>10cm。

板材的长度可达6m;方木的长度可达8m左右。

(三)木材的选用

渡河桥梁所用木材,按现行《军用桥梁设计准则》(GJB 1162—1991)上的规定可以分为一等材、二等材和三等材,它们的用途见表5-2。

渡河桥梁木结构所用木材分类表　　表5-2

等别	一等材	二等材	三等材
用途	用作桁架受拉弦杆及受拉斜杆,桥桁及横梁(车辙板下的横桥板)	用作桁架受压弦杆及受压斜杆、托梁、冠(础)材、桩(支)柱等	用作系杆、车辙板、枕材、人行道及栏杆等次要构件

木材的各种疵病会使材质受到影响,降低使用价值,严重时会使木材完全不能使用。因此,结构选材时,必须对其疵病的数量及尺寸严格加以限制。桥梁木结构所采用的木材,按其等级及构件受力性质,材质应符合表5-3和表5-4的要求。

圆木的容许缺陷　　表5-3

缺陷名称		缺陷容许的程度		
		一等材	二等材	三等材
		受拉、拉弯及重要受弯构件	受弯、压弯及重要受压构件	次要构件
腐朽		不允许	不允许	不允许
木节	在构件任何15cm长度内,沿周长所有木节尺寸的总和不得大于所测部位圆木周长的	1/4	1/3	不限

续上表

缺陷名称		缺陷容许的程度		
		一等材	二等材	三等材
		受拉、拉弯及重要受弯构件	受弯、压弯及重要受压构件	次要构件
木节	每个木节的最大尺寸不得大于所测部位圆木周长的	1/10（连接部位为1/12）	1/6	1/6
	扭纹:每米平均斜度不得大于(cm)	8	12	15
髓心		应避开受剪面	不限	不限

注:1. 木节尺寸按垂直于构件长度方向测量,直径小于1cm的木节不量。
2. 对于圆木的裂缝应通过调整方向（使裂缝尽量垂直于构件的受剪面）予以使用。
3. 腐朽和虫蛀的木材,同表5-4附注1、2。

板(方)材的允许缺陷　　表5-4

缺陷名称		缺陷允许的程度					
		一等材		二等材		三等材	
		受拉或拉弯构件		受弯或压弯构件		受压构件	
		方木	板材	方木	板材	方木	板材
腐朽		不允许	不允许	不允许	不允许	不允许	不允许
木节:在构件任何15cm长度内,所有木节尺寸的总和不大于所在面宽的		1/3（连接部位1/4）	1/4（连接部位1/5）	2/5	1/3	1/2	2/5
斜纹:每米平均斜度不大于(cm)		5	5	8	8	12	12
裂缝	在连接的受剪面上	不允许		不允许		不允许	
	在连接部位的受剪面附近裂缝深度（有对面裂缝时用两者之和）不大于材宽的	1/4		1/3		不限	
	在连接部位受剪面附近	不允许		不允许		不允许	
髓心		避开受剪面	不限	不限	不限	不限	不允许

注:1. 松软节和腐朽节,除一般测量外,应按缺孔验算。若腐朽可能发展,应作腐朽处理后用。
2. 允许使用表面虫蛀的木材,若虫眼有活虫,应经杀虫处理后使用。
3. 对一、二等材制作的构件,以不削弱连接的承载能力为原则,在选材时允许受剪面上稍有微裂。
4. 木节尺寸按垂直于构件长度方向测量,木节表现为条状时,在条状的一面不量,见图5-1。直径小于1cm的木节不量,木材斜纹的量法见图5-2。

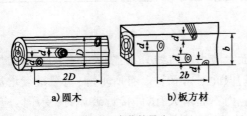

a) 圆木　　b) 板方材

图5-1　木节的量法

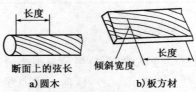

a) 圆木　　b) 板方材

斜纹倾斜度=宽度(弦长)/长度

图5-2　木材斜纹的量法

二、木材的力学性能

木材的力学性能主要是指木材在各种受力状态下承受荷载的能力,包括受拉、受压、受剪和受弯性能。

(一)受拉性能

木材受拉性能包括顺纹受拉、横纹受拉和斜纹受拉性能。木材顺纹抗拉强度很高,以鱼鳞云杉为例,其平均值 100MPa,弹性模量平均为 1.38×10^4 MPa。要特别注意的是,木材在抗拉破坏前没有明显的塑性变形,故属于脆性破坏。木材的横纹抗拉强度只有其顺纹抗拉的 1/40 ~ 1/10,所以承重结构中不允许木材横纹受拉。木材的疵病对顺纹抗拉强度危害很大,尤其对斜纹和木节的影响最大。斜纹受拉时,截面拉应力产生横纹方向的分力,导致了试件总强度的降低。木纹斜度(倾斜宽度或弦长除以长度)越大,强度下降也越多。试验表明,当斜度为 10% 时,强度下降 35% 左右。因此对受拉构件应严格限制木纹的斜度。木节对抗拉强度的影响也很大。

(二)受压性能

木材的顺纹抗压强度约为顺纹抗拉时的 40% ~ 50%,平均约为 40MPa,弹性模量大致与抗拉时相等。木材顺纹受压破坏前有显著的塑性变形,这可使应力集中逐渐趋于缓和,因此木节和局部削弱时对木构件的抗压强度影响较小。所以,木构件的受压工作要比受拉工作可靠得多。工程上常根据木材的标准小试件顺纹抗压极限强度(以纤维屈曲为表征)将木材分成若干应力等级。各等级木材顺纹受压最低极限强度及弹性模量见表 5-5。

各等级木材顺纹受压最低极限强度及弹性模量(MPa) 表 5-5

木材分类		树 种 名 称	顺纹受压最低极限强度	弹性模量 E
针叶	A-1	东北落叶松	40	11000
	A-2	西南云杉、铁杉、赤杉、鱼鳞云杉、新疆落叶松、红杉	32	10000
	A-3	红松、樟子松、华山松、云南松、马尾松、广东松、油松、红皮云杉	30	9000
	A-4	秦岭落叶松、华北落叶松、杉木	28	9000
	A-5	冷杉、西北云杉、山西云杉、山西油杉	26	8500
阔叶	B-1	栎木(柞木)、青冈栎、稠木	45	12000
	B-2	水曲柳	40	11000
	B-3	锥粟(椿木)桦木	35	10000

(三)受弯性能

木材的受弯试验表明:当荷载很小时,截面上应力呈直线分布;随着荷载的逐渐增加,受压区开始产生塑性变形,受压区应力呈曲线分布,但此时中和轴已有所下降;荷载继续增加,受压区的塑性变形继续发展,中和轴继续下降,拉应力不断增大,试件接近破坏时,受压区应力图形趋于饱满,受拉区应力分布也呈微弯状,最大拉应力达到抗拉极限强度。工程上,常用下式来

计算木材的抗弯极限强度:

$$R_w = \frac{M_u}{W} \tag{5-2}$$

式中：R_w——木材的抗弯极限强度；

W——试件截面的弹性抵抗矩；

M_u——破坏弯矩,一般通过实测取得,也可以通过理论推导得到。

(四)承压性能

两构件通过相接触的表面传递压力时,其接触面上的应力即为承压应力。承压应力与压应力不同。压应力是指构件内部某一截面上的应力,即构件内部的受力状态。而承压应力是指构件接触表面的受力状态。必须保证构件表面不破损,外力才能正常地传入构件内部。所以,承压强度极限是按使用时对局部变形的限制条件来研究的。根据承压应力与木纹的关系,可分为顺纹、横纹和斜纹承压三种情况。

1. 顺纹承压

顺纹承压强度稍小于顺纹抗压强度,这是承压面不完全平整所致,但两者相关性很小,设计时可取同一数值。

2. 横纹承压

木材的横纹承压,又可分为全表面承压[图 5-3a)]和局部表面承压[图 5-3b)、c)两种情况]。

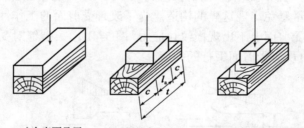

a)全表面承压　　b)局部长度上承压　　c)局部长度及宽度上承压

图 5-3　木材横纹承压

全表面承压的强度与承压面尺寸无关。局部表面承压时其强度大于全表面承压时的强度,这是因为未受压部分的纤维也参加了工作,对承压部分的纤维变形有阻止作用。试验证明,图 5-3b)中自由长度 C 越大,承压强度就越高,$C = l_a$ 时,承压强度达到最大值。但当 C 很小时,构件两端可能会出现横纹撕裂的现象,此时,通常把它与全表面承压一样看待。局部宽度和长度上承压时[图 5-3c)],由于木材纤维横向联结很弱,其强度与局部长度承压相差很少,一般仍按局部长度承压考虑。木材横纹承压的变形是较大的,实际使用中不希望在构件的连接部位产生过大的局部变形。因此,一般取比例极限作为木材的横纹承压时的强度指标。木材横纹承压强度低于顺纹承压强度,一般为 6～12MPa。

3. 斜纹承压

斜纹承压强度介于顺纹承压和横纹承压强度之间,随角度增大而减少。木材斜纹承压的容许应力可按下式计算：

$$[\sigma_{p\alpha}] = \frac{[\sigma_p]}{1 + \left(\frac{[\sigma_p]}{[\sigma_{pt}]} - 1\right)\sin^3\alpha} \tag{5-3}$$

式中：$[\sigma_p]$——木材的顺纹承压容许应力；

$[\sigma_{pt}]$——木材的横纹承压容许应力；

$[\sigma_{p\alpha}]$——木材的斜纹承压容许应力；

α——作用力方向与木纹方向间的夹角。

（五）受剪性能

根据剪力、受剪面与木纹之间的关系不同，木材的受剪一般可分为顺纹、横纹和截纹受剪三种。顺纹受剪时，剪力与剪切面均平行于木纤维，这是常见的一种情况。木材顺纹抗剪强度比较高，平均为6～7MPa。横纹受剪时，剪力与木纤维垂直，剪切面与木纤维平行。木材横纹抗剪强度较低，平均约为3MPa。截纹受剪时，剪力和剪切面均垂直于木纤维。木材截纹抗剪强度最高，为顺纹抗剪的4～5倍。截纹受剪往往和木材受弯、横纹承压同时出现，此时常由受弯或承压起控制强度的作用，所以这种受剪在计算中一般不予考虑。

剪应力沿受剪面长度方向的分布规律不仅与受剪方式有关，还与受剪面长度有关。单侧受剪时，剪应力的分布是不均匀的，双侧受剪时均匀性稍好。受剪面长度增加时，剪应力分布不均匀程度也增加。由于木材受剪工作时变形极小，其破坏属于脆性破坏，因此在结构设计时应限制受剪面的长度。当剪力不通过受剪面时，则在受剪面处作用一偏心力矩（称作撕裂弯矩），受剪面上有一部分将出现横纹方向的拉应力[图5-4a)]，这会大大降低受剪面的承载能力，在承重结构中应尽量避免出现这样的构造。为了改善受剪面的工作性能，可以在受剪面上施加足够的压紧力，使受剪面上不出现横纹拉应力[图5-4b)]。裂缝对受剪性能影响很大，应尽量避免受剪面附近出现与受剪面平行的裂缝。

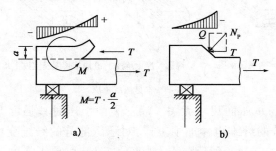

图5-4　不同受力方式的破坏形式比较

第二节　渡河桥梁结构用铝合金

一、铝合金分类与标号

以铝为基础，加入一种或几种其他元素（如铜、镁、硅、锰等）构成的合金，称为铝合金。铝合金具有比重轻，有足够高的强度，无磁性，塑性及耐腐性好等优点。与钢材相比，铝合金的最大优点是易于加工,可以通过压力机挤压成型。

(一)铝合金的分类

根据生产工艺的不同,铝合金可以分为变形铝合金和铸造铝合金。变形铝合金是以压力加工方法(如挤压、锻造或压延等)生产管、棒、线、型、板、带或条等半成品材料的铝合金。根据性能和用途,变形铝合金又分为:硬铝、防锈铝合金、超硬铝、锻铝和特殊铝五类。每类又有许多品种和牌号。铸造铝合金是用于直接浇铸各种形状的零件(简称铸件)的铝合金。铸造铝合金中的合金元素含量一般比变形铝合金的高些。其流动性好,但塑性差。可以通过变质处理(起细化晶粒的作用)和热处理提高其机械性能。

根据对热处理的反应,铝合金可以分为非热处理铝合金和热处理铝合金。非热处理铝合金,又称为不可热处理强化的铝合金(如 AlMn、AlMg 系合金、AlMgMn 系合金等),可通过冷拉、冷轧等冷加工来提高其强度(即冷作硬化)。冷加工后铝合金材料的塑性降低。如果把冷工后的材料再加热至约350℃,则合金性能可以得到恢复,即强度降低,延性提高。因此,冷作硬化非热处理铝合金在焊接过程中,母材在焊接热影响区内的强度会降低。热处理铝合金又称为可热处理强化的铝合金(如 AlMgSi 系合金、AlZnCu 系合金等),可通过热处理过程提高强度。热处理的过程通常分为加热(450℃和530℃,视合金的种类而定)、回火、自然时效和人工时效四个阶段。如果把热处理后的铝合金材料加热到200~350℃之间,则这种热处理的效果就会消失。焊接过程输入的热量可使铝合金的强度降低到热处理阶段之前的强度。有些铝合金(如 AlZnMg 系合金)在焊接之后,经过自然时效过程,其大部分强度得到恢复。

按照化学成分的不同,铝合金还可以分为具有类似力学性能和工艺性能的各种系列。

1. 纯铝和合金含量低的合金(1000 系列)

这一系列主要包括铝含量为99% ~ 99.8%的铝板,可以用于低应力结构。纯铝的强度低($\sigma_{0.2} \approx 30MPa$),但其材料的延展性好($\varepsilon_t \approx 30\% \sim 40\%$),通过冷加工,可将其强度提高到($\sigma_{0.2} \approx 100MPa$),而延性急剧降低至 $\varepsilon_t \approx 3\% \sim 4\%$。纯铝的耐腐蚀性好,所以多用作壁板、天花板和容器等。

2. 铝铜镁合金(2000 系列)

该系列合金通常可以用来制作型材、板材和管材。热处理后,其强度可以提高到 $\sigma_{0.2} \approx 300MPa$,而 $\varepsilon_t \approx 10\%$。由于含有铜,其耐腐蚀性不好。因此,要采取防腐蚀措施。这类合金可焊性差,在土木工程中不常采用,但却广泛用于采用铆接连接的航空工业中。

3. 铝锰合金(3000 系列)

这类合金不能进行热处理,其强度比纯铝略高,耐腐蚀性好,多用于墙面和屋面系统。

4. 铝硅合金(4000 系列)

其性能与铝锰合金性能类似。

5. 铝镁合金(5000 系列)

铝镁合金属于非热处理合金,其强度比纯铝和铝锰合金的高($\sigma_{0.2} \approx 100MPa$)。冷作加工后,强度还可以进一步提高($\sigma_{0.2} \approx 250MPa$),而延性仍然比较好($\varepsilon_t \approx 10\%$),耐腐蚀性也好。由于其强度在焊接热影响区内不会急剧降低,因此,常用于焊接结构。

6. 铝硅镁合金（6000 系列）

这类合金中，镁和硅是主要合金元素。镁和硅生成易于进入铝溶液的晶间化合物 Mg_2Si。通过热处理，这类合金的强度提高（$\sigma_{0.2} \approx 250MPa$），而延性 $\varepsilon_t \approx 10\%$。这类合金耐腐蚀性较好，可以用于生产轧制型材、管材和挤压型材。既可用于焊接结构，也可用于栓接和铆接结构。

7. 铝锌镁合金（7000 系列）

这一系列的合金可以根据铜的含量不同分为铝锌镁铜（AlZnMgCu）合金和铝锌镁（AlZn-Mg）合金。前者在经热处理后强度可达 $\sigma_{0.2} \approx 500MPa$，但其可焊性差，耐腐蚀性也差；而后者 $\sigma_{0.2} \approx 200MPa$，延性 $\varepsilon_t \approx 10\%$，而且耐腐蚀性较好，因而可在结构工程中使用。由于其具有自行回火的特点，在焊接热影响区允许采用与母材相同的强度，因此，在焊接结构中应用非常广泛。

（二）铝合金的标号

铝合金的标号即铝合金的标记方法，也称为牌号。目前，尽管各个国家标记铝合金方法各不相同，但概括起来，不外乎以下两种：

1. 按数字标记

这种标记方法源于美国铝业协会，主要用于变形铝合金的标号。由于此法通俗易懂，便于识别，所以在欧洲一些国家也使用数字标记。数字标记由四位数字组成，第 1 位数字为 1 时表示铝含量大于 99% 的铝合金，当为 2~8 时表示其他铝合金。该数字与主要合金元素的对应关系如表 5-6 所示。

铝及铝合金组别与牌号系列　　　　　表 5-6

序 号	组 别	牌 号 系 列
1	铝含量（质量分数）不小于 99.00%	1×××
2	以铜为主要合金元素的铝合金	2×××
3	以锰为主要合金元素的铝合金	3×××
4	以硅为主要合金元素的铝合金	4×××
5	以镁为主要合金元素的铝合金	5×××
6	以镁和硅为主要合金元素并以 Mg_2Si 相为强化相的铝合金	6×××
7	以锌为主要合金元素的铝合金	7×××
8	以其他合金元素为主要合金元素的铝合金	8×××
9	备用合金组（新系列）	9×××

表 5-6 中，第一组（1×××）称为纯铝，其中第三和第四个数字代表铝合金含量超过 99% 的百分数。例如"1070"合金表示铝含量为 99.7%。其他各组中第三和第四个数字代表特定的合金。各组第二个数字代表杂质含量。如果杂质未经检查，则此数字为 0。根据不超过杂质含量的水平，第二个数字可以在 1~9 之间变动。美国铝业协会还把这种数字标号用于铸造铝合金的标记，但其第一个数字的含义略有不同。西班牙和加拿大也采用数字标记，但与美国数字标记不完全相同。

2. 按字母、数字标记

这种标记方法将每种合金用一组字母和数字来标记。其中字母分两部分：第一部分字母代表基本金属，即铝，一般用 AL 表示。还有些国家采用 A 或 ALD 表示。有时可在字母 AL 之前另加一个或几个字母做特殊说明，如 K 表示铸造合金（南斯拉夫），P 表示变形合金（意大利），GD 表示压模铸造（法国）等。第二部分字母代表合金元素。有时，在各合金元素字母后加上该元素含量的百分数。例如：ALC4Mg1 表示铝铜镁系合金，其中铜含量为4%，镁含量为1%。

(三) 我国铝合金标记方法

我国国家标准《有色金属及合金产品牌号表示方法》(GB 340—1976) 统一规定了有色金属及合金产品牌号表示方法。但是，随着经济和技术的发展，有的金属如铝及铝合金采用了国际上较为通用的四位数字代号表示方法，并制定了相应的国家标准。铝合金牌号表示方法《变形铝及铝合金牌号表示方法》(GB/T 16474) 代替《有色金属及合金产品牌号表示方法》(GB 340—1976) 中有关变形铝及铝合金牌号表示方法部分，在过渡期间，国内过去使用的牌号仍可继续使用，自然过渡，暂未规定过渡时间。

中国有色金属产品牌号的命名是以代号字头或元素符号后的成分数字或顺序号结合产品类别、组别名称表示。产品代号采用汉语拼音字母、化学元素符号及阿拉伯数字相结合的方法表示。采用的汉语拼音字母，原则上只取第一个汉字汉语拼音的第一个字母。若这个字母与第一个符号重复时，则取第一个汉字汉语拼音的第二个字母（或第三个字母），或者同时取前两个汉字汉语拼音的第一个字母。

对铝及铝合金，可直接引用国际四位数字体系牌号。

1. 纯铝的牌号命名法

变形铝及铝合金牌号表示方法的规定，铝含量（质量分数）不低于99.00%为纯铝，其牌号用1×××系列表示，牌号的最后两位数字表示最低铝百分含量。当最低铝含量（质量分数）精确到0.01%时，牌号的最后两位数字就是最低铝百分含量中小数点后面的两位数字，如1070 表示的纯铝，其铝含量（质量分数）为99.70%。

牌号第二位的字母表示原始纯铝的改型情况。如果第二位的字母为 A，则表示为原始纯铝；如果是 B～T 的其他字母（按国际规定用字母表的次序选用），则表示为原始纯铝的改型，与原始纯铝相比，其元素含量略有改变。

2. 铝合金的牌号命名法

铝合金的牌号用2×××～8×××系列表示。牌号的最后两位数字没有特殊意义，仅用来区分同一组中不同的铝合金。牌号第二位的字母表示原始合金的改型情况。如果牌号第二位的字母是 A，则表示为原始合金；如果是 B～Y 的字母（按国际规定用字母表的次序选用），则表示为原始合金的改型合金。改型合金与原始合金相比，化学成分的变化仅限于下列任何一种或几种情况：

(1) 一个合金元素或一组组合元素形式的合金元素，极限含量算术平均值的变化量符合表5-7 的规定。

合金元素极限含量的变化量(%)　　　　　　　　　　　　　　　　表5-7

原始合金中的极限含量算术平均值范围	极限含量算术平均值的变化量 不大于	原始合金中的极限含量算术平均值范围	极限含量算术平均值的变化量 不大于
≤1.0	0.15	4.0~5.0	0.35
1.0~2.0	0.20	5.0~6.0	0.40
2.0~3.0	0.25	>6.0	0.50
3.0~4.0	0.30		

注：改型合金中的组合元素极限含量的算术平均值，应与原始合金中相同组合元素的算术平均值或各相同元素（构成该组合元素的各单个元素）的算术平均值之和相比较。

（2）增加或删除了极限含量算术平均值不超过0.3%的一个合金元素；增加或删除了极限含量算术平均值不超过0.40%的一组组合元素形式的合金元素。

（3）为了同一目的，用一个合金元素代替了另一个合金元素。

（4）改变了杂质的极限含量。

（5）细化晶粒的元素含量有变化。

铝合金按标准《有色金属及合金产品牌号表示方法》（GB 340—1976）规定，铝合金用"L"加汉语拼音字母及顺序号表示，其中汉语拼音及顺序号表示铝合金组别。如二号防锈铝表示为LF2。按现行《变形铝及铝合金牌号表示方法》（GB/T 16474）规定，铝合金用2×××~8×××系列表示。铝及铝合金组别与牌号系列如表5-6所示。

3. 四位字符体系牌号命名方法

对未命名为国际四位数字体系牌号的铝及铝合金，应按现行《变形铝及铝合金牌号表示方法》（GB/T 16474）采用四位字符牌号命名。四位字符体系牌号的第一、三、四位为阿拉伯数字，第二位为英文大写字母（C、I、L、N、O、P、Q、Z字母除外）。牌号的第一位数字表示铝及铝合金的组别，如表5-6所示。牌号的第二位字母表示原始纯铝或铝合金的改型情况，最后两位数字用以标识同一组中不同的铝合金或表示铝的纯度。除改型合金外，铝合金组别按主要合金元素（6×××系按Mg_2Si）来确定，主要合金元素是指极限含量算术平均值为最大的合金元素。当有一个以上的合金元素极限含量算术平均值同为最大时，应按Cu、Mn、Si、Mg、Mg_2Si、Zn、其他元素的顺序来确定合金组别。

二、铝合金材料状态及其代号

铝合金材料的供货状态，表征铝合金材料通过不同的加工工艺和热处理所获得的特有的物理和力学性能，并用特定的符号加以表示。不同状态的铝合金材料，其物理和力学性能不尽相同。

2008年我国发布的《变形铝及铝合金状态代号》（GB/T 16475—2008）规定了铝及铝合金的状态代号。具体表示方法为：基础状态代号用一个英文大写字母表示；细分状态代号采用在基础状态代号后面跟一位或多位阿拉伯数字表示。

表5-8列出了5种基础状态代号、名称、说明及应用。表5-9列出了我国变形铝及铝合金TX细分状态代号说明与应用。

变形铝及铝合金基础状态代号、名称、说明及应用　　　　　　　　　表5-8

代号	名　　称	说明与应用
F	自由加工状态	适用于在成型过程中,对于加工硬化和热处理条件无特殊要求的产品,该状态产品的力学性能不做规定
O	退火状态	适用于经完全退火获得最低强度的加工产品
H	加工硬化状态	适用于通过加工硬化提高强度的产品,产品在加工硬化后可经过(也可不经过)使强度有所降低的附加热处理。H代号后面必须跟有两位或三位阿拉伯数字
W	固溶热处理状态	一种不稳定状态,仅适用于经固溶热处理后,室温下自然时效的合金,该状态代号仅表示产品处于自然时效阶段
T	热处理状态(不同于F、O、H状态)	适用于热处理后,经过(或不经过)加工硬化达到稳定状态的产品。T代号后面必须跟0~10的阿拉伯数字,表示对产品的基本处理程序,称作细分状态(TX状态),见表5-9

变形铝及铝合金TX细分状态代号说明与应用　　　　　　　　　表5-9

状态代号	细分状态说明	应　　用
T0	固溶热处理后,经自然时效再通过冷加工的状态	适用于经冷加工提高强度的产品
T1	由高温成型过程冷却,然后经自然时效至基本稳定的状态	适用于由高温成型过程冷却后,不再进行冷加工(可进行矫直、矫平,但不影响力学性能极限)的产品
T2	由高温成型过程冷却,经冷加工后,经自然时效至基本稳定的状态	适用于由高温成型过程冷却后,进行冷加工或矫直、矫平以提高强度的产品
T3	固溶热处理后进行冷加工,再经自然时效至基本稳定的状态	适用于在固溶热处理后,进行冷加工或矫直、矫平,以提高强度的产品
T4	固溶热处理后,经自然时效至基本稳定的状态	适用于固溶热处理后,不再进行冷加工(可进行矫直、矫平,但不影响力学性能极限)的产品
T5	由高温成型过程冷却,然后进行人工时效的状态	适用于由高温成型过程冷却后,不经过冷加工(可进行矫直、矫平,但不影响力学性能极限),予以人工时效的产品
T6	固溶热处理后,进行人工时效的状态	适用于固溶热处理后,不再进行冷加工(可进行矫直、矫平,但不影响力学性能极限)的产品
T7	固溶热处理后,进行过时效的状态	适用于固溶热处理后,为获取某些重要特性,在人工时效时,强度在时效曲线上越过了最高峰点的产品
T8	固溶热处理后经冷加工,然后进行人工时效的状态	适用于经冷加工,或矫直、矫平以提高强度的产品
T9	固溶热处理后经人工时效,然后进行冷加工的状态	适用于经冷加工提高强度的产品
T10	由高温成型过程冷却后,进行冷加工,然后进行人工时效的状态	适用于经冷加工,或矫直、矫平以提高强度的产品

注:某些6×××系的合金,无论是炉内固溶热处理,还是从高温成型过程急冷以保留可溶性组分在固溶体中,均能达到相同的固溶热处理效果,这些合金的T3、T4、T6、T7、T8和T9状态可采用上述两种处理方法的任一种。TX的进一步细分状态详见《最新金属材料牌号、性能、用途及中外牌号对照速查实用手册》及现行《变形铝及铝合金牌号表示方法》(GB/T 16474)。

三、铝合金的特点

(一)应力-应变曲线

铝合金材料的力学性能与钢材一样也由拉伸试验得出。其荷载-变形图形通常是一条无明显屈服点的连续曲线。其应力-应变关系曲线类似于高强度钢材的应力-应变曲线,没有明显的屈服平台。

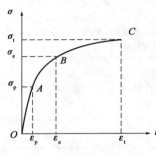

图 5-5 铝合金应力-应变曲线

如图 5-5 所示,铝合金的应力-应变曲线大致可分为三个阶段,即:

(1)线弹性阶段,图中 OA 段。此阶段应力-应变关系为直线,其最大应力 σ_p 称为比例极限。

(2)非弹性阶段,图中 AB 段。此阶段应力-应变关系为曲线,其最大应力 σ_e 称为弹性极限。

(3)应变硬化阶段,如图中 BC 段。此阶段应力-应变关系为曲线,并且 B 点处产生"拐弯点",此阶段曲线的陡平程度,不同的合金有着显著差异。

应力-应变曲线的三个特征点:

(1)比例极限 σ_p 通常假定为与残余应变为 0.01% 所对应的应力。它是 σ-ε 曲线弹性阶段的顶点。

(2)弹性极限 σ_e 通常取与残余应变为 0.2% 所对应的应力,也常称之为屈服强度或条件屈服强度,记为 $\sigma_{0.2}$,它与钢材的屈服应力具有同样的意义。

(3)强度极限 σ_t 相当于试件颈缩时"平均伸长"的极限应变值所对应的应力。此时,颈缩处截面应力增大,变形较大。同时因试件破坏,试验机显示出荷载明显下降,此时对应的应变值为 ε_t。通常采用 ε_t 来评定铝合金材料的塑性。

结构中常用的铝合金力学性能具有显著差异,如纯铝屈服应力 $\sigma_{0.2} \approx 10\text{MPa}$,铝镁系合金 $\sigma_{0.2} \approx 250\text{MPa}$,而铝锌镁系合金 $\sigma_{0.2} \approx 500\text{MPa}$。即使是同一种合金,当生产工艺和热处理方法不同时,其性能也有差异。此外,拉伸试验中得到的 σ-ε 曲线,不能像低碳钢那样简化成理想的弹塑性体的应力-应变曲线。因此,铝合金材料的应力-应变曲线必须采用更为复杂的解析模型。

(二)应力-应变表达式

铝合金应力-应变关系,通常采用兰伯格-奥斯古德(Ramberg-Osgood)所提出的 $\varepsilon = \varepsilon(\sigma)$ 模型,即:

$$\varepsilon = \frac{\sigma}{E} + \left(\frac{\sigma}{B}\right)^n \tag{5-4}$$

式中:E——坐标原点处的弹性模量;

B、n——由试验确定,一般情况下,可按下式确定:

$$B = \frac{\sigma_{0.2}}{\sqrt[n]{0.002}} \tag{5-5}$$

$$n = \frac{\ln 2}{\ln(\sigma_{0.2}/\sigma_{0.1})} \tag{5-6}$$

由上式可知,当 $\sigma_{0.2}/\sigma_{0.1}$ 趋于 1 时,n 值趋于无限大。此时式(5-4)相当于低碳钢材料的 σ-ε 关系。将 n 代入式(5-4)得:

$$\varepsilon = \frac{\sigma}{E} + \left(\frac{\sigma}{B}\right)^{\infty} \tag{5-7}$$

由此得出:

$\frac{\sigma}{B} < 1$ 时,$\qquad\qquad \varepsilon = \frac{\sigma}{E}\qquad$ (完全弹性区段)

$\frac{\sigma}{B} > 1$ 时,$\qquad\qquad \varepsilon \Rightarrow \infty\qquad$ (完全塑性区段)

两个区段用 $\sigma/B = 1$ 来区分,此值相当于低碳钢理想弹塑性 σ-ε 图形的转折点。当 $n \to \infty$ 时,B 的物理意义为曲线弹性部分的极限应力。而当 n 为有限值时,参数 B 则展示了曲线的长短。

将式(5-5)代入式(5-4),则应力应变关系可表示为:

$$\varepsilon = \frac{\sigma}{E} + 0.002 \left(\frac{\sigma}{\sigma_{0.2}}\right)^n \tag{5-8}$$

由于不可能都用试验方法来测定设计中所使用的每一种合金的 $\sigma_{0.1}$ 值,因此在 $\sigma_{0.1}$ 已知的情况下,允许采用兰伯格-奥斯古德规律近似方法的平均值来处理。为此,不少学者提出了不同的建议。

下面介绍由斯坦哈特(Steinhardt)提出的一种建议。即假设:

$$10n = \sigma_{0.2} \quad (\text{MPa}) \tag{5-9}$$

这一建议很简单。实际上,我们知道非热处理合金弹性极限范围一般在 100~200MPa 之间,热处理合金在 200~400MPa 之间,根据式(5-9)的假定,本节中由 n 值进行分类的铝合金恰好与这些范围相一致。这一建议已被德国规范所采用。

(三)一般公式

令 $\varepsilon_0 = 0.002$,将式(5-5)中的 B 代入式(5-4),则有:

$$\varepsilon = \frac{\sigma}{E} + \varepsilon_0 \left(\frac{\sigma}{\sigma_{0.2}}\right)^n \tag{5-10}$$

式中:E——坐标原点处的弹性模量;

ε_0——与弹性极限对应的残余应变;

n——指数,由式(5-11)确定:

$$n = \frac{\ln \alpha}{\ln(\sigma_{\varepsilon_0}/\sigma_{\varepsilon_0/\alpha})}, \alpha > 1 \tag{5-11}$$

σ_{ε_0}——惯用弹性极限。

式(5-11)已经成功应用于其他金属结构、非金属结构以及铝合金结构,因此这是一个通用的公式。

在 ε_0 为 0.1% 和 0.2% 的情况下,根据式(5-11),对不同的 n 值可以求得不同的 σ-ε

曲线。

由式(5-10)可以看出如下特点：

(1)当 $n \to \infty$ 时，$\sigma\text{-}\varepsilon$ 曲线与 ε_0 无关。式(5-10)即为低碳钢理想弹塑性体的应力-应变曲线。实际上，当 $n > 100$ 时，就可以近似地用式(5-10)来描述低碳钢的 $\sigma\text{-}\varepsilon$ 关系。

(2)当所用材料没有明显屈服平台时，如铝合金和高强度钢材，一般应用 $\sigma_{0.1}$、$\sigma_{0.2}$ 等惯用值描述 $\sigma\text{-}\varepsilon$ 连续性规律的特征。这是只要取 $\varepsilon_0 = 0.002$，$\alpha = 2$，式(5-10)就成为典型的兰伯格-奥斯古德公式(5-4)。此式描述铝合金和高强度钢材的 $\sigma\text{-}\varepsilon$ 曲线时，效果最佳。

(3)当 $\varepsilon_0 = 0$ 时，式(5-10)则为完全弹性的，因此可以用来描述如塑料和混合料材料等的 $\sigma\text{-}\varepsilon$ 规律。

(四)铝合金用于渡河桥梁的一般规定

1. 结构材料

当使用温度高度100℃时，渡河桥梁结构的零部件不应采用铝合金材料。

应根据结构的重要性、荷载特征、结构形式、应力状态、连接方式、材料尺寸等因素，选择合适的铝合金牌号、规格及其相应状态，并应符合我国现行国家标准的规定和要求。

用于承重结构的铝合金应采用轧制板、拉制板、挤压管、挤压型材、棒材等变形铝合金。

型材宜采用6系列铝合金，对强度要求较高的简单截面结构也可以采用7系列铝合金。

2. 连接材料

普通螺栓材料宜采用铝合金、不锈钢，也可以采用经表面处理(热浸镀锌、电镀锌、镀铝、喷涂铝合金等)的钢材。

铝合金结构的螺栓连接不宜采用有预拉力的高强度螺栓，确需采用时应通过试验确定，且应考虑装备使用环境的温度变化影响。

铝合金结构的铆钉连接应采用铝合金或者不锈钢材料。

铝合金构件的焊接除符合现行《铝及铝合金焊丝》(GB 10858)的规定外，还需要符合以下规定：

(1)纯铝焊接应选择纯度和母材相同或比母材高的焊丝。

(2)铝镁合金焊接应选择含镁量与母材相同或比母材高的焊丝。

(3)异种铝及铝合金焊接应根据抗拉强度较高的母材选择焊丝。

(4)铝合金军用桥梁结构焊接宜选择 SAI5183、SAI5356 焊丝。

焊接工艺可采用熔化极惰性气体保护电弧焊(MIG 焊)和钨极惰性气体保护电弧焊(TIG 焊)，铝合金军用桥梁结构焊接宜采用 MIG 焊。TIG 焊接适合厚度小于或等于6mm 构件的焊接。

焊接用保护气体为氩气、氦气或其混合气。交流高频 TIG 焊时，宜采用大于99.9% 纯氩气。直流正极 TIG 焊宜用氦气。MIG 焊时，板厚 <25mm 时宜用氩气；板厚 25~50mm 时宜添加 10%~35% 的氦气；板厚 50~75mm 时，宜添加 10%~35% 或 50% 的氦气；当板厚 >75mm 时推荐添加 50%~75% 的氦气。铝合金军用桥梁结构采用 MIG 焊时，氩气纯度应不小于99.99%。

3. 热影响区

采用焊接铝合金结构时，必须考虑热影响区材料强度降低带来的不利影响，在连接计算中,应对焊件强度进行折减。热影响区范围内强度的折减系数 ρ_{haz} 按表5-10采用。

铝合金热影响区范围内强度的折减系数　　　　　　表5-10

铝合金牌号	状态	ρ_{haz}	
		3d	90d
6061、6063、6063A	T4	1.00	1.00
	T5/T6	0.50	0.70
7005、7A05	T6	0.50	0.70

表5-10中数值适用于材料焊接后存放的环境温度大于10℃的情况。

采用焊接铝合金结构时,在构件承载力计算中,应对截面进行折减。采用熔化极惰性气体保护电弧焊(MIG焊)和钨极惰性气体保护电弧焊(TIG焊)焊接连接的6系列、7系列热处理铝合金或者7系列冷加工硬化铝合金。热影响区宽度 b_{haz} 应符合表5-11的规定。

热影响区宽度 b_{haz}　　　　　　表5-11

退火温度(℃)	对于焊接构件的厚度(mm)	b_{haz}(mm)
$T_1 \leq 60$	$t \leq 8$	30
	$8 < t \leq 16$	40
	$t > 16$	应根据硬度试验结果确定
$60 < T_1 \leq 120$	$t \leq 8$	30α
	$8 < t \leq 16$	40α
	$t > 16$	应根据硬度试验结果确定

注:1. α 为参数,$\alpha = 1 + \dfrac{T_1 - 60}{120}$。

2. t 为焊接构件的平均厚度。当焊接构件厚度相差超过1倍时,b_{haz} 值应该根据硬度试验结果确定。

4. 设计参数

(1)铝合金材料的物理性能

铝合金材料的物理性能应符合表5-12要求。

铝合金材料的物理性能　　　　　　表5-12

弹性模量 E(MPa)	剪切模量 G(MPa)	泊松比 γ	线膨胀系数 α(1/℃)	质量密度 ρ(kg/m^3)
0.5×10^5	0.27×10^5	0.3	23×10^{-6}	2700

(2)铝合金材料的容许应力

铝合金材料的容许应力应按表5-13中数值取用。

铝合金材料的容许应力值(MPa)　　　　　　表5-13

铝合金材料			构件计算				焊接热影响区计算	
牌号	状态	厚度(mm)	拉压$[\sigma]$	弯曲$[\sigma_w]$	剪切$[\tau]$	承压$[\sigma_c]$	拉压、弯曲$[\sigma_h]$	剪切$[\tau_h]$
7005	T6	所有	185	195	115	320	135	75
6061	T4	所有	75	80	45	130	55	35
	T6	所有	160	170	95	280	115	65

续上表

铝合金材料			构件计算				焊接热影响区计算	
牌号	状态	厚度(mm)	拉压$[\sigma]$	弯曲$[\sigma_w]$	剪切$[\tau]$	承压$[\sigma_c]$	拉压、弯曲$[\sigma_h]$	剪切$[\tau_h]$
6063	T5	所有	75	80	45	130	55	35
	T6	所有	120	130	75	210	85	55
6063A	T5	≤10	110	115	65	185	80	45
		>10	100	105	60	175	70	45
	T6	≤10	130	140	80	225	95	60
		>10	120	130	75	215	85	50
5083	O/F	所有	75	80	45	130	210	120
	H112	所有	75	80	45	130	170	95

注：$[\sigma]=0.66\sigma_{0.2}$，$[\sigma_w]=0.70\sigma_{0.2}$，$[\tau]=0.40\sigma_{0.2}$，$[\sigma_c]=1.15\sigma_{0.2}$，$[\sigma_h]=0.70[\sigma]$，$[\tau_h]=0.70[\tau]$。

(3) 铝合金螺栓和铆钉连接容许应力

铝合金结构普通螺栓连接的容许应力按表 5-14 中的值选用。

铝合金结构铆钉连接的容许应力按表 5-15 中的值选用。

铝合金结构普通螺栓连接的容许应力（MPa） 表 5-14

螺栓	铝合金		不锈钢		钢
	2B11	2A90	A2-50/A4-50	A2-70/A4-70	4.6级、4.8级
抗拉$[\sigma^b]$	170	150	200	280	170
抗剪$[\tau^b]$	160	145	190	265	140

铝合金结构铆钉连接的容许应力（MPa） 表 5-15

铝合金铆钉	5B05-HX8	2A01-T4	2A10-T4
抗剪$[\tau^b]$	90	110	135

(4) 铝合金结构焊接容许应力

铝合金结构焊接的容许应力值应按表 5-16 中的值采用。

铝合金结构焊接的容许应力值（MPa） 表 5-16

铝合金母材牌号及状态	焊丝型号	对角焊缝		角焊缝
		拉压	抗剪	拉压剪
7005-T6 7A06-T6	SAI 5183	165	105	105
6061-T4 6061-T6	SAI 5356	145	85	85
	SAI 4043	135	80	80
6063-T5 6063-T6	SAI 5356	115	65	65
6063A-T5 6063A-T6	SAI 4043	115	65	65
5083-O/F/H112	SAI 5356	185	105	105

注：对于两种不同种类铝合金的焊接，焊缝的强度设计值应取较小值。

四、结构型材

(一)结构型材的类型

工业化生产工艺可以提供适用于工程结构的各种零部件产品,通常可以采用挤压、焊接组件和冷加工等方法获得结构型材。特殊部件,如三角形构造的三维节点,则可通过铸造方法获得。

1. 挤压型材

挤压型材可以做成任何形状的产品,仅受压力机能力的制约。图5-6中给出一些通过挤压工艺获得的铝合金结构常用型材的截面形状。这些型材已在欧美国家中广泛采用。由图5-6可以看出:工字形截面可以改进成更复杂的形状[图5-6a)],通过卷边或增加类似加劲件,可使标准槽形截面形成Ω形截面[图5-6b)],可以把中空截面、箱形截面和管形截面制成各种形状,如矩形、方形和圆形。可以给这些截面添加内部或外部加劲肋。外部加劲肋还可以用作连接其他构件的连接板[图5-6c)]。

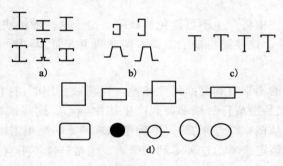

图5-6 挤压型材断面

从这些例子中可以看到。标准型材的高柔性可以通过加劲肋等得到改善。由于这类截面的质量和刚性较好,因而其设计更合理,更经济。通过挤压而不是轧制不仅可以获得类似于标准型钢那样的型材,而且可以获得各种特殊型材。

2. 焊接型材

由于挤压机能力的限制,当可能获得的挤压型材截面尺寸不能满足结构使用要求时,可以用轧制或挤压板材组装成焊接型材(也称为组焊结构)。图5-7示出了几种焊接型材的例子。其中,以两块挤压T型材的翼缘,加中间一块板作为腹板而得到的P型材[图5-7b)]和用三块板组焊成I(或T)型材[图5-7a)]等典型截面已经得到充分的理论研究和试验分析,已在结构工程中大量使用。

3. 冷弯薄壁型材

与钢材的冷弯薄壁型钢类似,利用弯板机铝合金可以获得冷弯型的薄壁型材[图5-8a)]。图5-8b)所示为使用小于4mm的薄板生产出的L、Z、V、Ω形型材。用这种方法还可以获得波纹板、压筋板和梯形板等。对于冷弯薄壁型材,有两个特点应予注意:一是这类构件非常轻,它们的强度是由于其形状所造成的;二是,由于使用的板材很薄,容易发生局部屈曲。

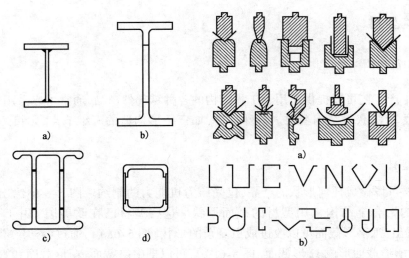

图 5-7　焊接型材断面图　　　图 5-8　冷弯薄壁型材断面

(二)结构型材的缺陷

结构型材在生产过程中将产生不可避免的缺陷。由于这些随机缺陷往往显著影响杆件的承载能力,因而不能忽略。这些随机缺陷主要表现在两个方面,即几何缺陷和力学缺陷。

1. 几何缺陷

几何缺陷包括杆件的不平直和截面尺寸偏差。当荷载作用时,杆件不平直易于造成初始弯矩,而截面尺寸偏差则易造成杆件端部荷载产生初始偏心。这些初始弯矩和初始偏心都将影响杆件的承载能力。从概率观点来看,要准确考虑这种影响是很困难的。因此,国内外都是根据试验结果作出一些假定来考虑这种不利的影响。通常杆件不平直造成的跨中变位和截面尺寸偏差造成的偏心之和不超过杆长的 $1/1000$,即 $(f_0 + e_0) \leq L/1000$。

2. 力学缺陷

力学缺陷包括残余应力和力学性能的不均匀分布。残余应力是一种存在于金属构件中自身平衡的内应力,它的产生与工业生产过程密切相关,铝合金型材中的残余应力是由在温度(如挤压和焊接之后的冷却)和机械(如冷轧和用牵引机矫直)作用下引起的不均匀应变场产生的。研究结果表明,挤压型材在制作过程中引起的残余应力普遍很小(小于 20MPa),而在焊接型材中,残余应力是一种不能忽略的力学缺陷。由于焊接过程中产生集中热输入,靠近焊缝区域的铝合金被加热到很高的温度并向四周扩展。这种扩展受到离焊缝区较远的区域(温度较低处)的抑制,从而引起纤维的塑性变形而产生应力。当构件完全冷却时,靠近焊缝的残余拉应力达到屈服极限,而在远离焊缝的区域则产生与之平衡的压应力。由焊接引起的残余应力的大小和分布与材料的热传导系数有关,热传导系数越大,则残余应力越小。铝合金材料的热传导系数比钢材的大,所以其焊接残余应力比钢材的要小。

力学性能不均匀分布也是在生产过程(挤压和焊接)中产生的。这种不均匀性表现为型材截面上各点处所测得的力学性能(如弹性模量 E、条件屈服强度 $\sigma_{0.2}$、条件比例极限 $\sigma_{0.1}$ 等)与其标准值之间的偏差。经测定,在铝合金挤压型材中,这种不均匀性对构件的承载能力影响小,可以忽略不计。而在焊接型材中,热量的输入抵消了铝合金因热处理而改善性能的一部分有利影响,从而导致铝合金的弹性极限下降。其结果是改变了型材截面的强度分布,使焊缝的强度很小。在焊缝附近形成宽度为 $2b_h$ 的热影响区(图 5-9),在此区域内构件的极限强度降低。

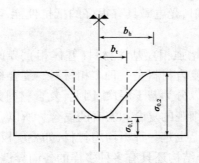

图 5-9　焊接引起强度降低

第三节　渡河桥梁结构用复合材料

一、复合材料的基本概念

新材料是当前世界新革命技术的三大支柱之一,与信息技术、生物技术一起构成了 21 世纪世界上最重要和最具发展潜力的三大领域。而轻质、高强、环保的树脂基复合材料 FRP(Fiber Reinforced Polymer)作为新材料,符合国家战略需求。到 2013 年,北美地区复合材料在建筑领域的年增长速率大约为 5%,欧洲在 6% 以上。而在中国建筑市场,复合材料的需求正在以两位数的速度增长。

关于复合材料的定义,长期以来说法不一,但有三个定义被引用的较多,具体如下。

定义 1:复合材料是由两种或两种以上的单一材料构成的,具有一些新性能的材料。这一定义比较通俗易懂,较易为人们接受和理解。

定义 2:由两种或两种以上独立的物理相,包括黏结材料(基体)和粒料、纤维或片状材料所组成的一种固体物质。这种定义从科学的角度来看,更加完善与确切。

定义 3:所谓复合材料是由两种或两种以上力学、物理或化学性能各异的单一材料,经过物理或者化学的方法组合而成的一种新型材料。

基体材料可为连续的或分散的物理相的材料。如金属基、聚合物基和无机非金属基等材料。增强材料主要是由呈分散的物理相材料构成,主要起增强作用,如碳纤维、玻璃纤维、芳纶纤维和凯芙拉纤维等。

复合材料是指由单一材料经人工复合而成的材料,它是一种多相材料和多层次材料。复复合材料是由金属材料(无机非金属材料)、有机高分子等几种材料进行一系列的加工组合而成的一种新型的材料,这种材料不但具有原组分材料的重要特点,同时具备原有材料没有的功能。生活或工程中常出现的复合材料有碳纤维加劲塑料(Carbon Fiber Reinforced Plastic,以下简称 CFRP)、玻璃纤维加劲塑料(GFRP)及芳纶纤维加劲塑料(AFRP)3 大类。

复合材料由于是由两种或者两种以上的材料复合而成,所以各方面的功能和性质具有接口性和过渡性,另外,复合材料还具有很好的设计性,所以人们可根据自身的需要充分发挥材料的潜在性能;复合材料具有很好的结构性能,同时具有功能性能,它比强度高(比刚度高)、疲劳耐久性能强,自振频率高,具有很好的减震效果,还具有很好温度稳定性、膨胀系数小的特点;此外对化学腐蚀、高温、辐射、光电磁具有很好的抵抗性能。因此,复合材料被广泛应用到各行各业。

复合材料具有增强材料(增强相)、基体材料(基体相)、界面层(界面相)。增强材料可以是一种也可以是多种。因此,复合材料是一种多相材料。复合材料可以分为微观、细观和宏观三种层次,而微观的层次又可以分为若干层次,因此,复合材料是一种多层次的材料。复合材料的复合可分为微观的复合、细观的复合和宏观的复合。所以,复合材料在微观上是一种不均匀材料,有的复合材料在宏观上也是一种不均匀材料,如叠层板壳的单层性就是不均匀性的一种表现形式。复合材料和复合结构还具有多种多样的各向异性,复合材料的不均匀性、各向异性、本构关系复杂、破坏机理复杂和强度准则复杂等,是复合材料及其结构的主要力学特点。复合材料具有良好的阻尼性能,有利于减振。复合材料有较好的抗疲劳性能,还具有可设计性等优点。复合材料的非线性(几何非线性和物理非线性)和叠层板沿厚度方向剪切变形的影响不可忽略,也因其不均匀性、各向异性、本构关系复杂而引起破坏机理更加复杂,从而增加了复合材料及其结构的分析、计算、测试和设计的复杂性和难度。

复合材料的性能是其中任何单一的组成材料都无法具备的。复合材料可分为天然复合材料和人工合成复合材料两大类。天然复合材料种类繁多,典型的天然复合材料包括一些动植物组织,如人体骨骼、皮肤以及竹子等。在结构工程应用中,人工合成的结构复合材料是目前应用最广泛和最成熟的复合材料,其中所采用的增强材料主要是纤维材料,所采用的基体材料主要是塑料或金属。这类复合材料也可以称为纤维增强复合材料。为了叙述方便,以下把纤维增强复合材料也简称为"复合材料"。

二、复合材料分类

纤维增强复合材料一般只含有两种几何形状与物理特性相差显著的组成材料(或称为组分材料)。第一种组成材料是连续体,构成复合材料的基本形态,称为基体材料。三类常见的固体结构材料,即金属、陶瓷和聚合物,都可以作为基体材料使用。由此分别构成了金属基复合材料、陶瓷基复合材料和聚合物基或树脂基复合材料。第二种组成材料是离散体,通常比基体的性能更强,因而又称为增强材料。图5-10表示一些常见的人工合成复合材料的组成与分类。

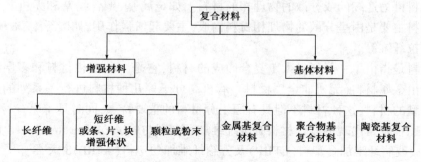

图5-10 人工合成复合材料的组成与分类

常见增强材料主要有三类:第一类是长纤维或连续纤维材料,其长度与直径之比(即长径比)一般大于或等于 1.0×10^5,与之对应的复合材料通常称为长纤维或者连续纤维增强复合材料(简称纤维增强复合材料)。纤维增强复合材料的最大优点是具有很高的比刚度和比强度,也就是说,这类材料的刚度和强度与它们的重量之比很大,往往比高强度的钢、铝、钛合金等金属材料大数倍。结构用复合材料大都采用纤维增强复合材料,其中,纤维增强聚合物基复合材料使用最广、用量最大,在很多工程甚至日常生活领域中都可见到这类材料产品,在航空航天工程领域的应用尤为广泛。纤维增强复合材料在体育用品中也得到了广泛应用,如网球拍、赛艇、高尔夫球杆等,大都采用纤维增强复合材料制造。

第二类具有代表性的增强材料为短纤维,其长度与直径之比一般为 5～1000,由此得到的是短纤维增强复合材料。需要指出的是,短纤维只是这类增强材料的代表,其他可归入该种类别的还包括条状、片状、块状等增强材料。短纤维增强复合材料的最大优点是容易加工成型,生产成本低,在生产打印机外壳、台面板以及其他许多无须承受较高荷载的地方都有应用。过去,农民用切短的稻草或杂草掺于泥浆中糊墙,就是这类复合材料的一种典型应用。

第三类增强材料为颗粒或者粉末材料,其长度与直径之比一般为 1～2。这类复合材料的设计大都不以提高材料的刚度和强度为目的,而是要改善或提高材料的其他性能,如耐磨、导电、吸波等。将这类复合材料更贴切地称为功能复合材料,比如,在金属基中加入陶瓷粉末或者其他更硬的金属颗粒制成的复合材料,其硬度和耐磨性均得到提高,这类复合材料也常用作生物材料,如人工骨、假牙、填充材料等。需要特别指出的是,虽然基体材料一般都是各向同性材料,但用作增强材料的纤维并不一定都是各向同性的。

三、复合材料的叠层结构

如上所述,复合材料由纤维材料和基体材料复合而成,因此,与各向同性的均匀材料相比,实际的复合材料具有比较复杂的构造。

(1)纤维材料和基体材料。一般说,基体材料(塑料或金属)是各向同性材料,但纤维材料可以是各向同性材料(如玻璃纤维),也可以是各向异性材料(如碳纤维),即沿着纤维长度方向的材料性能与垂直纤维截面内的材料性能可以有很大的差异。

(2)单层复合材料。由相同方向排列的纤维材料与基体材料组成单向复合材料,如果单向复合材料的厚度很薄,称为单层复合材料。有时也可以把纤维编织成某种方式的布,然后再与基体材料复合;或者把复合材料带排列成某种铺层方式的空心网格,这类复合材料也可以看作是一种特殊形式的单层复合材料。在用树脂作为基体的复合材料中,单层材料在制造中往往称为预浸料;在用金属作为基体的复合材料中,有时可以把单层材料称为预成型料。

(3)叠层复合材料。一般说,单层复合材料不直接应用于复合材料产品,而只是复合材料的一个基本"部件",或者说仅是复合材料的一种半成品。实际使用的复合材料是把一层以上的单层材料相互叠合,各层的纤维方向各不相同,由此所形成的复合材料称为叠层材料。而且,即使把每个单层复合材料看作是均匀材料,由于各层纤维方向的不同排列,它在宏观上仍是一种不均匀材料。因此,叠层材料是一种构造更复杂的各向异性材料。

四、FRP 材料的优越性

FRP 材料具有耐腐蚀性,在化工、能源、矿山、污水处理等行业的建筑物和构筑物中,以及船舶、汽车等交通工具中得到广泛应用,在土木工程结构中使用FRP材料可以大大减少腐蚀破坏所带来的各种危害和损失。常用纤维增强复合材料与钢材的基本力学性能对比见表5-17。

常用纤维增强复合材料与钢材的基本力学性能对比   表5-17

纤维种类		相对密度	拉伸强度（GPa）	模量（GPa）	热膨胀系数（10^{-6}/℃）	延伸率（%）	比强度（GPa）	比模量（GPa）
GFRP	高强度纤维	2.49	4.6	87	2.9	5.7	1.85	34
	低导电率纤维	2.55	3.5	74	5.0	4.8	1.37	29
	高弹模纤维	2.89	3.5	110	5.7	3.2	1.21	38
	抗碱蚀纤维	2.68	3.5	75	7.5	4.8	1.31	28
CFRP	普通纤维	1.75	3.0	230	0.8	1.3	1.71	131
	高强度纤维	1.75	4.5	240	0.8	1.9	2.57	137
	高弹模纤维	1.75	2.4	350	0.6	1.0	1.37	200
	极高弹模纤维	2.15	2.2	690	1.4	0.5	1.02	321
AFRP	Kelvar 49	1.45	3.6	125	2.5~4.0	2.8	2.48	86
	Kelvar 29	1.44	2.9	69		4.4	2.01	48
	HM-50	1.39	3.1	77		4.2	2.23	55
钢材	HRB400	7.8	0.42	200	12	18	0.05	26
	钢绞线	7.8	1.86	200	12	3.5	0.24	26

注：GFRP-玻璃纤维加劲塑料；CFRP-碳纤维加劲塑料；AFRP-芳纶纤维加劲塑料；FRP-纤维加劲塑料。

FRP材料的主要优点如下：

（1）比强度高和比模量大，这是FRP材料的最大优点。比强度和比模量是衡量结构材料承载能力的重要指标。使用FRP材料可减轻自重，承受更大的荷载，便于现场安装。

（2）良好的耐腐蚀性。FRP材料耐腐蚀特性好，因而可在酸、碱、氯盐和潮湿的环境中抵抗化学腐蚀，这是传统结构材料所难以比拟的。因此，在土木工程中使用FRP材料可以大大减少腐蚀破坏所带来的各种危害和损失。

（3）抗疲劳性能好。对于类似桥梁等长期承受动态交通荷载的结构而言，疲劳特性是一个关注的重点。在一定的荷载范围内，FRP材料的抗疲劳性能明显优于传统结构材料。

（4）可设计性强。复合材料的优越性在于它的可设计性。由于复合材料的两层材料，它的宏观性能可以根据需要通过细观性能来设计，因此可以充分发挥材料的潜力。

（5）弹性性能好。在发生较大变形后还能恢复原状，塑性变形很小，这对于承受较大动载的结构比较有利。

（6）其他优势，如透电磁波、绝缘、隔热等，这使得FRP结构或FRP组合结构在一些特殊场合能够发挥出难以取代的作用。

五、复合材料在桥梁工程中的应用

（一）复合材料在民用桥梁工程中的应用

复合材料在桥梁工程中的应用始于20世纪70年代末和80年代初，美国、中国、以色列、保加利亚等国家都有应用实例,但是碳纤维复合材料被国际桥梁界重视是从80年代开始的,人们将碳纤维作为预应力筋、预应力钢材的替代物来研究。近些年来,国内外碳纤维及其复合材料在工业中的应用突飞猛进,并且对其力学性质的研究更是取得阶段性进展,生产技术和效率显著提高,生产成本明显下降,一方面加速了碳纤维在桥梁中的应用,另一方面激发更多的人在此领域的理论研究。到了90年代末,碳纤维复合材料被用在PC桥梁的张拉材料、建筑物的外墙材料、既有桥梁的加固材料中。

1. CFRP复合材料应用在新建桥梁

随着社会的发展,大跨度和超大跨度的斜拉桥的修建已是当前桥梁建设的发展趋势,但是斜拉桥结构具有很大的柔性,其力学性质对于结构的刚度、承载能力都有很大的影响,所需解决的问题是拉索垂直度产生的不利影响。另外,大跨度斜拉桥的拉索长期受自然条件的影响,很容易腐蚀、耐久性差,同时高强度桥梁需要加大预应力钢筋的用量,不可避免地增加了结构的自重,所以种种情况表明传统的建筑材料(性质单一、自重大、抗拉强度低、耐久性能差、易受自然条件的影响、设计施工难度大、运输苦难等缺陷)不能满足现在大跨桥梁的要求,将碳纤维复合材料应用于悬索桥和斜拉桥也是为了满足现实的需求。

2. CFRP材料对既有桥梁的修复加固

我国桥梁建设历史悠久,但由于以前经济、技术落后,勘察、设计、施工等方面受到很多方面的制约,勘察数据不完整,有些设计标准相对低,施工过程受各种条件的限制,最后建成的桥梁存在很多缺陷,部分桥梁本身的承载力较低。发展到当代,随着车流量的增加,车型向重型化发展,桥梁负荷加大,加上桥梁长时间老化,很多旧桥不能满足当代交通的需要,承载力明显降低,难以继续服役,难以满足目前的交通需要。一些资料表明,我国的临时桥梁和危桥有相当多的数量,如果对这些桥梁都加以拆卸重建的话,将需要投入很大一笔资金,还会造成资源的浪费,废弃的建筑垃圾还会造成环境污染。所以按照现行标准对现有旧桥修复加固成了最佳选择。

传统的加固方法很多,如粘贴钢板法、增大截面法、体外预应力法、改变结构体系法等。但是传统的加固方法大部分都有局限性,如增加了结构的面积,影响交通,增加了自重,施工复杂等。与传统的加固方法相比,碳纤维复合材料加固旧桥具有明显的优势,碳纤维复合材料加固,即用黏结剂将碳纤维粘贴在加固部位,使桥梁和碳纤维复合材料城为一个整体,从而达到提高原有结构承载能力的目的。

早在20世纪80年代,就有人将碳纤维应用在旧桥的修复加固,最早使用这种技术的是日本,1994年将这种技术引进到高架桥进行箱梁的粘贴加固。CFRP具有理想的耐久性和防腐蚀性,而且在施工过程不会影响交通,这在城市桥梁结构施工中显得尤为重要,截面小不会影响桥梁的净空,且碳纤维的长度不受交通运输的影响,在施工过程不受搭接的限制,也不会因腐蚀导致结构承载力下降,所以这种加固方法被广泛使用,其理论研究也趋于完善。

3. CFRP材料用作预应力筋或者层合箱梁

碳纤维复合材料用作预应力筋是将连续的纤维被树脂基材料浸过,在经过专门的机具制成线性坯料,再加捻合股制成坯绳,然后用专门的工具制成碳纤维材料的绞线,这种绞线具有强度高、低松弛、自重轻、耐疲劳、耐腐蚀、易于施工等特点,已被有些国家应用。

CFRP制作成层合箱梁,目前只是停留在试验和理论研究阶段,虽然材料有很多优点,很多技术方面已很成熟,但这种做法还没投入到现实的工程中,因为还存在很多问题,碳纤维复合材料长期暴露在自然环境下,会发生老化,力学性能改变,还要解决材料之间的搭接、锚固等问题,另外复合材料若要广泛、合理地应用到实际工程中,还需要更全面的理论知识和完善的规范作支撑。

半个世纪以来,复合材料作为新材料领域中的后起之秀得到了长足的发展,目前已与金属材料、无机非金属材料、有机高分子材料一起并列为四大类材料。无论从复合材料的发展速度、应用范围,还是从它对现代科学技术与经济的推动作用来看,复合材料所取得的成就已达到或超过人类历史上所使用过的任何类型的材料,以至于一个国家和地区的复合材料工业水平成为衡量其科技与经济实力的标志之一。

在土木工程结构中,FRP产品形式主要包括片材、纤维布/板、筋/索材、网格材和格栅、缠绕型材、拉挤型材、模压型材及手糊制品等。其中,FRP拉挤型材的连续纤维主要沿杆件轴向布置,且纤维含量可达到60%~70%,使得其单向力学性能表现优异。此外,FRP拉挤型材具有设计灵活、成型方便、可实现连续化生产、产品质量稳定和综合成本较低等诸多优点,最适用于土木工程中的结构用材。

FRP复合材料高强度、低比重和耐腐蚀性特点,使其在桥梁工程实际应用中具有很大吸引力。目前,FRP桁架结构在桥梁工程中的应用主要集中在FRP轻质桥梁和快速架设应急桥梁。

轻质FRP桥梁的应用以人行桥为主,其主要构件或全部构件采用FRP,从而使得上部结构的重量大大减轻,良好的景观效果也成为吸引使用者的关键因素之一。瑞典Flanz河上的Pontresina桥(图5-11)是具有代表性的临时性轻质桥,该桥建于1997年,是由两片平面桁架和桥面板组成的简支梁桥,跨度2×12.5m,自重3.3t,可利用直升机在每年的旅游旺季架设、淡季拆除。桁架杆件全部采用拉挤型GFRP型材,杆件之间直接采用螺栓和胶连接。Keller于8年后对该桥的长期性能进行了研究,通过桥梁外观检测、静载试验发现该桥只发生局部裂纹,构件刚度没有发生变化,结构的安全性、耐久性、适用性均满足继续使用要求;此外,Bai对该桥的动力性能进行了试验研究,桥梁自振频率与其他FRP桥处于相同数量级。

图5-11 瑞典Pontresina桥

FRP人行桥因良好的经济效益和景观效果得到了大量应用。美国Fiberline、Strongwell等企业已经能提供完整的复合材料桥梁解决方案,包括结构型材、建筑面板及连接节点。图5-12a)所示为避免冬季除冰盐对桥梁结构的腐蚀而建设的莫斯科Chertanovo跨线桥,该桥为俄罗斯第一座复合材料桥梁,全长41.1m,构件采用拉挤型GRP❶型材,可快速架设完成而

---

❶ 玻璃增强热固塑料(Glass Reinforce Plastic,简称GRP),也称为玻璃钢。

不中断铁路交通。图 5-12b)所示为标准型桁架桥,由 GRP 型材通过不锈钢配件连接而成,全长 2×13.5m,重 3.3t,设计荷载 4kN/m²。

a)莫斯科Chertanovo跨线桥

b)标准型桁架桥

图 5-12　Fiberline 公司 FRP 桁架桥

FRP 桁架结构在桥梁工程中的另一重要应用是快速架设应急桥梁。与轻质人行桥相比,快速架设应急桥梁最大的不同点是一般需要承受重载。桁架结构中直接采用螺栓连接,FRP 材料上开孔将导致纤维断裂和基体材料应力集中,加之 FRP 材料的纵向剪切模量低,螺栓连接将限制桁架结构承载力的提高。采用胶连接同样面临承载效率不高问题,如 V. Kostopoulos 设计制作了 GFRP 方管桁架桥,杆件与金属节点采用胶连接,结构跨度 11.6m,承载力为 300kN,因节点过重,自重达 13.5t。因此采用连接效率更高的接头方式及节点方案,设计和制造的拉挤型复合材料桁架结构显得很有必要。

巴西 Pfeil 于 2006 年设计了用于应急桥梁的可拆卸 GFRP 平面桁架结构(图 5-13)。结构杆件为 GFRP 圆截面拉挤型材,桁架节点为钢制节点,节点与 FRP 杆件之间通过钢套筒和预应力钢筋连接,预应力钢筋使得杆件始终受压,钢套筒保证杆件轴向受力和防止复合材料管端部承压破坏。Pfeil 对跨径 13m 的桁架结构进行弯曲试验,试验揭示了结构弯曲失效机制为上弦杆的屈曲。基于该缩尺模型试验结果,设计了跨度为 30m 的 GFRP 应急桁架桥,可承受 256kN 的三轴轮式载。

图 5-13　可拆卸桁架结构及钢制节点

赵启林团队提出了一种复合材料连接技术——预紧力齿连接技术,基于该技术制作了复合材料平面桁架结构,桁架杆件采用拉挤型 GFRP 型材,接头采用为预紧力齿连接技术,节点为钢节点(图 5-14)。通过弯曲试验得到,桁架片的承载力与装配式公路钢桥桁架片相当,自重却只有后者的 2/3;一年期的变形监测试验表明,GFRP 桁架长期蠕变性能趋于稳定。与平面桁架相比而言,三向受力的空间桁架结构受力更合理,承载效率更高,该团队课题组于2013年将铝合金杆件和复合材料杆件组合使用,以提高结构刚度,提出跨径12m的新型FRP-金属组合空间桁架桥(图5-15),该桥由两幅倒三角桁架结构通过间隔横向连接组成。近两年该课题组通过张弦结构在原桁架桥的基础上研制了大跨FRP-金属组合空间桁架桥,该桥跨度为54m,承载25t,全桥自重小于15t,在满足使用条件的前提下其自重比钢桥降低了40%左右,可以广泛应用于应急抢险桥、无重型机械配合的山区桥梁等。

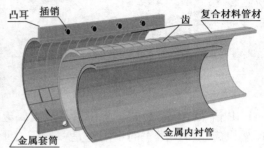

图5-14　GFRP桁架片及与预紧力齿连接接头

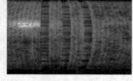

图5-15　新型FRP-金属组合空间桁架桥及节点形式

FRP桁架结构在桥梁工程中的应用,经历了从轻质桥到重载桥的过程,对应的结构形式从平面桁架到立体桁架。研究者通过试验、有限元和理论分析手段对复合材料桁架结构力学性能进行研究,研究集中在桁架结构弯曲、扭转、动力性能和长期性能方面,以此验证FRP材料用于桥梁结构的可能性和有效性。此外,夏晓宁以重庆市架设中的FRP桁架桥为背景,对FRP桁架桥的施工技术进行研究。从上述研究可以看出,FRP桁架结构的整体性很大程度上取决于连接各杆件连接系统的可靠性,可靠的连接系统决定了FRP桁架结构的实际应用前景。

在20世纪80年代,我国在树脂基复合材料的研究和应用上曾经处于国际领先水平。1982年,在北京密云建成了跨度20.7m、宽9.2m的GFRP简支蜂窝箱梁公路桥,堪称是中国树脂基复合材料应用的里程碑。但其后,我国的发展逐渐落后于发达国家。在渡河桥梁领域中,复合材料的应用也十分广泛。

(二)复合材料在军用桥梁装备中的应用

1. 复合材料在我军渡河桥梁装备中应用

我军对复合材料的研究起步于20世纪90年代后期,在渡河装备中,目前,在85式轻型门桥和冲锋舟采用复合材料(玻璃钢),在2001年研制的新型门桥舟体也采用过复合材料(玻璃钢)。此外,开展了玻璃钢在渡河桥梁器材研制中应用的可行性研究,作了复合材料舟体与渡河桥梁桥面板的试验研究工作,认为玻璃钢在渡河桥梁装备和器材的应用是可行的,而且可以有效减少构件自重,但也存在结构变形大、层间发生剪切破坏与构件连接设计困难等问题。

2. 复合材料在外军渡河桥梁装备中应用

外军已经成功将复合材料应用于渡河桥梁的研制中,其中较为典型的有:

(1)美军已经采用碳纤维增强环氧树脂制成了载质量70t的全复合材料桁架桥。该桥比具有同样承载能力的中型钢桁架桥架设长度增加了27%,而自重减少了40%,所需架设人员由33人减少为6人。同时,美军还利用碳纤维增强环氧树脂与合金两种材料研制成功了重型坦克冲击桥的样桥——复合材料渡河桥梁(CAB)。美军在2000年研制了第一代CAB单节全碳纤维桥梁,该桥跨度14m,自重6t;2003年研制了第二代MCB拼装式全碳纤维桥,跨度26m,无重量公布;2009年研制第三代AMCB拼装式全碳纤维桥,跨度26m,自重8.5t。

(2)德军在研制军用固定桥时则采用了碳纤维复合材料片材粘贴在结构的受拉与受压部位,有效增强了桥梁的刚度与强度。

复合材料的发展引起了国内工程界的高度重视。我国的"高技术研究发展计划"中,已把新材料领域列为7个重点研究发展领域之一,命名为"关键新材料和现代材料科学技术",军队也正积极开展复合材料在工程装备研制及应用研究。复合材料的大量应用必将对国民经济的发展和国防建设发挥越来越大的作用。

第六章
渡河桥梁装备器材的设计准则

第一节 渡河桥梁设计一般规定

一、通用规定

渡河桥梁的设计荷载按照第二章的规定执行。

渡河桥梁的设计应满足战术技术要求：装备力求构件重量轻、连接简便、架设迅速，适应跨径和荷载的变化要求，具有良好的抗损性和互换性，并尽可能兼顾民用。设计的桥梁结构在制造、运输、架设、使用和撤收过程中，应具有规定的强度、刚度、稳定性和耐久性，结构形式应合理，便于制造、架设和维护。

二、选择架桥点的基本要求

(一)选择架桥点的技术要求

选择架桥点时，除了考虑便于防御、隐蔽和伪装等战术要求外，还应考虑以下技术要求：

(1)河幅较窄，流速低缓平稳，无浅滩或只有较窄的浅滩，无暗礁及沉没物体；

(2)河流的直线地段，流线平行于河岸；

（3）两岸有可以利用的道路，并便于构筑接近路；

（4）桥梁架设点应该选择在已破坏的原有桥梁上游150m左右以外，不得已时也可选择在下游300m以外；

（5）架桥点应尽量离开支流口，不得已时可选择在支流口上游30m以外，或在下游150m以外；

（6）架设浮桥时，江河应有足够的水深，河岸应坚固、平缓，便于器材装卸载和泛水；

（7）架设低水桥时，应选择在水浅、河底平坦、土质良好处；

（8）架设水面下桥时，要求选择在水位涨落变化不超过1m、流速不大于1m/s、水深不大于6m的江河。

（二）渡口进出口及桥面纵坡度

（1）在距离桥两端150m以外处，应设置长度100m以上的加宽车道，供调度车辆、停放损坏车辆和在敌人空袭及地面炮火袭击时疏散隐蔽车辆使用。

（2）门桥渡口进出路宽度应不小于5m，纵坡度不超过18%，并应该有一段不小于10m的直线段。

（3）自行舟桥泛水的下河坡路，宽度不得小于10m，长度不得小于20m，纵坡度不得大于15%。

（4）浮桥渡口进出路的纵坡度不得大于10%，浮桥的岸边部分不得大于8%，5m以下的过渡栈桥、跳板的纵坡度不得大于15%，河中主体部分的纵坡度不得大于6%。

（5）固定桥接近路及桥面坡度，低水桥接近路为6%，水面下桥接近路为10%，5m以下的短跳板为18%，桥面（不含索道桥）不得大于5%。

三、制式渡河桥梁装备的总体要求

（一）总体设计原则

渡河桥梁制式装备的总体设计原则为"安全、适用、快速、隐蔽"，与民用桥梁"安全、适用、经济、美观"的设计原则形成鲜明对比。

安全是指装备全寿命中所体现的安全，包括装备机动行驶中的安全、装备展开架设撤收过程中的安全，也包括装备在架设成桥梁后通行各种荷载后的安全，还包括在战场环境下具有一定的抗损性等。需要在装备论证、设计阶段，考虑各个阶段的安全隐患，设计安全保障机构，并加强安全软件的设计和运用等。

适用是指装备的使用要符合战术技术要求，即要适应各种道路的上快速机动，适应规定流速的江河上的泛水展开架设，适应一般条件下浮桥的锚定，适应山区干沟、河渠、雨裂的架设，适应规定风级条件下的架设和使用，适应高原高寒、高温湿热、盐雾盐碱条件下的使用等。

快速是指渡河桥梁装备，无论是机动运输速度，还是架设展开速度、荷载通行速度、撤收转移速度等，都需要快速，以满足现代战争条件下复杂的战场环境和使命要求。

隐蔽是指渡河桥梁装备包括在机动运输过程中、集结集合过程中、展开架设过程中、通行使用过程中、撤收转移过程中，都要尽可能隐蔽，避开敌人的侦察与打击，提高装备的战场生存率。

（二）总体设计基本要求

（1）设计必须满足战术技术指标，设计方案应适应使用要求。

（2）应研究总体布局、外形尺寸、设计参数与产品性能之间的内在联系，保持各分系统的协调。

（3）应兼顾运输条件，尽可能提高装载效率，保持左右对称，确保整备重量、重心符合运输车辆条件。

（4）应尽可能继承已有同类产品的技术特点，以方便和简化使用部队的作业训练和技术保障。按照通用化、系列化和组合化的要求，提高产品的战场贡献率。

（5）应根据产品的技术特点和使用要求，科学合理地选择供货来源有保障、加工工艺成熟的结构材料。

（6）应根据产品总体布置、重量重心配置、内部空间大小以及设备功能等要求，选择符合使用要求的外购设备和元器件。

（三）桥梁的主要设计参数

1.渡河桥梁车行道宽度

桥梁车行道宽度为最大履带式车辆行动部分的宽度加上一个的安全宽度，对于就便材料桥梁和制式舟桥的车行道，安全宽度取0.5~0.6m；桥梁长度50m以下的制式固定桥梁，安全宽度为0.2~0.4m，长度100m以上的桥梁应设置宽度为0.75m的人行道；索道桥每隔50~60m应设置一个0.5m宽的避车台一个，可取代人行道；桥面缘材内缘到桁架内缘应保持0.25m的净距。制式桥梁的最小车行道宽度见表6-1。

制式桥梁的最小车行道宽度　　　　　　　表6-1

桥梁载重量（kN）	单行道（m）	双行道（m）
≤150	2.6	5.5
150~350	3.2	5.5
350~600	3.8	7.3
600~1000	4.0	7.3

对于敞开式桁架桥，车行道的宽度为两缘材之间的距离，该距离应该满足表6-1的要求。缘材距离桁架内侧不小于250mm，缘材的高度应高出桥面300mm；对于徒步桥，人行道宽度不宜小于650mm；对于载重量超过350kN的车辙式桥梁，单个车辙的宽度不宜小于1200mm，两车辙的间距不宜超过950mm，并能保证承载能力内的各种车辆都能通行。

2.桥下净空高度

军用低水桥的桥下净空高度（桥梁上部结构的下沿高出计算水位的高度）应不小于0.5m；军用高水桥的桥下净空高度，在不通航的江河上，应不小于1.5m；在通航或者流放木排的江河上，应保证其安全通航即可。一般江河上浮桥除满足桥脚舟的浮性外，与低水桥的要求一致。在长江上的浮桥，由于有风浪的影响，桥下净空应该在1m以上。

3.桥梁结构的梁端高度

梁端高度值将影响桥梁与原有道路（地面）的连接，影响车辆上下桥梁的平顺性，因此不宜太高，建议值见表6-2。

桥梁端部的高度(mm) 表6-2

设计要求	冲击桥	支援桥	舟桥
最大值	100	75	650
期望值	50 或者更小	尽可能小	400 或更小

4. 岸边适应参数

渡河桥梁所克服的江河、河谷、山谷、干沟、沟渠等障碍,两岸都会有一定的坡度及高程,对渡河桥梁装备的使用带来一定的影响,参照表6-3和图6-1,规定了其基本要求。

渡河桥梁的岸边适应参数 表6-3

项 目		冲击桥	支援桥	交通线桥
两岸高差与桥长之比	达到值	10%,且≤6m	10%,且≤3m	—
	期望值	20%	—	—
岸边横坡坡度		5.0%	2.0%	0.5%
梁端接地长度	达到值	1.0m		
	期望值	0.5m		
岸边地基承压力	不加固	≥110kN/m²		
	垫板加固	<110kN/m²		

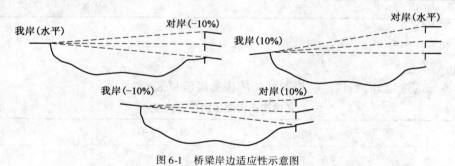

图6-1 桥梁岸边适应性示意图

桥梁端部最小的接地长度为1.0m,期望值为0.5m。渡河桥梁应能在硬质岸上使用,也可以在承压力不小于110kN/m²的软质土岸上使用。小于110kN/m²的岸边支座下应设置承压垫板(隔栅或板)。

对于具有水平支座并且无荷载作用的桥梁来说,允许的纵向坡度见表6-4。对于满足岸边适应条件的桥梁来说,在不考虑荷载偏心和冲击作用的情况下,桥面的横倾坡度不得超过10%。

桥面的坡度 表6-4

分 类		冲击桥	支援桥
岸边跳板或桥梁的倾斜端长度≤3m	最大值	1/5(20%)	1/7(14.3%)
	期望值	1/7(14.3%)或更小	1/10(10%)或更小
岸边跳板或桥梁的倾斜端长度>3m	最大值	1/6(16.7%)	1/9(11.1%)
	期望值	1/10(10%)或更小	1/14(7.1%)或更小
除桥端倾斜外的桥面纵坡	最大值	1/6(16.7%)	1/10(10%)
	期望值	1/10(10%)或更小	1/20(5%)或更小

5. 风速

设计桥梁时所考虑的风速和风压的最大值见表6-5。

设计最大风速和风压　　　　　　　　　　表6-5

设计条件	风速(m/s)	风压(kN/m²)
桥梁架设期间	15	0.138
桥梁通载期间	20	0.245
不通载的桥梁	30	0.552

6. 设计通载速度

设计通载速度是指在正常情况下,车辆可以在桥梁上通行的最大速度,见表6-6,该速度应该通过试验验证。

设计通载速度　　　　　　　　　　表6-6

车辆速度	30t以下军用桥梁	30t以上军用桥梁	浮　　桥
设计值(km/h)	25	16	15(履带式车辆)~25(轮式车辆)
期望值(km/h)	40	25	30(履带式车辆)~50(轮式车辆)

7. 桥脚的主要设计参数

(1) 桥脚高度

除了特殊的规定外,制式渡河桥梁装备的桥脚高度见表6-7。

制式渡河桥梁装备的桥脚高度　　　　　　　　　　表6-7

障　　碍		冲击桥	支援桥
干沟	最小值(m)	4	7
	期望值(m)	5	12
湿沟	最小值(m)	3	6
	期望值(m)	4	6

(2) 桥脚础板压力

桥梁的桥脚础板压力为$160kN/m^2$,并允许有少量沉降。

四、舟桥的主要设计参数

1. 适应流速与满载航速

适应流速是指舟桥装备在架设、使用浮桥或者门桥时允许江河的最大流速,浮桥在江河中利用制式锚定设备进行锚定,门桥利用舟桥配套的水上动力进行漕渡。其适应流速见表6-8。

浮桥和门桥的适应流速　　　　表 6-8

适 应 条 件		流速(m/s)
浮桥、门桥构筑和正常使用	最小值	2.5
	期望值	3.5
浮桥、门桥在空载生存状态	最小值	3.5
	期望值	5.0
满载门桥漕渡速度	最小值	2.5
	期望值	3.5

2. 水深和岸坡

对浮桥、门桥,最恶劣的浅水条件是水深在 2m 以内,流速达到 2.5m/s。

对岸边舟和浮游结构,最恶劣岸边浅水条件是从水沿起计算,河床按 1/7(14.3%)坡度下降。

岸边舟的岸边适应性见表 6-9。

岸边舟的岸边适应性　　　　表 6-9

适 应 条 件		调 整 范 围
向上	最小值(m)	1.5
	期望值(m)	3.0
向下		岸边舟端部底板与主要浮游结构齐平

3. 浮力与稳性

舟体应该设置必要的隔舱,以确保舟体破舱后其浮力仍大于工作荷载。浮体在静水中应具备大于 20% 的浮力储备,对于正常的偏心荷载必须具有稳定平衡的能力。单舟必须承受设置在甲板边缘荷载 P_e 的 1.35 倍而不失稳。P_e 是单舟稳定性设计荷载,包括静载 D 和在作业时可能的作业人员及其位置。

对于开口式单舟,应该采用轻质高强材料和抗沉设计,确保灌满水而不沉,并能够承载一名作业手(0.89kN)和一个水泵(0.25kN)的荷载。

为了确保浮桥和门桥的桥脚舟在计算荷载中心作用下具有足够的浮性,在计算荷载偏心作用下具有足够的稳性,其最小干舷值不得小于表 6-10 中的规定。

桥脚舟最小干舷值 T(mm)　　　　表 6-10

桥脚舟形式		浮性要求	稳性要求
门桥桥脚舟	开口式	$T \geq (1/3)H$ 及 ≥ 300	$T \geq 100$
	闭口式	$T \geq (1/7)H$ 及 ≥ 100	$T \geq 0$
浮桥桥脚舟	开口式	$T \geq (1/3)H$ 及 ≥ 300	$T \geq 100$
	闭口式	$T \geq (1/7)H$ 及 ≥ 100	$T \geq 100$(舟首)及 $T \geq 50$(舟舷)

4. 桥脚舟的水动力稳性

为了保证浮桥或者门桥具有足够的水动力稳性,浮桥下主流段最大表面流速或者门桥相对于水流的航速均不得超过临界流速(对于门桥,叫作临界航速),临界流(航)速按下式计算。

$$V = C\sqrt{gL} \cdot \sqrt{1 - \frac{D}{(1 + eP/LD)D_0}}$$

式中：C——水动力系数，见表6-11；
$\quad g$——重力加速度，为9.81m/s²；
$\quad L$——顺水流方向水线面积的实际长度(m)；
$\quad e$——活载重心相对于桥脚舟浮心的横向偏心(m)，顺水流方向取正值，逆水流方向取负值；
$\quad D_0$——舟吃水到甲板时门桥的总浮力或者每延米浮桥所提供的最大浮力(kN)；
$\quad D$——恒载和活载引起的门桥或者每延米浮桥的浮力(kN)；
$\quad P$——作用在门桥或者每延米浮桥上活载的重力(kN)。

舟桥水动力系数值　　　　　　　　　表6-11

结构形式	H(平均水深)/t(浮桥、门桥平均吃水)				
	2	3	4	6	9
桥脚分置式浮桥	0.33	0.37	0.41	0.46	0.50
桥脚分置式门桥	0.42	0.45	0.48	0.50	0.54
带式浮桥	—	0.32	0.35	0.40	0.43
带式门桥	—	0.38	0.46	0.52	0.55

第二节　计算原则和基本公式

渡河桥梁的结构计算主要包括：构件的总体强度计算、结构挠度计算、构件局部强度计算、构件总体稳定性计算、构件局部稳定性计算、构件的疲劳计算、构件连接计算等。

一、构件强度计算

构件的内力按弹性受力阶段确定；变形按构件的毛截面计算，不考虑销孔削弱的影响；构件强度按照表6-12中的公式计算。

构件强度计算公式　　　　　　　　　表6-12

应力种类	构件受力	计算公式	公式编号
法向应力	轴向拉压	$N/A \leq [\sigma]$	式(6-1)
	平面弯曲	$M/W \leq [\sigma_w]$	式(6-2)
	偏心拉压	$N/A \pm M/W \leq [\sigma]$ 或 $[\sigma_w]$	式(6-3)
	斜弯曲	$M_x/W_x + M_y/W_y \leq C[\sigma_w]$	式(6-4)
	双向偏心拉压	$N/A \pm (M_x/W_x + M_y/W_y) \cdot C^{-1} \leq [\sigma]$ 或 $[\sigma_w]$	式(6-5)
剪应力	弯曲	$\tau_{max} = QS/I\delta \leq C_\tau[\tau]$	式(6-6)
换算应力	弯曲、偏心拉压	$\sqrt{\sigma^2 + 3\tau^2} \leq 1.1[\sigma]$ 或 $[\sigma_w]$	式(6-7)

表6-12的式中，N、M、(M_x, M_y)、Q分别为计算截面处的计算轴向力、弯矩、剪力；A为构件

计算截面积;W、W_x、W_y 分别为计算截面处对主轴的计算截面抵抗矩、计算受拉翼缘为净截面抵抗矩、受压翼缘为毛截面抵抗矩,为简化计算,均可按毛截面中心轴计算;S 为中心轴以上的毛截面对中心轴的面积矩;δ 为计算截面处腹板厚度;J 为毛截面惯性矩;σ 计算截面处按净截面计算的法向应力;τ_{max}、τ 分别为计算截面处的最大剪应力和实际剪应力;C 为斜弯曲作用下的应力增大系数,可按下式计算:

$$C = 1 + 0.3 \frac{\sigma_{w1}}{\sigma_{w2}} \leq 1.15 \tag{6-8}$$

式中:σ_{w1}、σ_{w2}——计算截面处由于 M_x、M_y 所产生的较小和较大的应力。

C_τ 为剪应力分布不均匀时容许应力增大系数:当 $\tau_{max}/\tau_0 \leq 1.25$ 时,$C_\tau = 1$;当 $\tau_{max}/\tau_0 \geq 1.50$ 时,$C_\tau = 1.25$;其他用内插法求得。$\tau_0 = Q/(h_0 \delta)$,h_0 为腹板全高。

偏心拉压的容许法向应力,当 $N/A > M/W$ 时,采用 $[\sigma]$;当 $N/A < M/W$ 时,采用 $[\sigma_w]$。

二、构件的总体稳定性计算

构件的总体稳定性按表 6-13 中的公式计算。

总体稳定性计算公式　　　　表 6-13

应力种类	构件受力情况	计 算 公 式	公 式 编 号
法向应力	轴心受压	$N/A \leq \varphi_1[\sigma]$	式(6-9)
	平面弯曲	$M/W \leq \varphi_2[\sigma_w]$	式(6-10)
	偏心受压	$N/A + M/W(\varphi_1/\mu\varphi_2) \leq \varphi_1[\sigma]$	式(6-11)

表 6-13 的公式中,N 为计算轴向力;M 为构件中部 1/3 长度范围内最大计算弯矩;A 为毛截面面积;W 为毛截面抵抗矩;φ_1 为轴心受压构件的容许应力折减系数,根据表 6-14 所列的截面分类,按表 6-15 数值选用;φ_2 为构件只在一个平面受弯曲时的容许应力折减系数(如果是压弯构件,可按 $N=0$ 的情况来确定),φ_2 可按下式的换算长细比 λ_e,从表 6-15 中查得相应的 φ_1 用作 φ_2。

$$\lambda_e = \alpha \frac{l_y}{h} \frac{r_x}{r_y} \tag{6-12}$$

式中:α——系数,焊接构件取 1.8;

l_y——构件对 y-y 轴的计算长度;

r_x、r_y——构件截面对 x-x(强轴)和 y-y(弱轴)的回转半径;

h——如表 6-14 中所示。

对于下列情况,$\varphi_2 = 1$:①箱形截面构件;②任何截面构件,当所验算的失稳平面与弯矩作用平面一致时。

μ 为考虑构件受压而使得弯矩增大采取的修正系数:当 $N/A \leq 0.15\varphi_1[\sigma]$ 时取 $\mu = 1$;当 $N/A > 0.15\varphi_1[\sigma]$ 时:取

$$\mu = \left(1 - \frac{kN\lambda^2}{\pi^2 EA}\right) m\lambda_e = \alpha \frac{l_y}{h} \frac{r_x}{r_y} \tag{6-13}$$

式中:λ——构件在弯矩作用平面内的长细比;

E——弹性模量;

k——受压构件容许应力安全系数,荷载正常组合取 1.25,荷载偶然组合取 1.18;

m——当弯矩由荷载正常组合产生时取 1.00,由荷载偶然组合产生时取 1.4。

轴心受压构件的截面分类

表 6-14

截面形式与对应轴				类别
简图	说明	简图	说明	
（工字形，b，h，对x轴）	焊接或轧制，对 x 轴	（工字形，b_1，b_2，h，对x轴）	焊接，对 x 轴	a 类
（圆形）	焊接或轧制，对任意轴	（工字形，b，h，对x、y轴）	焊接，对 x、y 轴	
（工字形，b_1，b_2，h，对y轴）	焊接或轧制，对 y 轴	（工字形，b_1，b_2，h，对y轴）	焊接，对 y 轴	b 类
（槽形，h，对y轴）	焊接或轧制，对 y 轴	（箱形，h，对x、y轴）	有对称轴的组合构件，对 x、y 轴	
（T形，b，h，对x轴）	焊接或轧制，对 x 轴	（十字形）	组合构件，对 x、y 轴	
（角形，对x、y轴）	焊接或轧制，对 x、y 轴	（Z形，对x、y轴）	组合构件，对 x、y 轴	

续上表

截面形式与对应轴				类别
简图	说明	简图	说明	
(b, h, y轴图)	焊接或轧制，对 y 轴	(x轴图, h)	焊接或轧制，对 x 轴	c类
无任何对称轴的截面，对任意轴				

轴心受压构件容许应力折减系数 φ_1　　　　　　表 6-15

λ	类 别					
	a 类		b 类		c 类	
	Q235	16Mn	Q235	16Mn	Q235	16Mn
0~30	0.900	0.900	0.900	0.897	0.896	0.859
40	0.900	0.877	0.877	0.841	0.835	0.765
50	0.867	0.826	0.828	0.775	0.755	0.680
60	0.824	0.766	0.772	0.705	0.690	0.601
70	0.773	0.695	0.713	0.630	0.627	0.526
80	0.715	0.616	0.651	0.547	0.557	0.468
90	0.651	0.529	0.583	0.483	0.490	0.405
100	0.581	0.450	0.521	0.426	0.434	0.355
110	0.510	0.391	0.469	0.376	0.391	0.314
120	0.446	0.333	0.422	0.330	0.359	0.281
130	0.396	0.291	0.380	0.288	0.338	0.250
140	0.347	0.258	0.341	0.248	0.301	0.219
150	0.308	0.277	0.305	0.222	0.278	0.199

注：λ 为构件长细比或换算长细比。对于其他钢种，按换算长细比 $\lambda' = \lambda\sqrt{\sigma_s/235}$ 由 Q235 所在列查用。

三、构件的疲劳计算

承受动力荷载重复作用的钢结构构件及其连接，均应进行疲劳计算。疲劳计算通常采用容许应力幅法。应力按弹性状态计算，容许应力幅按构件和连接的类别、应力循环次数及荷载作用的特点予以确定。在应力循环中不出现拉应力的部位可不验算疲劳强度。

对常幅及变幅疲劳，应按照下式计算：

$$\Delta\sigma \leq [\Delta\sigma] \tag{6-14}$$

式中：$\Delta\sigma$——对焊接部位的应力幅，$\Delta\sigma = \sigma_{max} - \sigma_{min}$，对非焊接部位为折算应力幅，$\Delta\sigma = \sigma_{max} - 0.7\sigma_{min}$，$\sigma_{max}$ 为计算部位每次应力循环中最大拉应力（取正值），σ_{min} 为计算部位每次应力循环中最小拉应力或压应力（拉应力取正值，压应力取负值）；

$[\Delta\sigma]$——容许应力幅,按下式计算:

$$[\Delta\sigma] = R \cdot C_L \cdot [\Delta\sigma]_n \tag{6-15}$$

R——考虑结构可靠度引入的参数,按表 6-16 采用,一般可取 1.0;

C_L——考虑荷载作用类型的修正系数,按表 6-17 采用;

$[\Delta\sigma]_n$——基本容许应力幅,根据循环次数 n 和表 6-18 中构件和连接的分类,按表 6-19 采用。

考虑结构可靠度引入的系数 R　　　　　　　　　　　表 6-16

结构可靠度	R
0.90	1.15
0.95	1.0
0.99	0.76

考虑荷载作用类型的修正系数 C_L　　　　　　　　　表 6-17

荷载类型	荷 载 说 明	C_L
Ⅰ	轻车渡河为主,有 50% 以上车辆的重力小于最大容许车辆重力的 0.3 倍	1.90
Ⅱ	中车渡河为主,有 50% 以上车辆的重力大于最大容许车辆重力的 0.5 倍,但是超过 0.7 倍最大容许车辆重力的车辆数量少于 50%	1.35
Ⅲ	重车渡河为主,有 50% 以上车辆的重力大于最大容许车辆重力的 0.7 倍,但是均不超过最大容许车辆重力	1.00
Ⅳ	全部渡河车辆重力都达到最大容许车辆重力	0.75

疲劳计算的构件和连接分类　　　　　　　　　　　　表 6-18

项次	简　图	说　明	类别
1		非连接处的主体金属: (1)轧制工字钢。 (2)钢板: ①两侧为轧制边或刨边; ②两侧为自动、半自动切割边[切割质量标准应符合现行《钢结构工程施工质量验收规范》(GB 50205)(简称《规范》)要求]	1 1 2
2		横向对接焊缝附近的主体金属: (1)焊缝经加工、磨平及无损检验(符合《规范》要求); (2)焊缝经检验,外观尺寸符合《规范》要求	2 3
3		不同厚度(或者宽度)横向对接焊缝附近的主体金属。焊缝加工成平滑过渡并经无损检验,符合《规范》要求	2

续上表

项次	简 图	说 明	类别
4		纵向对接焊缝附近的主体金属。焊缝经无损检验及外观尺寸检验均符合《规范》要求	2
5		翼缘连接焊缝附近的主体金属,焊缝质量经无损检验符合《规范》要求: (1)单层翼缘板: ①自动焊; ②手工焊。 (2)双层翼缘板	2 3 3
6		横向加劲肋端部附近的主体金属: (1)肋端不断弧(采用回焊); (2)肋端断弧	4 5
7		梯形节点板对接于梁翼缘、腹板及桁架构件处的主体金属,过渡处在焊接后铲平、磨光、圆滑过渡,不得有焊接起弧、灭弧缺陷	5
8		矩形节点板焊接于构件翼缘或者腹板处的主体金属,$l > 150$mm	7
9		翼缘板中断处的主体金属(板端有正面焊缝)	7
10		向正面角焊缝过渡处的主体金属	6

续上表

项次	简 图	说 明	类别
11		两侧面角焊缝连接端部的主体金属	8
12		三面围焊的角焊缝端部主体金属	7
13		三面围焊或者两侧面角焊缝连接的节点板主体金属(节点板计算宽度按扩散角 θ 等于30°考虑)	7
14		K形对接焊缝的主体金属,两板轴线偏离小于 $0.15t$,焊缝经无损检验合格且焊趾角 $\alpha \leqslant 45°$	5
15		十字形接头角焊缝处的主体金属,两板轴线偏离小于 $0.15t$	7
16	角焊缝	按有效截面确定的剪应力幅计算	8
17		联系螺栓和虚孔处的主体金属	3

注:1. 所有对接焊缝均需焊透。
2. 项次16中的剪应力幅 $\Delta\tau = \tau_{max} - \tau_{min}$,其中 τ_{min} 的符号为:与 τ_{max} 同方向时,取正值,与 τ_{max} 反方向时,取负值。

基本容许应力幅$[\Delta\sigma]_n$ 表6-19

构件和连接类别	基本容许应力幅$[\Delta\sigma]_n$,循环次数n				
	10000	50000	100000	500000	2000000
1a	444	373	320	250	176
1b	577	453	385	263	227
2a	426	320	260	179	144
2b	525	355	300	203	171
3a	411	281	229	160	118
3b	483	350	254	178	131
4a	402	261	221	157	103
4b	458	328	240	166	109
5a	391	256	214	125	90
5b	425	302	228	133	96
6a	339	247	207	115	78
6b	418	273	215	119	81
7a	302	236	161	90	69
7b	408	260	177	100	76
8a	284	224	132	83	59
8b	388	247	145	91	65

注:a 类用于 Q235、16Mn 等钢材及焊缝;b 类用于 30CrMnSi 及 14MnMoNiB 等钢种及焊缝。

四、构件的长细比

(一)构件的计算长度

受压构件的计算长度规定见表 6-20。

受压构件的计算长度 表6-20

构件种类			弯曲平面	
			结构平面内	结构平面外
桁架弦杆			l	l_1
桁架腹杆	无交叉腹杆	支座斜杆、竖杆	$0.9l$	l 或 l_2
		其他腹杆	$0.8l$	
	与另一腹杆交叉	另一腹杆受拉		$0.7l$
		另一腹杆不受力	l_2	
		另一腹杆受压		l
框架立柱			$0.9l$	l

注:l 为结构平面内构件的几何长度,即构件两端点的中心距(交叉点不作为节点);l_1 为结构平面外横向联结系节点之间的构件几何长度;l_2 从杆件交叉点至杆端节点中较长的一段。

半穿式刚架(开口式主桁)受压弦杆的计算长度 l_0 按下式计算:

$$l_0 = 2.23\sqrt[4]{EIa\delta} \tag{6-16}$$

式中：E——结构材料的弹性模量；

I——受压弦杆（或翼缘）毛截面对竖向轴的惯性矩（取整跨的平均值）；

a——节间长度；

δ——横向半框架（支点处半框架除外）上节点由于单位水平力（$P=1$）作用所产生的侧弦杆（或翼缘）的最大水平位移，按下式计算：

$$\delta = \frac{h^3}{3EI_c} + \frac{Bh^2}{2EI_b} \tag{6-17}$$

h——竖杆（或加劲肋）的高度，等于受压弦杆（或翼缘）的截面重心至横梁顶面的距离；

B——两主桁（或主梁）的中心距；

I_c——竖杆（或加劲肋）毛截面向主桁（或主梁）平面外弯曲的惯性矩；

I_b——横梁毛截面在半框架平面内的惯性矩。

如果弦杆水平刚度较小，可以简单地取 2 倍节间长度，即 $l_0 = 2a$。

(二) 构件的长细比

构件的长细比是其计算长度与相应回转半径之比，构件的长细比应该小于或等于容许长细比。

1. 构件的容许长细比 $[\lambda]$（表 6-21）

构件的容许长细比 $[\lambda]$　　　　表 6-21

构　件		容许长细比 $[\lambda]$
主桁杆件	受压弦杆	100
	受压或者拉压腹杆	
	受拉弦杆	130
	受拉腹杆	180
联结系	纵向联结系，支点处横向联结系的受压或者压拉杆件	130
	中间横向联结系的受压杆件	150
	各种受拉杆件	200
柱构件		100

注：主桁的主要杆件，尽可能使得两个弯曲方向的长细比大致相等。

2. 构件的长细比计算

构件的长细比计算规定如下：

(1) 整体式截面的杆件的长细比及由两个肢组成的组合杆件在垂直于缀板的平面内弯曲时的长细比，等于计算长度 l_0 与相应的回转半径 r 之比：

$$\lambda = \frac{l_0}{r} \tag{6-18}$$

(2) 由两个肢组成的组合杆件在缀板平面内弯曲时，其换算长细比 λ_e 按表 6-22 中的公式计算。

换算长细比 λ_e 的计算公式   表 6-22

杆件截面形式	换算长细比 λ_e	公式编号
(图示：箱形截面，1-1轴与y轴)	$\sqrt{\lambda_g^2 + \lambda_1^2}$	式(6-19)

注：λ_g 为由两个肢组成的组合构件在缀板平面内（即对 y 轴）的长细比；λ_1 为单个肢对 1-1 轴（形心轴）的长细比，肢的自由长度取相邻两缀板之间的净距（焊接缀板）。

组合构件的单肢长细比，在受压时不得大于 40，在其他情况下不得大于 50，且均不宜大于整个组合构件的换算长细比。

（三）构件的宽厚比

组合式受压杆件中的单板（或板束）的宽度与厚度比规定见表 6-23。

组合式受压杆件中的单板（或板束）的宽度与厚度比规定   表 6-23

项次	杆件类型及单板（或板束）位置		杆件长细比 λ	b/δ（见图 6-2）	
				16Mn	14MnMoNiB
1	箱形截面杆	桁架平面内	≤60	≤30	≤23
			>60	$0.5\lambda+5$，但不大于 45	≤40
2	箱形截面杆，H 形截面杆	垂直于桁架平面，腹板平面	≤50	≤30	≤23
			>50	$0.5\lambda+5$，但不大于 45	≤40
3	H 形或 T 形（伸出肢无镶边）	H 形翼板平面，T 形翼板及肋板平面	≤60	≤12	≤10
			>60	主要杆件不大于 18；次要杆件不大于 20	
4	角钢伸出肢	受轴向力的主要构件		≤12	≤10
		支撑及次要构件		≤16	≤12

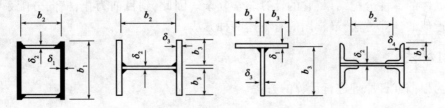

图 6-2   单板（或板束）位置简图

五、容许挠度和预拱度

（一）容许挠度

钢桥由静载和活载引起的竖向弹性挠度不宜超过表 6-24 所规定的数值。

钢桥容许竖向弹性挠度 表6-24

桥梁类型	跨度	容许挠度
简支桁架桥	$L \leq 50\text{m}$	$L/150$
	$L = 100\text{m}$	$L/250$
简支梁式桥(型钢梁、板梁等)	$L \leq 50\text{m}$	$L/120$
吊桥、索道桥		$L/120$

注：L 为计算跨径。简支桁架桥的跨径在 50~100m 之间，其容许挠度用内差值。

（二）预拱度

桥跨结构可以设置预拱度，其值等于恒载重力和二分之一活载产生的竖向挠度之和，起拱力求做成平顺曲线。

第三节 荷载横向分配

桥梁上的可变荷载是直接作用在桥面上的。由于桥跨结构的整体性和连续性，荷载将通过横向分配结构（低水桥的横向分配结构是横桥板和横梁，高水桥的横向分配结构是横梁和主桁间的横向联系）分配到各个承受结构（低水桥是主梁或主桁，高水桥是桁架、板梁或箱梁）上。永久荷载（即结构的自重）平均分配到每个承受结构上。对于履带式荷载（或轮式荷载），由于它的宽度比桥面车行道宽度窄，可以左右移动一定距离，即存在一定的偏心行驶，因此它是不能平均分配的，它的分配与分配结构及承受结构的刚度比值有关。

考虑荷载横向分配时，把履带式荷载或轮式荷载纵向放置在主梁（或主桁）最不利位置，只计算横向受力最大的承受结构。假设该承受结构所分配到的荷载 P_1，则 P_1 与全荷载 P 的比值，即 $K_{df} = P_1/P$，称为横向分配系数。

横向分配结构是具有一定刚度的，又是连续的，它支承在具有一定刚度的承受结构上，所以横向分配系数应是与横向分配结构刚度及承受结构刚度有关的弹性分配的结果。又因为承受结构每个截面的挠度均不同（即两端小，中央大），故它不仅是一个平面的弹性分配结果，而且是一个立体的弹性分配结果，它的计算非常复杂。因此，到目前为止，横向分配系数也只是采用一些近似的计算方法，最常用的有下述两种方法。

一、杠杆法

以下为根据杠杆原理进行计算的方法。

（一）基本假定

这种方法假定承受结构的刚度很大，横向分配结构在支承点（即主梁或主桁）上的刚度很小，小到两个刚度的比值（即 $I_{承受}/I_{分配}$）趋近于无限大，故把横向分配结构看作是不连续的，只起到一个杠杆作用。也就是假定横向分配结构在主梁或主桁上是简支的，其跨径为相邻两根主梁或主桁的间距，如图6-3所示。

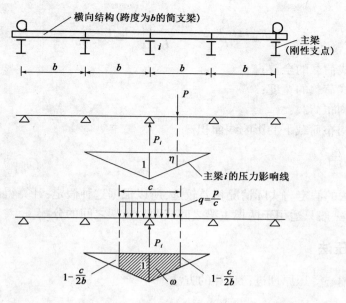

图 6-3 杠杆法计算简图

(二)计算公式

用这种方法计算时,荷载作用在某根主梁或主桁上,则该主梁或主桁所分配的荷载最大,因此用这种方法计算时,跨中任何一根主梁或主桁均有可能是最不利的。

横向分配系数可由每一根主梁的压力影响线求出。

1. 集中荷载

当荷载为集中荷载时,主梁的压力(即主梁所分配到的荷载)为:

$$P_i = P \cdot \eta \tag{6-20}$$

所以根据分配系数的概念,可以得到:

$$K_{df} = \frac{P_i}{P} = \frac{P \cdot \eta}{P} = \eta \tag{6-21}$$

式中:P_i——第 i 根主梁所分配到的荷载重;
P——可变荷载的全重;
η——可变荷载 P 对应下的主梁压力影响线的纵坐标值。

2. 一段均布荷载

当荷载为一段均布荷载时,第 i 根主梁压力 $P_i = q\omega$。因为荷载集度 $q = P/c$,一段均布荷载对应下的影响线面积,如图 6-3 中阴影线所示,ω 为:

$$\omega = 2\left[1 + \left(1 - \frac{c}{2b}\right)\right] \times \frac{c}{2} \times \frac{1}{2} = c\left(1 - \frac{c}{4b}\right) \tag{6-22}$$

即有:

$$P_i = q\omega = \frac{P}{c} \cdot c\left(1 - \frac{c}{4b}\right) = P\left(1 - \frac{c}{4b}\right) \tag{6-23}$$

根据横向分配系数的概念,可以得到:

$$K_{df} = \frac{P_i}{P} = \frac{P\left(1 - \frac{c}{4b}\right)}{P} = 1 - \frac{c}{4b} \tag{6-24}$$

式中：P——履带式荷载的全重；
   c——履带式荷载的宽度；
   q——一段均布荷载；
   ω——一段均布荷载下的影响线面积。

（三）实际应用

因为这种方法的假定与实际情况相差较远，所以根据这种假定，计算得出的结果与实际情况也相差较大，故一般只适用于两根主梁之间或两片桁架之间的分配。

二、偏心受压法

以下为根据偏心受压原理进行计算的方法。

（一）基本假定

这种方法是假定横向分配结构具有很大的刚度，大到可以把横向结构看成是刚体，即不会产生变形的结构，这样在偏心荷载作用下，横向结构只产生一种不弯曲的沉降和转动，因此主梁所分配的荷载成直线的规律分配，如图6-4所示。这样边主梁（桁）受力最大，最不利。

这种方法在渡河桥梁设计中被广泛采用，其计算结果比第一种方法精确一些，也就是说更接近于实际情况。

（二）计算公式

现以一个具有6根主梁的桥跨结构为例，来研究它的横向分配系数，再将其结果推广到桥跨中具有更多根主梁（或主桁）的应用。

假设在桥面上作用一个荷载P，其偏心距为e，两根边主梁的间距为b_1，其他中间一对主梁的间距分别为b_2、b_3，如图6-4所示。根据假定，只要荷载稍微一偏心，则边主梁的挠度最大，中间的主梁挠度总是小于边主梁的挠度。

为了方便推导，在桥跨结构的正中央加上两个大小相等、方向相反的垂直力P，其数值等于偏心荷载P，结构效果不变。因为横向分配结构假设为不变形的刚体，所以中间由上向下作用的垂直力P可平均分配给每根主梁，即：

$$N' = N'_1 = N'_2 = \cdots = N'_6 = \frac{P}{n}$$

式中：P——可变荷载的全重；
   n——桥跨横截面内主梁或主桁的数量。

中央由下向上作用的垂直力P与偏心距为e的荷载P组成一个力偶，此力偶围绕横截面之中点转动，力矩为$P \times e$。因梁的布置是左右对称，因此有：

$$[N''_1] = [N''_6] \quad [N''_2] = [N''_5] \quad [N''_3] = [N''_4]$$

在力矩 $P \cdot e$ 的作用下,结构产生一个抵力矩 M',其值为:
$$M' = N''_1 \times b_1 + N''_2 \times b_2 + N''_3 \times b_3$$
式中:N''_1——由偏心力矩产生的边主梁上的压力;
N''_2——由偏心力矩产生的第二对主梁上的压力;
N''_3——由偏心力矩产生的第三对主梁上的压力。

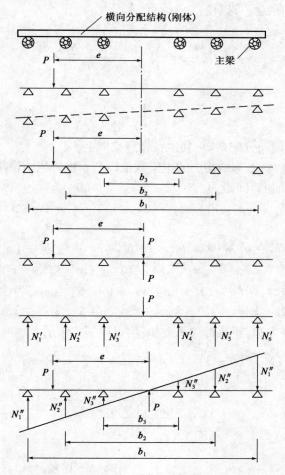

图 6-4 偏心受压法计算简图

因为结构处于平衡,所以偏心力矩应等于结构的抵抗力矩,即:
$$P \times e = N''_1 \times b_1 + N''_2 \times b_2 + N''_3 \times b_3 \tag{6-25}$$
根据假定,因为横向分配结构为不变形的刚体,所以 N''_1、N''_2、N''_3 呈直线变化关系,再根据相似三角形原理,可以得到:
$$N''_2 = \frac{N''_1 \times b_2}{b_1} \quad N''_3 = \frac{N''_1 \times b_3}{b_1}$$
所以:
$$P \times e = N''_1 \times b_1 + \frac{N''_1 \times b_2}{b_1} \times b_2 + \frac{N''_1 \times b_3}{b_1} \times b_3 = \frac{N''_1 \times b_1^2 + N''_1 \times b_2^2 + N''_1 \times b_3^2}{b_1}$$
$$= \frac{N''_1(b_1^2 + b_2^2 + b_3^2)}{b_1}$$

$$N''_1 = \frac{P \times e \times b_1}{b_1^2 + b_2^2 + b_3^2} = \frac{Peb_1}{\sum b^2}$$

边主梁受力最大,其压力 N_1 为:

$$N_1 = N'_1 + N''_1 = \frac{P}{n} + \frac{Peb_1}{\sum b^2} = P\left(\frac{1}{n} + \frac{eb_1}{\sum b^2}\right)$$

根据横向配系数的概念,可以得:

$$K_{df} = \frac{P_i}{P} = \frac{N_1}{P} = \frac{P\left(\frac{1}{n} + \frac{eb_1}{\sum b^2}\right)}{P}$$

故:

$$K_{df} = \frac{1}{n} + \frac{eb_1}{\sum b^2} \tag{6-26}$$

式中: K_{df}——边主梁的横向分配系数,其他符合意义同上。

下面根据这个原理,将上部结构中的主梁数推广到 n 根。当两根相邻主梁间距均相等时,即均为 b,则两侧主梁的相对间距为:

$$b_1 = (n-1)b \quad b_2 = (n-3)b \quad b_3 = (n-5)b$$

所以:

$$\sum b^2 = b_1^2 + b_2^2 + b_3^2 + \cdots = (n-1)^2 b_0^2 + (n-3)^2 b_0^2 + (n-5)^2 b_0^2 + \cdots$$
$$= b_0^2 [(n-1)^2 + (n-3)^2 + (n-5)^2 + \cdots]$$

当主梁根数为偶数时,则 $(n-1)^2 + (n-3)^2 + (n-5)^2 + \cdots$,为由 1 到 $n-1$ 的奇数平方和。当主梁根数为奇数时,则 $(n-1)^2 + (n-3)^2 + (n-5)^2 + \cdots$,为由 2 到 $n-1$ 的偶数平方和。但不管它是偶数平方和,还是奇数平方和,均可用下式表示。

$$[(n-1)^2 + (n-3)^2 + (n-5)^2 + \cdots] = \frac{n(n-1)(n+1)}{6}$$

所以:

$$\sum b^2 = \frac{n(n-1)(n+1)}{6} \cdot b_0^2$$

则:

$$K_{df} = \frac{1}{n} + \frac{eb_1}{\frac{n(n-1)(n+1)b_0^2}{6}} = \frac{1}{n} + \frac{6e(n-1)b_0}{n(n-1)(n+1)b_0^2}$$

$$= \frac{1}{n} + \frac{6e(n-1)}{n(n-1)(n+1)b_0} = \frac{1}{n} + \frac{6e(n-1)}{n(n+1)b_1} = \frac{1}{n}\left[1 + \frac{6e}{b_1} \cdot \frac{(n-1)}{(n+1)}\right] \tag{6-27}$$

在军用就便材料低水桥、就便器材浮桥设计中,因为主梁的根数较多,横向分配系数除了按偏心受压方法计算外,还要考虑主梁受力超过弹性极限以后压力分配问题。因为受弯的钢、木质构件当超过弹性极限后,在受压区开始产生塑性变形,这样可使主梁的荷载分配更趋于均匀。在偏心荷载作用下,边主梁受力最大,当它开始超过弹性极限时,而其他主梁还处在弹性变形阶段,这时由于边主梁产生了塑性变形,随之刚度减小,与边主梁相邻的主梁则分担比原来更多的荷载,也就是更大地发挥了中间主梁的作用。在这种情况下,分配给边主梁的荷载要比以弹性阶段为计算基础所计算出的结果小一些。因此,在计算横向分配系数的公式中要乘上一个小于1的横向分配修正系数α，桥跨结构中主梁根数越多，α值越小。α值根据主梁根数查表6-25确定。

横向分配修正系数α值　　　　　　　　　　　　表6-25

序　号	主梁根数n	系　数　α
1	2	1.000
2	3～7	0.950
3	8～9	0.900
4	10～11	0.875
5	>11	0.850

考虑α值后的横向分配系数计算公式如下：

$$K_{df} = \alpha\left(\frac{1}{n} + \frac{eb_1}{\Sigma b^2}\right)$$

或

$$K_{df} = \frac{\alpha}{n}\left(1 + \frac{6e}{b_1} \cdot \frac{n-1}{n+1}\right) \tag{6-28}$$

计算横向分配系数公式中，单行道桥梁的荷载偏心距e可用下列公式求解。

$$e = \frac{1}{2}(B - B_0) \tag{6-29}$$

式中：B——桥面车行道宽度；

B_0——车辆荷载的全宽。

双行道桥梁车辆荷载偏心距$e = 0.75$m。

b_1为两边主梁（或边桁）间距，对于木质军用低水桥等于车行道宽度加20cm。

（三）实际应用

这种方法在渡河桥梁中应用最广泛，主要原因是：履带式荷载作用在桥面上时，由于履带接地长度较长，能压很多块横桥板，因此横向分配结构的刚度相当大，故可以采用偏心受压法计算。其计算结果比杠杆法的误差小，更接近于实际情况。

三、弹性分布法

以下为根据弹性分布原理进行计算的方法。

（一）基本假定

这种方法是假定横向分配结构与承受结构都具有一定的刚度，在荷载作用下，都产生不可忽略的变形，其结果是把分配结构视为支承在弹性支座上的连续梁。

（二）计算公式

弹性支座上的连续梁，一般用三弯矩方程、五弯矩方程或有限元法进行计算，在结构力学中曾做过详细的讲述，这里不再叙述。在实际计算时，三弯矩方程、五弯矩方程计算工作量较大，针对军用低水桥结构的特点，下面介绍一种简化的计算公式。

荷载的弹性分布与桥板及横梁、主梁的相对刚度有关,先介绍弹性传递系数 α,它包括桥桁、桥板的刚度,以它的大小来确定可能分配到几根梁。

$$\alpha = \frac{8Ib^3}{I'n'L^3} \tag{6-30}$$

式中:b——相邻两主梁的间距;
I——主梁(或主桁)的惯性矩;
L——主梁(或主桁)的计算跨径;
I'——一块桥板的惯性矩;
n'——参加分配的桥板块数。

当 $\alpha \geq 1/3$ 时,垂直活荷载分配到 3 根主梁(或主桁)上;
当 $0.055 \leq \alpha < 1/3$ 时,垂直活荷载分配到 5 根主梁(或主桁)上;
当 $\alpha < 0.055$ 时,垂直活荷载分配到 7 根主梁(或主桁)上。

如图 6-5 所示,假定垂直活荷载分配到 3 根梁上,其条件是 2 号主梁和 2′号主梁的刚度相同,两梁到中间主梁的间距相等,截面尺寸也相等,这样所分得的活荷载也相等。

即:
$$P_2 = P'_2$$

则:
$$P = P_1 + 2P_2$$
$$f_3 = f_1 - f_2$$

式中:f_1、f_2——在 P_1、P_2 作用下简支梁所产生的挠度。

$$f_1 = \frac{P_1 L^3}{48EI} \quad f_2 = \frac{P_2 L^3}{48EI}$$

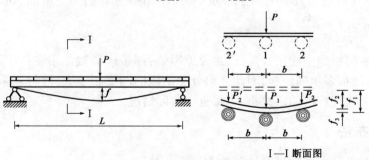

图 6-5 弹性分布法计算简图

桥板在中间主梁处的转角可近似视为零,因此桥板可以看作跨度为 b 的悬臂梁,在 P_2 作用下,其挠度为:

$$f_3 = \frac{P_2 b^3}{3EI'n'}$$

由 $f_3 = f_1 - f_2$ 可得到:

$$\frac{P_2 b^3}{3EI'n'} = \frac{P_1 L^3}{48EI} - \frac{P_2 L^3}{48EI} = \frac{L^3}{48EI}(P_1 - P_2) \tag{6-31}$$

因 $P = P_1 + 2P_2$,则将 $P_1 = P - 2P_2$ 代入上式,得:

$$\frac{P_2 b^3}{3EI'n'} = \frac{L^3}{48EI}(P - 2P_2 - P_2) = \frac{L^3}{48EI}(P - 3P_2)$$

解上述方程可得：

$$P_2 = P \cdot \left(3 + \frac{16Ib^3}{I'n'L^3}\right)^{-1} \tag{6-32}$$

令：

$$\alpha = \frac{8Ib^3}{I'n'L^3}$$

则：

$$P_2 = \frac{P}{3 + 2\alpha} \quad P_1 = \frac{1 + 2\alpha}{3 + 2\alpha}P$$

根据横向分配系数的概念，得：

$$\begin{cases} K_1 = \dfrac{1 + 2\alpha}{3 + 2\alpha} \\ K_2 = \dfrac{1}{3 + 2\alpha} \end{cases} \tag{6-33}$$

同理可以推导分配到 5 根梁上的计算公式：

$$\begin{cases} K_1 = \dfrac{1 + 18\alpha + 7\alpha^2}{5 + 34\alpha + 7\alpha^2} \\ K_2 = \dfrac{1 + 11\alpha}{5 + 34\alpha + 7\alpha^2} \\ K_3 = \dfrac{1 - 3\alpha}{5 + 34\alpha + 7\alpha^2} \end{cases} \tag{6-34}$$

分配到 7 根梁上的计算公式：

$$\begin{cases} K_1 = \dfrac{1 + 72\alpha + 131\alpha^2 + 26\alpha^3}{7 + 196\alpha + 193\alpha^2 + 26\alpha^3} \\ K_2 = \dfrac{1 + 57\alpha + 46\alpha^2}{7 + 196\alpha + 193\alpha^2 + 26\alpha^3} \\ K_3 = \dfrac{1 + 23\alpha - 18\alpha^2}{7 + 196\alpha + 193\alpha^2 + 26\alpha^3} \\ K_4 = \dfrac{1 - 18\alpha + 3\alpha^2}{7 + 196\alpha + 193\alpha^2 + 26\alpha^3} \end{cases} \tag{6-35}$$

如果集中力没有直接作用在主梁（或主桁）上，如图 6-6 所示，这时可以先利用求简支梁反力的公式，把集中力 P 分配到相邻两根主梁（或主桁）上，然后再利用弹性分布法计算，最后把每根梁所分配的荷载叠加起来。

图 6-6 中的 3 号主梁和 4 号主梁，有：

$$Q_3 = P_1 + P'_3$$

$$Q_4 = P_2 + P'_2 + P''_3$$

此方法的优点是计算结果较精确，缺点是要先假定构件的尺寸，反复试算，计算工作量较大。

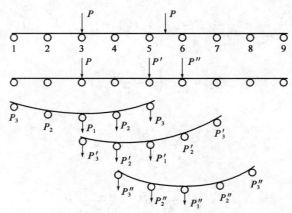

图 6-6 集中力 P 未作用在主梁上

第四节　板梁桥设计

一、板梁整体稳定性计算

板梁的整体稳定性应该按照本章第二节规定的方法进行验算,但是符合以下情况之一时,可以不用计算板梁的整体稳定性。

(1) 桥面板焊接在板梁受压翼缘上,能够阻止板梁受压翼缘的侧向位移时;

(2) 两端简支的工字形截面板梁,在端支座处有防止端截面扭转的构造措施,并符合以下公式时:

$$\frac{l_1}{b_1} \leqslant 18\sqrt{\frac{235}{\sigma_s}} \tag{6-36}$$

式中:b_1——板梁受压翼缘的宽度。

l_1——板梁受压翼缘的长度,当跨中无侧向支撑点时,l_1 为板梁跨度;当跨中有侧向支撑点时,l_1 为受压翼缘侧向支撑点之间的距离。

σ_s——钢材的屈服强度(MPa)。

(3) 两端简支的箱形截面板梁,其截面尺寸符合下式的要求:

$$\begin{cases} \dfrac{h}{b_0} \leqslant 6 \\ \dfrac{l_1}{b_1} \leqslant 95\sqrt{\dfrac{235}{\sigma_s}} \end{cases} \tag{6-37}$$

式中:h——板梁高度;

b_0——箱形截面板梁的受压翼缘在两腹板的外缘之间的宽度。

二、板梁局部稳定性计算

(一)腹板加劲肋

板梁上翼缘直接承受动力荷载时,板梁受压翼缘自由伸出宽度 b 与其厚度 δ 之比,应符合以下公式：

$$\frac{b}{\delta} \leq 12\sqrt{\frac{235}{\sigma_s}} \tag{6-38}$$

箱形截面板梁受压翼缘在两腹板之间的宽度 b_0 与其板厚 δ 之比，应符合以下公式：

$$\frac{b_0}{\delta} \leq 40\sqrt{\frac{235}{\sigma_s}} \tag{6-39}$$

板梁翼缘的拼接焊缝与腹板的拼接焊缝之间的距离不宜小于10倍的腹板厚度，拼接位置应避开板梁最大应力部位。

应该按照以下规定设置腹板加劲肋，以保证板梁腹板的局部稳定性：

(1) 当 $h/\delta \leq 70\sqrt{235/\sigma_s}$ 时，对于上翼缘直接承受动力荷载的板梁，宜按构造要求设置加劲肋；对于上翼缘不直接承受动力荷载的板梁，可不设置加劲肋。

(2) 当 $70\sqrt{235/\sigma_s} \leq h/\delta \leq 160\sqrt{235/\sigma_s}$ 时，应设置竖向加劲肋，竖向加劲肋的间距 a 可以按以下公式确定：

$$a = 950\delta/\sqrt{\tau} \tag{6-40}$$

式中：a——竖向加劲肋的间距(cm)；

h——腹板高度(cm)；

δ——腹板厚度(cm)；

τ——所考虑梁段内最大剪应力的腹板平均剪应力(MPa)。

上述公式计算的结果若小于 $0.5h$，应该取 $a = 0.5h$；若大于 $2h$，应取 $a = 2h$。

对于上翼缘不直接承受动力荷载的板梁，当 $h/\delta \leq 100$ 时，可取 $a \leq 2.5h$。

(3) 当 $160\sqrt{235/\sigma_s} \leq h/\delta \leq 280\sqrt{235/\sigma_s}$ 时，除了应设置竖向加劲肋外，尚需设置水平加劲肋。水平加劲肋的设置位置在距离受压翼缘 $(0.2 \sim 0.25)h$ 处。

(4) 板梁支座处和上翼缘受较大集中荷载处，应设置支座加劲肋。

竖向加劲肋宜在腹板两侧成对设置，竖向加劲肋应磨光并与受压及受拉翼缘顶紧、焊接。应将竖向加劲肋切角，使竖向加劲肋焊缝到腹板与受压翼缘板间的焊缝的距离不小于 4δ。

在腹板两侧成对设置的钢板竖向加劲肋，其外伸宽度 b_s 与厚度 δ 应符合下式要求：

$$\begin{cases} b_s \geq h/30 + 40 \\ \delta \geq b_s/15 \end{cases} \tag{6-41}$$

仅在腹板一侧设置的钢板竖向加劲肋，其外伸宽度不应小于按上式计算得到的1.2倍，厚度不应小于其外伸宽度的1/15。

腹板同时用竖向加劲肋和水平加劲肋加强时，其竖向加劲肋的截面尺寸除符合上述规定外，其截面惯性矩 I_z 还应该符合下式要求：

$$I_z \geq 3h\delta^3 \tag{6-42}$$

在腹板两侧成对设置的加劲肋，I_z 应按腹板中心线为轴线进行计算。在腹板一侧设置的加劲肋，I_z 应按与加劲肋相连接的腹板边缘为轴线进行计算。

水平加劲肋一般在一侧设置。水平加劲肋与竖向加劲肋相交叉时，宜截断竖向加劲肋，而使水平加劲肋及其焊缝连续通过。截断的竖向加劲肋应在内侧切角并焊接在水平加劲肋上。

水平加劲肋对截面竖轴的惯性矩 I_y 应该符合下式要求：

当 $a/h \leq 0.85$ 时：
$$I_z \geq 1.5h\delta^3 \tag{6-43}$$

当 $a/h > 0.85$ 时：
$$I_z \geq (2.5 - 0.45a/h)(a/h)^2 h\delta^3 \tag{6-44}$$

式中：a——竖向加劲肋的间距；
h——腹板高度；
δ——腹板厚度。

(二) 支承加劲肋

支承加劲肋应成对设置在腹板两侧，并应尽可能伸到翼缘板的外边缘。在板梁支座处设置的支承加劲肋应与腹板、上翼缘、下翼缘焊接；在上翼缘承受较大集中荷载处设置的支承加劲肋，应与腹板、上翼缘焊接，不得与下翼缘焊接。应将支承加劲肋在内侧切角，使支承加劲肋焊缝端头距腹板与翼缘板间的连接焊缝不小于 4δ。

按照承受板梁支座反力或集中荷载的轴心受压构件计算支承加劲肋稳定性。此受压构件的截面面积应包括支承加劲肋和由支承加劲肋中和轴算起，每侧 $15\delta\sqrt{235/\sigma_s}$ 范围内的腹板面积，其计算长度取 h。

支承加劲肋的端部焊缝应力按所承受的支座反力或者集中力荷载进行计算。

第五节 桁架桥设计

一、桁架计算的基本要求

桁架结构形式应优先考虑具有单交叉腹杆体系。杆件优先采用双向对称截面，并对称布置在桁架中间平面。拆装式桁架单元内的杆件不得再次拼装。主要杆件截面的形心轴应尽可能和截面的中心轴相一致。

桁架的计算图示按其设计的几何图式选定。在决定计算图式时，可以不考虑建筑拱度及荷载作用下的挠度。

二、桁架计算的细节要求

采用构件截面形心的连线作为杆件轴线。相邻杆件轴线位置的偏差，在箱形截面和工字形截面的构件，不应超过截面高度的 1.5%；在 □ 形截面、T 形截面和 H 形截面的构件，不应超过截面高度的 0.7%。如超过上述数值，则应计算偏心弯矩引起的次应力。此项弯矩按刚度比例分配到节点交会的各杆件上。

在节点处相邻杆件的轴线应尽量交会于一点。否则，应计算杆件由于偏心所产生的弯矩，此弯矩按刚度比例分配到节点交会的各杆件上。

桁架各杆件截面高度与节点板中距之比不超过 1/10 时，杆件在节点处的刚性连接可视为铰接；否则，应计算由于节点刚性所产生的次应力。

当考虑节点刚性影响时，按设计荷载计算，容许应力可提高 5%。

当考虑刚性影响进行计算时,仍然需要验算仅受轴向力作用下杆件的受力情况。

承受非节点荷载的弦杆,除作为桁架的杆件承受轴向力以外,尚在节点外作用有竖向荷载,应同时计算竖向荷载产生的弯矩。此时,容许应力不得提高。弯矩可以近似取 $0.7M_0$,M_0 为跨度等于节间长度的简支梁跨中最大弯矩。

节点板的尺寸应尽量减小,外形应尽量简单,避免出现曲线边缘。它和杆件的接触面必须全部紧密。节点板应进行强度校核验算,其任何连接面的强度,应比各被连接杆件的强度至少大 10%。

应验算节点板上可能被连接杆撕裂的危险截面,其容许应力规定为:
(1)垂直于被连接杆件轴线的截面,采用钢材的容许应力 $[\sigma]$;
(2)与被连接杆件轴线倾斜角小于 90°的截面,采用应力 $0.75[\sigma]$;
(3)除验算节点撕裂强度外,尚应验算水平和竖直截面上的剪应力和法向应力,其容许应力分别为 $0.75[\sigma]$ 和 $[\sigma]$。计算方法近似按偏心受拉(压)进行。

桁架单元之间的单双支耳连接接头的部位,耳板与弦杆的连接要平顺,避免横截面的突然变化。

第六节 吊桥、索道桥设计

一、吊桥、索道桥结构要求

跨径较小的吊桥和索道桥,其主索、锚索、斜缆和风缆,应选择用麻芯钢丝绳或者复合材料绳。大跨径吊桥和索道桥的主索、锚索应选用钢芯钢丝绳。钢丝绳中的钢丝应采用镀锌的,且直径不小于 2mm。

载重吊桥主索的矢跨比宜取 1/12~1/10;组合吊桥主索的矢跨比宜取 1/12~1/7;索道桥的矢跨比宜取 1/40~1/35。

载重吊桥和组合吊桥的塔架高度,应根据矢跨比确定,矢度一般应大于 1.00~1.25m。门式塔架的净空高度不得小于 4.5m。

组合吊桥加劲梁的高度,宜取跨径的 1/120~1/40。主索的间距不宜小于跨径的 1/35。吊杆的纵向间距:柔性吊桥宜采用 3~4m,组合吊桥宜取加劲梁节点间距的整数倍。桥面缘材内缘至吊杆的距离应不小于 0.25m。

跨径较小的吊桥,桥面宽度与跨径之比不宜小于 1/30,来保证抗风稳定性,应将加劲梁做成气动性能良好的加劲梁,采用上承式桥跨结构为主,并对加劲梁设置纵向联结系、水平风缆、垂直风缆,以增加抗扭刚度,提高抗风性能。

当活载在索道桥桥梁端部时,其总纵坡度不应大于 10%;当活载偏心行驶时,索道桥横向坡度不宜大于 5%。桥础位置必须保证河岸边土壤稳定。其前沿距离岸边不得小于 2.5m,横梁可采用一字形或倒八字形。两侧稳定索的间距不得小于 10~15m。

吊桥和索道桥的主索、吊杆及抗风缆索应有足够的调整长度和设施。组合吊桥的加劲梁支座,不论是否产生负反力,均应设置支座防掀起设施。此外,高大的吊桥塔架须设置避雷针,并应该在塔顶上设置工作台。组合吊桥跨径大于 100m 时,应设置人行道或避车台。

对于跨径较小的载重吊桥或者组合吊桥、索道桥可采用钢丝绳夹法或者编扎法固定索端。对于大跨径的组合吊桥或者索道桥,可采用锚头固结法。固结钢丝绳的套筒,宜采用铸钢制成。

锚头所用的锚钢强度应不低于钢丝绳的强度,锚杆上的螺纹应按机械零件要求设计和加工,螺纹长度根据要求确定,锚杆端部须用两个加厚螺母固定。

组合吊桥和索道桥验算风力作用下的侧向挠度,其在车行道纵向联结系平面内的容许挠度规定为跨径的 1/300。

二、吊桥、索道桥设计要求

跨径较小的载重吊桥、索道桥及加劲梁刚度较大的组合吊桥,可采用弹性理论计算;对于大跨径组合吊桥应采用挠度理论或者有限位移理论计算。有条件时应考虑非线性、温度及拼装间隙的影响。

设计吊桥和索道桥主索时,应该使主索的计算拉力小于或等于钢丝绳的破断拉力除以总的安全系数,即:

$$N \leq \frac{S}{K} \tag{6-45}$$

式中:N——主索的最大计算拉力;
  S——钢丝绳的破断拉力;
  K——安全系数,一般不得小于 2.5。

钢丝绳的破断拉力按产品出厂说明书中保证的数值使用;当缺乏出厂说明书而有条件进行试验时,按试验实测的钢丝绳极限强度的 0.85 倍确定;在缺乏相应的资料,又无条件进行试验确定时,钢丝绳的破断拉力可以用下式计算确定:

$$S = 45d^2 \tag{6-46}$$

式中:d——钢丝绳直径(cm);
  S——钢丝绳破断拉力(kN)。

在计算吊桥塔架时,如塔架与基础固结,除了保证正常安全使用外,还应考虑在架设时由于塔顶两侧主索受力不均匀而引起的水平力对塔柱的弯曲影响。

如塔顶设置有辊轴支承,应计算摩擦阻力对塔柱的弯曲影响,辊轴的摩擦阻力按下式计算:

$$F = \frac{V}{r} \tag{6-47}$$

式中:F——辊轴的摩擦阻力;
  V——作用与塔顶的竖向压强(MPa);
  r——辊轴半径(mm)。

主索在索鞍上以及主索穿过滑轮的弯曲半径,应尽量加大,一般不小于 300δ(δ 为主索中钢丝的直径,单位 cm),以减少主索的附加应力。钢丝绳的弯曲应力可按下式计算:

$$\sigma = CE_c \frac{\delta}{2R} \tag{6-48}$$

式中:σ——弯曲应力(MPa);

E_c——钢丝绳的弹性模量(MPa);
R——索鞍的曲率半径(cm);
C——系数,用下式确定:

$$C = 0.104 + 0.04 \frac{d}{R} \qquad (6\text{-}49)$$

吊桥和索道桥的锚碇可采用卧梁式锚碇、钢筋混凝土地垄式锚碇、锚杆式锚碇、斜坑式锚碇、桩墙式锚碇等。验算各种锚碇结构时,安全系数取 $K = 2.5$;锚碇坑前壁应尽量不破坏原状土。

吊桥及索道桥桥板可采用木质桥板或金属板。采用木质桥板时,每块桥板间应该留有 2~3cm 间隙;采用金属桥板时,可将桥面板制成蜂窝状空格形式,以增加桥板的透风率,提高吊桥或者索道桥的抗风性能。

第七节 浮桥门桥设计

一、桥脚舟舟体结构

（一）桥脚舟壳板

渡河桥梁装备和器材的桥脚舟的舟壳板厚度不宜小于以下规定:

直接承载的甲板厚度 3mm,不直接承受荷载的甲板厚度 2mm,舟舷板和端板厚度 2mm,隔舱板厚度 1.5mm,舟底板厚度一般为 2mm,如果舟在使用时舟底板要着地承压(如在门桥漕渡靠岸时),则承压部分的舟底板厚度为 3~4mm。

（二）桥脚舟压筋❶

舟壳板宜采用压筋结构(图6-7),以增加薄壳板的刚度,代替附连于板的肋材使用,既不增加重量,也可以减少焊接变形,但是对板的厚度有规定和限制。

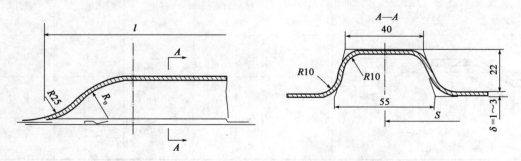

图6-7 压筋截面(尺寸单位:mm)

---

❶ 压筋是直接在钢板上每隔一定距离用机械设备辊压出一种波纹状槽口,用以取代型材而制作的横向骨架构件,它可以减轻舟体重量。

渡河桥梁器材大多采用薄板结构。当板的厚度在 1～3mm 时,应采用如图 6-7 所示的截面形式的舟体压筋。

其中的压筋端部内侧半径 R_0,在钢板厚度为 $1\mathrm{mm}\leq\delta\leq2\mathrm{mm}$ 和 $2\mathrm{mm}\leq\delta\leq3\mathrm{mm}$ 时,分别为 42mm 与 72mm。

压筋间距与压筋长度,应优选使用表 6-26 中的数值。表 6-26 中所列的现有加工模具的数值如果不能完全满足要求时,则可以选择表 6-27 中的数值。

优选使用的压筋间距与长度(mm)　　　　　表 6-26

序 号	压筋间距 S	压筋长度 l	序 号	压筋间距 S	压筋长度 l
1	412	400	8	412	690
2	412	420	9	412	820
3	412	470	10	475	1050
4	412	560	11	320	1570
5	412	600	12	412	1620
6	475	615	13	320	1750
7	475	690	14	412	2020

补充使用的压筋间距及长度(mm)　　　　　表 6-27

序 号	压筋间距 S	压筋长度 l	序 号	压筋间距 S	压筋长度 l
1		440	7		900
2		580	8		950
3	320、412、475	650	9	320、412、475	1000
4		740	10		1200
5		780	11		1400
6		860			

压筋的横截面几何参数按表 6-28 选用。

压筋的横截面几何参数　　　　　表 6-28

计算截面尺寸	板厚 δ (mm)	横截面面积 (cm^2)	静矩 (cm^3)	截面抵抗矩 (cm^3)	惯性矩 (cm^4)
$c=40\mathrm{mm}$,$b=24\mathrm{mm}$ $h=(22+\delta)\mathrm{mm}$	1.0	1.28	1.27	1.10	0.60
	1.5	1.92	2.00	1.69	0.92
	2.0	2.56	2.76	2.30	1.25

(三)整体式桥脚舟等值梁

整体式桥脚舟总纵强度计算时按等值梁(相当梁)考虑,其截面面积计算方法如下:
(1)舟体纵向骨架,如舟底板龙骨、甲板纵桁及舷缘角钢等连续构件,均属于刚性构件,按全面积计算。

（2）局部加强的梁、舱口加强梁、外舷缘等非连续构件，在计算中不予考虑。

（3）舟体壳板，如甲板、底板及舷板等，属于柔性构件。拉力区的壳板可以按全截面计算，但是如果有垂直于舟体壳板拉力方向的压筋时，其面积不予计算。

（4）压力区的壳板，只有部分面积（即换算面积）可以计入等值梁截面中。换算面积 F_1 按下式进行计算：

$$F_1 = \frac{\sigma_c}{\sigma_s}F = \varphi F \tag{6-50}$$

式中：F_1——受压壳板的换算面积；

σ_c——壳板的临界应力；

σ_s——壳板材料的屈服强度；

F——受压壳板的实际面积；

φ——换算系数，钢质壳板的 φ 值见表6-29。

钢质壳板的换算系数 φ　　　　表6-29

壳板种类	壳板比较厚度	换算系数			
		0	0.2	0.5	1.0
甲板	δ/a	≤1/140	≤1/70	≤1/45	—
舷板	δ/H	≤1/500	≤1/250	≤1/150	≤1/110

注：δ 为壳板厚度；a 为板宽；H 为舷板高度。

（四）多节式桥脚舟等值梁

在由各舟节组成的桥脚舟中，在连接处只计算连接的纵向构件截面，在距舟节连接处距离小于一个肋距的截面，计算等值梁时，所有受压、受拉的柔性构件只计算与刚性构件相连的附连壳板，其计算宽度在刚性构件的每侧各取 25δ。

（五）舷板计算

桥脚舟总纵弯曲时产生的剪力由舷板承受。当舷板剪应力达到临界应力时，舷板翘曲，余下的剪力（约$0.8Q$）由舷板承受。舷板的拉应力按下式计算：

$$\sigma = 0.85\frac{Q}{\delta H} \leq [\sigma] \tag{6-51}$$

式中：Q——桥脚舟总纵弯曲时的剪力；

δ——壳板厚度；

H——舷板高度；

$[\sigma]$——舷板材料的容许拉应力。

二、浮桥水平固定要求

（一）浮桥纵向水平固定

浮桥纵向由两岸的桥础固定、岸边固定和桥跨结构的纵向连接保证。浮桥两端的岸边固定装置,由岸边固定钢索、固定桩等组成,固定钢索上应该有调整长度的钢索调整器。

(二)浮桥横向水平固定

浮桥的横向水平固定采取投锚固定、斜张纲固定、横张纲固定、锚定门桥固定、动力固定及混合固定等。

1. 投锚固定

适合河底土质条件确系投锚有效,流速一般在 2m/s 以下的江河。投锚线到桥轴线的距离为桥下最大水深的 7~10 倍,当桥下水深超过 10m 的宽大江河,也可以设置两条投锚线。远处投锚线按照最大水深的 7~10 倍测量,供深水区(超过 10m)的浮桥段锚定;近处投锚线按照 10m 水深的 7~10 倍测量,供浅水区(小于 10m)的浮桥段锚定。

锚杆强度的安全系数 K 取 3。

2. 斜张纲固定

适合河底土质不宜投锚、不通航、流速在 2m/s 以下、宽度不大(一般不超过 100m)的江河,斜张纲与桥轴线的夹角不小于 45°。

3. 横张纲固定

适合河底土质不宜投锚、不通航、流速 1.5m/s 以上、宽度 300m 以下的江河。横张纲长度一般为 $L=1.1L_0+30m$,L_0 为浮桥长度。初矢度 2%~5%,终矢度 5%~7%,理想矢度 2%,其中,矢度表示横张纲索中央点偏离横张纲两端点连线的最大距离与两端点之间距离的比值。

横张纲塔架高度按下式计算:

$$h_e = f_0 + h_0 - h_b$$

式中:h_e——塔架的设计高度(m);
　　　f_0——横张纲中央下垂的距离(m);
　　　h_0——水上安全高度,一般取 1m;
　　　h_b——河岸高出水面的高度(m)。

塔架到浮桥端点的距离 S:

当岸高不大于 4.5m 时,$S=15m+$塔架高度;

当岸高大于 4.5m 时,$S=11m+$塔架高度 + 河岸高度。

横张纲的主索及系留索的强度安全系数,钢索 $K=3$,麻绳索 $K=4$。

4. 锚定门桥固定

适应于河幅宽大、水深、流速大、河底松软、易受冲刷等江河。锚定门桥与桥轴线的距离一般为 60~80m,以确保锚定门桥所系留的浮桥段。其两端系于锚定门桥中央的系留索与桥轴线的夹角不小于 60°。通常每隔 40~60m 桥段设置一个锚定门桥。

第七章
渡河桥梁装备器材的上部结构

第一节　梁式桥跨结构

一、某重型分置式舟桥梁式结构

某重型分置式舟桥装备是我国 20 世纪研制的一种渡河桥梁装备,可以架设 50~70t 的浮桥,还可以结合多种吨位的漕渡门桥,用于保障重型坦克、车辆克服江河障碍(图 7-1)。

图 7-1　某重型分置式舟桥

某重型分置式舟桥上部结构为典型的梁式结构,由桥桁、桥桁螺杆、横撑材等组成,其桥桁如图7-2所示。

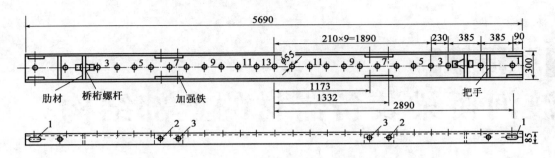

图7-2 桥桁(尺寸单位:mm)

注:1~13表示孔的编号,下类同。

桥桁由30号轻型槽钢加工而成,其长度为6m(5960mm),单桁质量为209kg;是舟桥器材的主要受力构件,构成浮桥、门桥和码头栈桥的承重结构。不同吨位的桥节门桥见图7-3和图7-4。

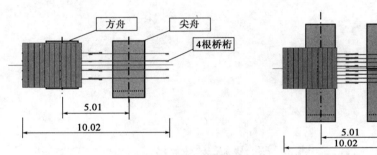

图7-3 16t桥节门桥(尺寸单位:m)

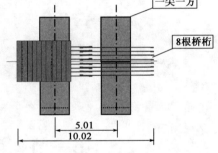

图7-4 50t桥节门桥(尺寸单位:m)

桥桁上、下翼缘上各有3组孔,按照1、2、3、3、2、1顺序编号,其中,第一组为椭圆孔1,用于将桥桁固定在桥脚冠材或者桥础上;第二组为圆孔3,用以将桥桁固定在桥脚舟的舟舷角钢上,当架设成标准跨度5.01m的桥节门桥或者漕渡门桥时,在两个舟的中间还可以引入一个加强舟,此时第三组圆孔2正好与加强舟的舟舷进行连接。

桥桁的腹板上有1~13~1,共25个孔,简称桁孔,用于连接桥桁或者固定横撑材。

浮桥的吨位可以通过改变桥脚舟(单节舟、双节舟、三节舟、四节舟)、桥桁的数量(4根、6根、8根,甚至16根等)、桥桁搭接长度等来实现。图7-3为16t桥节门桥,除了采用单舟外,跨度是5.01m,但是桥桁数量为4根;图7-4为50t桥节门桥,舟采用了双舟(一尖一方),跨度还是5.01m,但是桥桁数量为8根。

其特点是:①桥桁受力形式好,抵抗垂向弯曲大;②桥桁根据桁孔组合搭接的不同,可以适应各种跨度,使桥跨节间变化;③构件单件重量较轻,便于作业;④作业时,桁容易倒,危及作业手;⑤在舟舷上固定、桥桁相互连接作业量多,容易混淆;⑥在连接横撑材前,桥跨抗扭刚度小。

二、某轻型分置式舟桥梁式结构

该轻型分置式舟桥(图7-5)装备是我国研制的另外一种渡河桥梁装备,可以架设40t的浮桥,还可以结合多种吨位的漕渡门桥,用于保障轻型坦克、车辆克服江河障碍。

图7-5 轻型分置式舟桥

某轻型分置式舟桥的上部结构,也是一种梁式结构(图7-6),其由2根18号槽钢、三根横撑材和两个旋转轴支座焊接而成。槽钢的腹板两端,各有两个桥桁连接器插孔和一个固定系留钢索的系留孔。翼缘两端各有一个桥础螺栓孔,供桥础螺栓连接。翼缘下部有两个固定缘材螺杆的铁钩。横撑材焊接在两根槽钢中间,每个横撑材上,有一个舷桁螺杆,用以将桥桁固定在舟舷上或者桥脚冠材上。

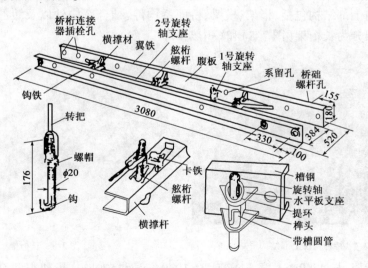

图7-6 轻型分置式舟桥的桁联(尺寸单位:mm)

其特点是:①桥桁受力形式好,尤其是整体性较好;②桥桁形成桁联,作业中稳定性较好;③桥桁连接较为可靠,但是作业并不方便;④桥桁只有一种跨度,变化小;⑤构件单件重量较重,不便于作业。

三、梁式桥跨结构的特点

梁式桥跨结构在早先的渡河桥梁装备中运用广泛,它具有以下特点:

(1)受力明确,便于计算,便于根据横向分配法将桥跨总体弯矩分配至单根桥桁;

(2)取材方便,无论是木材还是钢材,无论是型材还是组合材料,可以根据需要进行采集或加工;

(3)变化多样,根据渡河桥梁的设计荷载,梁式桥跨结构的截面、布置、数量、长度等都可以发生变化,从而适应渡河桥梁设计吨位的变化需要;

(4)便于连接,对单个构件设计合适的接头,可以进行桥跨的连接,也可以进行刚性连接,还可以进行铰接连接;

(5)梁式结构桥跨一般重量较小,可以依靠人工配合简单工具进行连接、拼装等作业;

(6)但是也存在一些缺点,例如桥跨总体抗弯刚度较小,梁式结构横向联系小,横向分配受桥面系结构的影响差异性较大,连接接头的数量较多、作业烦琐;型钢的横向稳定性较差等。

第二节 桁 架 结 构

一、特种舟桥桁架结构

特种舟桥是我军自行研制的适用于长江等特大江河的一种舟桥装备,其主体结构采用桥脚舟上结合桁架的形式,可以在波浪1m的宽大江河上架设浮桥和结合门桥(图7-7)。

特种舟桥的上部结构包括:桁架、横梁、桥面系构件、结合部构件以及缓冲装置等,是上承式结构。而桁架分为长桁架(图7-8)和短桁架两种。

图7-7 特种舟桥上部结构

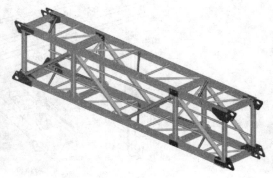

图7-8 长桁架

主体的长桁架:长4580mm、宽574mm、高1230mm,重570kg。桁架由两个平面桁架连接,平面桁架由弦杆及腹杆组成。桁架的上弦杆及下弦杆用12号工字钢制成。腹杆包括斜杆、端竖杆及中间竖杆。

短桁架:长1.053m、宽0.574m、高1.230m,质量为208kg。

图 7-9 是 50t 桥节门桥,图 7-10 是 80t 桥节门桥,两者的差别对比:均采用标准桥脚舟,即由一个首舟、一个尾舟、4 个中间舟连接而成;50t 桥节门桥采用两个桥脚舟,中间跨度为 17.76m,悬臂外伸为 6.66m,横向布置了三排桁架,间距为 3m,桥面宽为 6m;80t 桥节门桥采用三个桥脚舟,中间跨度为 13.32m,悬臂外伸为 4.44m,横向布置了 4 排桁架,间距为 2m,桥面宽为 6m。由此可见,浮桥吨位的改变主要靠桥桁的变化:一是桁架纵向变化,即跨度和悬臂长度变化;二是桁架的横向变化,即布置数量和间距的变化。

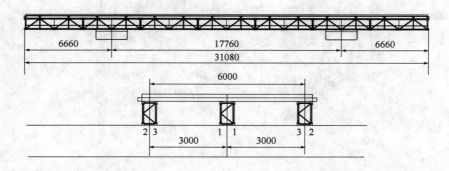

图 7-9　50t 桥节门桥(尺寸单位:mm)

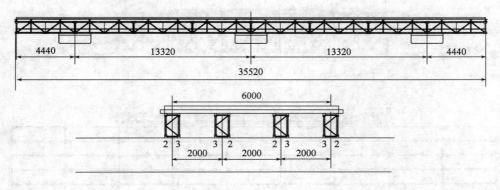

图 7-10　80t 桥节门桥(尺寸单位:mm)

二、装配式公路钢桥桁架结构

(一)装配式公路钢桥概述

装配式公路钢桥是一种下承式拼装式桥梁,早期由英国人发明,叫作贝雷桥,引进中国后称为"装配式公路钢桥",后来进行了大量改进和生产,是我国交通战备器材。

该桥梁结构主要由两侧的桁架作为承重结构、横梁上铺设桥板而成。装配式公路钢桥的桁架长度为 3m,由此桥梁长度是 3m 的倍数,最长可以达到 69m。随着桥梁跨度的增加,桁架结构的布置也有所改变,主要变化方式有:一是单排、双排、三排的数量变化;二是单层、双层的变化;三是非加强型和加强型的变化。由此来适应不同跨度、不同吨位桥梁的需要。桥梁布局如图 7-11 ~ 图 7-13 所示。

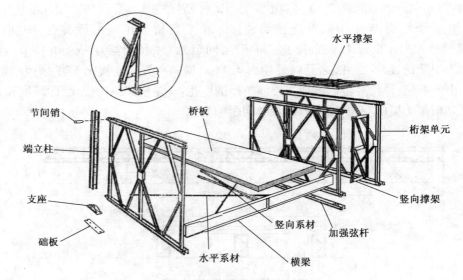

图 7-11　桥梁基本构件

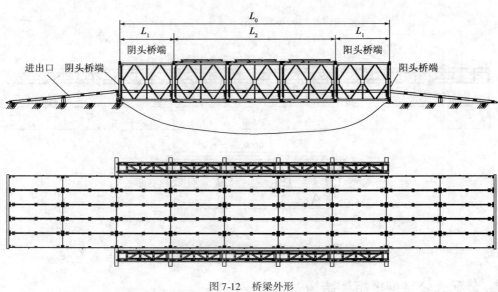

图 7-12　桥梁外形

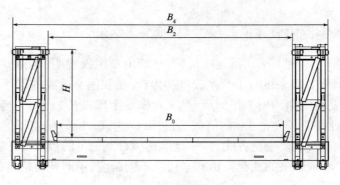

图 7-13　桥梁断面

(二)装配式公路钢桥桁架结构

1. 桁架单元

桁架单元(图7-14)是构成桥梁承重结构的基本构件,质量为306kg。阴、阳头用于桁架间的连接,下弦杆上的横梁支座和阴头竖杆上的螺杆孔用于固定横梁,上、下弦杆上的螺栓孔用于连接加强弦杆或水平撑架。

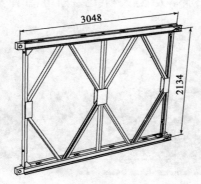

图7-14 桁架单元(尺寸单位:mm)

2. 加强弦杆

加强弦杆(图7-15)的结构形式与桁架单元弦杆类同,连接尺寸长为3048mm,质量为84kg,用于桁架上下弦杆的加强。加强弦杆设有两排连接支座,分别与桁架弦杆和水平撑架连接。阴头桥端和阳头桥端的一片桁架单元不设置加强弦杆。通常加强弦杆正对桁架单元设置(图7-16的下加强弦杆),也可以交错设置(图7-16 的上加强弦杆)。另外,上部结构中还有抗风拉杆和横梁(图7-17),架设的桥梁为下承式桥梁(图7-18)。

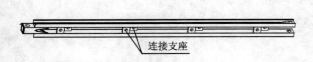

图7-15 加强弦杆

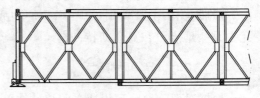

图7-16 加强弦杆的布置

图7-17 抗风拉杆和横梁

图7-18 装配式公路钢桥(下承式桥梁)

三、中型桁架桥桁架结构

(一)中型桁架桥概况

中型桁梁桥(Medium Girder Bridge)简称中桁桥(MGB)。1968年5月装备英国部队;1973年2月被美国定为制式装备,装备陆军中型桁梁桥连,每连装备4套器材和30辆5t自卸汽车。中桁桥先后也为澳大利亚、加拿大、意大利、巴基斯坦、菲律宾等三十多个国家所采用。英国中型桁架桥如图7-19所示。

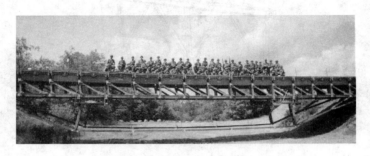

图7-19 英国中型桁梁桥

(二)中型桁架桥发展

中型桁架桥是英国国防部军用车辆和工程研究中心设计的。该研究中心前身是在1914—1918年创建的英国皇家工兵检验特种部队,后来发展成为由S·D贝雷领导的桥梁试验中心。在第二次世界大战中设计了著名的贝雷式钢桥。1946年开始,桥梁试验中心随着作用的扩大,而改名为军事工程试验中心,其工作范围包括了皇家工程兵作战职责的各方面内容。最后在1970年军事工程试验中心与战斗车辆研究与发展中心合并为"军事车辆和工程研究中心",地点设在克赖斯特彻奇。

(三)中型桁架桥特点

根据对西欧地区河川情况的统计结果(每百千米纵深内,宽度在20m以下的河流占60%,30m以下的占85%,50m以下的占96%,而河宽超过50m以上的河流仅占4%),英国工程技术专家认为,5~8m的障碍是不需要架桥的,用炸药和工程机械即可完成任务。克服超过50m宽的河流障碍,采用浮桥方法比较好。其余的可由固定式桥梁完成(图7-20)。中型桁架桥的设计以此为依据,因此最大单跨架设长度为49.7m。这样,中型桁架桥在没有桥脚设备的条件下,在百千米的纵深内可以克服96%的河川及干沟障碍。

中型桁架桥具体特点:不必准备桥址和设置架桥用的格排架;采用铝合金结构重量轻,便于人工架设;结构简单,易于训练;使用跨间连接装置和制式桥脚,从而具有多跨架设能力;配有制式浮舟,可以架设长度不限的浮桥;架设迅速,大大优于贝雷桥。

(四)中型桁架桥使用

(1)中型桁架桥载重量、跨径、全桥总重及架设辅助设备总重见表7-1。

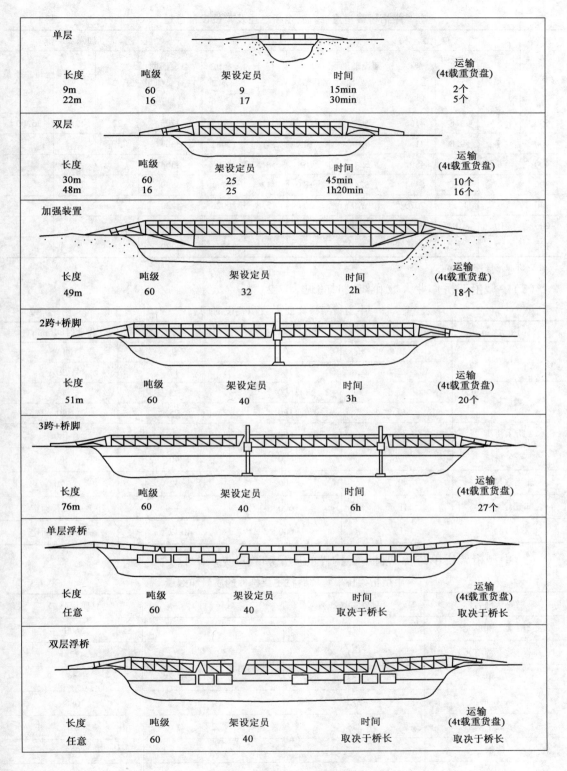

图 7-20 中型桁架桥结构形式

中桁桥载重量、跨径、全桥总重及架设设备总重　　　　表 7-1

载重量 (kN)	单层桥				双层桥				加强双层桥		
	单元数	跨径 (m)	全桥总质量 (kg)	架设辅助设备总质量 (kg)	单元数	跨径 (m)	全桥总质量 (kg)	架设辅助设备总质量 (kg)	单元数	跨径 (m)	全桥总质量 (kg)
600	5	9.8	4166	504	12	31.1	19612	2705	22	49.7	36200
500	5	9.8	4166	504	14	34.8	22081	3364			
400	6	11.6	4892	524	16	38.5	24395	3364			
300	8	15.3	6344	524	18	42	26711	3539			
240	9	17.1	7070	1679	20	45.8	29026	4239			
200	10	19	7797	1679	21	47.6	30684	4239			
160	12	22.6	9249	1857	22	49.4	32341	4239			

注：桥面宽度均为 4m。

(2) 中型桁架桥作业人数和架设时间见表 7-2。

中型桁架桥作业人数和架设时间　　　　表 7-2

结构形式	桥长(m)	载重量(kN)	作业人数	作业时间(min)
单层桥	9.8	600	9	15
	22.6	160	17	30
双层桥	31.1	600	25	45
	49.7	160	25	80
2 跨 + 桥脚	51	600	40	180
3 跨 + 桥脚	76	600	40	360
加强双层桥	49.7	600	32	120
单层浮桥	任意	600	—	视浮桥长而定
双层浮桥	任意	600	40 以上	视浮桥长而定

(3) 中型桁架桥单跨桥器材主要构件的质量和数量见表 7-3。

中型桁架桥单跨桥器材主要构件的质量和数量　　　　表 7-3

主要构件名称	单件质量(kg)	数量(件)	总质量(kg)
桁梁上部单元	175	32	5600
桁梁下部单元	197	24	4728
连接单元	182	4	728
端部楔形板	272	4	1088
岸边座梁	258	2	516
桥板	74	68	5032
跳板	120	14	1680

四、重型支援桥桁架结构

(一)重型支援桥概况

重型支援桥主要由桥梁器材、架桥车(1 辆)、运桥车(6 辆)、保障车(1 辆)、信息化设备、训练模拟器和附属器材等组成。桥梁器材由 2 个端桥节、4 个中桥节、加宽板、跳板和液压系统等组成,如图 7-21～图 7-23 所示。一套桥梁器材可架设最长 51m 的一座桥梁,也可以根据障碍的不同宽度,架设由 3 个桥节(25.5m)、4 个桥节(34m)、5 个桥节(42.5m)等不同组合的桥型桥梁。

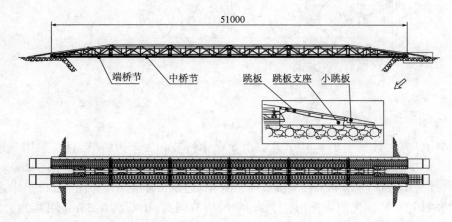

图 7-21　桥梁器材总成(尺寸单位:mm)

图 7-22　端桥节外形　　　　　　　　图 7-23　中桥节外形

桥节由桥跨和导梁构成,桥跨与导梁在运输及通载状态下均嵌套在一起,在架设过程中可相对运动。桥跨与导梁之间的连接分两处:一是,桥跨上的滚轮和导梁上的外导槽之间的嵌套连接;二是,导梁锁定销连接。桥跨和导梁的嵌套连接如图 7-24 所示。

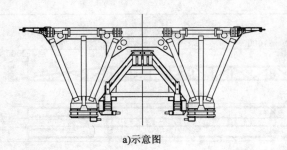

a)示意图　　　　　　　　　　　b)实桥图

图 7-24　桥跨和导梁的嵌套连接

架桥车是重型支援桥的主要架设作业车(图7-25),它的功能是将桥节从运桥车上吊入架桥车上,并依次完成桥节间的连接,通过架桥车上的作业机构,将桥梁架设至对岸。架桥车主要由底盘车、托架、吊机、移动架、架设架和液压电气系统组成。

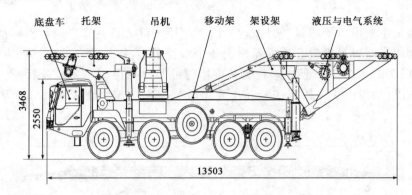

图7-25 架桥车(尺寸单位:mm)

(二)重型支援桥结构

桥节结构计算参数见表7-4:桥节总成由4个中桥节和2个边桥节组成,采用三角桁架形式,总长51m。中、边桥节接头中心线长均为8.5m,加宽板展开后桥宽4m(图7-26)。桥节结构高1.6m,接头中心线高1.445m,中桥节质量6.4t,边桥节质量6.2t(图7-27)。岸边桥节与中间桥节结构相似,其侧视图为楔形,大端与中间桥节同高,小端高0.55m(图7-28)。桥节材料选用BS700,接头材料为30CrMnSi,连接销材料为30CrMnSi。

整 桥 计 算 参 数 表7-4

序号	名 称	单 位	数 值	备 注
1	计算跨度	mm	50000	
2	桥节总重量	kN	380	
3	桥节每延米重量	N/mm	7.45	
4	履带载重量	kN	600	
5	冲击系数	—	1.15	
6	桥节桁架总高	mm	1600	
7	上、下弦杆中心距	mm	1445	
8	桥面系纵横梁	—	—	由L形折边梁构成
9	面板厚	mm	3	

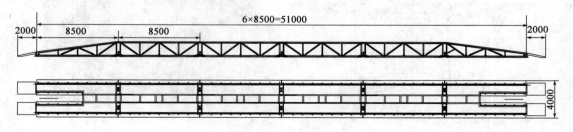

图7-26 桥节(尺寸单位:mm)

第七章 渡河桥梁装备器材的上部结构

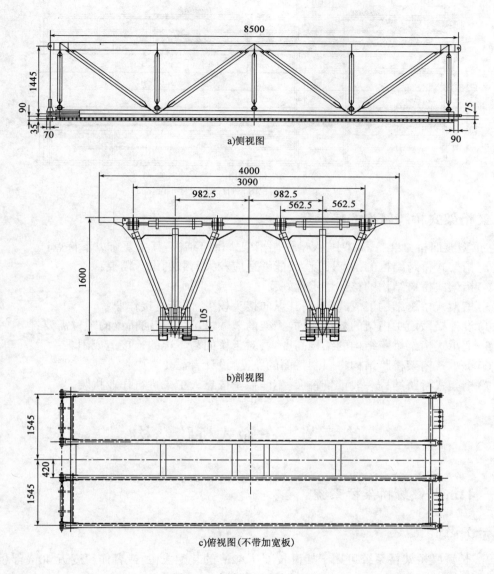

图 7-27 中桥节(尺寸单位:mm)

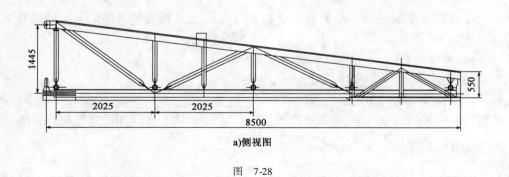

图 7-28

139

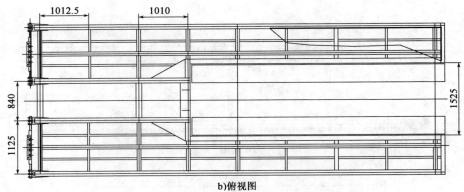

图 7-28　岸边桥节侧视图和俯视图(尺寸单位:mm)

五、桁架式桥跨结构的特点

在重型渡河桥梁装备器材中,大量使用桁架式桥跨结构,其主要有以下特点:
(1)桁架式桥跨结构的抗弯刚度大,能够适应较大荷载的设计需要;
(2)桁架式桥跨结构的整体稳定性好;
(3)桁架式桥跨结构集成式设计,其纵向接头较少,便于连接作业;
(4)设计横截面中桁架的数量、纵向桁架的节数,以适应渡河桥梁的吨位需要;
(5)上承式桁架桥跨结构的结构高度大,对于桥面与岸边的连接造成困难;
(6)下承式桁架桥跨结构将限制桥面的宽度,设计者需要考虑;
(7)桁架式桥跨结构一般重量较大,不能完全依靠人工来进行作业拼装。

第三节　车辙式桥跨结构

一、42m 长鬣蜥桥架桥系统

(一)鬣蜥桥概述

42m 长鬣蜥桥架桥系统可用于架设长度达 42m 的装配式桥,或者作长度近 40m 浮桥的上部结构。

42m 长鬣蜥桥架桥系统以标准的鬣蜥全地形 8×8 轮式运输车为基础,架桥车经过改装,因此它可像以前架设 26m 桥一样架设 42m 桥。长鬣蜥 42m 桥架桥系统的下述桥梁长度的结构形式具体如下。

26m 桥:两块跳板;
34m 桥:两块跳板,一块中间桥节;
42m 桥:两块跳板,两块中间桥节。
该桥可以谨慎通过 MLC70 军用吨级的履带式车辆和 MLC96 军用吨级的轮式车辆。

(二)鬣蜥桥架设

与基本的 42m 长鬣蜥桥配合使用的鬣蜥车,为有 302.8kN 发动机的 MAN-OAF42.422

VFAE 8×8 轮式运输车,运载两块 13m 长跳板部分,如果需要,可架设长 26m 的鬣蜥桥。装载在独立全地形支援车辆上的两块附加中间桥节,每块长 8m。支援车辆(典型的是 MAN-OAF 34.370 8×8)运载装卸装置,中间桥节可以插入两块跳板之间,架设成需要的 34m 桥或 42m 桥(图 7-29)。

图 7-29　42m 长鬣蜥桥架桥系统

当架桥车到达架设位置后,将它调整到位,并将活动梁伸向将要通过的障碍。支撑梁展开,两块跳板分开。一块附加的桥节,或几块桥节,可借助支援车辆上的起重机式装卸装置插入两块跳板之间,并与其相连。架设导梁伸到壕沟上,直至其到达对岸,桥节放下。架桥车与桥分离,桥梁准备通行。

这种架设方法的先进之处是,桥节相对架桥导梁来说是成对的,桥节在架桥车上相互连接在精确的位置。但使用装卸装置,中间桥节只要大致调整到架桥车上即可。架桥车上的导梁可使桥节精确调整到位,以使它们能成对布设。所有使桥节成对布设的程序均是自动的,不需要人工操作。桥梁的架设和装载均是一步步地由电子控制系统控制,这消除了操作中的失误,因此也可在夜间架设桥梁。

42m 长鬣蜥桥的架设需要大约 25m×10m 的空地,并仅需 4 人(架桥与支援车辆的乘员)。42m 长鬣蜥桥的架设时间近 25min。

(三)鬣蜥桥战术技术性能

鬣蜥桥的主要战术技术性能见表 7-5。

鬣蜥桥主要战术技术性能　　　　表 7-5

分　类	名　　称	单　位	数　　量
总体	重量(全重)	kN	434
	架桥车与架桥装置	kN	296
	2 块跳板	kN	138
	长度(带桥)	m	15.3
	宽度(带桥)	m	4.01
	高度(带桥)	m	4
桥节	桥梁长度	m	26、34 或 42
	桥梁宽度	m	4.01
	桥梁高度	m	1.185
重量	全部跳板	kN	69
	全部中间桥节	kN	65

二、"鬣蜥"模块化桥梁系统(MBS)

(一)"鬣蜥"模块化桥梁系统概述

德国和荷兰陆军开始了一项合作项目,旨在发展一种以"豹2A5"坦克底盘为基础车的模块化冲击桥系统。在德国,该研究项目被称为"鬣蜥"模块化桥梁系统(MBS)或PSB2型冲击桥(图7-30),而在荷兰,则被称作Bruglegger 70军用荷载级(BRL MLC70)冲击桥。

图7-30 "鬣蜥"模块化桥梁系统

(二)"鬣蜥"模块化桥梁系统构造与技术特点

经改进的"豹2A5"坦克底盘为基础车,配有3个桥节模块,每个桥节模块长9.7m、宽4m,可架设形成长9.7m(单模块)、18.7m(双模块)或27.8(3模块)的重型伴随桥。所有3个模块可在约8min内架设完毕。桥节模块用可焊接铝合金制成,每个模块重约4.8t。无论是架设哪一种跨度的桥,其承载能力为履带式车辆70军用吨级,能通载10000车次,架设和撤收各3000次,使用寿命30年。该桥梁的架设过程是:第一个桥节有两条支腿支撑,向前推进后如同受力一样插入第二个桥节(实际上有一个非常复杂的连接系统)。接着,第二个桥节被推出,并以相同的方式连接到第三个桥节;此时,桥重15t,另一端仍然悬空,将该端放至对岸后即可形成一座27.8m长的桥梁。该系统的特点在于,该冲击桥的3段桥节是完全相同的,所有桥节均带有各自的进出口跳板,可以使系统根据需要使用1个、2个或3个桥节。跳板就像大鳄鱼的下巴,可通过咬合相邻桥节的跳板而呈水平姿势。

该桥梁系统的3个模块式桥节,由车辙梁、固定跳板、活动跳板和横梁组成。车辙梁具有很强的抗弯、抗扭强度和稳定性,其上部和下部位置可锁定活动跳板。桥节模块的固定跳板和活动跳板作为末端桥节的进出跳板,或彼此搭接以实施桥节的连接,并用以传递桥的横向力和作为力偶的弯曲力矩。横梁用于连接车辙梁,可旋转,允许车辙梁围绕其纵轴进行有限的转动,以适应不平整的岸边条件。

该桥梁系统的架设系统由架设梁、架设梁导向装置、驱动装置、前支撑装置、桥梁提升装置、液压设备和电气部分组成。架设梁为两根在架设导向装置的滑轮上滑动的3节滑轨结构,有4对凸轮的循环中心链可向前或向后推动桥梁模块,系统通过架设梁尖端和架设梁导向装置中的凸轮架设和撤收桥梁。架设梁导向装置为架设梁和桥梁驱动装置,以及跳板提升装置和桥梁闭锁驱动装置的总成,其断面呈向上开口的U形,有两对后滑轮和两对前滑轮,以支承架设梁。前支撑装置包括可折叠、高度可调、以适应不同坡度的垂直支撑和水平支撑及钢索张紧装置3部分,由滚轮、油缸和钢绳等组成,用于支撑全部重量和提供足够的稳定性。桥梁提升装置内装有主轴驱动装置,在架设和撤收作业时用于提升桥梁,承受桥梁荷载和纵向接头荷载,在运输时用于架设梁在垂直和水平方向上的固定。电气部分除提供电源外,还可对系统功能和全部工作过程实施电控并进行显示。

三、英国 BR90 综合架桥系统

BR90 综合架桥系统包括近距离支援桥或架桥坦克和通用支援桥两部分,它可以跨越 9~60m 的壕沟。各种桥梁均由 7 种铝合金的桥节组合而成,每个桥节的接头都具有相同的模数。用这些桥节组成两个相互连接的 4m 宽的车行道,主梁高 1m。所有桥型的设计荷载均为 70 军用荷载级,凡 70 吨级的轮式车辆和履带式车辆均适用。该系统易于操作,可靠性和维修性都体现了能在最前线使用的设计思想,重量轻,构筑所需人员少。

(一)BR90 综合梁桥系统中的近距离支援桥系统

该系统中的近距离支援桥系统(图 7-31),主要由模块式桥梁构件、装甲架桥车和坦克桥运输车组成。模块式桥梁构件分为 8m 长跳板、8m 长中间桥节、4m 长中间桥节、2m 长中间桥节和 2m 铰接接头等部件,可根据需要使用不同模块节组成不同长度的桥跨。近距离支援桥系统有 3 种固定长度的桥跨,见表 7-6。

BR90 综合架桥系统的组成　　　　　表 7-6

桥梁编号	长度(m)	组　成	承载能力(kN)
10 号	26	4 块 8m 长跳板、4 块 4m 长中间桥节模块构件和 2 块 2m 长铰接接头	700
11 号	16	4 块 8m 长的跳板	700
12 号	13.5	12 号坦克桥专用桥跨	700

该系统由 3 种坦克架设桥和轮式坦克桥运输车组成,即:长度 26m 的 10 号坦克桥、长度 16m 的 11 号坦克桥和长度 13.5m 的 12 号坦克桥。12 号坦克桥跨度 12m,为翻转式桥梁,一辆架桥坦克可同时携载 2 座这样的桥梁。该系统的显著特点是,桥梁构件模块化,通用性极强,这些模块式桥梁构件,不仅用于冲击桥,而且用于拆装式桥上。组合桥梁就是由 2 座或 3 座桥梁组合而成(图 7-32),桥的远端支承于壕沟底部或支承于浮游桥脚或固定桥脚上,一座荷载为 70 吨级的组合桥可跨越 60m 长、5m 深的壕沟。

(二)BR90 综合架桥系统中的通用支援桥系统

该系统中的通用支援桥,由英国 Vickers 架桥公司研制,它主要由模块式桥梁构件(该模块桥梁构件与该系统中的近距离支援桥通用)、架桥车、运输车组成。一套标准的桥梁器材可架设一跨 32m 长的桥,桥宽 4m,承载能力 70 军用吨级,10 名作业手需时 30min 架设。这一跨 32m 长的桥,由 4 块长 8m 的跳板、2 块长 8m 的模块式中间桥节、2 块长 4m 的模块式中间桥节和 4 块长 2m 的模块式中间桥节组成。一套器材由 3 辆卡车运输,一辆架桥车运输架桥设备,2 辆运输车运载模块式桥梁构件。这种 32m 长的通用支援桥已装备英国皇家陆军。另外,该

公司还考虑使该桥的架设长度增加到44m，这时需要使用加强装置；还考虑使用该模块式桥梁构件架设带浮游桥脚或中间桥脚的多跨桥，这种桥的长度可达60m或62m。

图7-31　近距离支援桥系统

图7-32　组合桥梁

通用支援架桥系统由1辆"自动架桥车"（ABLE）和2辆"运桥车"（BV）以及32m桥梁器材组成。展开速度快是其主要优点。

自动架桥车（图7-33）是一种专用车辆，架设通用支援桥时，其架设跨度可达44m。它首先将车上的架设导轨跨送过壕沟，然后桥跨在导轨下方拼装，并通过小滑车沿导轨向对岸滑动，随着桥节的逐步增加而到达对岸，收回导轨并调整桥跨，即安装填隙板、缘材和标志杆，以便于通载。桥梁架设机构由自动架桥车上的液力驱动，车上还安装有200kN·m的液力吊车。该车可在±10%的坡度上架设桥梁。

运桥车是具有吊车的平板卡车，既能载运桥节，又能辅助桥梁的装配。该桥能在16～32m范围内以2m的增量变化桥长。上述桥节均由2辆运桥车载运。

通用支援桥系统的长跨器材和32m桥梁一起使用，它由一个安装有加强压杆的专用4m桥节、若干个增加桥长用的8m桥节、加强拉杆以及锚杆组成；用自动架桥车架设，桥长可在34～44m之间变化；加强系统锚固在32m桥的跳板桥节上。设计荷载为70军用荷载级时，单跨桥长可达56m，桥长为44m时，可通过105t满载的坦克运输车。

通用支援桥系统的双跨器材与2座32m桥连用，用自动架桥车架设。桥的中部支承在固定桥脚或浮游桥脚上（图7-34），它由2个2m的结合器桥节组成，该桥节具有液压装置和2个摆动滚轮。当用固定桥脚支承时，在我岸河岸还可以被加强。通载105t满载的坦克运输车时，可构筑具有3个浮游桥脚的双跨桥。

图7-33　自动架桥车

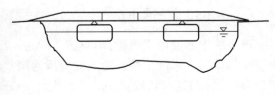
图7-34　带浮游桥脚的双跨桥

四、车辙式桥跨结构的特点

根据军用桥梁的通载特点,尽可能地将桥跨结构的受力构件布置在重型荷载通行的车辙附近,以充分发挥高强材料的性能、降低结构的自重、减少结构的尺寸。因此车辙式桥跨结构具有以下特点:

(1) 桥跨主体结构材料布置在车辙附近,能够充分发挥高强材料的性能;
(2) 结构紧凑,桥车或者舟车上装载的桥梁单元较长,效率较高;
(3) 车辙之间有一定的横向联系,桥跨结构稳定性有保障,抗扭刚度较好;
(4) 采用桥跨展开后外移或者桥面打开折叠翻板,可以较为方便地达到车行道的宽度;
(5) 整体式车辙桥跨结构较重,其展开、架设、撤收都需要使用机械,因此须全盘考虑展开架设、撤收机构。

第四节 重型四折带式舟桥箱式结构

一、基本性能

某重型四折带式舟桥为空心板架结构,其浮游桥脚舟也有河中舟和岸边舟。河中舟用于结合桥节门桥和漕渡门桥。一个河中舟的全形舟由两个尖舟和两个方舟连接而成,如图7-35a)所示。岸边舟用于构筑浮桥的岸边部分或作漕渡门桥的码头。岸边舟的全形舟由两个尖形舟和两个方形舟组成,如图7-35b)所示,基本形状与尺寸见表7-7。

某重型四折带式舟桥的主要参数表　　　　表7-7

类 别	河 中 舟		岸 边 舟	
	尖形舟	方形舟	尖形舟	方形舟
基本形状	呈雪橇形	箱形	呈楔形	箱形
主要尺寸(m)	6.74×1.98×0.70	6.74×2.0×0.74	5.5×1.55×0.70	5.52×2.0×0.74
自重(kN)	16.0	18.2	12.2	18.8
载重量(kN)	全形舟载重量200(吃水0.64m时)		全形舟载重量100	

河中舟的每个节套舟总体由甲板分段、底板分段、舷板分段、端板分段焊接而成,如图7-36所示。

河中舟方舟和尖舟的结构横断面如图7-37所示。

二、箱式具体结构

(1) 甲板分段

甲板分段属于纵骨架式板架结构,如图7-38所示,它由甲板、纵桁和横梁组成。各构件由902合金钢制成。甲板厚3mm;由于甲板直接承受载重,为了提高甲板的耐磨性和防止车辆履带滑移,在甲板上焊接6mm的扁钢(防护板条)和钢筋条(防滑圆钢)。甲板两侧焊在舷缘角钢上:在与尖形舟相连接处的舷缘角钢叫作外角钢,采用∠140×90×10角钢;在与方形舟相连接处的舷缘角钢叫作内角钢,采用∠100×100×8角钢。甲板端部焊在舟舷梁上,舷梁用钢板折边制成,尺寸为76mm×76mm×6mm。

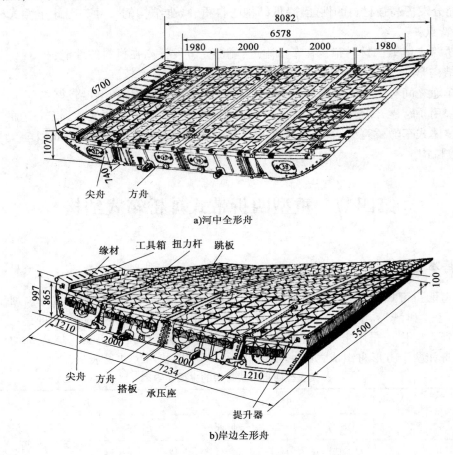

a) 河中全形舟

b) 岸边全形舟

图 7-35　展开后的河中舟和岸边舟(尺寸单位:mm)

甲板下纵向骨架设置5根纵桁(沿浮桥桥轴方向),纵桁为主要承重结构,用3mm厚钢板折边制成,尺寸为160mm×40mm×20mm。其中,2根为加强纵桁,采用厚4mm的钢板折边制成,尺寸相同。横向骨架为T形横梁,腹板尺寸为140mm×3mm,翼板为50mm×5mm。

(2) 底板分段

底板分段由底板、纵向骨架和横向骨架组成,也称为底板板架,如图7-39所示,底板用2mm厚的902合金钢板,在两端加厚至3mm。底板两侧焊在舷底角钢上,端部焊在端角钢上,舷底角钢与端角钢均采用∠63×40×4角钢。

纵向骨架:底部中央设置主龙骨(中央龙骨),为主要受力构件。主龙骨用902钢板制成工字梁,腹板尺寸为126×8mm,上下翼板为100×10mm;在主龙骨两端焊有下部连接装置(单、双耳),在上翼板上焊一块8mm钢板加强。中央龙骨两边各设置两道纵向压筋,在舟体两端部设置短纵桁与压筋相连接,短纵桁用2mm厚的15MnV钢板弯制而成,尺寸为70mm×26mm×15mm。

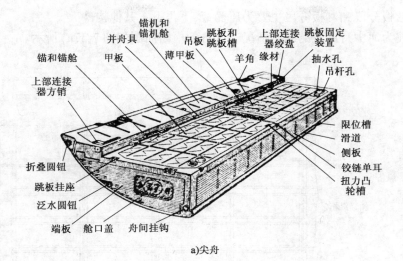

a) 尖舟

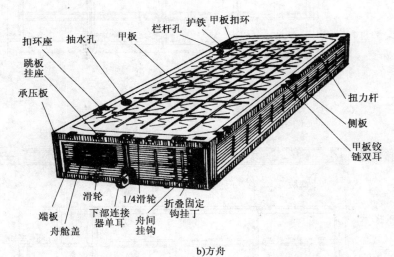

b) 方舟

图 7-36　河中舟

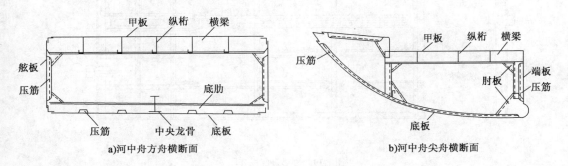

a) 河中舟方舟横断面　　　　b) 河中舟尖舟横断面

图 7-37　河中舟断面形式

横向骨架：在每个肋位上均设置肋骨构件，肋骨均用 2mm 厚的 15MnV 钢板弯制成，其尺寸与短纵桁相同。在舟体中部设置一道横舱壁板，它用 2mm 厚的 15MnV 压筋板制成，以提高舟体横向强度和抗沉性。

147

方舟的舷板分段和端板分段主要为压筋板,不再设置其他构件。

以上所述为河中舟方舟的结构情况。方舟的横断面图如图 7-37a)所示。

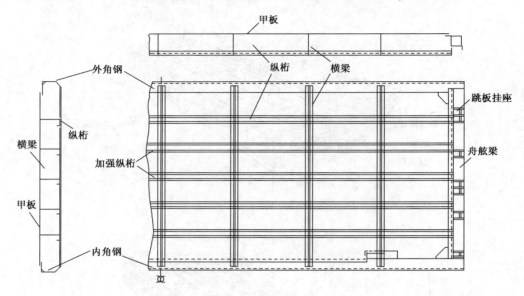

图 7-38　方形舟甲板分段

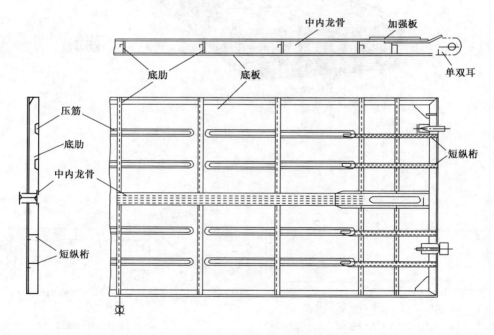

图 7-39　方形舟底板分段

(3)尖舟结构

河中舟的尖形舟结构由板、纵横骨架组成。一侧高于行车甲板并带有压筋的甲板为薄甲板,厚度 1.5mm。后部水平甲板厚 2mm;同方形舟一样上面焊有防护板条和防滑圆钢。甲板下设置 3 根用 902 钢板焊制的 T 形纵桁,腹板为 100mm×3mm,下翼板为 80mm×4mm。在每个肋位上设置 T 形横梁,尺寸与纵桁相同。甲板四周均焊于角钢上,底部采用压筋板,在每个肋位上设置压筋。在与方舟连接一边的底部设有 5mm 厚钢板制成的滑道,它是河中舟折叠固定的支点。为保证门(浮)桥承载后,舟底搁浅时不致损坏,故底部两端钢板要比中央厚些,采用 3mm。在甲板高度变换位置的横梁端部设有支柱,均采用∠40×40 角钢。与支柱毗邻处设一根底板纵桁,用 2mm 厚的 15MnV 钢板折边制成,尺寸为 70mm×26mm×15mm。

岸边舟的结构与河中舟基本相同。在靠岸端 2.5m 范围内底部钢板厚 4mm,以保证舟受载后搁浅时底部有足够的承压力。

三、箱式结构桥跨的特点

在后续发展的舟桥装备中,桥跨结构大量采用箱式结构形式,其作为浮游桥脚舟,既有密封的箱体,又将桥跨结构与箱体结构结合起来,一举两得,取得了较好的工程运用效果,主要特点如下:

(1)舟、桁、板合为一体,提高了构件适应效率,降低了自重。

(2)构件数量减少,作业步骤也相应减少,提高了架设浮桥或者结合门桥的速度。

(3)由于箱体具有一定的高度,因此可以达到利用较少结构截面(即较少的结构材料)产生较大的抗弯刚度、截面抵抗矩等,增加桥跨的强度。

(4)结构的上下接头方便布置,而且数量少。

(5)箱式结构的整体抗扭刚度较大,可以适应较大的扭矩作用。

(6)箱式结构布置在箱体内部,其损伤情况难以观察;箱式结构维修保养困难;箱式结构的水密性能要求高,箱式结构的外板局部刚度需要考虑加强。

第八章
渡河桥梁装备器材的下部结构

第一节 渡河桥梁装备的固定桥脚

一、制式架柱桥脚的结构

制式架柱桥脚是制式浮桥器材中采用较多的一种形式。它在使用上最大的优点是桥脚高度调整范围大(一般可调整1~2m),因而能适应水位与河底地形的变化。架柱桥脚主要由冠材、桥脚柱、础板等组成(图8-1)。冠材承受由桥跨部分传来的荷载压力,并将其传递给两根桥脚柱,桥脚柱再将压力传给础板,最后由础板将压力分布于河底土壤。

（一）冠材

冠材是由钢板焊接而成,由于它承受较大的弯矩,常采用高强度合金钢材料制作。冠材断面一般为工字形截面。冠材的上弦弯成折线形,以便于桥桁末端在冠材上转动。在上弦顶部有成对的编有序号的圆孔(图8-1),以便插入舷桁螺杆,使桥桁固定到冠材上,腹板每隔一定距离设置加劲肋,以增强腹板稳定性。冠材的两端焊有带导向槽的柱,保证冠材与带导板的桥脚柱的连接,并限制桥脚柱在柱套内的转动。柱套剖面形状取决于桥脚柱剖面,一般制作成圆形或方形。桥脚分置式浮桥架柱桥脚柱套是用圆形无缝钢管制成。在柱套底部焊有较厚的支撑铁,冠材以支撑铁支撑在桥脚柱的插栓上。在柱套上端焊有铁耳,用以在调整桥脚高度时挂手摇链滑车下端钩子。

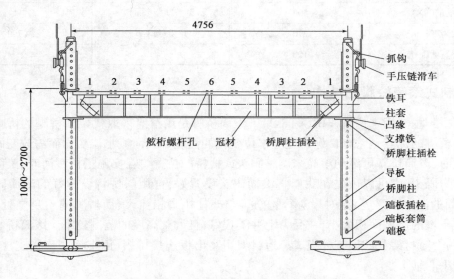

图 8-1　制式架柱桥脚(尺寸单位:mm)

(二)桥脚柱

桥脚柱是一根立柱,其剖面与柱套相适应。桥脚分置式浮桥架柱桥脚的桥脚柱采用圆管形。它是用材料 40Cr、尺寸 $\phi167 \times 7$ 的无缝钢管制成的整体构件。它可插在冠材柱套中滑动,以升降桥跨位置。采用这种桥脚柱的优点是结构简单,调整高度作业方便(不需拆卸桥板),受压弯时各向同性。在桥脚柱上开设有带缺口的圆孔,以便插入桥脚柱插栓,孔上方的缺口用于插栓上起闭锁作用的挡销进出。圆孔数量及间距可根据所需调整高度确定,圆孔直径则按桥脚柱受力大小确定。在桥脚柱下端设有一个稍小的圆孔,用于插础板插栓。除采用整体式桥脚柱构件外,还有采用把桥脚柱做成套筒式的,就是将桥脚柱分成两节,可以一节套一节,按所要求高度套好后用桥脚柱插栓固定。这种套筒式桥脚柱的剖面通常做成方形的。方形桥脚柱是由两根角钢焊接而成,在每节桥脚柱上开有许多圆孔,以便根据桥脚所需高度进行连接。采用套筒式桥脚柱的优点是桥脚柱可不超出桥面,通行车辆时不受桥脚柱的阻碍。

(三)础板

础板外形有圆锥式和平板式(方形或多边形)两种。圆锥式础板受力情况比平板式础板好,但制造难度较大。础板是由础板套筒(或夹板)和底板两部分组成,之间用双向铰轴进行连接,可使础板在两个相互垂直的方向上进行转动,以适应河底的不同地形。础板套筒(或夹板)的上端有孔,可与桥脚柱下端的孔重合,用础板插栓进行连接。底板是用钢板焊接而成。平板的肋板在下面(呈格状),既可加强底板,又可防止础板滑动。圆锥式础板的肋板在上面呈辐射状,主要起加强底板的作用,而防止础板滑动是由圆锥尖顶来保证的。底板上还有排水孔,其作用与桥础材相同(表 8-1)。

架柱桥脚(桥脚分置式)性能表　　　　　　表 8-1

性 能 内 容	指　　标	性 能 内 容	指　　标
载重量(kN)	500	调整间距(cm)	10
最大高度(cm)	270	总质量(kg)	约 700
最小高度(cm)	100		

二、制式滚筒桥脚的结构

滚筒桥脚主要用来构筑栈桥(图 8-2)。滚筒桥脚是用滚筒来取代架柱桥脚的桥脚柱和础板。滚筒桥脚的优点是它有良好的适应水位变化的性能。当河流水位变化而需改变码头或栈桥的高度时,滚筒桥脚可滚动滚筒来调整码头或栈桥的位置。在实施门桥渡河时,滚筒桥脚适于构筑对岸码头,它可以预先在我岸将滚筒码头设置好,再用门桥将设置好的滚筒码头旁带(利用滚筒的浮力来浮运)至对岸进行构筑。与架柱桥脚相比,滚筒桥脚的不足之处是:因滚筒与坚硬土壤的接触面积太小,在受力上并不很好,且调整高度的范围较小。滚筒桥脚是由两个滚筒、两个冠材架和四根支柱组成。冠材架用突出板连接桥桁,用支柱套连接支柱,支柱支撑在滚筒中心轴上。

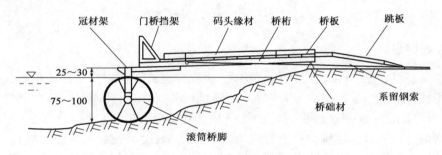

图 8-2　制式浮桥滚筒桥脚(尺寸单位:cm)

(一)冠材架

滚筒桥脚的冠材架是由支撑梁、支柱套和突出板焊接而成(图 8-3)。支撑梁是由钢板焊接而成的工字形断面,它是滚筒桥脚的冠材,是漕渡门桥端部桥桁的支承平台。支撑梁的侧面焊有 3 道突出板,其顶面开有圆孔和槽孔。圆孔供舷桁螺杆固定码头桥桁的下翼缘;槽形孔中有可抽出来的活动铁耳,供桥桁螺杆连接桥桁与冠桥架。支撑梁的两端焊有方形断面的柱套,柱套下端前后两面有一圆孔,用冠材插栓和支柱进行连接,以固定冠材的位置。柱套的外侧焊有槽钢连接板,腹板上有桥桁螺杆孔,用于两冠材架的拼接,甚至用于多个冠材架拼接组成双行道码头。

(二)支柱

支柱就是滚筒桥脚的桥脚柱,用以将冠材承受的压力传递给滚筒。支柱剖面一般做成方形,是用两个角钢焊成或用钢板弯制焊成。在支柱前后两面开有一系列与支柱套圆孔直径相同的圆孔,用来与支柱套联结,以变化桥脚高度。支柱下端通过焊接的马蹄形支铁,支撑在滚筒轴上,使冠材架可绕滚筒轴转动。马蹄铁下端有一对插栓孔,支柱插栓从滚筒轴的下方穿过,控制滚筒轴,使其在码头浮运和岸上滚动时不致从马蹄形支铁中脱出。

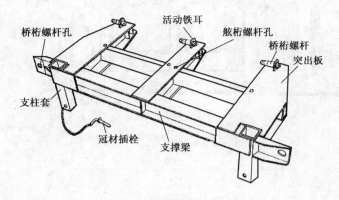

图 8-3　滚筒桥脚的冠材架

(三)滚筒

它既可作为码头在陆地上移动时的滚轮以及水上浮运时的浮筒,又是码头在水侧河底的支点。随沉陷深度增大而增大的圆柱面适应松软程度不同的河底,将支柱的荷载压力均匀分布于松软河底土壤。滚筒是一个钢质的空心圆筒,它由轴、骨架、壳板组成;中心是一根用圆钢管制成的滚筒轴,其两端突出于滚筒外面,用以支撑支柱的马蹄铁。筒的圆柱形外壳是用薄钢板封闭而成,为加强其刚度,在筒的内壁垂直于滚筒轴方向焊有环形肋骨。筒的两端是较厚的端圆板,并用辐射状加劲肋进行加强。端圆板的直径比滚筒大,构成了滚筒的突出部,称为筒缘。当滚筒在陆地上滚动时,用以防止圆柱形薄壳被磨损。端圆板上设有带塞子的排水孔。重型浮桥和轻型浮桥的滚筒桥脚性能见表 8-2。

滚筒桥脚性能表　　　　表 8-2

性　能	单　位	重型浮桥	轻型浮桥
载重量	kN	500	400
最大高度	cm	157	170.8
最小高度	cm	127	126.8
调整间距	cm	7.5	11
总质量	kg	1154	644

三、制式三角桥脚的结构

三角桥脚是一个整体结构,它不需要现地拼装,架设作业迅速。但这种桥脚高度调整范围有限(只可变化三种高度),并且桥脚高度较低,在翻转桥脚以另一面支于河底,调整高度时需卸掉桥跨部分,作业比较麻烦,因而三角桥脚只适于构筑在河岸较平坦,水较浅的位置。三角桥脚由冠材和桥脚柱等组成,外形像一个卧倒的三棱柱体(图 8-4)。当桥面通过载重时,上部冠材承受桥桁传来的压力,并通过桥脚柱传给另外两根接地的冠材,最后将压力分布于土壤。

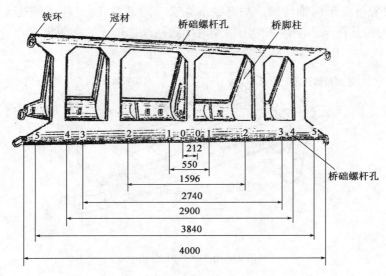

图 8-4 制式三角桥脚(尺寸单位:mm)

四、固定桥脚栈桥的附属设备

固定桥脚除有上述基本组成部分外,还需一些附属设备,现仅将其主要的几种介绍如下:

（一）调整桥脚高度设备

随着固定桥脚结构类型的不同,其调整方法和设备也不同。由其结构原理来区分,大致有两种:

（1）升降支柱和调整螺杆

升降支柱为一方筒,用钢板弯折焊成。在其上端有一铁耳,下端焊有两块挡铁。调整螺杆由中间带有转把的套筒和一端有钩子的两根螺杆组成。升降冠材时,将升降支柱插入支柱套筒内,再将调整螺杆的钩子分别钩到升降支柱和滚筒桥脚冠材架支柱套筒的铁耳上,水平旋转把手来进行升降。

（2）手压链滑车

链滑车由带钩的铸铁壳体、传动机构（在体壳内）、手柄、棘轮把手、带钩的链条和带钩的导向夹铁组成。调整桥脚高度时,将链滑车体壳的钩子挂在架柱桥脚柱顶端已安好的抓钩上（滚筒桥脚升降支柱的铁耳上）,导向夹铁的钩子钩到冠材的铁耳上。棘轮把手用于变换升降方向。通过手柄的上下摆动即可提升和下降冠材,它的操作十分方便,且起重量大。

（二）系留装置

系留装置的作用主要是使栈桥和码头在纵向、横向得到固定。系留装置由系留钢索、系留桩和桩间调整螺杆组成。系留钢索由钢索、钩子、带滑轮的调整螺杆、调整盒等组成。钢索钩子挂在栈桥、码头或浮桥河中部分末端的桥桁上;调整盒用以粗调钢索的长度;调整螺杆用以微调张紧钢索,它钩在系留桩的铁耳横杆上。系留桩采用与固定桩相同的样式,以减少器材种类,用钢板压制成带翅帽形截面,下部切成尖端,便于打入土壤中;桩身两侧各有一排孔,用于拔桩出土；顶部焊有管状钢箍，内填硬木，手持筑头或铁槌撞击它，使桩入土；上部前后各焊有带横杆的双铁耳，供固定系留钢索调整螺杆和两根系留桩联合使用的调整螺杆钩子。作固定桩用时，桩背的铁耳是多余的，只用桩槽内的双铁耳下沿压住桥础材底板。

在使用架柱桥脚或三角桥脚时，因为桥桁与桥脚冠材不是刚性连接，为控制桥脚沿河底斜坡滑移，还要设置系留钢索，它一端钩在础板插栓耳环或三角桥脚底部冠材系留环上，另一端钩在桥础材的提把上。这种系留钢索又称为控制钢索。

（三）码头支架

当由固定桥脚结合成码头时，支撑漕渡门桥末端桥桁使用码头支架。而在滚筒桥脚冠材上支撑梁已起着这种作用，故码头支架是架柱桥脚和三角桥脚的附属设备。桥脚分置式浮桥的码头支架呈 Z 形，是用钢板焊接而成的。两端均有两个桥桁螺杆孔，每端均可与码头桥桁末端用两个桥桁螺杆相连接，一端连接后，另一端必低于码头桥桁下沿；然后在数个码头支架上铺以桥板，以便于支承漕渡门桥桥桁末端。

在桥跨结构使用桁联时，码头支架也采用两片联合的形式，其原理与桥桁连接器相同，其中有一端用插栓与桥桁相连。漕渡门桥支撑端的下部有支承铁，可将其支撑于三角桥脚的冠材上，用桥础螺杆固定。这种方式主要考虑三角桥脚高度较低，当用于码头在门桥装卸车辆时可避免发生边舟搁浅。

五、机械化桥的桥脚

（一）桥脚总成

重型机械化桥的桥脚重 2100kg，用于直接支承桥跨，将桥跨上的荷载传至河床。每 1 辆桥车上装有 1 副桥脚。桥脚主要由冠材、连接耳及插销、中间支座及插销、桥脚柱和础板等组成（图 8-5）。其上装有驱动桥脚柱运动的液压元件，运输时，收折在桥跨的下面。架桥时，通过桥脚绞盘、桥脚液压缸等液压元器件，将桥脚放下和展开。

（二）冠材及连接件

冠材由长 3160mm、外径 180mm、壁厚 9mm 的 40Cr 合金钢管制造而成。两端外圆表面镀硬铬，以提高桥脚柱在冠材上做横向移动时的灵活性、耐磨性和抗腐蚀性。冠材上套装连接耳、中间支座、多路换向阀等部件。桥梁架好后，桥跨端部的老虎头（其焊接在桥跨上，用于桥跨与桥脚的搭接）搭在冠材两端上。冠材用于连接桥脚柱和为桥脚柱横向移动时提供导向，通过与桥跨老虎头的搭接传递荷载。

桥脚冠材上套装 4 个连接耳，分别与相邻两个桥跨部的 4 个老虎头相连。每个连接耳上带有 2 个长插销（图 8-6），用于架桥时连接桥跨端部的老虎头，使桥跨与桥脚连成一个整体。

（三）中间支座及插销

桥脚冠材中部共套装 4 个中间支座，每个支座上带有 1 个插销（图 8-7）。4 个中间支座使用时只用 2 个，另外 2 个供桥脚换位时使用。其功用是：当桥车进行架设、撤收作业及处于运输状态时，整个桥脚通过这 2 个中间支座及插销与桥跨端部（连接耳）相连。

中间支座上开有竖向的长圆形孔(冠材套入其中),以便于桥脚柱在冠材上做横向移动时,冠材上的连接耳能顺利通过桥跨老虎头的虎口(此时,整个冠材因自重沿长孔的长轴方向下移)。

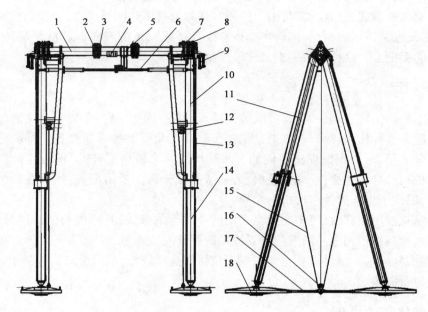

图 8-5　桥脚

1-冠材;2-中间支座;3-插销;4-多路换向阀;5-液压缸中间支座;6-横向液压缸;7-连接耳;8-插销;9-扭力杆;10-上柱;11-桥脚柱液压缸;12-导向滚轮;13-销紧机构;14-下柱;15-钢索;16-础板滑轮;17-小础板;18-大础板

图 8-6　连接耳和插销

图 8-7　中间支座和插销

(四)桥脚柱

桥脚柱由上柱、下柱、锁紧装置、导向滚轮和系留钩等组成(图 8-8)。

1. 上柱

上柱的顶部焊有 4 片耳板,整个桥脚柱通过这些耳板套装在冠材上。上柱用斜撑和横系杆加强,斜撑上焊有桥脚绞盘钢索的导向滚轮,横系杆上焊有钢索系留钩。上柱管内装有桥脚柱的伸缩液压缸,缸筒头部的销轴固定在上柱的顶部。上柱管是桥脚柱的上部结构,同时也是下柱导向部分。

2. 下柱

下柱为空心结构,其外表面有两条对称的起导向和锁紧作用的齿条,下端球头与大础板相连。下柱是桥脚柱的下部结构,也是桥脚柱的伸缩部分,可调整桥脚的高度。下柱的伸缩由桥脚柱液压缸来带动。

3. 锁紧装置

锁紧装置由齿套(锁紧螺母)、小齿轮、操纵杆等组成(图8-9),安装在上柱管的下端,用于锁住或松开桥脚下柱。作业时,用锁紧扳手转动操纵杆,驱动小齿轮,进而带动齿套转动,使齿套上的内齿条与下柱的外齿条进行啮合或分离,以完成锁紧和脱开桥脚下柱的动作。当两红色标志与白色标志对齐时,处于锁柱状态。

图8-8 桥脚柱

图8-9 锁紧装置

4. 导向滚轮及系留钩

导向滚轮焊在上柱的斜撑上,用于钢丝绳的导向。系留钩焊在上柱的横系杆上,用于挂桥脚绞盘钢丝绳。

5. 扭力杆机构

扭力杆机构由扭力杆、扭力臂、扭力杆支座等组成(图8-10);用于自动打开桥脚柱及础板。扭力杆机构安装在上柱耳板上,扭力杆的一端固定在扭力臂上,另一端固定在扭力杆支座上,通过扭力臂的转动来提供扭力矩。装配时(拔出础板销子,拉开桥脚柱),使两长扭力臂轴线夹角为75°,即扭力杆开始工作的角度。扭力杆两头的花键槽齿数不同,最小调整角度为0.376°。

当础板因扭力杆扭力矩不够而展不开时,可调整扭力杆的扭角。其方法是:拆下长、短扭力臂,拆除小础板之间的连接销,拉开桥脚柱一小角度,重新装上长、短扭力臂和础板连接销即可。桥脚处在装车状态时,扭力杆的最大预扭角度为14°。

(五)础板

础板由大础板、小础板及础板滑轮等部件组成(图8-11),用于将作用在桥跨上的荷载均匀地传至河床。它通过球形铰接头与桥脚下柱连接。

图 8-10　扭力杆机构

图 8-11　础板

1. 大础板

用于提高河床的承载力。

2. 小础板

除分担部分荷载外,还起连接作用,使人字形桥脚柱保持一定夹角。大小础板之间用铰链相连。

3. 础板滑轮

础板滑轮装在两小础板之间,用于桥脚绞盘钢索的导向和减轻桥脚绞盘钢索的磨损。

第二节　渡河桥梁装备的浮游桥脚舟

浮游桥脚舟主要用作漕渡门桥和浮桥的浮游桥脚,为它们提供足够的浮力,并承受由桥跨部分传递来的载重以及水中的压力作用(图 8-12)。在外部载重及水压力作用下,舟体纵长方向可能发生像梁一样的弯曲而导致断裂或破损。为了保证浮桥的安全使用,舟体需要有坚固的结构,以保证其足够的强度。

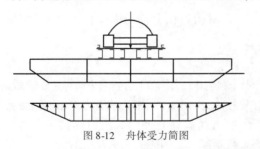
图 8-12　舟体受力简图

舟体承受一定的载重漂浮于水中。为保证舟体能提供充分的浮力,一般浮游桥脚舟都采用封闭的箱形结构(方形舟),只是首尾舟的端部采用雪橇形或匙形横剖面,形成尖形舟,以便减小浮桥所受的水阻力。舟体的外部用壳板密封。浮游桥脚舟的壳板,通常采用如 10Mn2、16Mn 或 902 等低合金钢材料的薄板,厚 1.0~3.0mm。由于舟体壳板较薄,当受到水压力作用时可能产生较大的变形而影响使用,因此在壳板上要用一些刚度较大的构件作为支撑结构,这些结构就是舟体的纵横骨架。依据舟体骨架的排列情况,舟体结构有纵骨架式和横骨架式两种。纵骨架式结构,即舟体沿纵长方向的骨架数量较多、排列较密。横骨架式结构,即舟体横向骨架数量较多、排列较密,纵向骨架数量很少。浮游桥脚舟基本结构形式多为横骨架式。

舟体的壳板依其位置分别有底板、甲板、舷板和端板,在各板上都焊有纵横骨架。每种板及其附连的纵横骨架形成一块板架结构,在船厂对浮游桥脚舟是以板架结构为组成单位进行装配的,通常把它们称为分段,如底板分段、甲板分段、舷板分段等。

现将舟体各部分结构说明如下。

一、底板分段

底板分段由底板及其纵横骨架构成(图8-13)。底板在舟体底部,它所受的水压力最大,可依据舟体受力大小选用1.5～3.0mm的薄板。整块底板由一定宽度的板相互搭配焊接而成。桥脚分置式浮桥器材的桥脚舟(以下简称桥脚分置式舟)底板采用材料为10Mn2、厚度为2.0mm的薄板制成。

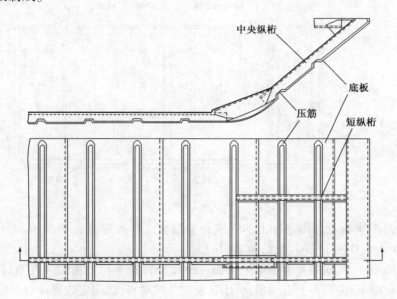

图8-13 底板分段结构

桥脚分置式舟底板上的横向骨架,均采用"压筋"。制式舟的压筋形状多采用槽形波纹。压筋距离可依据板的厚度以及作用在板上的水压力确定,一般取40～50cm。

底板上的纵向骨架是保证舟体纵向强度的主要构件之一,其数量依据舟体宽度及其受力情况确定。桥脚分置式舟通常在舟体纵中剖面处设置一根纵向骨架(称为龙骨或纵桁),用材料10Mn2、厚2.0mm的薄板弯折成Z形(图8-14)。在尖形舟的首部,可在中央纵横两旁各设置一根短纵桁加强,以抵抗水流冲击时的水压力。

纵桁与压筋相交处,可在纵横腹板上开口以通过压筋,并设置肘板连接(图8-15)。

二、甲板分段

制式浮游桥脚舟在上部覆盖一层钢板(称为甲板)封闭舟体,以增强舟体的抗沉性能及其横向刚度。作为桥脚舟其甲板还有以下功用:用来放置浮桥的各种附属设备(如锚、螺杆等);运输时在舟体上放置一定数量的桥桁和桥板;在结合门桥时可供作业手在上面活动(图8-16)。

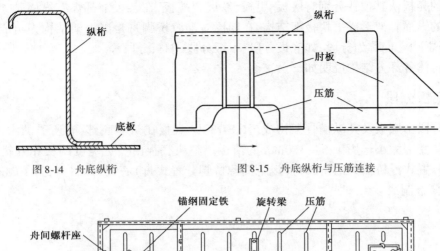

图 8-14 舟底纵桁　　　　图 8-15 舟底纵桁与压筋连接

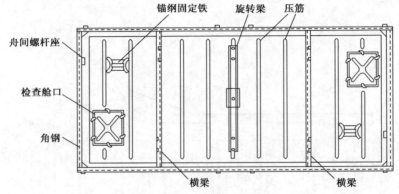

图 8-16 甲板上结构与设备

甲板分段是由甲板及其附连在上的纵横骨架组成。桥脚分置式舟的桥脚舟,甲板受力较小,一般其厚度为 1.0～1.5mm,材料为 10Mn2。

甲板同底板一样,其横向骨架也采用压筋。桥脚分置式舟在甲板上还焊有横梁(用角钢制成),方形舟上有两根,尖形舟上有一根,可用于安放压铁螺杆,以固定放置在舟上的桥桁和桥板。

在舟体内部甲板下设置纵桁,它用厚 2.0mm 的薄钢板弯制成 Z 形,其数量和形式与底板纵桁相同。

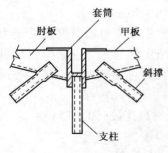

图 8-17 旋转梁套筒节点

为便于检查和维修舟体内部,在甲板上可开设 1～2 个舱口,并用盖板密封。

桥脚分置式舟上的桥桁和桥板,运输时放置在甲板的旋转梁上,旋转梁(图 8-16)可绕一轴旋转。为此,在甲板上设置旋转梁套筒(图 8-17),套筒用钢管(材料用 Q235)制成。为加强甲板刚度,套筒处设置支柱和斜撑(图 8-17)。支柱和斜撑使用 $\phi25$ 的钢管(材料为 15 号钢)。斜撑两端压成扁平状,分别焊于套筒旁及舷底间的肘板上;支柱一端压成扁平状并焊于底板纵桁上,另一端插入套筒内,以支持套筒上器材的载重。

三、舷板分段

舷板是舟体两侧旁板,它与甲板和底板相连,用以密封舟体并承受水压力。

桥脚分置式舟的舷板分段,只由舷板和横向压筋组成。舷板用材料 10Mn2、厚度为 1.5～2.0mm 的薄板制成。舷板上的横向压筋沿垂直方向布置,以加强舷板刚度。在舷板与底板连接处,可用角钢或较厚钢板弯折成角形以加强。桥脚分置式舟为便于在舟车上装卸,将舷板与底板连接处的构件做成槽形(称为舷底滑铁)。滑铁两端分别与舷板和底板焊接在一起(图 8-18)。滑铁用材料 902、厚度为 3.0～4.0mm 的钢板弯折制成。舷板上部通过甲板边板与甲板相连接,甲板边板也用钢板弯折制成(图 8-19)。在舷板上部即甲板边缘处沿舟长纵方向焊有角钢,称之为舷缘角钢(图 8-19),它采用 902 钢材;桥脚分置式舟采用∠90×56×6 角钢。舷缘角钢主要用来支托桥桁,以便将桥跨及其所承受的载重传递给舟体。滑铁与舷缘角钢均沿舟体纵长方向连续配置,它们都可作为舟体承受总弯矩的构件。

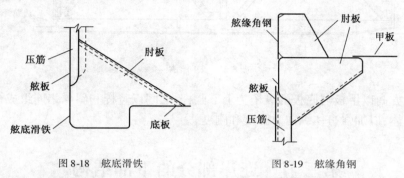

图 8-18 舷底滑铁　　　图 8-19 舷缘角钢

当舟体舷部高度较大时,可在舷板上设置纵桁,以加强其刚度。因浮游桥脚舟舷高较小,一般都不必设置纵桁。

四、端板分段

端板在舟体首尾部分,方形舟首尾均有端板,尖形舟只在尾部有端板。桥脚分置式舟的端板用厚 1.5～2.0mm 的钢板制成。沿端板的垂直方向布置压筋,以加强其刚度。端板与底板用∠63×63×6 的角钢相连接,端板与舷板用∠45×28×4 的角钢相连接,端板与甲板相连接处同样用钢板弯折制成的甲板边板。端板上缘用角钢与舷缘角钢相连,其尺寸与舷缘角钢相同。在角钢上开有圆形孔,供舟与舟连接时插入舟间螺杆时使用。

在端板下端两边缘的底部焊有舟体连接装置。该装置为凸凹铁结构(图 8-20),此构件通常采用高强度合金钢制作,如采用 40Cr 材料。

五、桁架结构

在二折带式舟体内部横向设置三片桁架,均配置在舟体有连接装置的部位。因舟体直接在甲板上通过荷载,因此该桁架为带式浮桥的主要受力构件(图 8-21),在后续发展的四折带式舟桥中就没有这种桁架结构。

桁架的上下弦杆利用舟体的横梁和肋板构件。上弦杆是用 4.0mm 厚的 902 钢板折边制成,下弦杆即 T 形构件,其腹板及翼板均采用

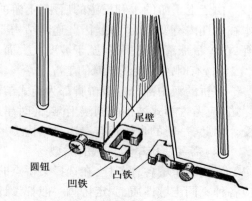

图 8-20 舟体下部连接

5.0mm厚的902钢板焊接制成。桁架两端竖杆用3.0mm厚的902钢板折边制成;斜撑及中间竖杆(或称立柱)采用$\phi 36\times 3.5$的16Mn钢管制成。节点连接板、肘板均采用4.0~6.0mm厚的902钢板制成。

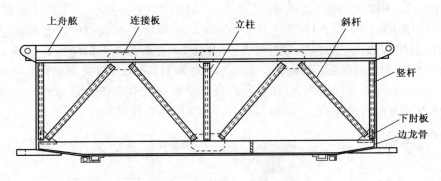

图8-21　横向桁架

在舟体纵方向以甲板与底板的纵桁为上下弦杆,之间以竖杆和斜撑相连组成桁架,使舟体各构件连成整体,以加强舟体纵向总强度和刚度。

第三节　连岸部分的下部结构

一、连岸部分结构特点

无论是军用固定桥梁还是浮桥,车辆从桥面上下来,或者车辆从岸边上桥面时,需要连岸结构,该结构具有以下特点:

(1)需要适应岸边坡度的变化

为了便于各种荷载、车辆上下军用桥梁,需要有一定的两岸结构,其岸边形成合适的坡度。河岸都会有一定的坡度,选择坡度平缓的河段作为架桥点,可以减少土工作业量、加快架设速度,而采用合适的两岸连岸结构,形成不大于8%~10%的纵坡,以便于桥梁架设。

(2)需要适应河水涨落的变化

由于上下游的水利设施的启用、上游的临时性降雨以及靠近沿海地区江河潮汐的影响,河水在短期内有变化的可能,因此连岸结构要考虑河水涨落变化,一般采用浮式结构、跳板结构等,在少量涨落情况下,不至于坡度太大而不便于车辆通行。

(3)有时需要搁浅坐滩的工况

浮桥的河中部分一般桥脚都为箱式结构,利用浮力来承受上部结构传递下来的荷载,而在岸边,应考虑箱式结构的搁浅坐滩,此时岸边箱式结构除了浮力以外,主要靠结构的承载来承受。因此,一般的舟桥都有岸边舟结构。

(4)需要适应岸边土壤的类型

岸边的土壤各种各样,在选择架桥点时,也需要对岸边和河底土壤性质加以考虑。为了适应各种不同土壤性质,固定桥脚一般都设计携带础板,础板用十字铰与桥脚柱相连,适应不同的岸边坡度,并且为了防止在淤泥里深度吸附,还带有折叠机构。

二、岸边舟式栈桥结构

(一)用带限止器铰连接的岸边舟连岸部分

用带限止器铰连接的岸边舟连岸部分(图8-22),岸边舟与河中舟的底部用单销连接,上部采用可调预留间隙的螺杆式承压座,预留一定的间隙,这种结合部只能容许限制铰相对转动一定角度,间隙未闭合前,岸边舟相当于浮游栈桥,当预留间隙完全闭合后,河中舟与岸边舟的上弦紧密承压,整个结合部变为刚性接头,浮桥端部出现由活载引起的支承反力。其间隙大小可根据活载大小进行适当调整,以满足上述要求。我军和苏联军队四折带式浮桥采用这种连岸部分。

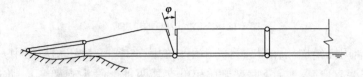

图8-22 用带限止器铰连接的岸边舟连岸部分

(二)带预留垂直间隙的跳板岸边舟连岸部分

这种形式中,河中部分端部与河底或带刚性桥脚的岸边舟冠材之间,预留一个垂直间隙Δ,当活载在末段行驶时,末端自由沉降,不出现支反力,间隙逐渐减小,最后间隙消除,端部直接支承在河底(四折带式浮桥),或通过码头支架支承在岸边浮桥桥脚冠材上表面(二折带式浮桥)(图8-23)。

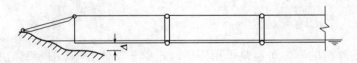

图8-23 带预留垂直间隙的跳板的岸边舟边岸部分

(三)二折带式浮桥的岸边舟

用二折带式浮桥器材所架设的浮桥的连岸部分是由带架柱桥脚、跳板的岸边舟及附件组成的带预留垂直间隙的固定栈桥(图8-24),它的结构与前述的桥脚分置式浮桥改进型码头基本上类同。下面主要叙述一些不同之点。岸边舟的舟体结构与桥脚分置式浮桥改进型码头大体相同,也有左、右岸边舟之分,主要是舟上的设备有所不同。为了构筑双行道栈桥,需要把4只岸边舟连成一体,因而在每个岸边舟的两侧均有较刚强的接头装置,一侧的下部为两个单耳板,另一侧有两个带单销和操纵机构的双耳板与之对应,其结构形式和操纵机构与四折带式浮桥的纵向受拉接头类同。在岸边舟两侧的上方有承压板(与下部接头对应位置)及扣环装置。岸边舟与大跳板的连接接头,其下部接头与舟侧底部接头相同,每只岸边舟有两个带插销和拨销机构的双耳接头与大跳板下部的单耳接头连接;其上部为两个螺杆式承压座(螺纹千斤顶),处于使用状态时它与大跳板的承压板(顶座)顶紧,不预留间隙,使大跳板成为岸边舟的刚性延伸部分。这里尽管采用四折带式浮桥岸边舟与河中舟相同的连接形式,但目的不同。

163

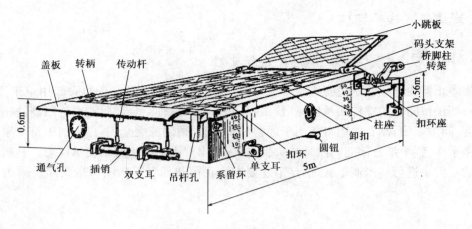

图 8-24 二折带式浮桥的岸边舟

码头支架一端用插销连接在岸边舟的小甲板的固定座上,另一端与河中舟的单(双)支耳连接,因此码头支架有弯头一端分为双支耳和单支耳两种。码头支架弯头朝上与河中舟单双支耳连接时,码头支架躯干部分的下翼板与岸边浮桥脚的冠材上表面形成预留垂直间隙。此时岸边舟是与浮桥河中部分末端相连,作为栈桥使用,形成第二种连岸部分。当码头支架弯头向下与河中舟单双支耳连接时,形成了大于前者的预留垂直间隙,此时岸边舟与漕渡门桥连接,作为码头使用,形成第一种连岸部分。较大的垂直间隙便于漕渡门桥装载后解脱码头支架,门桥顺利离开码头。桥脚和小跳板的结构与桥脚分置式浮桥改进型码头的相同。大跳板也是密封的梯形箱体,但结构上是对称的,并且在底部没有滚轮供展开和撤收时大跳板沿岸边舟甲板移动之用。

(四)四折带式浮桥的岸边舟

钢质四折带式浮桥的岸边舟也是采用四折形式单车整体运输(图 8-25),但其边舟舟底不必采用流线型而采用折线状。为了便于车辆上下浮桥,岸边舟的岸端甲板面有一段是倾斜的,并在其端部安装 4 块可以旋转放下的跳板。

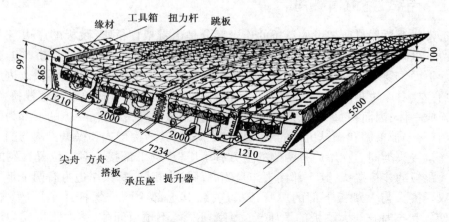

图 8-25 四折带式浮桥岸边舟(尺寸单位:mm)

这种结构样是浮游栈桥的高级形式。岸边舟就其结构来说,要比河中舟坚固一些。其承重结构形式与河中舟类似,区别在于岸边舟的两个中间方舟甲板纵向折角处下面有加强的骨架,以承受履带式车辆行驶在此处时部分履带悬空而形成的集中压力;舟的底板和底部骨架均进行了加强(岸端底板加强范围纵向扩大为2.5m),以保证岸边舟岸端能够以不同长度直接支承在河底;岸边舟的边舟没有薄甲板而有缘材。岸边舟两侧的边舟节上各安装一个提升器。提升器的构造和一个卧倒的螺杆千斤顶相似,但提升器所提供的是拉力而不是压力。提升器头部通过链条可与河中舟的拉紧装置横销相连。收紧链条能将岸边舟的靠岸一端提起(岸端距水面可高达1m),以便与河岸连接。岸边舟的两个中间方舟节上部安装4个螺杆式承压座,通过调整螺杆式承压座的伸出长度,使其与河中舟的中间舟节上部的承压板间有一定的预留间隙$\Delta(0\sim3cm)$。方舟水侧一端下部有与河中舟连接的纵向接头装置。由于岸边舟与河中舟之间有较宽的缝隙,因而在岸边舟上安装4块搭板,将缝隙盖住,以便车辆行驶。

岸边舟方舟岸端一侧的下部设有牵引杆支座,供闭塞浮桥时固定牵引杆,用舟车牵引岸边舟向岸侧移动浮桥段。四折带式浮桥配备进出口加固器材,其主要功能是:根据需要,快速加固浮桥的进出口,使之适于通过大量车辆、坦克,并保护两岸桥头,使其免受车辆高速通过浮桥所激起的波浪冲刷。进出口加固器材由制式路面及其固定件组成。制式路面由单块的钢路面板(有大小两种规格),通过连板(又称为眼镜板)和销子在纵向上彼此连接;在横向上,则通过相邻横列中的板彼此错开半块位置,从而使前、后两邻列的板形成联系(以铰相连)。这种连接形式不仅使制式路面能适应地形,而且便于折叠装车。

现代制式漕渡门桥在岸边的装卸载设施已趋于简化,自行门桥和轻型门桥(例如我军轻型门桥),采用门桥两端自带可调整倾角跳板或液压折叠式跳板,不需在岸边设置固定的码头,这在很大程度上增强了漕渡门桥的机动性和生存力,减少了作业人员和运输车辆的编制。制式筏式漕渡门桥也在朝这个方向发展,在四折带式浮桥每个河中舟装备两块长2.46m、宽0.76m、高0.2m的钢制跳板。二舟漕渡门桥可在两端各安装两块跳板,组成装卸车辆、坦克的车辙。跳板的结构类同于轻型浮桥的,不同之处:一是全封闭,可浮在水面上;二是与河中舟连接一端是带卡铁的两个挂钩,使用时挂在河中舟端板上沿的跳板挂座上,用卡铁锁住。可见,河中舟端板竖向骨架的增强,河中舟端部底板的加厚,也是漕渡门桥采用跳板直接装载的必要条件。四折带式浮桥的岸边舟在门桥渡河时也应得到充分利用,在我军四折带式浮桥和苏军带式浮桥的110t漕渡门桥,以及我军二折带式(改)带式浮桥80t漕渡门桥中,一端用跳板,另一端接一个岸边舟作为装卸载设备。此时,岸边舟既能提供浮力,又能兼作跳板,但离岸时应将螺杆式承压座旋入,并用提升器将岸边舟端部抬高离开水面,以减少航渡阻力,靠岸时应放下岸边舟,使之端部着地,并将螺杆式承压座旋出顶紧河中舟承压座。在带式浮桥发展初期出现的带式浮桥器材中,制式筏式漕渡门桥还脱离不开码头,甚至还需要构筑固定桥脚的码头。例如我军二折带式浮桥,在门桥渡河时两岸要用带桥脚和跳板的岸边舟构筑固定桥脚码头,用它来连接漕渡门桥和河岸进行装卸载。在码头和河中舟之间安装码头支架,以便在装卸载时拉住和支承漕渡门桥的岸端。

第四节 桥　础

在桥脚分置式浮桥和漕渡门桥中,与岸边连接的结构物根据水深和器材情况可设置成固定栈桥、码头或浮游栈桥、码头,在桥脚分置式浮桥中还可用梁式过渡桥跨与岸边连接。其上部结构一般采用河中部分的桥跨结构,在岸侧均搁置在桥础上。在岸坡和水深条件允许的情况下,河中部分和门桥端部可直接与桥础连接。桥础是浮桥和码头的岸端支点,在设置时应很好固定,以防止浮桥和码头沿桥轴线纵向移动。

桥础一般由桥础材及进出口组成。

一、桥础材

桥础材是桥础的主要构件。它的作用是支托栈桥、码头的桥桁,承受由桥桁传来的载荷压力,并将此压力分布于土壤中。

桥础材的外形像一根梁,其长度取决于桥面宽度。当桥面宽度为6m以上时,可将长桥础材设计成2节以上、两端面有榫头榫眼对接的短桥础材。础材的宽度则与土壤的承载能力有关(通常取中等土壤、允许压力值$0.2 \sim 0.3$MPa)。桥础材可用钢或木质材料制成。制式浮桥器材的桥础材一般采用薄钢板焊接而成的工字形剖面的梁(图8-26)。

图8-26　桥础材

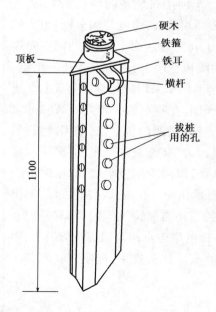

图8-27　固定桩(尺寸单位:mm)

板础材上弦有一定弧度,以保证桥桁末端支撑在桥础材的轴线上在受力后有转动的可能。上弦中间有一系列螺杆孔,供固定桥桁用,或者是数对挡铁,以防止桥桁横向移位。支承桥桁位置的腹板两侧焊有加劲肋,除能起稳定腹板作用外,还可以增强整个础材的刚度。其下弦较宽,主要是为了扩大土壤承压面积。础材的两端还设有提把和排水孔,排水孔可避免础材底面与土壤产生真空吸力,使桥础材易从土壤中拔出。

设置桥础材时,需在它的两端各植一根固定桩,两侧打几对固定桩(图8-27),以固定桥础材的位置。若河岸土壤较松软时,可在桥础材下面放几块桥板,以扩大其承压面积。在就便器材浮桥中,桥础材一般采用方木或两面砍削的圆木(图8-28),下面垫有数根枕材,以扩大承压面积,并在桥础材四周及桥桁端部打有桥础桩。根据桥桁材料的不同桥础材与桥桁可分别用栓钉、两爪钉或用绳索及铁丝捆扎固定。

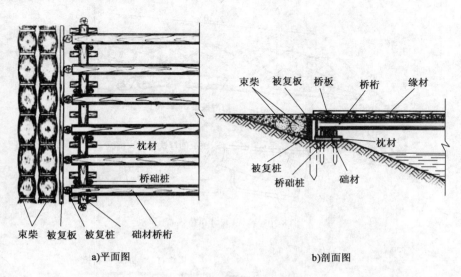

图 8-28　木质桥础材

二、进出口

为了便于车辆由岸边上、下浮桥及门桥，需构筑进出口（图 8-29）。

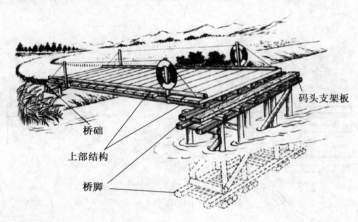

图 8-29　进出口

（1）在制式浮桥器材中，有些器材的进出口采用跳板

它是用薄钢板焊接成的板架结构，并在其面上焊有防滑钢筋。某轻型浮桥的浮桥中跳板（图 8-30）在其一端焊有弯铁，使用时，把弯铁插入桥头桥板相应的方孔中。

（2）有些器材则装备进出口桁

桥脚分置式浮桥的进出口桁是纵长倾斜的槽钢，可在其上铺设桥板，窄端焊有挡板，用以限制桥板的滑动，数根进出口桁与浮桥末端桥桁相连，上面铺设桥板，即成进出口（图 8-31）。

（3）还有一些制式器材利用就便材料来构筑进出口（图 8-32）

在桥础材前铺设几捆束柴并填土，既可成为进出斜面，又可减少车辆上桥时的车轮冲击力。就便器材的进出口构筑也采用上述方法，只是改用木质材料，例如短圆木（方木）作进出口桁。

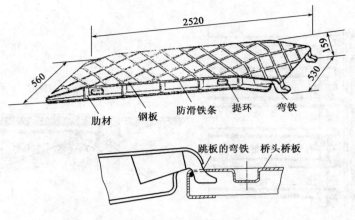

图 8-30 跳板(尺寸单位:mm)

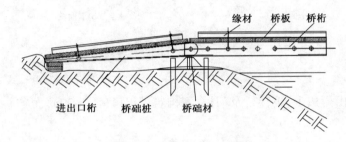

图 8-31 用桁构筑的进出口

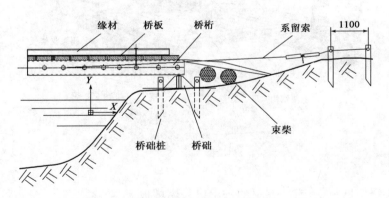

图 8-32 简单进出口(尺寸单位:mm)

对于上承式桁架浮桥的进出口由于桥面较高,则进出口段一般较长,再加上载重量大等因素,要求有专门的进出口桁。如特种浮桥的进出口桁(图 8-33),长 4.58m,它是把两根焊接板梁用纵向联结系(包括系材和横撑)及工字钢端横撑连接起来组成的桁联。板梁两端有与立体桁架相同的单铁耳或双铁耳,相对桁联中心对称,用以将进出口桁连接到桁架的上弦铁耳上,也可以接长进出口桁。在进出口桁上铺设横桁及纵桥板等桥面构件,然后在与岸边道路相接处设置方木和束柴,即成进出口。根据岸边地形情况,进出口可以构筑成单跨和多跨形式,当构筑多跨形式时,中间设置桥板垛或固定桥脚(可用木杆层桥脚),其上设置桥础材。

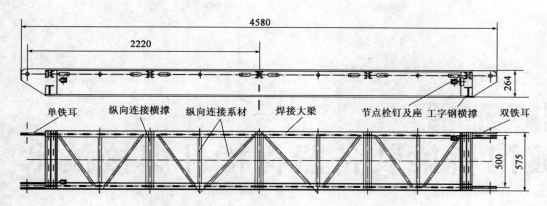

图 8-33 特种浮桥的进出口桁(尺寸单位:mm)

第九章
渡河桥梁装备器材构件焊接技术

　　钢结构是由型钢和钢板等一系列单个构件通过各种各样的连接组成的一个完整的结构，也就是说钢结构的整体性完全要以连接来实现，连接部分的受力性能将直接影响钢结构的整体受力性能。因此，在钢结构设计中对于连接部分的设计是十分重要的环节，其设计过程应遵循安全可靠、受力及传力明确、构造简单、施工方便、节约材料等原则。同时连接方法不同将会直接影响桥梁装备快速架设与撤收的战技术指标。

第一节　钢结构焊接及其应用

一、钢结构的焊接分类

　　渡河桥梁钢结构的焊接形式很多，可以按不同连接种类、受力性质来分类。
　　按连接件相互位置关系可分为对接、搭接和角接三种（图9-1）。对接，又称为平接，如图9-1a)所示，它是被连接件在同一平面间的连接，一般应用对接焊缝或通过双盖板用角焊缝、螺栓连接或利用单销连接构成；搭接[图9-1b)]是将不在同一平面内的两被连接件通过焊缝或螺栓相连；角接又称为T形连接，如图9-1c)所示，它是将成一定角度相交的两被连接件通过焊缝或螺栓等连接在一起。

图 9-1　钢结构的焊接连接形

二、钢结构焊接的特点与应用

焊接通常是对焊缝连接的简称。其操作方法一般是通过电弧产生热量使焊条和焊件局部熔化,然后经冷却凝结成焊缝,从而使焊件连接成为一体。

焊接是钢结构中最主要的连接方法,它的优点是不削弱构件截面,刚性好,构造简单,便于施工,可采用自动化操作,能做到气密和水密。缺点是存在残余应力和焊接变形,塑性和韧性稍差。焊接自 20 世纪下半叶以来,由于焊接技术的改进提高,目前它已在钢结构连接中处于主宰地位。它不仅是制造构件的基本连接方法,同时也是构件安装连接的一种重要方法。除了少数直接承受动力荷载结构的某些部位(吊车梁的工地拼接、吊车梁与柱的连接等),因容易产生疲劳破坏而在采用时宜有所限制外,其他部位均可普遍应用。

由于渡河桥梁装备需要具备快速拼装、快速连接、快速分解的特殊要求,因此连接的方式较多。本章主要介绍焊接的基本原理和要求,其余连接方法的基本原理和要求在下一章中介绍。

第二节　钢结构焊接原理与焊缝形式

一、钢结构焊接连接基本原理

焊接连接因其具有构造简单、施工方便、节省材料、密闭性好、自动化程度高等优点而被广泛使用。另一方面焊接连接也存在一些固有的缺点,在焊接过程中所产生的高温会使焊缝附近的钢材脆性加大,使其对局部裂纹较敏感。另外,在焊接过程中还会产生残余应力和残余变形,这些都会增加结构的变异性。因此,在焊接连接的使用过程中应该注意的是,既要充分发挥其长处,又要尽量克制其不利影响。

焊接连接的方法有手工电弧焊、自动(或半自动)埋弧焊及气体保护焊等。这三种方法都属熔焊,即利用电弧产生高温熔化焊条和焊件,使之冷却后形成焊缝而连成整体。

(一)手工电弧焊

手工电弧焊是比较常用的一种焊接方法,其工作原理如图 9-2 所示。将电焊机的一端连于焊件,另一端连接焊把,焊把夹住焊条,并将焊条涂有药皮的一端朝向焊件连接处。通电后,焊条与焊件之间会产生电弧,电弧所产生的高温可将焊条和焊件连接处的金属同时熔化、两者相互融合,冷却后即形成焊缝。另外,焊条上的药皮的作用是在施焊过程中形成熔渣和气体覆盖并保护熔化金属,使之与空气中的氧、氮等气体隔绝,避免形成脆性化合物(图 9-3)。

焊接连接中保证焊缝质量的三大要素是热源、焊条和施焊工艺。

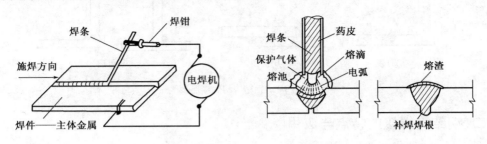

图9-2　手工电弧焊焊接原理　　　图9-3　手工电弧焊避免形成脆性化合物

(二) 自动或半自动埋弧焊

自动埋弧焊的工作原理如图9-4所示。其得名源于电弧不外露,而埋于焊剂层下。通电引弧后,随着焊机沿着焊缝的方向移动,一方面送丝机和焊丝转盘将焊丝送入焊剂中熔化,另一方面颗粒状的焊剂也不断由漏斗漏下埋住电弧。在这种焊接方式中,焊丝、焊件的熔化、结合和冷却完全在焊剂层下完成,施焊过程完全与空气隔绝,确保了焊缝质量。同时焊机中所含有的合金元素也可以进一步提高焊缝的质量。如果全部焊接过程是自动完成的,则称为自动埋弧焊;如果焊接过程的移动是靠人工完成的,则称为半自动埋弧焊。

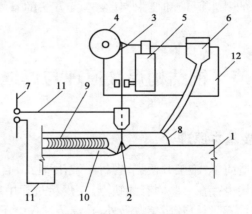

图9-4　自动埋弧焊示意图

1-焊件；2-电弧；3-裸焊丝；4-焊丝转盘；5-送丝机；6-焊剂漏斗；7-电源；8-焊剂；9-焊渣；10-焊缝金属；11-导线；12-自动电焊机

自动或半自动埋弧焊可采用较大电流,而且电弧热量集中,致使熔深较大,焊缝化学成分均匀,因而焊缝的质量可以保证。另外,其生产效率较高且工艺质量稳定,受人为因素影响较小。但是,埋弧焊的优点只能在长而直的焊缝上体现出来,因此目前主要用于工厂焊接。其他部分的焊接仍然主要采用手工电弧焊。埋弧焊所用的焊丝和焊剂应与焊件主体金属的强度相适应,要符合现行国家标准的规定。

(三) 气体保护焊

气体保护焊的工作原则与埋弧焊相似,只是用惰性气体或二氧化碳气体等保护气体代替焊剂作为保护介质,将电弧周围的熔化金属与空气隔绝,以达到保证焊缝质量的目的。气体保护焊的热量集中,熔深大,因此焊缝质量好,具有较高的强度以及良好的塑性和抗腐蚀性。为了使保护气体不被吹散,施焊地点应尽量选在避风处。

二、钢结构焊接连接的形式与施焊位置

(一)钢结构焊接连接的形式

焊接连接的形式包括对接连接、搭接连接、T形连接和角部连接四种形式,它是按照被连接板件的相互位置所划分的。所采用的焊缝形式有对接焊缝和角焊缝。

对接连接主要用于厚度相同或相近的两个板件间的连接,其形式如图9-5a)、b)所示。其中,图9-5a)的对接连接所采用的是对接焊缝,这种结构形式能够使两个被连接板件保持在同一平面,所以受力均匀平缓,不会产生明显的应力集中现象,而且用料节省,但是焊件边缘需要加工坡口,费工费时。图9-5b)的对接连接所采用的是角焊缝另加两块盖板,这种连接受力不均匀,耗费材料,但是施工简单方便,无须严格控制被连接的两个板件之间的间隙。

搭接连接的形式如图9-5c)所示,它是采用的角焊缝。这种连接方式特别适用于不同厚度板件之间的连接。虽然其传力不均匀,容易产生应力集中现象,且较费材料,但因其构造简单、施工方便,仍被广泛使用。

T形连接的形式如图9-5d)、e)所示,在T形连接中既有用角焊缝,也有用对接焊缝。采用角焊缝的T形连接不宜用于直接承受动力荷载的结构中。

角部连接[图9-5f)、g)]主要用于制作具有箱形截面的构件。

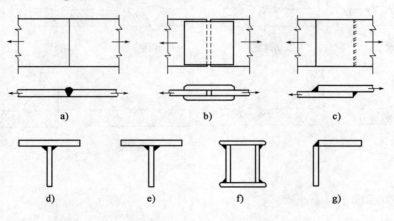

图9-5 焊接连接的形式

(二)钢结构焊缝的施焊位置

焊缝的施焊位置是按照焊条的运行方式与被连接板件及焊缝的相对位置而划分的,有四种不同的位置:平焊(又称为俯焊)[图9-6a)]、横焊[图9-6b)]、立焊[图9-6c)]和仰焊[图9-6d)]。平焊易于操作,焊缝质量有保证,应优先使用。横焊和立焊的操作较平焊为难,因而质量较平焊难于保证。仰焊是最难于操作的,质量不易保证,在实际工程中应尽量避免使用。

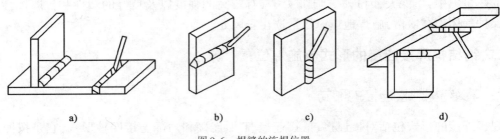

图 9-6 焊缝的施焊位置

三、钢结构焊缝质量等级及焊缝符号

(一)钢结构焊缝缺陷

在实施焊接的过程中,由于焊接工艺等技术问题,可能会在焊缝中产生某些缺陷(图9-7)。如裂纹、焊瘤、烧穿、弧坑、气孔、夹渣、咬边、未熔合、未焊透等,在这些缺陷的附近容易发生应力集中。因而这些焊缝缺陷的存在必然降低焊缝本身的质量,影响其受力性能,使其达不到设计要求,进而对整个结构的工作性能产生不利影响。因此,对焊缝的质量进行检验、分级是非常必要的。

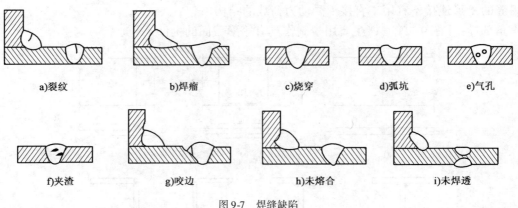

图 9-7 焊缝缺陷

(二)钢结构焊缝的质量等级

1. 焊缝质量等级的划分方法

《钢结构工程施工质量验收规范》(GB 50205—2001)中对焊缝的质量等级有所规定。按照检验方法和质量要求的不同,焊缝质量等级分为三级。其中,一级焊缝的质量要求最高,除要对焊缝作全面外观检查以使其符合相关标准外,还要求对每条焊缝进行100%超声波探伤检查;二级焊缝除要对焊缝作全面外观检查外,还要求对每条焊缝长度的20%且不小于200mm进行超声波探伤检查;三级焊缝只要求作外观检查,不要求进行超声波检查,由此可知焊缝质量检验主要包括外观检查和内部检查两个方面。外观检查主要是检查焊缝实际尺寸是否符合设计要求以及有无肉眼可见的缺陷。

内部检查主要采用超声波来检验,这种方法方便经济,灵敏度较好,但不易识别缺陷类型。

有时还会采用一些较简单的方法作为辅助,如磁粉检验、荧光检验、X射线或γ射线拍片等。

2. 焊缝质量等级对应的设计强度

由于一、二级质量标准对焊缝的质量要求较严,符合一、二级质量等级的焊缝,其缺陷应该不存在或不严重,因此我国民用设计规范取其设计强度(包括抗拉强度、抗弯强度、抗压强度和抗剪强度)等同于焊件主体金属的设计强度。其中,一级焊缝主要用于直接承受动力荷载的对接焊缝连接,二级焊缝主要用于承受静力荷载的对接焊缝连接。而三级质量等级的焊缝,由于其存在缺陷的可能性较大,而且这种缺陷对焊缝的抗拉和抗弯强度有不利影响,因此认为其抗拉、抗弯强度设计值较主体金属强度低,取为焊件主体金属强度设计值的0.85倍。由于试验表明焊缝缺陷对抗压和抗剪强度影响不大,因此取一级焊缝的抗压和抗剪强度等同于主体金属的设计强度,二级焊缝主要用于一般角焊缝或不重要的对接焊缝连接。

3. 焊缝质量等级的选用规定

现行《钢结构设计标准》(GB 50017)规定,焊缝的质量等级应根据结构的重要性、荷载特性(动力荷载或静力荷载)、焊缝形式、工作环境和应力状态等情况来确定,具体原则如下所述。

(1)在需要进行疲劳计算的构件中,所用的对接焊缝均应焊透,其质量等级的具体选用为:

①作用力垂直于焊缝长度方向的横向对接焊缝或T形接头中的对接和角接组合焊缝,受拉时应为一级,受压时应为二级。

②作用力平行于焊缝长度方向的纵向对接焊缝应为二级。

(2)在不需要进行疲劳计算的构件中,凡要求与主体金属等强的对接焊缝,应予以焊透,其质量等级为:受拉时应不低于二级,受压时宜为二级。

(3)重级工作制和起重量$Q \geqslant 500 \mathrm{kN}$的中级工作制吊车梁的腹板和上翼板之间以及吊桁架上弦杆与节点板之间的T形接头焊缝均要求焊透,焊缝形式一般为对接与角接的组合焊缝,其质量等级不应低于二级。

(4)不要求焊透的T形接头所采用的角焊缝或部分焊透的对接与角接的组合焊缝,以及搭接焊缝所采用的角焊缝,其质量等级的选用具体为:

①对直接承受动力荷载且需要验算疲劳的结构和吊车起重量大于或等于500kN的中级工作制吊车梁,其焊缝的外观质量标准应符合二级。

②其他结构,焊缝的外观质量标准可为三级。

(三)钢结构焊缝符号

在钢结构的施工图纸上,焊缝是由焊缝符号来表示的,通过焊缝符号即可知道焊缝的形式、尺寸和要求。现行《建筑结构制图标准》(GB/T 50105)中对建筑结构绘图中常用的焊缝表示方法做了规定,它是以现行《焊缝符号表示法》(GB/T 324)为依据的。现行《焊缝符号表示法》(GB/T 324)对各种焊缝的表示方法作了详尽规定,特殊的焊缝表示方法应遵循此标准。

焊缝符号由指引线、图形符号、辅助符号和焊缝尺寸等几部分组成。指引线由横线和带箭头的斜线构成,箭头用来指向图形上的相应焊缝处,横线的上、下部分用来标注图形符号、辅助符号和焊缝尺寸,该横线一般与图纸的底边相平行。在现行《焊缝符号表示法》(GB/T 324)中横线包括实线和虚线两条线,而在现行《建筑结构制图标准》(GB/T 50105)中将虚线简化掉了,横线部分只有一条实线,本书按简化后的形式处理。当指引线的箭头指向焊缝所在的一面时,要将所有符号标注在水平横线的上面;当箭头是指向焊缝对应的另一面时,要将所有符号标注在水平横线的下面。图形符号表示焊缝的类型,常用的有"△"和"V","△"表示角焊缝,"V"表示 V 形坡口的对接焊缝。辅助符号用来补充焊缝的其他一些要求,如用▲表示现场安装的焊缝,用○表示环绕焊件四周的焊缝,用[表示三面围焊的焊缝等。常用焊缝标注方法列于表 9-1,需详细了解各类焊缝符号及其标注方法,可参考现行《焊缝符号表示方法》(GB/T 324)。

焊缝标注方法示例　　　　　　　表 9-1

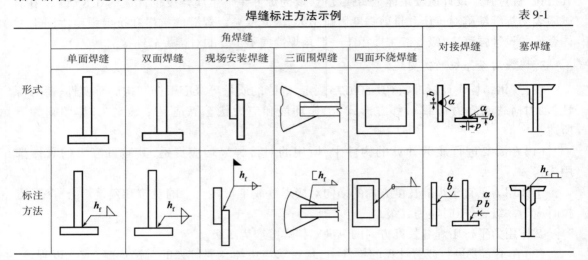

四、钢结构焊接残余应力和残余变形

众所周知,在焊接过程中焊件局部会由冷到热再到冷,这种温度上不均匀地反复变化会导致焊件内部产生一定的应力和变形。当焊接过程完全结束,焊件完全冷却后,仍然会有一部分由焊接所引起的应力和变形残留在焊件中,这种焊件内的残存应力称为焊接残余应力,与其相伴的残存变形称为焊接残余变形。焊接残余应力和残余变形的存在会对结构的性能产生一定的影响,因此有必要对其进行一定的了解,以期最大限度地减轻其不利影响。

(一)钢结构焊接残余应力

焊接过程中,沿焊缝长度方向(纵向)和垂直于焊缝长度方向(横向)都会产生焊接残余应力,同时当焊件(钢板)较厚时,沿焊件厚度方向也会产生焊接残余应力。

1. 纵向焊接残余应力

这种焊接残余应力的方向是沿着焊缝长度方向的。在施焊时,焊缝及其附近温度最高,但在焊缝区以外温度则急剧下降,这使焊件内部形成不均匀的温度场。不均匀的温度场会产生不均匀的膨胀。温度高的钢材膨胀大,但它的膨胀会受到周边温度低而膨胀小的钢材的限制,由此会产生热塑性压缩变形。当焊缝冷却时,产生热塑性压缩变形的高温焊缝区会因温度变冷而产生纵向收缩,这时又会受到两侧低温区变形小的钢材的限制,因此在焊缝区就会产生纵向拉应力。这种拉应力会在焊件完全冷却后一直残留在焊件内部,故名焊接残余应力。焊接残余应力是一种在没有荷载作用下产生的应力,因此必然会在焊件内部进行自相平衡而在距焊缝稍远的区域内产生压应力,如图9-8b)所示。所谓内应力自相平衡是指内应力的分布、方向及大小需要满足一定的静力平衡条件,即$\sum F=0$和$\sum M=0$,这里F为内力,M为弯矩。

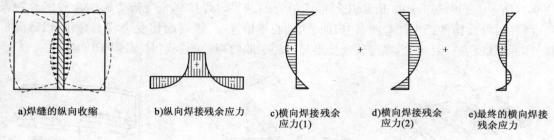

a)焊缝的纵向收缩　　b)纵向焊接残余应力　　c)横向焊接残余应力(1)　　d)横向焊接残余应力(2)　　e)最终的横向焊接残余应力

图9-8　焊接残余应力

2. 横向焊接残余应力

这种焊接残余应力的方向垂直于焊缝长度力方向,它的产生是由两个方面的因素共同引起的。一是由焊缝区的纵向收缩所引起的。如图9-8a)虚线所示,焊缝由于冷却所产生的纵向收缩,会使两块钢板趋向于形成相反方向的弯曲变形,也就是相连部分的中部趋向于分开,而两端又趋向下挤压。但事实上两块钢板已被焊缝连成整体,不能分开。因而在两块钢板的中间部分就产生了横向拉应力,在两端则产生横向压应力,如图9-8c)所示。二是由焊缝自身的横向收缩所引起的,其应力分布与施焊方向及顺序有关。在焊接过程中,一条焊缝的形成及冷却是有先后顺序的。这里以焊缝从板件一端焊到另一端为例来说明。先冷却的部分先定型,进而会对后冷却的部分因冷却所产生的横向收缩进行约束,因此会在后冷却的部分中产生横向拉应力,而在先冷却的部分中则产生横向压应力。在一条焊缝内这种因横向收缩所产生的内应力是需要自相平衡的,因而在最先施焊的远端又会产生横向拉应力,如图9-8d)所示。最终的横向焊接残余应力是这两种因素所产生的应力合成的结果,如图9-8e)所示。

3. 厚度方向的焊接残余应力

当钢板较厚时,焊缝沿厚度方向的尺寸就会较大,因此焊缝内部沿厚度方向就会形成不均匀温度场。与钢板和空气接触的外部因散热较快而先冷却凝固,而内部焊缝后冷却,其沿厚度方向的收缩会受到外部已冷却凝固焊缝的牵制,从而在焊缝内部产生沿厚度方向的残余应力(图9-9、图9-10)。若厚度方向残余应力与纵向及横向残余应力方向相同,那么这种三向同号应力状态会增加焊缝的脆性。当板厚在20~25mm以下时,沿厚度方向的焊接残余应力较小,可以忽略不计。

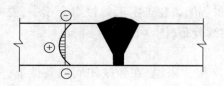

图9-9　厚度方向残余应力

图9-10　三向残余应力

(二)钢结构焊接残余变形

如前所述,焊接过程不但会使焊件内部产生焊接残余应力,还会产生焊接残余变形。焊接残余变形包括纵向收缩、横向收缩、角变形、弯曲变形、扭曲变形和波浪变形等变形形式,如图9-11所示。通常最后的变形是几种形式组合的结果。焊接残余变形会影响构件的外观及尺寸精度,导致构件产生初弯曲、初扭曲、初偏心等情况,严重时会使受力状态恶化,以致降低构件的承载能力。因此,当焊接残余变形超过施工验收规范的规定时,必须予以矫正。

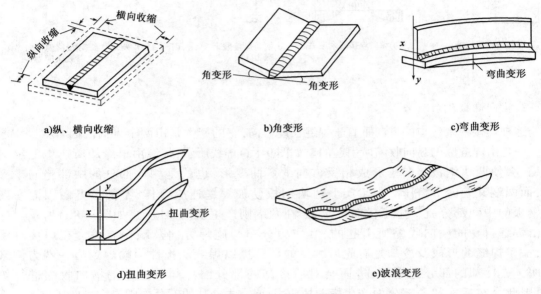

图9-11 焊接残余变形

(三)减少钢结构焊接残余应力和残余变形的方法

1. 设计方面

合理的焊缝设计是减小焊接残余应力和残余变形的有效途径,所采取的主要措施包括以下几个方面:

(1)合理确定焊缝参数

在保证结构承载力的前提条件下,合理选择焊缝的数量和焊脚尺寸。在容许的范围内,宜控制焊缝的数量,并减小焊脚尺寸,需要时可加大焊缝长度。

(2)合理安排焊缝位置

尽可能对称布置焊缝,避免使其过分集中和三向相交。当出现二向相交的情况时,可以中断次要焊缝而保证主要焊缝能够连续分布。例如在工字形焊接组合梁中,要对横向加劲肋进行切角,以保证腹板和翼缘之间的焊缝连续分布(图9-12)。

(3)合理选择焊缝形式

例如对于受力较大的T形接头或十字接头来说,在强度相同的条件下,采用开坡口的对接与角接组合焊缝比采用角焊缝更合理,因为前者一般可减小焊缝尺寸,从而达到减少焊接残余应力的目的(图9-13)。

(4)合理选择焊缝布置

焊缝的布置应考虑施焊方便,使焊条易于达到,且尽量避免仰焊。

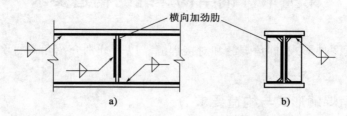

图9-12 组合工字形梁的腹板和翼缘间的焊缝布置

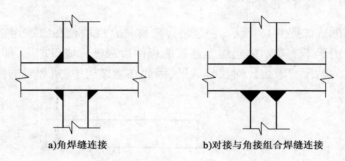

图9-13 十字接头的焊缝连接

2. 工艺方面

(1)注意施焊顺序和方向

尽量使各次焊接的残余应力和残余变形相互抵消。例如钢板对接时采用分段退焊[图9-14a)],厚焊缝采用分层焊[图9-14b)],工字形截面按对角跳焊[图9-14c)],钢板分块拼接[图9-14d)]。

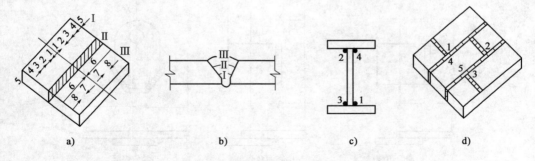

图9-14 合理的焊接顺序

(2)采用反变形法

是在进行焊接之前,先预加一个与焊接残余变形正好相反的变形在构件上,这样该反向变形即可抵消掉在实施焊接时构件上所产生的残余变形。

(3)焊接前注意预热

焊接前对构件整体或焊接局部预热至一定温度,焊接后采取保温措施以期减缓冷却速度。另外,焊接后立即对焊件进行适当的锤打,这些措施都有助于减小焊接残余应力和残余变形。

第三节 钢结构焊缝的构造要求

焊缝主要包括两种形式,即角焊缝和对接焊缝。以下分别介绍角焊缝和对接焊缝的构造要求。

一、钢结构角焊缝形式与构造要求

(一)钢结构角焊缝的基本形式

角焊缝的基本形式如图 9-15 所示,它是将焊缝材料直接填充在由被连接板件所形成的角区域内而形成的。由于不需要对由角焊缝连接的板件边缘进行坡口加工,即板件保持原样,而且对板件断料尺寸的精度要求也比对接焊缝低,因此在钢结构中,角焊缝的使用要比对接焊缝普遍得多。

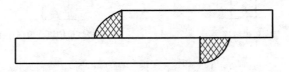

图 9-15 角焊缝的基本形式

角焊缝按照其长度方向与作用力方向之间关系的不同可分为正面角焊缝、侧面角焊缝和斜角焊缝(图 9-16)。正面角焊缝的焊缝长度方向与作用力方向相垂直,侧面角焊缝的焊缝长度方向与作用力方向相平行,斜角焊缝的焊缝长度方向与作用力方向成一定角度。图 9-16c)中的焊缝是由正面角焊缝、侧面角焊缝和斜角焊缝共同组成的混合焊缝,通常称为围焊缝。

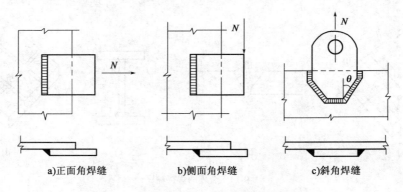

a)正面角焊缝   b)侧面角焊缝   c)斜角焊缝

图 9-16 正面角焊缝、侧面角焊缝和斜角焊缝

角焊缝按照其截面形式的不同可分为直角角焊缝(图 9-17)和斜角角焊缝(图 9-18)。直角角焊缝是较常用的一种形式,因其两焊脚之间的夹角为 90°而得名。直角角焊缝中最常见的形式如图 9-17a)所示,称为普通直角角焊缝,其两侧焊脚尺寸相等,且焊缝截面的表面略凸。这里角焊缝的焊脚尺寸即为焊缝直角边边长,记为 h_f,而在计算中取 $0.7h_f$ 为直角角焊缝的有效计算高度,记为 h_e,其方向与焊脚边成 45°角。这种普通直角角焊缝因其焊缝截面向被

连接板件过渡突然、不平缓,会导致应力流弯折而产生应力集中现象。因此,在承受动力荷载的结构中,对于正面角焊缝可采用平坡直角角焊缝[图9-17b)],其两焊脚尺寸的比例为1:1.55,取短边长度为焊脚尺寸h_f;对于侧面角焊缝可采用凹角直角角焊缝[图9-17c)],其焊缝截面的表面呈凹形,计算时两焊脚尺寸的比例取为1:1,以凹面切线为准,忽略了熔深的影响。斜角角焊缝的两焊脚间的夹角α为锐角或钝角(图9-18),该种焊缝常见于钢漏斗和钢管结构中。当$60°\leq\alpha\leq135°$时,可将此斜角角焊缝按受力焊缝计算。

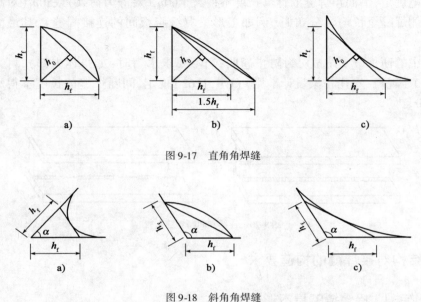

图9-17 直角角焊缝

图9-18 斜角角焊缝

(二)钢结构角焊缝构造要求

角焊缝各部分尺寸除满足计算要求外,还应满足必要的构造要求。这些要求主要体现在角焊缝各部分尺寸,包括角焊缝焊脚尺寸(焊缝厚度)、角焊缝计算长度。

1. 角焊缝的最大与最小焊脚尺寸

角焊缝的焊脚尺寸根据受力计算决定,但不宜太大或太小。太大时焊件容易过烧,使钢材材质发生变化,塑性降低;太小时则不易焊透构件。规范对角焊缝的焊脚尺寸做了规定。角焊缝的最大焊脚尺寸如图9-19所示。角焊缝的焊脚尺寸h_f不得小于$1.5\sqrt{t_1}$(t_1为较厚焊件的厚度),同时不得大于较薄焊件厚度的1.2倍。为避免咬边现象,边缘上的焊脚尺寸应比板厚小1~2mm(当板厚$t>6$mm时)或等于板厚(当$t\leq6$mm时)。

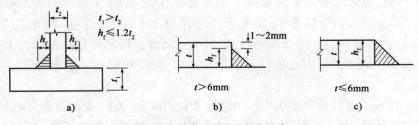

图9-19 角焊缝的最大焊脚尺寸

2. 角焊缝的最大与最小计算长度

角焊缝的计算长度不宜太小或太大。焊缝长度过短($l_f < 8h_f$),应力集中大以及起落弧造成的缺陷,使其工作很不可靠。因此规范规定角焊缝的计算长度不得小于$8h_f$。对于侧面角焊缝,其应力沿焊缝长度方向的分布是不均匀的,一般是两头大中间小,如果焊缝太长,在焊缝长度的中部受力很小,甚至不受力,而焊缝端部受力就会过大,使计算的平均应力与实际受力不符。所以规范规定,侧面角焊缝的计算长度不得大于$60h_f$(对静力荷载)或$50h_f$(对动力荷载)。但当应力沿侧焊缝全长均匀分布时(例如工形梁翼缘腹板间的连接焊缝),其最大长度不受此限。

对舟体中的薄板($t < 4mm$),为防止翘曲,当不要求水密时(如舟体内部),可采用间断焊缝,见图9-20。现行《军用桥梁设计准则》(GB 1162)规定,间断焊缝的长度不得小于$15t$,净距不大于$15t$。

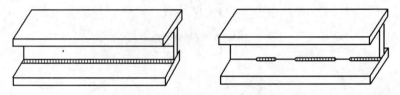

图9-20 连续和间断焊缝布置

二、钢结构对接焊缝的构造要求

(一)钢结构对接焊缝的基本形式

对接焊缝的基本形式如图9-21所示,它是将焊缝金属材料直接填充在两焊件之间的空隙中而使其连为整体,因此对接焊缝可视为被连接板件的组成部分。采用对接焊缝时,为了使焊缝能够焊透以及减少焊缝金属材料的消耗,视焊件厚度的不同,对焊件边缘进行不同坡口形式的加工。因此,对接焊缝又被称为坡口焊缝。坡口形式随板厚和焊接方法而不同,应根据焊件厚度按保证焊缝质量、便于施焊及减小焊缝截面面积或体积的原则选用。

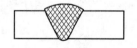

图9-21 对接焊缝的基本形式

(二)钢结构对接焊缝的坡口

当焊件厚度很小(手工焊$t \leq 6mm$,埋弧焊$t \leq 10mm$)时,边缘不需要加工,直接形成I形坡口[图9-22a)],只在板边间留适当的对接间隙即可;当$t > 6mm$时,就需开坡口,以保证焊透。当$t = 6 \sim 20mm$时,宜采用单边V或双边V形坡口焊[图9-22b)、c)];当$t > 20mm$时,即焊件厚度较大时,宜采用U形、K形或X形坡口[图9-22d)、e)、f)]。当采用单面施焊时[图9-22a)~d)],在坡口内的焊缝焊完后,应对另一面焊缝根部进行清根。如无法实现反面补焊,则需在坡口内施焊的同时在坡口下面设置垫板,如图9-22a)~d)所示。这些措施是为了保证焊缝焊透。

在图9-22中,α为坡口角度,b为根部间隙,p为钝边高度。每一个坡口都是由上述几个尺寸所组成的。其中,α和b是为了保证具有一定的施焊空间而使焊缝易于焊透,而钝边高度p是为了托住熔化的金属而不致发生焊液烧漏的现象。对接焊缝的坡口形式和坡口尺寸的选择,应根据板厚和施工条件按照现行《钢结构焊接规范》(GB 50661)的规定进行。

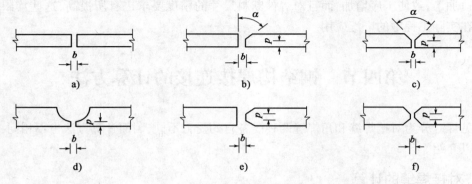

图 9-22 对接焊缝的坡口形式

(三)引弧板和垫板

焊缝的起点和终点处,常因未焊透或过烧而形成凹形焊口。为了避免受力后出现应力集中或裂纹,焊接时宜在两端加引弧板[图 9-23a)],焊后再切除多余部分。为了防止熔滴流失,也可在对接的间隙处加垫板[图 9-23b)],焊后垫板可留在焊件上,或予以切除。

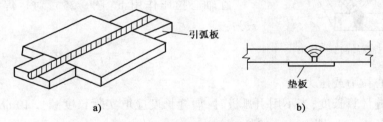

图 9-23 引弧板和垫板

对接焊缝表面的突出部分,有增加焊缝截面的作用,但对承受动荷载的构件,反而会降低疲劳强度,故可将其打磨平顺光滑。

(四)板边加工

当对接焊缝连接不同厚度或宽度的钢板时,应从一侧或两侧做成坡度不大于 1∶4 的斜面,形成平缓的过渡,见图 9-24。

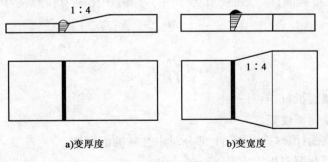

图 9-24 变截面过渡形式

对接焊缝相对于角焊缝来说,其优点是焊缝受力明确,传力路线直接,不易产生应力集中现象。因此,适合用于承受动力荷载的结构。但是,它的缺点也较明显,由于需要对焊件边缘进行坡口加工,致使工序增加,而且对焊件断料尺寸的精度要求也有所提高,这些均限制了对接焊缝在实际工程中的广泛应用。

第四节　钢结构焊接连接的计算方法

常见焊缝分为对接焊缝和角焊缝两种。各自的受力不同,因而计算方法也不相同,所以应分别加以介绍。

一、对接焊缝的计算

对接焊缝可视为构件截面的延续。焊缝中的应力分布情况基本与构件截面应力分布情况相似。计算时可直接利用《材料力学》中各种受力状态下的公式,焊缝强度分别取相应的容许应力值。

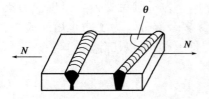

图 9-25　对接焊缝受轴向拉力作用

(一)轴心拉压

在轴心拉压作用下(图9-25),对接焊缝的强度计算式为:

$$\sigma = \frac{N}{l_f t} \leqslant [\sigma_h] \tag{9-1}$$

式中:N——轴心拉力或压力;

　　　l_f——焊缝计算长度,当不用引弧板时,焊缝长度应取实际长度减去10mm(两端起落弧处各5mm),即 $l_f = l - 10$ mm;

　　　t——平接中连接板的较小厚度,T形连接为肋板的厚度;

　　　$[\sigma_h]$——对接焊缝拉压容许应力。

如果对接焊缝的质量没有保证,可采用斜焊缝。显然,焊缝与作用力之间的夹角越小,焊缝的承载能力越大,当 $\tan\theta < 1.5$ 时,焊缝的强度可不计算。

(二)受弯矩、剪力作用时对接焊缝的计算

图9-26所示工形截面,焊缝处受 M、Q 作用。焊缝中正应力和剪应力分别为:

$$\sigma = \frac{M}{W_f} \leqslant [\sigma_h] \tag{9-2}$$

$$\tau = \frac{QS_f}{I_f t_f} \leqslant [\tau_h] \tag{9-3}$$

式中:W_f——焊缝截面抵抗矩;

　　　I_f——焊缝截面惯性矩;

　　　S_f——焊缝截面计算应力点以上部分对中性轴的面积矩;

　　　t_f——工字形截面腹板厚度。

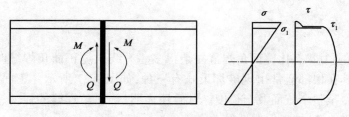

图 9-26　工字形截面对接焊缝应力分布

在翼缘腹板交界处,由于 σ、τ 都较大,还应验算复杂应力下的强度问题,其折算应力为:

$$\sigma_{zh} = \sqrt{\sigma_1^2 + 3\tau_1^2} \leq 1.1[\sigma_h] \tag{9-4}$$

式中:1.1——考虑到最大折算应力只在焊缝的局部出现,因而将容许提高的系数。

【例 9-1】 计算图 9-26 工字梁对接焊缝的强度。已知工字梁截面翼缘为 2-150×10,腹板 1-380×8,承受 $M = 105$ kN·m,$Q = 350$ kN 作用,钢材 16Mn,焊条 E50 型,手工焊,无引弧板。

解:

(1) 对接焊缝的几何特性

$$I_f = \frac{1}{12} \times 0.8 \times (38-1)^3 + 2 \times 1 \times (15-1) \times 19.5^2 = 14024 (\text{cm}^4)$$

$$W_f = \frac{14024}{20} = 701 (\text{cm}^3)$$

$$S_f = 1 \times (15-1) \times 19.5 + 0.8 \times (19-0.5) \times \frac{19-0.5}{2} = 410 (\text{cm}^3)(中性轴处)$$

$$S_{f1} = 1 \times (15-1) \times 19.5 = 273 (\text{cm}^3)(翼缘腹板交界处)$$

(2) 最大应力验算

正应力:

$$\sigma = \frac{M}{W_f} = \frac{105 \times 10^6}{701 \times 10^3} = 150 (\text{N}/\text{mm}^2) < [\sigma_h] = 292 \text{N}/\text{mm}^2$$

剪应力:

$$\tau = \frac{QS_f}{I_f t_f} = \frac{350 \times 410 \times 10^6}{14024 \times 8 \times 10^4} = 128 (\text{N}/\text{mm}^2) < [\tau_h] = 165 \text{N}/\text{mm}^2$$

(3) 折算应力(翼缘腹板交界处)

$$\sigma_1 = 150 \times \frac{380}{400} = 143 (\text{N}/\text{mm}^2)$$

$$\tau_1 = \frac{350 \times 273 \times 10^6}{14024 \times 8 \times 10^4} = 85 (\text{N}/\text{mm}^2)$$

$$\sigma_{zh} = \sqrt{\sigma_1^2 + 3\tau_1^2} = \sqrt{143^2 + 3 \times 85^2} = 205 (\text{N}/\text{mm}^2) < 1.1[\sigma_h] = 301 \text{N}/\text{mm}^2$$

故焊缝强度有保证。

二、角焊缝的破坏形式与计算假定

(一) 角焊缝的应力分布及破坏形式

角焊缝中的应力分布十分复杂,正面角焊缝与侧面角焊缝又有很大差别。由试验可得如

下结果:

1. 正面角焊缝

正面角焊缝的应力状态比侧面角焊缝复杂得多。力线通过正面角焊缝时出现弯折,应力集中现象严重,尤其在根部通常出现破坏形式有三种,如图9-27所示。正面角焊缝大多数发端于根部,然后扩展至整个截面及全长度。试验还表明:正面角焊缝的强度、弹性模量比侧面角焊缝高(高出30%~50%),但塑性较差。

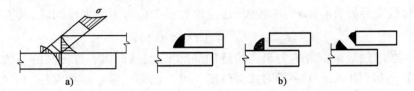

图9-27 正面角焊缝的三种破坏形式

2. 侧面角焊缝

侧面角焊缝的应力状态比正面角焊缝简单,主要是受剪切作用。但剪应力沿长度方向分布不均匀,两端大,中间小。通常沿焊缝的最小截面(45°斜截面)破坏,裂纹由两端开始迅速发展,直至全纵面断裂,如图9-28所示。

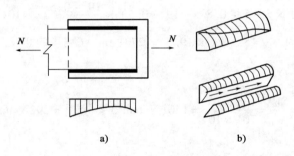

图9-28 侧面角焊缝的受力

3. 混合焊缝(围焊缝)

即正面角焊缝与侧面角焊缝、斜角焊缝的混合。近年来国内外的研究表明,虽然正面焊缝的强度、刚度比侧面角焊缝大,但在接近塑性阶段时,应力将逐渐趋于一致。因此,围焊缝内力比较均匀,疲劳强度较高,应尽量采用。混合焊缝应力分布见图9-29。

围焊缝的转角是一个重要部位,如果在转角处起弧或灭火,容易产生缺陷,加剧应力集中,使疲劳强度降低。因此,宜在转角处连续施焊,或先焊转角部分,后焊直线部分。

(二)角焊缝计算的简化假定

在钢结构设计计算中,为了应用上的简便,对焊缝常做如下简化假定:

(1)不论正面角焊缝还是侧面角焊缝,也不分受拉、受压或受剪状态,都偏安全地按受剪考虑,角焊缝的强度标准均取抗剪容许应力$[\tau]$,(图9-30)。

(2)取焊缝的最小截面作为计算截面,其有效厚度 $h_e = h_f \cos 45° = 0.7 h_f$。

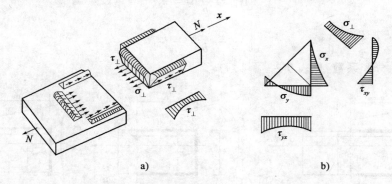

图 9-29　混合焊缝的应力分布

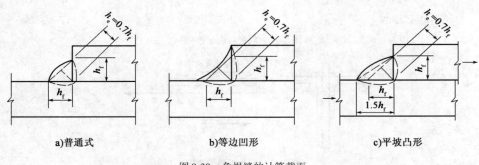

a)普通式　　　　　　b)等边凹形　　　　　　c)平坡凸形

图 9-30　角焊缝的计算截面

三、角焊缝在轴心力作用下的计算

当外力 N 通过焊缝截面的重心轴时,假定内力沿长度的分布是均匀的,则焊缝强度的验算式为:

$$\tau^N = \frac{N}{A_f} = \frac{N}{0.7 h_f \sum l_f} \leq [\tau] \tag{9-5}$$

式中:h_f——角焊缝的焊脚尺寸;
　　l_f——各条焊缝的计算长度,$l_f = l - 10\text{mm}$(或 5mm);
　　$[\tau]$——角焊缝的容许剪应力。

将式(9-5)改为:

$$\sum l_f = \frac{N}{0.7 h_f [\tau]} \tag{9-6}$$

由式(9-6)可求出所需的焊缝计算长度(先决定焊脚尺寸 h_f),然后根据实际构造和施焊条件定出焊缝的实际长度 l,一般 $l = l_f + 10\text{mm}$,并将 l 标在设计图上。

工程中常遇到角钢与钢板的搭接连接,如图 9-31 所示。由于角钢截面不对称,应将轴力 N 在两侧焊缝作适当的分配,使焊缝截面的重心与角钢重心相接近,以避免偏心受力。

当仅用两条侧面角焊缝时(图 9-32),按力的分解关系有:

$$\begin{cases} N_1 = \dfrac{e_2}{b}N = k_1 N \\ N_2 = \dfrac{e_1}{b}N = k_2 N \end{cases} \qquad (9\text{-}7)$$

式中：k_1、k_2——分配系数，见表 9-2。

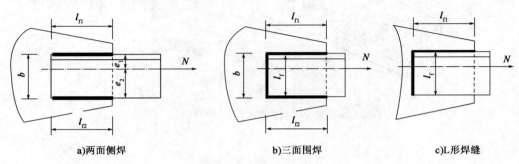

a) 两面侧焊　　　　b) 三面围焊　　　　c) L形焊缝

图 9-31　角钢与钢板连接

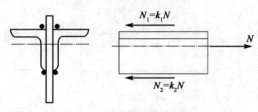

图 9-32　连接焊缝受力图

轴力在角钢两肢的分配系数　　　　　　　　　　　　表 9-2

角钢类型	连接情况	分配系数	
		肢背 k_1	肢尖 k_2
等肢相拼		0.70	0.30
不等肢短肢相拼		0.75	0.25
不等肢长肢相拼		0.65	0.35

当采用三面围焊时，一般做法是让正面角焊缝的强度全部用足，即先选定正面角焊缝的焊脚尺寸，求出它承受的内力 N_3：

$$N_3 = 0.7 h_f l_{f3} [\tau] \qquad (9\text{-}8)$$

再通过平衡条件，可解得：

$$\begin{cases} N_1 = k_1 N - \dfrac{N_3}{2} \\ N_2 = k_2 N - \dfrac{N_3}{2} \end{cases} \qquad (9\text{-}9)$$

对于 L 形的焊缝，可先令 $N_2 = 0$，得：
$$N_3 = 2k_2 N$$
于是：
$$N_1 = N - N_3 = (1 - 2k_2)N \tag{9-10}$$

四、受剪力和力矩共同作用

图 9-33 所示一牛腿受偏心力 Q 作用。将荷载 Q 向焊缝形心 O 处简化，得通过 O 点的剪力 Q 和对焊缝平面的力矩 $T = Q \times e$，在 T、Q 的共同作用下，求出最大剪应力。A 点距离形心最远且与剪力引起的剪应力相叠加，因而此点应力最大。

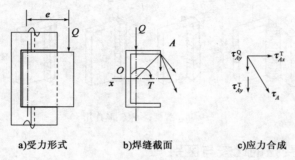

a) 受力形式　　b) 焊缝截面　　c) 应力合成

图 9-33　牛腿焊缝受力矩作用

剪力 Q 在 A 点产生的剪应力：
$$\tau_{Ay}^Q = \frac{Q}{0.7 h_f \sum l_f} \tag{9-11}$$

力矩 T 在 A 点产生的剪应力：
$$\tau_A^T = \frac{T \times r}{I_{of}} = \frac{T \times r}{I_{xf} + I_{yf}} \tag{9-12}$$

式中：　r——A 点至焊缝形心 O 的距离；
$I_{of} = I_{xf} + I_{yf}$——焊缝计算截面对 O 的极惯性矩。

注意 τ_A^T 方向是与矢量 r 相垂直的，为了叠加方便，将 τ_A^T 分解为 y 轴上的应力分量：
$$\tau_{Ay}^T = \tau_A^T \cdot \frac{r_y}{r} = \frac{T \cdot r_y}{I_{xf} + I_{yf}} \tag{9-13}$$

式中：r_y——在 x、y 轴上的投影。

将 T、Q 产生的剪应力按矢量合成得 A 点合应力，并使之满足：
$$\tau_A = \sqrt{(\tau_{Ax}^T)^2 + (\tau_{Ay}^Q + \tau_{Ay}^T)^2} \leqslant [\tau] \tag{9-14}$$

五、受轴向力、剪力、弯矩共同作用

当焊缝同时受到轴向力 N、剪力 Q 和弯矩 M 作用（图 9-34）时，可分别计算 N、Q、M 作用时的应力，截面上最不利受力点进行应力组合，分别按式(9-15)、式(9-16)计算。

$$\tau^N = \frac{N}{A_f} = \frac{N}{2 \times 0.7 h_f l_f} \tag{9-15a}$$

$$\tau^Q = \frac{Q}{A_f} = \frac{Q}{2 \times 0.7 h_f l_f} \quad (9\text{-}15\text{b})$$

$$\tau^M = \frac{M}{W_f} = \frac{M}{2 \times 0.7 h_f l_f^2/6} \quad (9\text{-}15\text{c})$$

按矢量合成得：

$$\tau_{\max} = \sqrt{(\tau^N + \tau^M)^2 + (\tau^Q)^2} \leqslant [\tau] \quad (9\text{-}16)$$

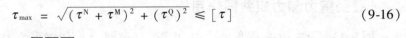

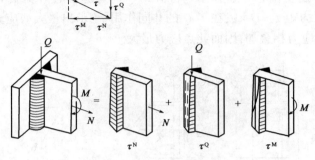

图 9-34　焊缝受 N、Q、M 作用

六、焊缝受弯与受扭的比较与区别

在进行焊缝设计计算过程中，同样是力矩作用，但有时是力矩，有时应按弯矩来计算。应该如何进行正确区分呢？可以从两个方面来辨别：

(1) 焊缝平面与力矩矢量之间的关系

当力矩矢量与焊缝平面平行时，按焊缝受弯矩作用进行强度计算；当力矩矢量与焊缝平面垂直时，按焊缝受力矩作用进行强度计算。

(2) 力矩矢量与焊缝变形之间的关系

当力矩矢量使焊缝产生绕平面内的变形时，则按焊缝受力矩作用进行强度计算；当力矩矢量使焊缝产生垂直于焊缝平面的变形时，则按焊缝受弯矩作用进行强度计算。

七、焊缝计算示例

【例 9-2】 如图 9-35 所示两根角钢∠100×10 用三面围焊与节点板相连，板厚 $t_2 = 8\text{mm}$，钢材为 Q235，轴力 $N = 600\text{kN}$（静载）。采用手工焊，E43 型焊条，试确定焊脚尺寸和焊缝长度。

解：

(1) 确定焊脚尺寸

角钢肢厚 $t_1 = 10\text{mm}$，连接板厚 $t_2 = 8\text{mm}$，故：$h_{f\min} = 1.5\sqrt{t_1} = 1.5\sqrt{10} = 4.7(\text{mm})$，$h_{f\max} = 1.2 t_2 = 9.6\text{mm}$，且对角钢拼接边焊缝在边缘，$t_1 = 10\text{mm} > 6\text{mm}$，$h_{f\max} = t_1 - (1\sim 2\text{mm}) = 8\sim 9(\text{mm})$，所以取 $h_f = 8\text{mm}$，于是，焊缝长度 $l_{f\min} = 8 h_f = 64\text{mm}$，$l_{f\max} = 60 h_f = 480\text{mm}$。

(2) 计算所需焊缝长度

查表 4-1，Q235 钢 $[\tau] = 115\text{MPa}$。

先计算正面焊缝所受的力（正面焊缝长度为角钢拼接边宽度 $b = 100\text{mm}$）：

$$N_3 = 2 \times 0.7 h_f l_f [\tau] = 2 \times 0.7 \times 8 \times 100 \times 115 = 128.8(\text{kN})$$

由式(9-9),得:

$$N_1 = 0.7 \times 600 \times 10^3 - \frac{128800}{2} = 355600(\text{N})$$

$$N_2 = 0.3 \times 600 \times 10^3 - \frac{128800}{2} = 115600(\text{N})$$

$$l_{f1} = \frac{355600}{2 \times 0.7 \times 8 \times 115} + 5 = 281(\text{mm})$$

$$l_{f2} = \frac{115600}{2 \times 0.7 \times 8 \times 115} + 5 = 94.75(\text{mm})$$

取 $l_{f1} = 290\text{mm}$, $l_{f2} = 100\text{mm}$, $l_{f3} = 100\text{mm}$。

式中 +5mm 是考虑三面围焊时,仅在每条侧面角焊缝的一端有起弧或落弧影响,并在转角处连续施焊。三条焊缝的尺寸为 8-290mm、8-100mm、8-100mm,均满足要求 $l_{fmin} < l_{f1}, l_{f2} < l_{fmax}$。

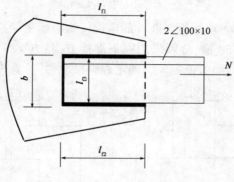

图 9-35 三面围焊

【例 9-3】 某机械化桥桥脚冠材采用 16Mn 无缝钢管 $\phi121 \times 8$,柱套为方管,由 $t = 4\text{mm}$、20 号钢板焊接成,见图 9-36。钢管与柱的焊缝尺寸 $h_f = 5\text{mm}$,承受偏心力 $Q = 22\text{kN}$ 和轴向力 $N = 35.5\text{kN}$ 作用,试验算其焊缝强度。

解:

几何特性计算。

焊缝的计算截面为一圆环,外径为 $D = 121 + 2 \times 0.7 \times 5 = 128(\text{mm})$

$$A_f = l_f h_e = \left(\pi \times \frac{12.8 + 12.1}{2} - 1\right) \times (0.7 \times 0.5) = 13.34(\text{cm}^2)$$

$$W_f = \frac{\pi}{32} \times \frac{D^4 - d^4}{D} = \frac{3.14}{32} \times \frac{12.8^4 - 12.1^4}{12.8} = 41.49(\text{cm}^3)$$

$$\tau^N = \frac{N}{A_f} = \frac{35.5 \times 10^3}{13.4 \times 10^2} = 26.6(\text{N/mm}^2)$$

$$\tau^Q = \frac{Q}{A_f} = \frac{22.0 \times 10^3}{13.4 \times 10^2} = 16.49(\text{N/mm}^2)$$

$$\tau^M = \frac{M}{W_f} = \frac{44.0 \times 10^6}{41.49 \times 10^2} = 106.05(\text{N/mm}^2)$$

$$\tau_{max} = \sqrt{(\tau^N + \tau^M)^2 + (\tau^Q)^2} = \sqrt{(106.05 + 26.6)^2 + 16.49^2}$$

$$= 133.67(\text{MPa}) \leqslant [\tau] = 165\text{MPa}$$

强度满足要求。

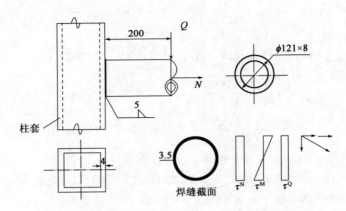

图 9-36　例题 9-3 图(尺寸单位:mm)

【例 9-4】 图 9-37 所示一块缀板与肢件的连接。缀板承受偏心力(静载)$F=100\text{kN}$,钢材 16Mn,板厚 $t=12\text{mm}$,焊条 E50 型,分别采用以下焊接方案:方案一,采用三面围焊,不加引弧板;方案二,两条侧面角焊缝,加引弧板。试确定焊脚尺寸,并验算焊缝强度。

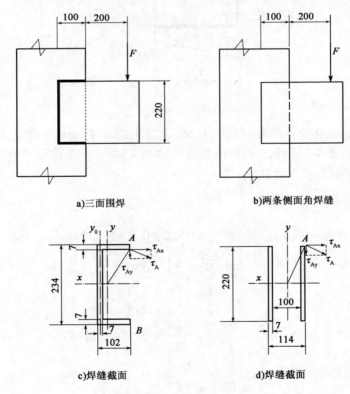

图 9-37　例题 9-4 图(尺寸单位:mm)

解:

不管是三面围焊,还是两条侧面角焊缝,偏心力 F 作用等效于焊缝群处的剪力和偏心力矩作用,而偏心力矩使焊缝群受扭。

设 $h_f = 10\text{mm} > 1.5\sqrt{12} = 5.2(\text{mm})$，且 $h_f \leq t - 2 = 10(\text{mm})$

(1) 方案一

①焊缝计算截面的几何特性：

$$A_f = 0.7 \times 1 \times 23.4 + 2 \times 0.7 \times 1 \times 9.5 = 29.68(\text{cm}^2)$$

焊缝形心位置（取 y_0 轴为参考轴）：

$$x_c = \frac{2 \times 0.7 \times 9.5 \times \left(\frac{1}{2} \times 9.5 + 0.35\right)}{29.68} = 2.29(\text{cm})$$

$$I_x = \left(\frac{1}{12}\right) \times 0.7 \times 23.4^3 + 2 \times 0.7 \times 9.5 \times 11.35^2 = 2461(\text{cm}^4)$$

$$I_y = 0.7 \times 23.4 \times 2.29^2 + 2 \times \left[\frac{1}{12} \times 0.7 \times 9.5^3 + 0.7 \times 9.5 \times \left(\frac{9.5}{2} + 0.35 - 2.29\right)^2\right]$$
$$= 291(\text{cm}^4)$$

$$I_z = I_x + I_y = 2461 + 291 = 2752(\text{cm}^4)$$

②焊缝强度验算：

$$T = 100 \times (20 + 10 + 3.5 - 2.29) = 2806(\text{kN} \cdot \text{cm})$$

$$(\tau_{Ay})^F = \frac{F}{A_f} = \frac{100 \times 10^3}{2968} = 34(\text{MPa})$$

$$(\tau_{Ax})^T = \frac{Tr_y}{I_z} = \frac{2806 \times 7 \times 11 \times 10^3}{2752 \times 10^4} = 119(\text{MPa})$$

$$(\tau_{Ay})^T = \frac{Tr_x}{I_z} = \frac{2806 \times 7.56 \times 10^5}{2752 \times 10^4} = 77(\text{MPa})$$

$$\tau_A = \sqrt{(\tau_{Ax}^T)^2 + (\tau_{Ay}^F + \tau_{Ay}^T)^2} = \sqrt{119^2 + (34 + 77)^2} = 162.7(\text{MPa}) < [\tau] = 165\text{MPa}$$

故选用 $h_f = 10\text{mm}$，强度满足。

(2) 方案二

①几何特性及内力计算如下：

$$A_f = 0.7 \times 1 \times 22 \times 2 = 30.8(\text{cm}^2)$$

$$I_x = 2 \times \frac{0.7 \times 22^3}{12} = 1242.3(\text{cm}^4)$$

$$I_y = 2 \times \left[\frac{0.7^3 \times 22}{12} + 0.7 \times 22 \times \left(\frac{10}{2} + 0.35\right)^2\right] = 882.8(\text{cm}^4)$$

$$I_z = I_x + I_y = 1242.3 + 882.8 = 2125.1(\text{cm}^4)$$

$$e = 25\text{cm}$$

②焊缝强度验算：

$$T = 100 \times 25 = 2500(\text{kN} \cdot \text{cm})$$

$$(\tau_{Ay})^F = \frac{F}{A_f} = \frac{100 \times 10^3}{3080} = 32.47(\text{MPa})$$

$$(\tau_{Ax})^T = \frac{Tr_y}{I_z} = \frac{2500 \times 11 \times 10^5}{2125.13 \times 10^4} = 129.4(\text{MPa})$$

$$(\tau_{Ay})^T = \frac{Tr_x}{I_z} = \frac{2500 \times 5.7 \times 10^5}{2125.13 \times 10^4} = 67(\text{MPa})$$

$$\tau_A = \sqrt{(\tau_{Ax}^T)^2 + (\tau_{Ay}^F + \tau_{Ay}^T)^2} = \sqrt{129.4^2 + (32.47 + 67)^2}$$
$$= 163(\text{MPa}) < [\tau] = 165\text{MPa}$$

上述两种情况取焊缝厚度 10mm 均满足要求。

第五节 有关钢结构焊接的相关规定

在设计中,不得任意加大焊缝,应避免焊缝交叉重叠和过分集中,焊缝的布置应尽量对称于杆件的重心线。

在承受动荷载的结构中,垂直于杆件受力方向的对接焊缝必须焊透,其厚度应不小于被焊杆件的最小厚度,而且这种焊接宜采用双面施焊,且应进行继续加工。

对接焊缝的坡口形式,应根据板厚和施焊条件,按照《气焊、焊条电弧焊、气体保护焊和高能束焊的推荐坡口》(GB/T 985.1—2008)、《埋弧焊的推荐坡口》(GB/T 985.2—2008)、《铝及铝合金气体保护焊的推荐坡口》(GB/T 985.3—2008)、《复合钢的推荐坡口》(GB/T 985.4—2008)的要求选用。

在对接焊缝的拼接处,当焊件宽度不等或者厚度相差 4mm 以上时,应分别在宽度或者厚度方向将一侧或者两侧做成放坡形式,坡度不大于 1:4 的斜角;当厚度(或者宽度)差不超过 4mm 时,则可采用焊缝表面斜度来过渡(图 9-38)。

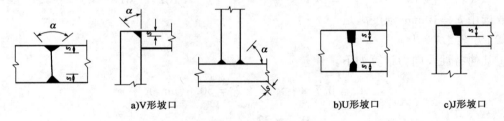

图 9-38 不焊透对接焊缝截面图

不需焊透的对接焊缝,必须在设计图中注明坡口尺寸和最小焊缝尺寸,其有效厚度 h_e 不得小于 $1.5t$(t 为坡口所在焊件的较大厚度)。

角焊缝两焊脚边的夹角 θ 一般为 $90°$,夹角 $\theta > 120°$ 或者 $\theta < 60°$ 的斜角焊缝不宜作为受力焊缝。

角焊缝的焊脚边尺寸 h_f(图 9-39)不得小于 $1.5\sqrt{t}$,其中 t 为较厚的焊件板厚,同时也不得大于较薄焊件板厚的 1.2 倍。对于焊件边缘的角焊缝,其最大焊脚边尺寸,当 $t \leq 6\text{mm}$ 时,$h_f \leq t$,当 $t > 6\text{mm}$ 时,$h_f \leq t - (1 \sim 2)\text{mm}$。此处,$t$ 为焊件边缘的厚度。

角焊缝的焊脚边比例一般为 1:1,当焊件厚度不等时,容许采用不等焊脚尺寸。

在承受动荷载的结构中,角焊缝焊脚边的比例,对于正面角焊缝,宜为 1:1.5(长边顺内力方向);对于侧面角焊缝可以为1:1,角焊缝表面应该为凹形或平直形。

当角焊缝的端部在被焊件转角处,可连续地绕转角加焊一段 $2h_f$ 的长度。

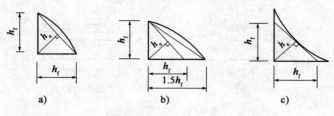

图 9-39　直角焊缝截面图

杆件与节点板的连接焊缝一般采用两面侧焊,也可以采用三面围焊,围焊的转角处必须连续施焊(图 9-40)。

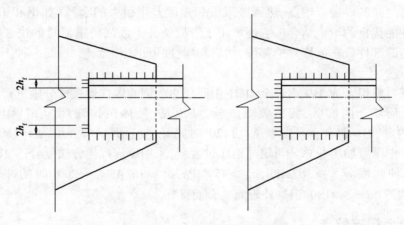

图 9-40　三面围焊的要求

第六节　铝合金的焊接方法与工艺

一、铝合金的焊接方法

焊接是铝合金中广泛采用的一种连接方法。可以采用各种方法焊接铝合金,如熔化焊、压力焊和其他特殊方法。

(1)熔化焊(如气焊、氩弧焊等)是利用焊条和被焊接金属之间电弧的高温作用而完成的。其中气焊是焊接铝合金管、容器和铸件的常用方法,主要优点是设备简单,使用方便。但气焊的工艺有其局限性,例如对接焊缝有很大的热影响区,过分加热焊缝区域金属会影响焊接机械性能。所以,一般少用。氩弧焊是用惰性气体保护熔池的电弧焊,其优点是质量好,焊接接头的强度基本达到母材强度,焊接变形小,表面美观,生产效率高,不必用特殊的焊条和焊药,工艺比较简单。

(2)爆炸焊接是一种固相焊接法。它是利用炸药的爆炸使焊接表面以高速碰撞,在界面上产生局部剧烈的塑性变形而焊接在一起,实际上是利用金属的机械能转变为热能的一种特殊焊接方法。碰撞压力可达10万个大气压,在两板之间形成高速金属流(射流)向外喷射,从而获得冶金结合(图9-41)。

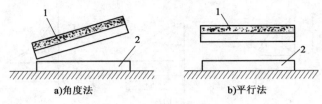

a)角度法　　　　b)平行法

图9-41　爆炸焊接原理
1-带状炸药;2-铝合金材料

爆炸焊接的特点是结合强度高,工艺性能好,焊后可经受切割、电焊、轧制及热处理加工;适用于较大尺寸的构件加工,板厚可为0.025~32mm,接触面积可达几十平方米;特别适合于不同金属材料之间的焊接。熔点、热膨胀系数和强度差别很大的金属(如钢和铝),采用爆炸焊接可得到性能优良的冶金结合。它还可用于野战条件下渡河桥梁器材的快速维修,只要将贴有带状焊药的部件放在需修复的部位,然后起爆,便可迅速得到修复,是一种不需电源、不需专门设备的方法。

对复合板材料组合为919铝合金MM1中间层902钢的爆炸焊接件分别进行了整体拉伸、冲击、冷弯以及复合面抗剪、疲劳等项试验,结果是:整体抗拉强度为571MPa,冲击韧性62.2J/mm^2,内弯(919铝合金在内半径上)120°时完好,复合面抗剪强度为111MPa,疲劳寿命达7.4万次。中国船舶工业总公司用纯铝作过渡层,采用爆炸焊接方法复合的2101与902钢复合板,其拉伸强度$\sigma_{0.2} \geq 367$MPa,$\sigma_t \geq 454$MPa,$\delta_5 \geq 16.4\%$,-20℃时的冲击韧性$a_k = 46.8$J/mm^2,内弯($d = 2a$)180°钢侧外表面复合面良好。

二、铝合金焊接特点

铝及铝合金的焊接比钢的焊接要困难得多,焊接特点和钢也不一样。这是由铝及铝合金本身的特点所决定的。

(1)铝的线膨胀系数比钢的大1倍,所以铝合金在焊接时极易产生变形,这种变形比钢结构焊接的变形大0.5~1倍。焊接时要采取有效的工艺措施,以防止变形。

(2)铝的导热系数比钢大2倍,因而铝合金传热快,容易损失热量,所以焊接时加热设备所产生的热量要求集中。

(3)覆盖在铝合金表面的氧化膜(Al_2O_3)熔点高达2050℃,而铝的熔点是657℃,因此Al_2O_3造成焊接困难。在焊接时要设法使热量集中而使氧化膜(Al_2O_3)熔化,并采用惰性气体保护熔池,避免空气侵入熔池而生成氧化膜(Al_2O_3)。

由于铝的重度27kN/m^3,而氧化铝的重度为39kN/m^3,在焊接时氧化铝可能沉到熔池底部而变成夹渣,降低焊缝强度,所以焊接前必须对焊件清洗,除去阻碍焊接的氧化膜。

(4)铝合金加热时颜色不变,而铝合金直接由固态变成液态,熔化极快。这就要求焊工具有丰富的经验和熟练的技巧,掌握熔化时间。

(5)铝合金融熔状态时容易吸收气体,在焊缝金属凝固时气体来不及逸出,残留在焊缝内成为气孔。

(6)铝合金在高温时呈脆性,到400~500℃时,强度很低,焊接时要特别注意垫平和防振,避免发生弯曲和断裂等缺陷。

三、铝合金的可焊性分析

铝合金的可焊性问题已研究了数十年,国外确定了5000、6000和7000系列中的一些合金(尤其是AlMg5、AlMgSi1、AlZnMg1及纯铝)的可焊性。国产铝合金的可焊性分两类,即铝锰合金和铝镁系合金。

(1)铝锰系合金(LF21等)可焊性好,可用气焊、氢原子焊、接触焊和氩弧焊焊接。

(2)铝镁系合金的可焊性与含镁量有关。当含镁量超过5%~7%时,焊接困难。

LF2(镁含量2.0%~2.8%)采用接触焊、点焊、滚焊性能良好。采用氩弧焊时有形成结晶裂缝的倾向,气密性不好。若用LF3作焊条则可避免裂缝及确保气密性,焊缝强度可达基本金属强度的90%~95%。

LF3(镁含量3.2%~3.8%)可焊性良好,可进行气焊、氩弧焊、电焊。最好用相同材料作焊条,焊缝强度可为基本金属的90%~95%。

LF11点焊与滚焊性能良好。用LF11作焊条时,也可以用气焊、氩弧焊。对刚性结构,最好用氩弧焊,焊缝强度为基本金属的90%~95%。

LF10用于氩弧焊、气焊、氢原子焊均合格。

LF6用本体材料作焊条时,容易进行氩弧焊,气焊与点焊合格。焊缝强度为基本金属的90%~95%。

军用舰船和桥梁结构使用的铝合金,如LF15、JF16、2103、2101、705和919等都具有良好的可焊性。

2101合金(镁含量6.5%)是我国用作船体材料中焊接接头强度较高的铝镁系合金。其焊接接头具有良好的综合力学性能,并具有优良的抗海水腐蚀性能。

705合金和909合金是军用桥渡器材中采用具有较高强度的铝锌镁系合金。具有良好焊接性能。其焊接接头具有良好的抗裂性和焊缝抗腐蚀性。但焊接后的机械性能有显著变化,且焊接截面的残余应力不可忽视。919合金选用HS121焊接并用HS133补焊,焊缝在自然时效一年后,$\sigma_{0.2} > 245MPa$,$\sigma_t > 324MPa$。焊后人工时效状态则具有更高的接头强度,一般可达$\sigma_{0.2} = 294 \sim 343MPa$,$\sigma_t = 343 \sim 392MPa$。对于焊后可进行热处理的结构,采用919合金具有较大的优势。

四、铝合金焊接前准备

铝合金用气焊、氩弧焊、氢原子焊都要进行清洗(包括对焊丝的清洗),这样才能保证焊接质量。焊接前清洗首先是用溶剂除油,然后用机械或化学方法去除工件及焊料上的氧化膜(Al_2O_3)。

(1)机械清洗法

用细钢丝刷(钢丝直径0.10~0.15mm)去除工件焊接两旁表面上的Al_2O_3,打磨范围在焊缝边缘30mm内。机械清洗的缺点是去除氧化膜不均匀,影响焊接质量。只有无法用化学方法清洗的工件才用机械清洗法。

(2)化学清洗法

这是一种经常采用的方法,其优点是效率高,清洗彻底,质量好。化学清洗的步骤如下:

①表面除油后,在60~80℃的热水中清洗;
②在40~50℃的氢氧化钠(NaOH)溶液中清洗,溶液浓度不大于8%,清洗时间不超过7min;
③在流动清水中清洗;
④在硝酸(30% HNO_3)水溶液中清洗,温度为室温,时间1~3min;
⑤在60~80℃流动热水中清洗;
⑥取出烘干。

焊接工件化学清洗后,一般要在8h内进行焊接,以免被空气中的氧气重新氧化而生成新的氧化膜。用机械清洗法清洗后,一般要在2h内焊接。

五、基本金属与焊缝金属的选择

基本金属(也称为母材)应根据结构构件的需要选用,焊缝金属(即填充材料或焊丝)则应根据母材的成分、性能(包括机械性能、耐腐蚀性能)、用途以及焊接中要解决的主要问题来选择。采用与母材相同的材料作为填充材料,使用焊缝能获得与母材相近的成分和性能,看来似乎是合理的。然而,在某些情况下,用与母材相同材料作填充材料不一定都是适宜的。例如,对于金属易烧损合金元素(如Mg)的铝合金的焊接,常用易烧损合金元素含量比母材含量多的填充材料;为了提高焊缝金属抗热裂性能,防止气孔或细小焊缝组织,以改善可焊性或接头的机械性能,往往需要通过填充材料向熔化池中加入一定量的合金元素或变质剂。因此,填充材料应根据具体情况来选择。

(1)工业纯铝的焊接,最好选用比母材纯度高一级的工业纯铝作填充材料,也可选用与母材相同材料作填充材料。填充材料中,如果铁与硅含量之比大于1,则对防止焊接裂纹是有利的。

(2)铝锰合金(LF21)的焊接,宜选用与母材相同的填充材料或HS321,也可用含4%~6%硅的铝硅合金焊丝(HS331)。如果对接头强度要求不高,还可选用工业纯铝作为填充材料。

(3)铝镁合金的焊接常用比母材含镁量稍高些的填充材料,这不仅可弥补合金元素镁的烧损,还可起到降低熔点的作用。

我国焊条用铝合金通常以Y、M状态供应,焊条常用铝及铝合金有L1~L6、LF2、LF3、LF5、LF6、LF10、LF11、LF14、LF21、LF33、LT1、LY16和LD10等。

表9-3列出了铝及铝合金同种或异种材料焊接用填充材料的选择。

填充材料的一般选择 表9-3

母材		填充材料
工业纯铝	L1	L1
	L2	L1 或 L2、HS301
	L3	L2、HS301 或 L3、HS302
	L4	HS301、HS302 或 L3、L4
	L5	HS301、HS302 或 L3~L5
	L6	HS301、HS302 或 L3~L6

续上表

母　　材		填　充　材　料
铝锰合金	LF21	LF21 或 HS321、HS311
铝镁合金	LF2	LF2、LF3
	LF3	LF3 或 LF5、HS331
	LF5	LF5 或 LF6、HS331
	LF6	LF6
	LF15	LF15
	LF16	LF16
	LF101	HS2101
铝锌镁合金	705	LF33
	919	HS121、HS131
纯铝-铝锰合金	L1～L6-LF21	LF21 或 HS311
纯铝-铝镁合金	L1～L6-LF2、LF3	HS331
铝镁合金-铝锰合金	LF2、LF3-LF21	LF3 或 HS331

当选用焊丝作填充材料时,铝及铝合金焊丝化学成分见表9-4;焊丝直径应根据母材的厚度确定,如表9-5所列。当用母材作填充材料时,通常将母材切成长为500～700mm的方形或长方形板条,板条厚度等于母材的厚度,宽度不超过板条厚度的2倍。

铝及铝合金焊丝化学成分(%)　　　　表9-4

牌　号	焊丝名称	镁	锰	硅	铁	锌	钛	铝
HS301	纯铝							≥99.6
HS302	铝							≥99.5
HS311	铝硅合金			4～6				余量
HS321	铝锰合金		1.0～1.6					余量
HS331	铝镁合金	4.7～5.7	0.2～0.6	0.2～0.5	≤0.4			余量
HS201	铝镁合金	5.2～6.2	0.3～0.7	≤0.3	≤0.4	≤0.2	0.1～0.2	余量
HS121	铝锌镁合金	1	0.45	≤0.2	≤0.2	2	0.2	余量
HS131	铝锌镁合金	1.5	0.45	≤0.2	≤0.2	3	0.3	余量

焊丝直径的大致选择　　　　表9-5

母材厚度(mm)	焊丝直径(mm)	母材厚度(mm)	焊丝直径(mm)
1.5～3	2～3	7～10	5～6
4～6	4～5	>10	8

六、铝合金的焊接工艺

采用适当的焊接工艺不仅能确保焊接合金的接头性能,而且对于焊接构件的施工也是十分重要的。对于不同合金的焊接,一般要通过试验确定具体的焊接工艺。表9-6和表9-7分别列出了2101铝合金对接焊缝和角焊缝的焊接工艺。对于其他合金的焊接工艺,可参照相应的试验资料或焊接规范。

2101合金对接焊缝焊接工艺 表9-6

接头型式	板厚(mm)	坡口型式	焊丝直径(mm)	钨丝直径(mm)	电弧电压(V)	焊接电流(A)	氩气流量(L/min)
对接连接	2.5~3	单面焊	3	3	20~22	120~140	10~12
对接连接	4~5	双面焊	4	3	21~24	135~155	12~14

2101合金角焊缝焊接工艺 表9-7

接头型式	板厚(mm)	焊丝直径(mm)	电弧电压(V)	电弧电流(A)	脉冲电流(A)	焊丝速度(m/min)	焊接速度(m/h)	喷嘴速度(m/min)	气体流量(L/min)
角部连接	3~5	0.9	20	15~20	100~130	8.9~9.0	24~30	16	20~25

第七节 铝合金焊接连接的强度

一、铝合金的强度折减区

在焊接过程中,靠近焊缝区域的基本金属的力学性能($\sigma_{0.2}$,σ_t)会急剧下降,且在焊缝中心处达到最小,这个区域称作焊接热影响区(图9-42)。在计算基本金属的强度时必须考虑焊接的热影响。

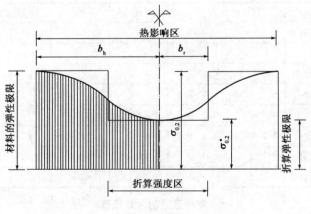

图9-42 强度折减区

由图9-42,有:

$$(\sigma_{0.2} - \sigma_{0.2}^*) \cdot b_r = \int_0^{b_h} f(x) \mathrm{d}x \tag{9-17}$$

式中:$\sigma_{0.2}^*$——热影响区材料的弹性极限(焊缝中心处);
b_h——热影响区半宽;
b_r——强度折减区半宽。

在常用的焊接方法中,大量的试验都得出了相同的结果:对熔焊 $b_r = 25$mm(图9-43)。如果采用退火合金进行焊接,则 $b_r = 0$。

计算焊接构件的挠度和强度时,可以采用结构力学的一般公式,但截面的几何特性必须加以修正,以考虑焊缝热影响区的影响。

(1) 折算截面面积由下式求出

$$A_{red} = A(1-\beta)\sum b_{ri}t_i \qquad (9-18)$$

式中:A——截面(基本金属和焊缝金属)的几何面积。

A_{red}——折算截面面积。

b_{ri}——第 i 条焊缝处强度折减区半宽。

t_i——第 i 条焊缝处强度折减区中基本金属的平均厚度。

β——冶金效应系数,$\beta = \sigma_{0.2}^*/\sigma_{0.2}$。其中,$\sigma_{0.2}^*$ 按下列方法取值:对工业纯铝(1000 系列)和铝镁合金(5000 系列)取退火状态 $\sigma_{0.2}$ 作为 $\sigma_{0.2}^*$;对铝硅镁系合金(6000 系列)采用水中回火加自然时效状态的 $\sigma_{0.2}$ 作为 $\sigma_{0.2}^*$;对铝锌镁合金(7000 系列)采用大气中回火加自然时效状态的 $\sigma_{0.2}$ 作为 $\sigma_{0.2}^*$;对 705 合金在 CGS2 状态下的试验结果,$\sigma_{0.2}^* = 0.47 \sim 0.57\sigma_{0.2}$,平均值取 $\sigma_{0.2}^* = 0.5\sigma_{0.2}$。

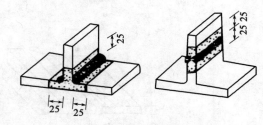

图 9-43 折算宽度(尺寸单位:mm)

 折算强度区

(2) 折算截面静矩

$$S_{red} = S - (1-\beta)\sum b_{ri}t_iy_1 \qquad (9-19)$$

式中:S——截面静矩;

S_{red}——折算截面静矩;

y_1——第 1 个板件强度折减区重心至构件截面形心的距离;

其他符号意义同前。

(3) 折减截面惯性矩

$$I_{red} = I - (1-\beta)\sum b_{ri}t_iy_i^2 \qquad (9-20)$$

式中:I——截面惯性矩;

I_{red}——折算截面惯性矩;

其他符号意义同前。

(4) 折算截面抵抗矩

$$W_{red} = \frac{I_{red}}{y_{max}} \qquad (9-21)$$

式中:W_{red}——折算截面抵抗矩;

y_{max}——截面上(下)边缘纤维距中性轴的距离。

如果强度折算区的大小小于全截面的 10%,则可以忽略热影响区,即:

$$\begin{cases} A_{red} = A \\ S_{red} = S \\ I_{red} = I \end{cases} \qquad (9-22)$$

二、铝合金的熔透对接连接与 T 形连接

(1) 连接形式

典型的对接连接和 T 形连接形式如图 9-44 所示。

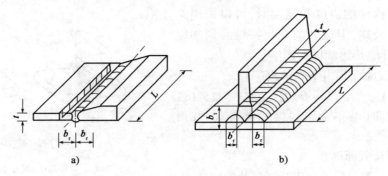

图 9-44 对接和 T 形连接

对接焊缝和 T 形连接焊缝的有效长度规定与钢结构中的规定相同,即当应力方向与焊缝轴线垂直时,取板的宽度 L(采用引弧板)。其计算厚度 t 则按下列规定取值:

对于对接焊缝,t 为在强度折减区(宽度为 $2b_r$)内的连接板厚度中的较小值[图 9-44a)]。

对于 T 形连接焊缝,t 为距离翼缘内表面 b_r 以内的腹板最小厚度[图 9-44b)]。

表 9-8 中给出了几种连接形式及计算厚度的取法。

计算厚度 t 的取值 表 9-8

连接焊缝	构造形式	t 的取值
对接焊缝		$t = t_1 \ (t_1 < t_2)$
T 形连接焊缝		
V 形对接焊接且背面补焊		$t = t_1 \ (t_1 < t_2)$
V 形熔透焊接		
K 形部分熔透焊接		$t = t_1$ $c \leq \begin{cases} t_1/5 \\ \leq 3\mathrm{mm} \end{cases}$

续上表

连接焊缝	构造形式	t 的取值
V形部分熔透焊接且背面补焊		$t = t_1$ $c = \begin{cases} \leq t_1/5 \\ \leq 3\text{mm} \end{cases}$
V形部分熔透焊接		$t = t_1 - c, c = \begin{cases} \leq t_1/5 \\ \leq 3\text{mm} \end{cases}$

（2）应力分布

在焊缝的有效截面上，可能有三种应力，即作用在垂直于焊缝轴线方向的正应力 σ_1（拉应力或压应力）；作用在平行于焊缝轴线方向的剪应力 τ，作用在平行于焊缝轴线方向的正应力 σ_{11}（拉应力或压应力）。如图9-45所示。当同时作用有两种或两种以上的应力时，还应验算组合应力状态下的焊缝强度。

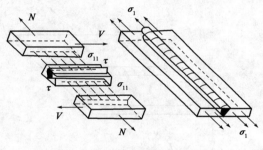

图9-45 对接焊缝中的应力

（3）焊接接头的容许应力

焊接接头的容许应力应同时考虑强度折减区母材金属的折减强度 $\sigma_{0.2}^*$ 和焊缝金属的强度 $\sigma_{0.2}$，即取：

$$[\sigma_h] = \min([\sigma^*], [\sigma^0]) \tag{9-23}$$

式中：$[\sigma_h]$——焊接接头的容许应力；

$[\sigma^*]$——母材金属在强度折减区的容许应力；

$[\sigma^0]$——焊缝金属的容许应力。

对于退火状态的铝合金（非热处理合金），不存在热影响区，母材金属的强度不必折减。因此有 $[\sigma^*] = [\sigma]$。焊缝容许应力是指应变硬化状态的非热处理合金及热处理合金的焊接。试验表明，我国部分铝合金（如705合金）热影响区折算强度约为母体金属强度的50%。

（4）轴力作用下对接焊缝的计算

当对接连接受垂直于焊缝曲线的轴向力（拉和或压力）N 作用时，如图9-46所示，其正应力验算式为：

$$\sigma = \frac{N}{t \cdot l} \leq [\sigma_h] \tag{9-24}$$

式中：σ——垂直于焊缝轴线的应力；

N——轴力；

t——焊缝的计算厚度；

l——焊缝的计算长度；

$[\sigma_h]$——焊缝的容许应力。

(5) 剪力作用下对接焊缝的计算

当对接连接受平行于焊缝的剪力 Q 作用时，如图 9-47 所示，其剪应力验算式为：

$$\tau = \frac{QS}{It} \leqslant [\tau_h] \qquad (9\text{-}25)$$

式中：τ——平行于焊缝轴线的剪应力；

Q——剪力；

S——计算剪应力处以上焊缝截面对中和轴的面积矩；

I——焊缝计算截面惯性矩；

t——焊缝计算厚度；

$[\tau_h]$——焊缝的抗剪容许应力，$[\tau_h] = \chi [\sigma_h]$，其中系数 χ 可取 $\chi = 1/\sqrt{3} = 0.577 \approx 0.6$。

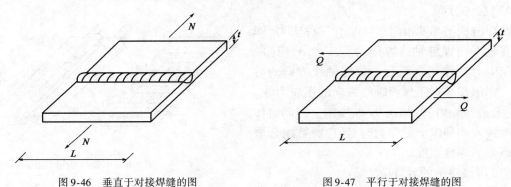

图 9-46　垂直于对接焊缝的图　　　　图 9-47　平行于对接焊缝的图

(6) 承受弯矩和剪力共同作用的对接焊缝

对接焊缝承受弯矩和剪力共同作用时，应分别计算其正应力和剪应力，正应力按下式计算，而剪应力仍按式 (9-25) 计算（图 9-48）。

$$\sigma = \frac{M}{W} \leqslant [\sigma_h] \qquad (9\text{-}26)$$

式中：W——焊缝计算截面抵抗矩；

M——计算截面的弯矩。

在矩形截面的构件中，因最大正应力与最大剪应力不在同一点，如图 9-48a) 所示。故可按式 (9-26) 验算。对工字形构件，在梁腹板对接焊缝的端部，同时受有较大的正应力 σ_1 和较大的剪应力 τ_1（见图 9-48b），则按下式计算其折算应力：

$$\sqrt{\sigma_1^2 + 3\tau_1^2} \leqslant 1.1[\sigma_h] \qquad (9\text{-}27)$$

式中：σ_1——梁腹板对接焊缝端部处的正应力；

τ_1——梁腹板对接焊缝端部处的剪应力；

1.1——考虑最大应力只在局部出现，而将容许应力适当提高的系数。

(7) 在轴力、弯矩、剪力共同作用下对接焊缝的计算

对接焊缝承受轴力、弯矩和剪力共同作用时，其剪应力仍按式 (9-25) 计算，而焊缝最大正

应力为轴向力和弯矩引起的应力之和，即：

$$\sigma_{\max} = \sigma_N + \sigma_M = \frac{N}{t \cdot l} + \frac{M}{W} \leq [\sigma_h] \tag{9-28}$$

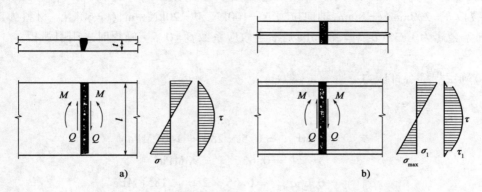

图 9-48　对接焊缝受 M、Q 作用

对于工字形截面还要按下式验算翼板缘与腹板交界点上的折算应力（图 9-49）：

$$\sqrt{(\sigma_N + \sigma_{M1})^2 + 3\tau_1^2} \leq 1.1[\sigma_h] \tag{9-29}$$

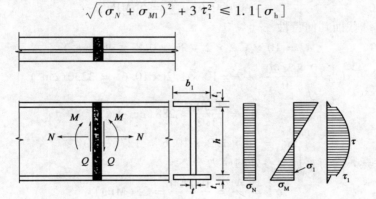

图 9-49　对接焊缝受 M、Q、N 作用

(8) 平行于焊缝轴线的拉应力作用时焊缝的计算

连接承受平行于焊缝的拉力或压力 N 作用时，如图 9-45 所示，连接的正应力为：

$$\sigma_{11} = \frac{N}{A_{\text{red}}} \tag{9-30}$$

式中：A_{red}——折算截面面积，按式（9-18）确定。

当横截面上应力分布不均匀（如受弯矩作用时），正应力为：

$$\sigma_{11} = \frac{M}{I_{\text{red}}} \cdot y \tag{9-31}$$

$$\sigma_{11\max} = \frac{M}{W_{\text{red}}} \tag{9-32}$$

式中：I_{red}——截面折算惯性矩，按式（9-20）计算；

　　　W_{red}——截面折算抵抗矩，按式（9-21）确定；

　　　y——计算点至截面中性轴的距离。

强度验算公式为：

$$\sigma_{11\max} \leq [\sigma] \quad (9\text{-}33)$$

式中：$[\sigma]$——基本金属的容许应力。

【例 9-5】 计算图 9-49 所示对接焊缝强度。已知截面尺寸为：翼缘 $b_1 = 100\text{mm}$，$t_1 = 12\text{mm}$，腹板 $h = 200\text{mm}$，$t = 8\text{mm}$，轴向拉力 $N = 100\text{kN}$，$M = 20\text{kN} \cdot \text{m}$，$Q = 60\text{kN}$。材料为 705 铝合金，焊条金属为 LF33（$\sigma_{0.2} = 280\text{MPa}$），冶金效应系数 $\beta = 0.5$。施焊时采用引弧板。

解：

(1) 确定焊缝容许应力

由 $\beta = \dfrac{\sigma_{0.2}^*}{\sigma_{0.2}} = 0.5$，有：

$$\sigma_{0.2}^* = 0.5\sigma_{0.2} = 0.5 \times 280 = 140(\text{MPa})$$

$$[\sigma_{0.2}^*] = 0.66\sigma_{0.2}^* = 93\text{MPa}$$

$$[\sigma_{0.2}^0] = 0.66\sigma_{0.2} = 0.66 \times 280 = 185(\text{MPa})$$

所以：

$$[\sigma_h] = 93\text{MPa}$$

$$[\tau_h] = 0.6[\sigma_h] = 56\text{MPa}$$

(2) 计算焊缝截面几何特性

$$A_f = 10 \times 1.2 \times 2 + 20 \times 0.8 = 40(\text{cm}^2)$$

$$I_f = \dfrac{0.8 \times 20^3}{20} + 2 \times 10 \times 1.2 \times 10.6^2 = 3230(\text{cm}^4)$$

$$W_f = \dfrac{3230}{11.2} = 288(\text{cm}^3)$$

$$S_{f1} = 10 \times 1.2 \times 10.6 = 127(\text{cm}^3)$$

(3) 分别计算翼缘与腹板交界处的应力

$$\sigma_N = \dfrac{N}{A_f} = \dfrac{100000}{4000} = 25(\text{MPa})$$

$$\sigma_{M1} = \dfrac{M}{W_f} \cdot \dfrac{h_0}{h} = \dfrac{20000000}{288000} \cdot \dfrac{200}{224} = 62(\text{MPa})$$

$$\tau_1 = \dfrac{QS_{f1}}{I_f t} = \dfrac{60000 \times 127000}{32300000 \times 8} = 29.5(\text{MPa})$$

$$\sigma_{zh} = \sqrt{(\sigma_N + \sigma_{M1})^2 + 3\tau_1^2} = \sqrt{(25 + 67)^2 + 3 \times 29.5^2}$$

$$= 101(\text{MPa}) < 1.1[\sigma_h] = 1.1 \times 93 = 102(\text{MPa})$$

以上各单项应力也都小于焊缝的容许应力，故安全。

三、铝合金的角焊缝连接

铝合金结构角焊缝连接中，在验算角焊缝强度时不必考虑 σ_{11}，而在构件强度验算时则必须考虑 σ_{11} 的作用。因此，角焊缝连接的计算假定和计算方法与钢结构中角焊缝连接的相同，只是角焊缝容许应力的取值方法略有不同。本节只介绍有关铝合金结构角焊缝容许应力的取值方法。

角焊缝抗剪容许应力一般表达式为：

$$[\tau_h] = \frac{\sigma_d}{K} \tag{9-34}$$

式中：σ_d——角焊缝的标准强度，通常由试验确定；

K——安全系数，可与基本构件抗剪安全系数的取值相同；

$[\tau_h]$——角焊缝抗剪容许应力。

在没有试验资料可以利用的情况下，σ_d 的取值可以按以下方法假定：

$$\sigma_d = \eta \times \begin{cases} \sqrt{2}\sigma_{0.2}^* \\ \gamma\sigma_{0.2}^0 \end{cases} \quad \text{取较小值} \tag{9-35}$$

式中：η——与连接本身质量有关的系数，根据焊缝质量等级，可取 $\eta = 0.70 \sim 1.0$；

$\sigma_{0.2}^*$——强度折减区（角焊缝的侧面）的母材强度；

$\sigma_{0.2}^0$——焊缝金属的标准强度（通常取惯用屈服极限）；

γ——取决于焊缝金属的系数，由试验确定。

根据初步试验资料分析，我国生产的 2101 铝镁系合金焊丝的 $\gamma = 0.76$。欧洲的有关标准推荐的铝合金焊缝金属的 γ，如表 9-9 所列。当采用的铝合金与表中铝合金成分接近时，可以参照使用。

γ 的建议值　　　　　　　　　表 9-9

铝合金	γ	铝合金	γ
AlSi5	0.64	AlMg4.5Mn	0.56
AlMg3Mn	0.75	AlMg5	0.56
AlMg3.5	0.75		

【例 9-6】 确定 2101 合金焊丝角焊缝抗剪容许应力。已知 $\sigma_{0.2}^0 = 245\text{MPa}$，$\sigma_{0.2} = 245\text{MPa}$，假定冶金效应系数 $\beta = 0.9$，$\eta = 0.85$，$\gamma = 0.76$，$1/K = 0.4$。

解：

$$\sigma_d = 0.85 \times \begin{cases} \sqrt{2} \times 0.9 \times \sigma_{0.2} = 147\text{MPa} \\ 0.76 \times \sigma_{0.2}^0 = 158.3\text{MPa} \end{cases}$$

所以：　　　　　$\sigma_d = 147.2\text{MPa}$

$$[\tau_h] = 0.4\sigma_d = 0.4 \times 147.2 = 58.9(\text{MPa})$$

【例 9-7】 采用 LF33 铝合金焊条焊接 705 铝合金结构，试确定角焊缝的抗剪容许应力。已知 $\sigma_{0.2}^0 = 280\text{MPa}$，$\sigma_{0.2}^* = 150\text{MPa}$，$\eta = 0.85$，$\gamma = 0.7$，$1/K = 0.4$。

解：

$$\sigma_d = 0.85 \times \begin{cases} \sqrt{2} \times \sigma_{0.2} = 180\text{MPa} \\ 0.76 \times \sigma_{0.2}^0 = 166.6\text{MPa} \end{cases}$$

所以：　　　　　$\sigma_d = 166.6\text{MPa}$

$$[\tau_h] = 0.4\sigma_d = 0.4 \times 166.6 = 66.6(\text{MPa})$$

第十章 渡河桥梁装备器材拼装连接技术

第一节 拼装连接的分类与特点

一、拼装连接的分类

(一)按拼装连接的种类分类

除了上一章所介绍的焊接以外,渡河桥梁装备器材上还有很多的拼装连接形式,按拼装连接种类分为螺栓连接、单销连接、丙丁连接(图10-1)以及民用中的铆钉连接、高强度螺栓连接等形式。此外,胶连接也是正在研究的一种新方法。

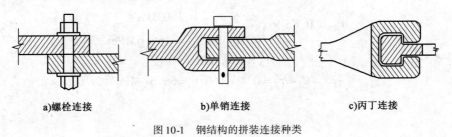

a)螺栓连接　　b)单销连接　　c)丙丁连接

图10-1　钢结构的拼装连接种类

(二)按拼装连接的受力性质分类

按拼装连接的受力性质可分为受力性连接和缀连性连接两种。受力性连接的作用是将一定大小的内力由结构的一部分传递到另一部分;而缀连性连接的作用是使组成构件的各部分形成整体而共同工作,但在计算中不考虑该连接的受力。

(三)按拼装连接的拆装性分类

按拼装连接的可拆装性可分为可拆装性连接和不可拆装性连接两大类。焊接、铆接、胶接属于不可拆装性的连接;螺栓、销钉和丙丁接头属于可拆装性连接。在渡河桥梁器材中,为了实现便于运输和满足快速架设的需要,凡是不需要拼装的部分,一般做成不可拆装性连接,而拼装单元之间则采用可拆装性连接。

二、各种拼装连接的特点

(一)螺栓连接

螺栓连接简称栓接。其操作方法是通过扳手施拧,使螺栓产生紧固力,从而使被连接件连接成为一体。

螺栓连接因开孔而对构件截面有一定削弱,在构造上常需增设辅助连接板(或角钢),故构造较复杂,用料增加。另外,栓接制孔较费工,且被连接件在拼接和安装时必须对孔,故对制造的精度要求较高,必要时还必须将构件组装套钻。但是,栓接的紧固工具和工艺均较简便,易于实施,进度和质量也容易保证,且不需要高级技工操作,加之拆装维护方便,故栓接仍是钢结构安装连接的一种重要方法。

根据螺栓使用的钢材性能等级,螺栓连接分为普通螺栓连接和高强度螺栓连接两类。普通螺栓连接装卸方便、施工简单,它主要靠螺栓杆受剪(或受拉)、构件承压来传递作用力。由于螺栓是离散分布,各栓孔间保持一定距离,故连接的刚性稍差,存在非线性变形。高强度螺栓连接则主要或全部依靠螺栓内的预压力使构件间产生的摩擦力来传递作用力,不易松动,受力性能好,疲劳强度高。

高强度螺栓可广泛用于厂房、高层建筑和桥梁等钢结构重要部位的安装连接,但根据摩擦型连接和承压型连接的不同特点,其应用还应有所区别。摩擦型连接以用于直接承受动力荷载的结构最佳,如桥梁的工地拼接、重级工作制吊车梁与柱的连接等。承压型连接则仅用于承受静力荷载或间接承受动力荷载的结构,以能发挥其高承载力的优点为宜。在新研制的桥渡器材中已开始得到应用。

(二)单销连接

单销连接简称销接。单销连接由单销、单双耳板、开口销等组成。单销一般用高强度钢材如40Cr等经切削加工及热处理而成。单、双耳板分别与所要连接的构件焊在一起。单销与耳板孔的间隙与粗制螺栓相同,一般分为1.0~1.5mm或更大。

单销连接具有结构简单、装拆迅速等优点,在渡河桥梁器材中广泛采用,如舟体的连接、可分解钢桥桁架拼装单元之间的连接等都采用单销连接。在民用结构中,一般仅在临时性安装结构中使用。

(三)丙丁连接

丙丁连接也称为凹凸耳接头,俗称挂钩。由形如"丙""丁"的两个板构件组成一对丙丁头。丙丁连接主要承受拉力。为便于连接操作,同一接头处丙丁接头的对数不能多(一般2对),所以丙丁接头传递的荷载比较大。因此,一般用高强度材料如40Cr、30CrMnSi等制成,并经过锻造、切削加工、热处理、喷砂等工艺过程。

丙丁连接主要用于作业人员无法直接操作的部位,如浮桥舟体的水下部分,军桥上部结构自动连接接头等。该种接头拆装非常方便、迅速,在一些民用钢质浮游结构中也有广泛应用。

(四)铆钉连接

铆接是铆钉连接的简称。其操作方法是将一端带有半圆形预制钉头的铆钉钉杆烧红后迅速插入被连接件的钉孔中,然后用铆钉枪将另一端也打铆成钉头,以使连接达到紧固。铆接传力可靠,塑性、韧性均较好,在20世纪上半叶以前曾经是钢结构的主要连接方法,但其制造费工费料,且劳动强度高,故目前已基本被焊接和高强度螺栓连接所取代。

第二节 螺 栓 连 接

一、普通螺栓的种类

钢结构采用的普通螺栓形式为六角头型,粗牙普通螺纹,其代号用字母 M 与公称直径表示,工程中常用 M16、M20、(M22)和 M24,受力较大时可用(M27)、M30。带括号的规格(M22)、(M27)为第二选择系列,不常用。螺栓的最大连接长度随螺栓直径而异,选用时宜控制其不超过螺栓标准中规定的夹紧长度,一般为 4~6 倍螺栓直径(大直径螺栓取大值,反之取小值),即螺栓直径不宜小于1/6~1/4夹紧长度,以免出现因板叠过厚而紧固力不足和因螺栓过于细长而受力弯曲的现象,以致影响连接的受力性能。另外,螺栓长度方面,还应考虑螺栓头部及螺母下各设一个垫圈和螺栓拧紧后外露丝扣不少于 2~3 扣。对直接承受动力荷载的普通螺栓应采用双螺母或其他能防止螺母松动的有效措施(设置弹簧垫圈、将螺纹打毛或螺母焊死)。

普通螺栓分为粗制螺栓(C 级)和精制螺栓(A 级、B 级),一般用 Q235 钢制造,也有用 16Mn、40B、40Cr 等钢材组成。

粗制螺栓由未经加工的圆钢滚压而成。螺孔多用冲孔法制成,孔径比螺栓杆径大 1.5~3mm,具体为 M12、M16,大 1.5mm;M18、M22、M24,大 2mm;M27、M30,大 3mm。孔的质量稍差。螺杆与孔之间存在较大间隙,故受剪时工作性能较差,螺栓群中各螺栓受力不均匀。粗制螺栓的优点是安装方便,主要用于承受拉力,或用在不重要的连接以及安装时的临时固定。

精制螺栓的螺杆经过切削加工,表面光滑,尺寸精确。螺孔经过钻孔或冲、铰而成,孔径比螺杆直径大0.3~0.5mm,孔的质量较好,间隙小,连接紧密,受剪力和拉力较好,缺点是制造和安装都比较费工。在军用上,为了方便器材的快速装拆,常将杆与孔的间隙增至0.5~1.0mm,甚至2.0mm。

常用的普通螺栓规格见表10-1,其中常用的螺栓是直径16mm、20mm两种。

普 通 螺 栓 规 格　　　　　　　　表10-1

公称直径(mm)	12	(14)	16	(18)	20	(22)	24	(27)	30
螺距(mm)	1.75	2.00	2.00	2.50	2.50	2.50	3.00	3.00	3.50
中径(mm)	10.86	12.70	14.70	16.38	18.38	20.38	22.05	25.05	27.73
内径(mm)	10.11	11.84	13.84	15.29	17.29	19.29	20.75	23.75	26.21
净截面积(cm^2)	0.84	1.15	1.57	1.92	2.45	3.03	3.53	4.59	5.61
毛截面面积(cm^2)	1.13	1.54	2.01	2.55	3.14	3.80	4.52	5.73	7.07

注:1. 带括号的直径属第二系列,应尽量少用或不用。

2. 净截面面积按下式计算:$A_s = \dfrac{\pi}{4}\left(\dfrac{d_2+d_3}{2}\right)^2$,式中:$d_3 = d_1 - 0.1444t$,$t$为栓合部分外层较薄钢板或型钢厚度。

二、螺栓的排列和构造要求

螺栓的排列应尽可能简单划一,力求紧凑,通常采用齐列和错列两种形式,如图10-2所示。螺栓在构件上的布置应满足下列三个方面的要求。

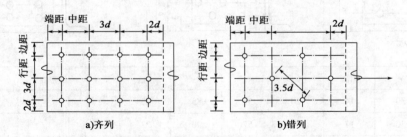

图10-2 钢板上的螺栓排列

(1)受力要求。螺栓使构件截面削弱,因此螺栓的距离不应过小,否则会使截面削弱过多而破坏。对受压构件,顺内力作用方向的距离不应过大,否则被连接的板件易产生张口或鼓曲现象(局部失稳)。因此从受力的角度规定了螺栓的最大、最小容许距离。

(2)构造要求。外排螺栓间距不宜过大,否则接触不够紧密,以致潮气侵入产生锈蚀。

(3)施工要求。要保证一定的空间,以便于转动扳手拧紧螺母,因此也需规定最小容许距离。

螺栓在钢板上排列的容许距离见表10-2。

螺栓在角钢上的排列,要考虑到在角钢肢的平整部分能够放下螺栓和垫圈。同时为使角钢肢不致过分削弱,螺栓孔的直径应不超过净肢宽的1/3。当肢宽$b<125$mm时,按单行排列;当$b\geq125$mm时,按双行齐列或双行错列。角钢上螺栓容许距离见表10-3。

角钢上螺栓的容许距离 表10-2

名称	位置和方向		杆力种类	容许距离	
				最大	最小
中心间距	沿对角线方向		拉力或压力	—	$3.5d$
	靠边行列	在板上或角钢上		$7d$ 或 $16t$	$3d$
	中间行列	垂直内力方向		$24t$	
		顺内力方向	拉力	$24t$	
			压力	$16t$	
中心至杆件边缘距离	机切或焰割滚压边或刨边	顺内力方向或沿对角线方向	拉力或压力	$8t$ 或 $120mm$ 中的较小者	$2d$
	机切或焰割	垂直内力方向			$1.5d$
	滚压边或刨边				$1.3d$

注：1. 表中符号 d 为螺栓孔径，t 为栓合部分外层较薄钢板或型钢厚度。
2. 表中所列"靠边行列"是指沿板边一行的螺栓线；对角钢，距角钢背最近一行螺栓线也作为"靠边行列"。
3. 有角钢镶边的翼板肢上交叉排列的螺栓，其靠边行列最大中心距可取 $14d$ 及 $32t$ 中较小者。
4. 由两个角钢或两个槽钢中间夹垫板（或垫圈）并用螺栓连接组成的构件，顺内力方向的螺栓之间最大中距；对于受压、拉构件规定为 $40r$，但不应大于 $160mm$，对于受拉构件规定为 $80r$，但不应大于 $240mm$。其中 r 为一个角钢或槽钢绕平行于垫板或垫圈所在平面轴线的回转半径。

角钢肢上的钉线（mm） 表10-3

b	e	d_{max}	b	e_1	e_2	d_{max}	b	e_1	e_2	d_{max}
50	30	14	120	55	85	23				
55	30	17	130	55	90	23				
60	35	17	150	65	110	26	150	55	115	20
65	35	20	180	70	130	29	180	70	140	23
75	40	20	200	90	150	29	200	70	150	26
80	45	23								
90	50	23								
100	55	26								
120	65	29								

三、普通螺栓连接的工作性能

普通螺栓按受力性质可以分为剪力螺栓和拉力螺栓两类。剪力螺栓依靠螺栓杆受剪和孔壁承压来传递垂直于螺栓杆的外力,见图10-3中的A连接。拉力螺栓则靠螺栓杆受拉来传递平行于螺栓杆的外力,见图10-3中的B连接。

因此,在同一个接头上可能同时出现剪力螺栓和拉力螺栓两种不同受力形式的螺栓。计算时,首先要分清螺栓的具体受力形式,然后才能正确设计计算。

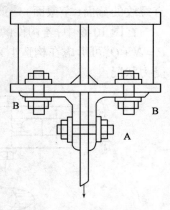

图10-3 连接的螺栓分类图
A-剪力螺栓;B-拉力螺栓

(一)剪力螺栓连接

剪力螺栓连接在受力以后,当外力较小时,由构件间的静摩擦承受;当外力逐渐增大超过极限摩擦力以后,构件之间出现相对滑动。螺栓杆与孔壁接触而承压,同时螺栓杆截面受剪,有时还受弯曲或拉力作用。

剪力螺栓连接有下列几种可能的破坏情况(图10-4)。

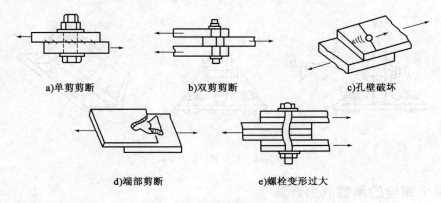

图10-4 剪力螺栓破坏模式

(1)螺栓杆被剪坏:是一种常见的破坏形式,因此要选择适当的螺栓直径,并验算抗剪能力。

(2)板被剪坏:常发生在孔的端部,可用孔的最小间距加以控制,一般不进行验算。

(3)螺杆或板的孔壁被挤坏。由于杆身处于孔的包围之中,一般不易破坏,而孔壁常被挤压成椭圆形,特别是当板较薄时。防止办法是选用适当的板厚,降低承压应力,并计算挤压承载能力。

(4)螺栓杆过度弯曲或被拉断:出现在板束厚度大而螺栓直径相对较小时。一般规定板束厚度不大于孔径的5倍($l>5d$),则可防止这种破坏。

(5)盖板或构件被拉断:出现在螺栓排列过密,构件截面削弱过大时,须对构件净截面强度进行验算。

关于螺栓杆和孔壁间的挤压应力,沿板厚和孔的周向分布不是均匀的,最大应力超过平均值很多。但在实际工程中为了简化计算,假定它们都是均匀分布的,如图10-5所示。

(二)拉力螺栓连接

在受拉螺栓连接中,螺栓与孔壁之间无接触,故不承压和受剪,外力使螺栓杆受拉,一般在有螺纹的截面(净截面)处被拉断。拉力螺栓受力分析见图10-6。

在图10-6中,若构件的刚度较小,则因其受弯而在外侧产生反力Q,此时螺栓受力增大为$P = N + Q$,可考虑在构造上采取一些措施,如选用较厚的板或设加劲肋,以消除Q,改善螺栓的受力状况。

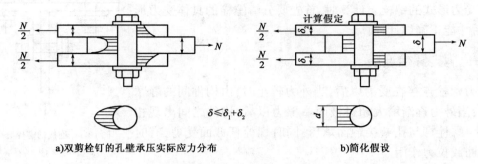

图10-5　剪力螺栓应力分布图

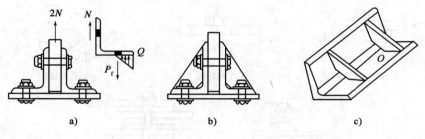

图10-6　拉力螺栓受力分析

四、单个螺栓的承载能力计算

剪力螺栓和拉力螺栓的受力各不相同,其承载能力也不同,应分别计算。

(一)剪力螺栓

根据前述的受力分析及计算假定,应对剪力螺栓进行剪切及承压计算,而孔端或螺孔间构件的剪切,已由螺栓排列的最小端距或间距来控制。

螺栓抗剪设计承载能力:

$$[N_v^b] = n_v A [\tau] \tag{10-1}$$

螺栓与孔壁承压承载能力:

$$[N_c^b] = d \sum t [\sigma_c] \tag{10-2}$$

式中：　n_v——每个螺栓受剪面个数(图10-7)。

A——单个螺栓计算截面面积,$A = \pi d^2/4$。

d——单个螺栓计算直径,对无螺纹部分,取螺栓杆外径,有螺纹部分,取螺纹内径d_2。

$\sum t$——在同一个受力方向上承压构件的总厚度,对两个不同方向,取其较小值。例如,单剪[图10-7a)],取t_1和t_3中的较小值;双剪[图10-7b)],取$(t_1 + t_3)$及

t_2 中的较小值;四剪[图 10-7c)],取 $(t_1+t_2+t_3)$ 及 (t_2+t_4) 中的较小值。
$[\tau]$、$[\sigma_c]$——螺栓抗剪、承压容许压应力。

单栓的容许承载能力取 $[N_v^b]$ 和 $[N_c^b]$ 中的较小值,记为 $[N^b]_{min}$ 或 $[N^b]$。

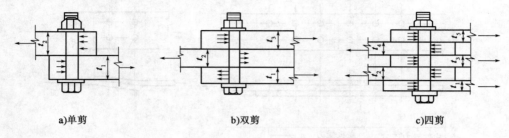

a) 单剪　　　　　　b) 双剪　　　　　　c) 四剪

图 10-7　螺栓受剪状态

(二) 拉力螺栓

一个拉力螺栓的承载能力按下式计算:

$$[N_t^b] = A_n[\sigma] \tag{10-3}$$

式中:$[\sigma]$——螺栓抗拉容许应力;
A_n——螺栓的计算净截面面积,可自行计算。

通过分析,可以看出,剪力螺栓的承载能力主要通过栓杆受剪、栓杆或构件承压传力,外力与栓杆轴线垂直。而拉力螺栓主要通过栓杆受拉传力,外力与栓杆轴线平行。

在计算剪力螺栓承压承载力时,应考虑单个方向的合力最小。计算时应考虑单侧厚度之和与相应容许承压应力的乘积为最小。

在计算拉力螺栓承压承载力时,应考虑加工螺栓螺纹后对栓杆截面的削弱,同时计及应力集中的影响。

五、螺栓群的受力计算

根据前面分析结果,剪力螺栓和拉力螺栓的受力和承载能力各不相同。在成群布置时,其受力和设计应分别讨论。

(一) 剪力螺栓群受轴力作用

螺栓群的计算是在单栓承载能力的基础上进行的。

图 10-8a) 是用两块盖板的对接接头,其传力途径是:拉力由一侧的构件通过该侧半个接头的螺栓传给两块盖板,再由两块盖板通过另半个接头的螺栓群传给另一侧的构件;接头的构造一般对称于构件的对接缝。图 10-8b) 是两构件直接搭接通过螺栓传递内力,轴力存在一定的偏心,搭接部分易出现弯曲。

在轴力作用下,各排螺栓的实际受力和变形是不均匀的,两端螺栓受力和变形都较大,中间的较小,但当达到塑性阶段时,各螺栓受力将趋于均匀。为简化计算,可以认为螺栓群内所有螺栓都平均受力。

当外力 N 通过螺栓群形心时,所需的螺栓数目 n 可按下式确定。

$$n = \frac{N}{[N^b]} \tag{10-4}$$

式中：N——轴向力；

　　$[N^b]$——单栓承载能力，取和的较小值；

　　n——螺栓数，按计算值取整数。

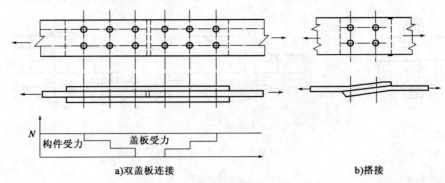

图 10-8　单、双盖板连接螺栓群受拉力

整个接头所需的螺栓数由下列方法决定：

(1) 对于对称的双盖板连接，所需的总螺栓数为 $2n$。

(2) 对于采用搭接或单盖板的螺栓连接，由于存在偏心，螺栓还受到一定的弯拉作用，故应将螺栓数增大 10%，即所需的螺栓数不少于 $1.1n$。这种接头的结构形式不够合理，设计时应尽量避免采用。

由于螺栓孔削弱了构件的截面，因此需验算构件的净截面强度，应满足：

$$\sigma = \frac{N}{A_n} \leq [\sigma] \tag{10-5}$$

式中：$[\sigma]$——构件的抗拉容许应力；

　　A_n——构件的净截面面积，取盖板和构件净截面的最小值。

所验算构件的净截面强度的破坏截面应根据受力大小、截面削弱程度来定。对于齐列布置，破坏截面为图 10-9a) 中 1-1 截面；对于错列布置，则应分别考虑 1-1 或 2-2 截面扣除螺栓孔削弱的影响。总之，应求出产生应力最大的状态，确保安全。

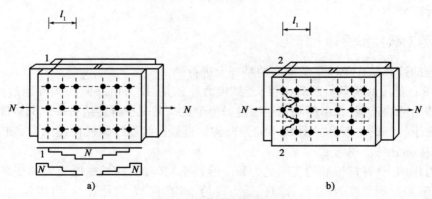

图 10-9　构件破坏截面位置

(二) 剪力螺栓群受弯矩作用

如图 10-9 所示的螺栓群，在弯矩 M 作用下，各螺栓受力的大小、方向均不相同，现作如下

假定:

(1)认为构件是绝对刚性的(刚化假设),螺栓则是弹性的。在弯矩作用下,接头一侧的每个螺栓绕螺栓群中心 O 相对旋转(图10-10)。

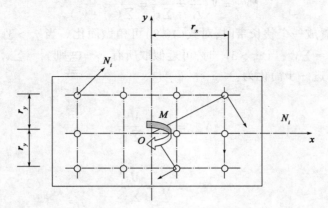

图10-10　力矩作用下螺栓群受力分配示意图

(2)每个螺栓所受的力为 N_i,其大小与它到 O 点的距离 r_i 成正比,方向与 r_i 垂直。根据力矩平衡条件可得:

$$M = N_2 r_1 + N_2 r_2 + \cdots = \sum N_i r_i \tag{10-6}$$

式中: N_i ——各螺栓所受的力;

　　　r_i ——各螺栓到螺栓群中心 O 的距离(矢径)。

根据上述第2点假设,有:

$$\frac{N_1}{N_2} = \frac{r_1}{r_2}, \frac{N_1}{N_3} = \frac{r_1}{r_3}, N_2 = N_1 \frac{r_2}{r_1}, N_3 = N_1 \frac{r_3}{r_1}, \cdots$$

将上述关系代入式(10-6),得:

$$M = N_1 r_1 + N_1 \frac{r_2^2}{r_1} + N_1 \frac{r_3^2}{r_1} + \cdots = \frac{N_1}{r_1}(r_1^2 + r_2^2 + r_3^2 + \cdots) = \frac{N_1}{r_1} \sum r_i^2$$

所以:

$$N_1 = \frac{M r_1}{\sum r_i^2} = \frac{M r_1}{\sum (x_i^2 + y_i^2)} \tag{10-7}$$

式中: M ——螺栓连接所受的弯矩;

　　　r_i ——第 i 个螺栓到螺栓群中心的距离;

　　　r_1 ——第1个螺栓到螺栓群中心的距离;

　　　x_i、y_i —— r_i 在 x 轴及 y 轴上的投影。

若 r_1 是距 O 点的距离最远,则根据上述假定,它的内力 N_1 最大,于是得到强度条件:

$$N_{\max} = N_1 = \frac{M r_1}{\sum r_i^2} \leqslant [N^b] \tag{10-8}$$

为了便于叠加,可将 N_1 在 x、y 轴上分解。

$$\begin{cases} N_{1x} = N_1 \dfrac{y_1}{r_1} = \dfrac{My_1}{\sum r_i^2} = \dfrac{My_1}{\sum(x_i^2 + y_i^2)} \\ N_{1y} = N_1 \dfrac{x_1}{r_1} = \dfrac{Mx_1}{\sum r_i^2} = \dfrac{Mx_1}{\sum(x_i^2 + y_i^2)} \end{cases} \quad (10\text{-}9)$$

如果螺栓群布置成一个狭长带时,对式(10-9)可稍做简化。当 $y_1 > 3x_1$ 时,可以近似取所有 $x_1 = 0$,则 $\sum(r_1)^2 \approx \sum y_1^2$;当 $x_1 > 3y_1$ 时,可近似取所有 $y_1 = 0$,则 $r_1^2 \approx \sum x_1^2$。

因此,上式还可进一步简化为:

当 $y_1 > 3x_1$ 时

$$N_{\max} = N_{1x} \approx \dfrac{My_1}{\sum y_i^2} \quad (10\text{-}10)$$

但 $x_1 > 3y_1$ 时

$$N_{\max} = N_{1y} \approx \dfrac{Mx_1}{\sum x_i^2} \quad (10\text{-}11)$$

(三)螺栓群受组合力共同作用

当螺栓群还同时受轴力 N、剪力 Q 和弯矩 M 共同作用时,可分别计算出它们作用下的螺栓 1 所受的力,然后按矢量合成方法求出最大的螺栓内力,使之满足:

$$N_1^{M,N,Q} = \sqrt{(N_{1x}^M + N_{1x}^N)^2 + (N_{1y}^M + N_{1y}^Q)^2} \leq [N^b] \quad (10\text{-}12)$$

式中:N_{1y}^Q——由通过螺栓群形心的竖向剪力作用时单个螺栓承受的力,其方向与 N_{1x}^N 垂直。
其他符号意义同前。

(四)拉力螺栓群受轴力作用

当外力通过螺栓群形心时,各拉力螺栓受力按平均分担,则所需的螺栓数目为:

$$n = \dfrac{N}{[N_t^b]} \quad (10\text{-}13)$$

(五)拉力螺栓群受力矩作用

由于每个螺栓只能受拉,不能受压。拉力螺栓一般不考虑受拉、受剪共同作用,在连接的底部设置承托,将剪力直接传递至立柱上。此时牛腿将绕底排(构件受压一侧)螺栓中心 O 转动,根据螺栓的变形情况,假定每排螺栓所受拉力与其到转动中心 O 的距离成正比,如图10-11所示。显然,最上一排(构件受拉一侧)螺栓所受拉力最大。与式(10-13)推导方法相似,在力矩 M 作用下的最大拉力为:

$$N_1 = \dfrac{My_1}{\sum y_i^2} \quad (10\text{-}14)$$

当螺栓群受轴向拉力 N 和力矩 M 共同作用时,所受最大拉力为:

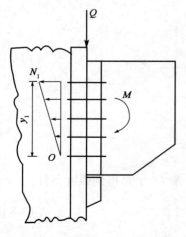

图10-11 拉力螺栓群受力矩作用

$$N_{\max} = \frac{N}{n} + \frac{My_1}{\sum y_i^2} \leq [N_t^b] \tag{10-15}$$

式中:y_i——每排螺栓到 O 的距离;

$\sum$——求和符号,应考虑所有螺栓。

(六)拉力螺栓群受拉力和剪力共同作用

当牛腿下不设置承托时,拉力螺栓既受拉,又受剪。现行《钢结构设计标准》(GB 50017)中考虑拉剪复合作用。其相关曲线如图 10-12 所示。其验算公式为:

$$\left(\frac{N_v}{[N_v^b]}\right)^2 + \left(\frac{N_t}{[N_t^b]}\right)^2 \leq 1 \tag{10-16a}$$

和

$$N_v \leq [N_c^b] \tag{10-16b}$$

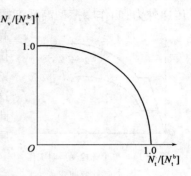

图 10-12 拉力螺栓受拉、剪作用及相关曲线

式中:$[N_v^b]$、$[N_t^b]$、$[N_c^b]$——单个普通螺栓的抗剪、抗拉和承压承载力容许值。

式(10-16b)是为了防止当板件较薄时,螺栓孔壁可能因承压强度不足而产生破坏。

六、高强度螺栓连接

(一)构造和性能

高强度螺栓和与之配套的螺母和垫圈合称连接副。螺栓的形式除常见的大六角头型外,还有扭剪型(图 10-13),其现行国家标准分别为《钢结构用高强度大六角头螺栓》(GB/T 1228)、《钢结构用高强度大六角螺母》(GB/T 1229)、《钢结构用高强度垫圈》(GB/T 1230)、《钢结构用高强度大六角头螺栓、大六角螺母、垫圈技术条件》(GB/T 1231)和《钢结构用扭剪型高强度螺栓连接副》(GB/T 3632)。高强度螺栓连接副须经热处理(淬火和回火)。

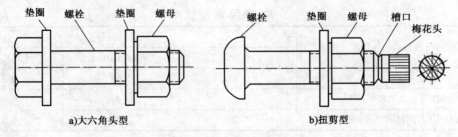

图 10-13 高强度螺栓连接副

高强度螺栓在工程中常用的规格也为 M16~M30,其最大连接长度可比普通螺栓的高,一般可取 5~7 倍螺栓直径。高强度大六角头螺栓与普通螺栓一样,需设置两个垫圈,而扭剪型高强度螺栓只需在螺母下设置垫圈。螺栓头因拧固时不旋转,故其下面可不设置垫圈。高强度螺栓不需采用防松动措施。

高强度螺栓用高强度钢,如 45 号、40B、35VB、20Mn 等制作,其强度为普通螺栓的 3~4 倍。常用性能等级有 8.8 级、10.9 级,小数点前的数字 8 和 10 表示抗拉强度为 800MPa 和 1000MPa,小数点后面的数字 0.8 和 0.9 表示屈服强度比 σ_s/σ_b,即 8.8 级的 $\sigma_s = 0.8 \times 800 =$

640MPa,10.9 级的屈服强度 $\sigma_s = 0.9 \times 1000 = 900$MPa。

高强度螺栓采用钻孔成孔,孔径比螺栓公称直径大 1.5~2.0mm。安装时用特别的扭力扳手拧紧螺母,在螺栓杆内产生很大的预拉力,使被连接件压得很紧,靠接触面间的摩擦力来传递外力,叫作摩擦型高强度螺栓;如果同时使螺栓杆受剪和承压,则叫作承压型高强度螺栓。

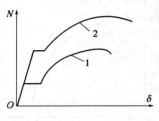

图 10-14　单个螺栓受剪时工作
性能比较曲线
1-普通螺栓;2-高强度螺栓

高强度螺栓不论是用于摩擦型连接中的受剪螺栓,还是用于受拉或拉剪螺栓,其受力都是依靠螺栓对板叠强大的法向压力,即紧固预拉力 P。即使在高强度螺栓承压型连接中,也要部分利用这一性能,其预拉力也应与高强度螺栓摩擦型连接的相同。因此,控制预拉力即控制螺栓的紧固程度,是保证高强度螺栓连接质量的一个关键性因素。

高强度螺栓连接的优点是构造简单,不易松动,承受动载及耐疲劳性能好,便于装拆,螺栓数量比普通螺栓少。其单个螺栓受剪时的工作性能比较曲线见图 10-14。

(二)摩擦型高强度螺栓连接的计算

高强度螺栓根据传递外力的方式不同,通常分为摩擦型高强度螺栓和承压型高强度螺栓。目前大量使用的是摩擦型高强度螺栓。下面主要介绍摩擦型高强度螺栓连接的计算方法。

1. 单栓承载能力

每个螺栓的承载能力可由接触面的摩擦力求得,考虑安全因素 0.9,得:

$$[N_f^b] = 0.9 \cdot n_f \cdot m \cdot P \tag{10-17}$$

式中:n_f——传力摩擦面数;
　　　m——摩擦因数,按表 10-4 采用;
　　　P——高强度螺栓的预拉力,按表 10-5 采用。

摩 擦 因 数 m 值　　　　　　　　　　表 10-4

连接构件接触面的处理方法	构件的钢号		
	Q235	16Mn、16Mnq	15MnV
喷砂	0.45	0.55	0.55
喷砂后涂无机富锌漆	0.35	0.40	0.40
轧制表面,钢丝刷清理浮锈	0.30	0.35	0.35

高强度螺栓预拉力 P(kN)　　　　　　　　　　表 10-5

螺栓的性能等级	构件的钢号					
	M16	M20	M22	M24	M27	M30
8.8 级	70	110	135	160	205	250
10.9 级	100	155	190	220	290	355

2. 螺栓群的计算

求得单个螺栓承载能力 $[N_f^b]$ 后,可按与普通螺栓类似的方法设计螺栓群连接。

当受轴心力作用时,所需螺栓个数为:

$$n = \frac{N}{[N_f^b]} \tag{10-18a}$$

当受弯矩作用时,应满足:

$$N_{max} = \frac{Mr_1}{\sum r_i^2} \leqslant [N_f^b] \tag{10-18b}$$

在摩擦型高强度螺栓连接中,构件净截面强度验算与普通螺栓连接有所不同。由于摩擦力是分布在孔周围板件的表面上,因此,当截取构件净截面时,存在着孔前传力现象。根据试验结果,孔前传力系数为 0.5,即每个螺栓(副)所受的摩擦力有 50% 在孔前传递,如图 10-15 所示。

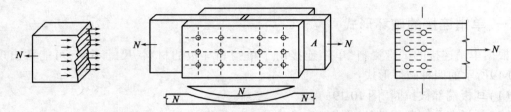

图 10-15　摩擦型高强度螺栓连接

设连接一侧的螺栓数为 n,计算截面上所截取的螺栓数为 n_1,则构件净截面所受的力为:

$$N' = N - 0.5\frac{N}{n}n_1 = N\left(1 - 0.5\frac{n_1}{n}\right) \tag{10-19}$$

于是净截面的强度条件为:

$$\sigma = \frac{N'}{A_n} \leqslant [\sigma] \tag{10-20}$$

由以上分析可知,在高强度螺栓连接中,开孔对构件截面的削弱影响比普通螺栓连接的小,这也是节约钢材的一个途径。

第三节　单销连接

单销连接具有结构简单、装拆迅速等优点,在渡河桥梁器材中广泛采用,如舟体的连接、可分解钢桥桁架拼装单元之间的连接等都采用单销连接。在民用结构中,一般仅在临时性安装结构中使用。

单销连接由单销(图 10-16)、单双耳板、开口销等组成。单双支耳、单销等一般用高强度钢材,如 40Cr 等经切削加工及热处理而成,因此为了确保热处理后的效果,一般将单、双耳分别与连接板焊接在一起,然后再与所要连接的构件焊在一起(图 10-17)。单耳板也叫作阳头,双耳板也叫作阴头。单销与耳板孔的间隙与粗制螺栓相同,一般为 1.0~1.5mm 或更大。

图 10-16　单销

有时为了减小单双支耳的受力,减少应力集中,将支耳设计成多支耳形式(图10-18)。

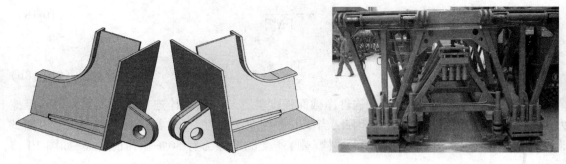

图10-17 带连接板的单双支耳　　　　　　图10-18 多支耳单销连接

一、单销连接的破坏形式

根据单销连接的试验资料,单销连接由于单销和耳板的材料、尺寸不同,可能常出现如图10-19所示的四种破坏形式:

(1)耳板端部被拉断[图10-19a)];

(2)耳板在孔侧截面被拉断[图10-19b)];

(3)单销弯曲变形过大,由双耳板张口中脱出[图10-19c)];

(4)单销被剪断[图10-19d)]。

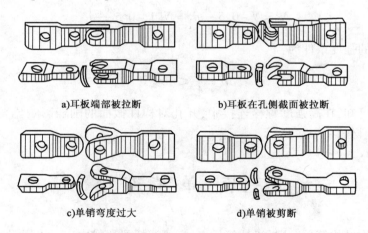

a)耳板端部被拉断　　　　　b)耳板在孔侧截面被拉断

c)单销弯度过大　　　　　d)单销被剪断

图10-19 单销连接的破坏形式

二、单销连接的一般特点

单销连接具有结构简单、拼装迅速等优点,在渡河桥梁器材中广泛应用,如舟体的连接,军用可分解钢桥、重型桁架桥桁架拼装单元之间的连接等都采用单销连接。在民用结构中,一般仅在临时性安装结构中使用。它的拼装作业较之建筑结构常用的多螺栓连接要简单和快速得多。

采用单销连接时,由于这些连接的结构特点是在每个拼装节点只用一个没有螺纹和螺母的销连接,并且在销与耳板上的销孔之间容许有较大间隙,因而大大加快了拼装作业。

由于上述结构特点,装配式单销连接在荷载作用下的受力情况也不同于螺栓连接。在一般的多螺栓连接中,构件是用受拉螺栓连接,内力的传递不但靠螺栓,而且靠构件间的接触而摩擦传力。但在单销连接中,耳板之间的剪移面没有摩擦力,力的作用完全由单销直接承受。此外,由于单销与孔之间有较大的间隙,销与耳板的某些部分将产生很大的超应力,使局部的残余变形提前出现。

三、单销连接的设计计算

单销连接的受力情况比较复杂。单销主要受剪、受弯及承压。耳板在孔壁承压,在孔侧、孔端截面上应力分布很不均匀,有较大的应力集中。根据等强度理论和国内外研究结果,《军用桥梁设计准则》(GJB 1162—1991)规定单销连接的合理尺寸是:

$b = (2.5 \sim 2.6)d$; $t_1 = (0.4 \sim 0.5)d$; $t_2 = (1.8 \sim 2.0)t_1$; $a_1 = (0.75 \sim 0.80)d$; $a_2 = (0.80 \sim 1.20)d$; $D = d + (1.0 \sim 2.0)t_1$; $e = 1/2(c - t_2) = (2 \sim 3)$ mm。

可见,单销的各部尺寸是以单销直径 d 为基准决定的。因此,单销连接的设计步骤一般是先按单销抗剪强度估计单销直径,然后确定其他各部尺寸,并验算各构件的强度。单销连接各部分参数见图10-20。

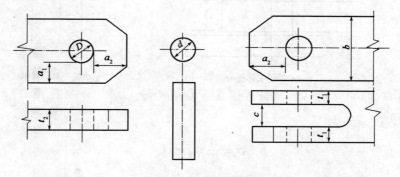

图10-20 单销连接参数

(一)按抗剪强度确定单销直径

$$\tau = \frac{4N}{n_v \pi d^2} \leqslant [\tau] \tag{10-21}$$

式中:n_v——单销受剪面数,对单双耳连接 $n_v = 2$;

N——实际计算内力;

$[\tau]$——单销抗剪容许应力。

(二)验算耳板孔壁承压强度

单耳板:

$$\sigma_c = \frac{N}{dt_2} \leqslant [\sigma_c] \tag{10-22}$$

双耳板:

$$\sigma_c = \frac{N}{2dt_1} \leqslant [\sigma_c] \tag{10-23}$$

(三)验算耳板孔端及孔侧抗拉强度

孔端:
$$\sigma = \frac{N}{a_2 t_2} \leq [\sigma] \quad (10\text{-}24)$$

孔侧:
$$\sigma = \frac{1.4N}{2a_1 t_2} \leq [\sigma] \quad (10\text{-}25)$$

式中:1.4——考虑了孔侧应力集中而将荷载放大的系数。

(四)验算单销的抗弯强度

计算单销时,可将单销看作简支架,此简支架的跨度为双耳板轴心间的距离 l,荷载则简化为与单耳板宽度相同的均布荷载,见图10-21。

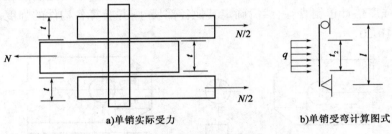

a)单销实际受力　　　　　　b)单销受弯计算图式

图10-21　单销受弯计算图式

单销抗弯强度条件为:

$$\sigma = \frac{M}{W} \leq [\sigma_w] \quad (10\text{-}26)$$

式中:M——跨中最大弯矩,$M = \frac{N}{8}(2l - t_2)$,其中,$l = c + t_1$;

W——单销截面抵抗矩,$W = \frac{\pi d^3}{32} \approx 0.1 d^3$。

上述简化计算是偏于安全的。实际单销的计算跨度,比图中所取的要小,故计算弯曲应力偏大。《军用桥梁设计准则》(GJB 1162—1991)单销弯曲容许应力规定得较大,是与简化计算图式相适应的。

第四节　丙丁接头

一、构造

丙丁接头由形如"丙""丁"的两个板构件组成,主要承受拉力,常用于渡河桥梁纵向下部接头的连接,如舟体水下部分的连接,轻型伴随桥和重型冲击桥桥节之间的下部接头连接,拆装非常方便、迅速,又称为凹凸耳接头,俗称挂钩。该种接头在一些民用钢质浮游结构中也有广泛应用,见图 10-22、图 10-23。

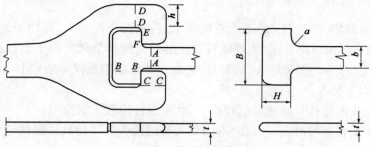

图 10-22 丙丁接头连接

注:$A\text{-}A$、$B\text{-}B$、$C\text{-}C$、$D\text{-}D$ 等表示各处的截面,例如 $A\text{-}A$ 截面的宽为 b,依次类推。E、F 表示接触面。

丙丁接头传递的荷载比较大,可达 300~900kN 甚至更大,因此,一般用高强度材料如 40Cr、30CrMnSi 等制成,并经过锻造、切削加工、热处理、喷砂等工艺过程。

丙丁接头的应力分布比较复杂,特别在丙接头的钩部和丁接头的肩肋部,常有较大的应力集中,应力集中系数可达 $K=2.0~3.9$,与构件各部尺寸、荷载条件及加工质量有关。

根据近年来有限元分析及光弹试验、疲劳试验的大量研究结果,《军用桥梁设计准则》(GJB 1162—1991)规定丙丁接头的主要尺寸如下:

图 10-23 丙丁接头轴测图

$$B = (2.0~3.0)b, H = (1.25~2.0)b, \rho = (0.25~0.6)b, t \leqslant 60\text{mm}$$

其中,钩、肋部的曲率半径 ρ 对应力集中的影响较明显。一般的,ρ 小则应力集中系数 K 就大;但 ρ 过大,又会减少肩、钩的接触面积,并使合力臂加大;规定板厚 $t \leqslant 60$mm,是考虑构件热处理淬透深度的限制。

为了便于舟体分解,丙丁接头之间留有较大的间隙,如某舟桥器材丙丁接头除接触面以外,周边的间隙约为 5mm。接头的转角处及接头与舟体龙骨连接焊缝的表面状况对疲劳性能影响较大,要求机加工表面保持光洁,无横向划痕和凹坑缺陷,并对焊缝做探伤检查,确保焊接质量。

在一些桥梁装备中的下部所使用的丙丁接头为厚体的结构(图 10-24),厚体丙丁接头本身可以承受一定的弯矩。在桥梁架设过程中由于简支梁与悬臂梁的转换,需要承受一定的反弯矩。

丙丁接头一般位于渡河桥梁装备的下部,在舟桥中是在水下连接的,丙丁接头在舟体外为凸出物,在相互连接过程中会出现碰撞的可能。因此出现了一种无凸出物的丙丁接头(图 10-25)。

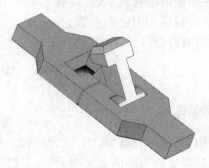

图 10-24 厚体丙丁接头　　　图 10-25 无凸出物的丙丁接头

二、丙丁接头的一般特点

丙丁接头由形如"丙""丁"的两个板构件组成,主要承受拉力,常用于渡河桥梁纵向下部接头的连接,如舟体水下部分、轻型伴随桥和重型冲击桥桥节之间的下部接头的连接,拆装非常方便、迅速。又称为凸凹耳接头,俗称挂钩,在一些民用钢质浮游结构中也广泛应用。

该接头有以下特点:

(1)丙丁接头的结构尺寸受限制较少,因此可以传递较大的拉力;

(2)丙丁接头在连接时比较方便,不需要人员到接头处进行具体操作,而利用漂浮在水面上舟体的高差,对齐进入即可,方便水下结构的连接;

(3)丙丁结构的结构设计成平缓过渡,有利于减少结构的应力集中,也有利于结构的抗疲劳;

(4)丙丁接头不具备抗剪受力,因此往往与剪力销、定位销等配合使用;

(5)丙丁接头如果设计成较厚的结构,在桥体上下限位的基础上,也可以承受一定的力矩;

(6)丙丁接头一般采用低合金钢制作而成,需要进行热处理方能取得理想的结构强度,而丙丁接头体量较大,热处理要求较高;

(7)经过热处理后的丙丁接头再焊接到桥体、舟体上,焊接高温会影响热处理效果,因此需要在热处理前就焊接上一块与桥体、舟体结构材料一致的过渡板;

(8)也有在丙接头下方增加一块挡板,便于丙丁接头承受少量剪力;

(9)丙丁接头之间的间隙稍大,因此在反复荷载作用下,会持续发出声响。

三、设计计算内容

(一)静力计算

为了保证受力均匀,丙接头的钩部和丁接头肩肋部两者弯曲刚度应相等。一般应计算 A、B、C、D 四个截面,并据此确定构件的各部尺寸。

A 截面为轴心受拉,强度条件为:

$$\sigma = \frac{K_d N}{A} = \frac{K_d N}{bt} \leq [\sigma] \quad (10\text{-}27)$$

式中:K_d——作用力不均匀系数,可取 $1.4 \sim 2.0$,考虑由于接头间隙较大,两肩受力不均匀及荷载偏心引进的系数。

D 截面按偏心受拉计算,强度条件为:

$$\sigma = \frac{K_d N}{A} + \frac{K_d M}{W} \leq [\sigma] \quad (10\text{-}28)$$

(二)疲劳验算

桥渡结构受交变荷载的作用,疲劳问题十分突出。由于内部微裂纹的存在,接头或焊接部分往往在比屈服度低得多的名义应力下,经过若干反复作用造成突然破坏。表征某一构造细节应力循环次数 N 与应力幅的关系式称为疲劳方程,其一般形式为:

$$N(\Delta\sigma)^m = C \tag{10-29}$$

或

$$\lg N = \lg C - m\lg(\Delta\sigma) \tag{10-30}$$

式中：N——荷载（或应力）循环次数；

$\Delta\sigma$——应力幅，$\Delta\sigma = \sigma_{max} - \sigma_{min}$；

C——常数，与材料性能构造细节和循环特征等有关，可用试验方法测定。

m——在双对数坐标中，$\lg N - \lg\Delta\sigma$ 直线斜率的负倒数。

根据循环次数 N 的大小，一般将疲劳问题分为两类，即高周疲劳（$N > 1 \times 10^5$ 次）和低周疲劳，这两类疲劳破坏的机理是不相同的。桥渡结构受荷载较大，属临时性结构，一般认为取 $N = 10000$ 次即可满足要求（图10-26）。

根据近年来对 40Cr、30CrMnSi 等材料丙丁接头的低周疲劳试验结果，经统计回归得如下的疲劳方程：

$$\lg N = 30.78 - 9.73 \times \lg(\Delta\sigma) \tag{10-31}$$

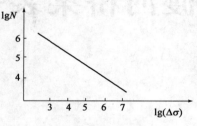

图10-26 疲劳曲线

由式（10-29）可求得与应力幅 $\Delta\sigma$ 相对应的循环次数 N。但实际结构的应力幅 $\Delta\sigma$ 是随时间改变的（变应力幅），因此需根据荷载谱的变化，按累积损伤原理及可靠度理论加以解决。

渡河桥梁装备的连接技术多种多样，根据实际结构的需要和作业拼装的需要加以采用。

第十一章
渡河桥梁装备器材的架设技术

第一节 渡河桥梁装备架设要求和方法

一、渡河桥梁装备架设的基本要求

渡河桥梁装备器材的架设速度、方法,也是渡河桥梁装备器材的主要性能之一。与民用桥梁的架设建造不同的是,在战场恶劣的环境下,迅速、快捷、简便、高效地架设渡河桥梁,为战争的进行提供交通保障,要求现场架设争分夺秒,千米级的长江浮桥架设都是以几小时、几十分钟计算,而几十米的固定桥梁架设,都是以几分钟计算。另外,渡河桥梁的架设场地不可能采取大规模的土方作业,不可能提供宽敞、平顺的架设场地,在架设渡河桥梁过程中,力求隐蔽,不宜暴露目标。

（一）快速机动、快速架设

渡河桥梁装备器材在机动阶段应具备的机动越野能力,表现为最高机动速度、爬坡度、越野能力,以及架设时最快架设时间、最快撤收时间等。

（二）反复拼装、多次架设

军桥的拼装单元种类要少,构件的互换性要高。因此,采用模块式桥梁结构,以提高作业速度,增加通用性,进而满足军用桥反复拼装、多次架设的需求。

(三)机械化架设

在架设阶段,以机械化为主要手段,以最少的人员、最短的作业时间架设渡河桥梁的能力。

(四)战场环境中架设

主要指架设过程中为保证渡河桥梁顺利架设及人员安全抗沉性及抗损能力等,有的装备要在战斗前线突击架设,应该具有一定的防护能力。

(五)架设过程中,隐蔽安全

在渡河桥梁的架设过程中,不可能提供大型的起吊装备,也不易征集到利用电力的卷扬机、起重机等,因此,主要依靠舟车、桥车和专用架桥车、架桥艇等配合,进行渡河桥梁的隐蔽架设,并要确保架设过程中的安全。

二、渡河桥梁装备的架设方法和特点

不同的渡河桥梁装备有不同的架设方法,并且其特点也不一样。本章将渡河桥梁按其架设方式分为军用固定桥和军用浮桥,并分别对其架设方法和特点进行归纳介绍。军用固定桥的架设方法,分为架桥车架法和拖拉架设法等,当对于小跨度的桥梁而有较大的起重设备时,可以利用整体吊装的方法。对于线型拼装单位的桁架结构,也可以用悬臂拼装或在脚手架上拼装的方法。还可以在架桥点的岸边将桥跨和桥脚结构拼装好,再用拖拉或浮运的方法,使桥跨和桥脚结构就位;对于有专用架桥车的渡河桥梁更可使用机械化的架设方法。军用浮桥的架设,通常可以采用的有门桥架设法、旋转架设法、单舟架设法和混合架设法等,对应于每种架设方法又有各自的适用时机和特点。总之,渡河桥梁的架设方法,应根据军桥种类和自身特点、架桥的战术技术要求(主要考虑架设速度的要求)和当时当地的具体条件(特别是架设所需的设备条件)加以确定。表 11-1 主要就军用固定桥和军用浮桥架设方法及其特点进行介绍。

军用固定桥和浮桥的架设方法和特点　　　　表 11-1

序号	架设方法	基本原理	典型例子	优点	缺点
1	逐跨架设法	在架设完一跨的基础上进行下一跨桥梁的架设	低水桥、机械化桥	方法简单、架设安全	架设时间长、架设速度慢
2	逐跨拼装推送架设法	在岸侧逐跨拼装,利用配重平衡,进行水平推送架设	装配式公路钢桥	架设较大跨度的桥梁使用	需要岸边有一定的场地,人工拼装、推送的效率低、架设风险大
3	平推式架设法	在架桥车上各桥跨连接成桥、整体水平推送架设	轻型山地伴随桥	机械化架设速度快、平推式目标小、受风力影响小	机构较复杂、作业动作较多、架设的桥梁跨度不大
4	翻转式架设法	在架桥车上各桥跨连接成桥、整体翻转架设	机械化桥	机械化架设速度快、作业动作较简单	翻转垂直时目标大,受风力影响也大,架设桥梁跨度不大
5	剪刀式架设法	在垂直翻转的同时水平展开进行架设	机械化桥改进型	机械化架设速度快、剪刀式展开目标小,逐跨架设可以克服较大宽度障碍	有桥脚,因此有一定深度的要求

续上表

序号	架设方法	基本原理	典型例子	优　点	缺　点
6	导梁架设法	在主梁拼装时同时连接导梁,先将导梁推送到位,然后主梁沿导梁架设到位	重型支援桥	机械化拼装架设效率高、导梁推送主梁架设较安全,可以架设较大跨度的桥梁	作业机构复杂,对场地要求较高
7	旋转架设法	先沿河边将桥跨拼装后,进行旋转到位	民用桥梁	桥梁架设较突然,在预先拼装好的情况下桥梁架设速度快	需要较好的岸边场地,旋转架设时注意桥梁的重心位置,使桥梁不至于失稳
8	分段旋转架设法	在两岸分别旋转、中间连接	民用桥梁	速度更快、架设的跨度大	对两岸地形要求高、跨中连接比较复杂
9	浮墩推送架设法	将浮墩作为支撑,将拼装好的桥跨推送至对岸架设	铁路桥梁	可以架设较大跨度的桥梁	需要有浮式结构物作为桥墩使用
10	柔索架设法	先在两岸架设柔索,再分别连接拉杆、主梁和桥面	吊桥、索道桥	可以架设较大跨度的桥梁	需要将柔索传递过江,如果江河较宽则作业不方便
11	起吊架设法	在陆地上拼装好桥跨,利用吊车、浮吊或者直升机将桥跨直接吊放在桥位上	小型固定式桥梁	架设速度快	需要大型的起吊设备

第二节　固定式桥梁架设方法

一、翻转式(剪式)架设

　　桥跨及中间桥脚在运输状态时倒置在架桥车的升降架上。架设时,在液压系统的工作下可升起和放下升降架。在钢索机构的帮助下,可升起和放下桥跨块体,钢索的工作由架桥车上的绞盘进行。升降架尾部能纵向和横向调整桥跨块体。为了减轻架桥车后轴的负荷,在架桥过程中车后设置千斤顶予以辅助。当架桥车到达架桥点后,首先要使桥路从运输状态变成工作状态。为此,要分开桥跨的车辙和桥脚的冠材,悬挂桩尖至桥脚柱上等,然后将架桥车倒车至岸边进出口位置。这以后,桥跨在它自重的影响下继续翻转降落。这时升降架被可折叠的拉杆控制在临界位置,两桥跨块体则借助钢索系统,降落至需要的位置,直至桥脚的桩尖触及土壤。

　　架设多跨桥梁时,以后的各跨都按照前述相同的程序进行。只是架桥车必须倒车至已架好的前一跨桥梁的最前端才能设置下一跨桥梁。最后的一跨桥梁只有桥跨的块体,没有中间桥脚。在架桥全部设置完后,再构筑进出口。我军装备的轻型机械化桥就是采用这种架设方式(图11-1)。如果架桥车架设的是折叠式的桥跨,那么桥跨的折叠和展开需要通过专门的折叠(剪切)油缸系统进行。它的架设程序通常是先由升降油缸将折叠的桥跨顶起至超过垂直位置,然后由剪切油缸将桥跨展开成全长,再由升降油缸或钢索系统将桥跨放(落)至架设的位置。我军装备的重型机械化桥架设程序就是这样的程序(图11-2)。

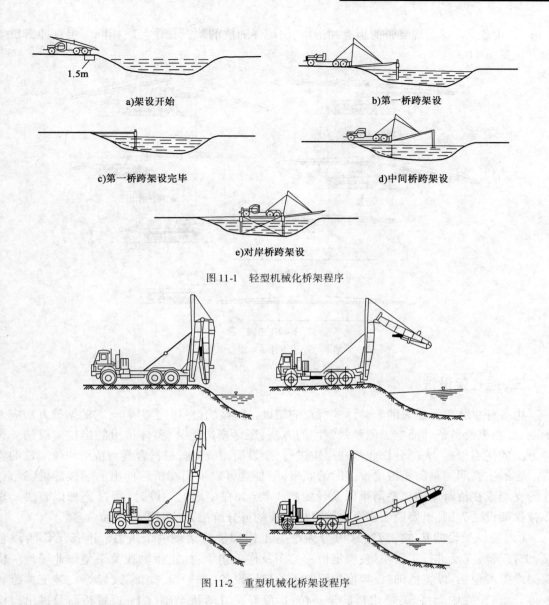

图 11-1 轻型机械化桥架程序

图 11-2 重型机械化桥架程序

二、滑移式架设

滑移式架设也称为平推式架设方法。这种架桥过程的一个主要问题是两个半桥之间的重新连接。为使它能顺利且理想地完成,在架设时首先要用尾部悬梁将上半桥托起,这时在上、下半桥之间出现了一定的间隙,这个间隙能使下半桥向前推移。同时将车前的主悬梁安置在悬浮位置,使得滚动的下半桥在上半桥下自由地滚动时,避免强制作用而导致过载或断裂。一个电极限开关和一个机械保险装置可以控制下半桥自由地滚到前端位置。接着是主悬梁上的辅助臂由油缸操纵上升,固定于上半桥,然后再下降,同时使尾部悬架向后摆动,直到两个半桥准确连接在一起,并平放在架桥车上,这样就做好了架设前的准备工作。桥跨连接好以后,即可借助推进传动装置,使桥跨向前滑过上悬梁的滑轮导向装置。接着,下降主悬梁,使桥的一端先放置到对岸上,然后再放置我岸的一端,至此,架桥车即可撤出。这样的架设工作只需3~

5min 即可完成。我军现装备的坦克冲击桥、山地伴随桥的架设程序与之相同。坦克冲击桥架设方法见图 11-3。

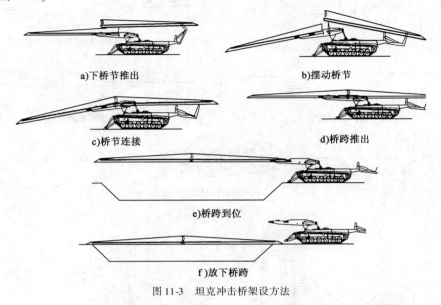

图 11-3 坦克冲击桥架设方法

三、拖拉架设法

由各种拼装单元组成的非整体式桥跨的架设,通常没有专用的架桥车,它的架设方法应因地制宜,根据设备条件而定。但是最常用的方法,还是岸边组装、整体推出的拖拉架设法。这种方法的优点很多,大部分作业都在岸边进行,架设简便、迅速,最符合渡河桥梁快速架设的要求。它的主要问题是防止桥梁推出时的倾覆,但是这可以采用在桥跨伸出前端接导梁、导索、浮游支点或在桥跨尾端加平衡重以及设置脚手架(如在旱地上架设时)等措施加以解决。现以拖拉架设法为例,概要说明多个拼装单位组成的可分解桥梁的架设程序和内容。

(1)拖拉架设的基本内容通常可分为准备工作和桥跨架设两个阶段。准备工作阶段包括:选择架桥点及进行工程侦察;确定桥跨简图及作业组织;标定桥轴线及平整作业场地。桥跨架设阶段包括:设置桥础;设置拖拉线路上的架设设备(如平滚、摆滚、绞盘等);装配桥跨和连接导梁;设置中间桥脚;拖出桥跨至桥位;拆除导梁并落桥至础材上;设置桥面及进出口构件;拆除架设设备;检查和通过试验荷载等。

(2)拖拉架设的架设设备主要是普通工具,如绞盘、钢索、撬杠、铁钎、扳手、大锤、千斤顶等,这在一般部队都易装备。但是各种军用可分解桥梁器材根据其器材架设的特殊需要,往往还装备特种架设工具。如轻便桥的架设钢索、滚轮、导滑轮,装配式公路钢桥的摇滚、平滚、下弦接头,轻型机械化桥的提升器、定位器等都属这一类架设工具。这类器材都应在桥跨设计时予以考虑,并配套装备于器材之中。

例如,英国的中型桁架桥的架设就采用了拖拉架设法,具体方法如下(图 11-4):

(1)在我岸预先拼组好部分桥跨结构,其长度越长越好,但是较长的桥跨需要较大的场地,并在桥跨端部设置固定好对岸的桥脚,在我岸设置好前滚梁、中滚梁和后滚梁,在对岸设置钢索绞盘,并将牵引钢索固定在桥跨的端部。

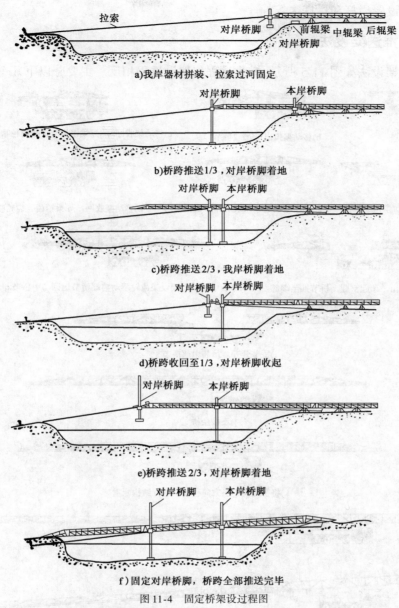

图11-4　固定桥架设过程图

（2）牵引钢索向前拉，后部用车辆顶推，使得桥跨移动至1/3处并放下对岸的桥脚至河底，在桥跨推出处固定设置本岸桥脚。

（3）桥跨携带本岸桥脚在对岸牵引钢索的作用下继续向前移动，而对岸的桥脚固定不动，仅仅为桥跨移动，当本岸桥脚与对岸桥脚基本靠拢时，桥跨停止移动，并将本岸桥脚放至于河底并固定。

（4）将桥跨收回并将对岸桥脚收起固定在桥跨上。

（5）继续牵引绞盘钢索，将携带了对岸桥脚的桥跨继续向前移动至2/3处。

（6）放下固定桥脚，并继续前移桥跨至对岸。

（7）落桥，将桥跨支点降落在桥础上，并进行全桥的固定，设置桥梁跳板；如果桥梁长度超过200m,还应设置栏杆和栏杆绳等。

四、导梁推送架设法

导梁推送架设法如图11-5所示,撤收过程与架设过程相反。主要分以下几个步骤进行:

a)架桥车就位

b)移动架推出,吊装桥节

c)移动架收回,导梁销齿与托架齿轮啮合

d)托架齿轮将桥节推至端头

e)推出移动架,吊装对岸岸边桥节

f)移动架收回,导梁销齿与齿轮啮合

g)移动架推出,顶起支腿,桥节推至端部

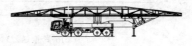
h)吊装中桥节,架设架齿轮驱动前端桥节退回与中桥节相连

i)桥节分开,吊装中部桥节

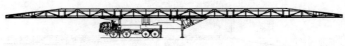
j)连接全桥

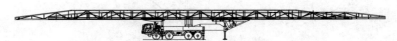
k)将桥跨向车头方向移动,进行结构配重

l)推出导梁

m)旋转架设架,使前端着地

n)推出桥跨

o)摆动架设架使我岸着地

图 11-5

p) 收回架设架，桥车驶离

图11-5　导梁推送架设法架设过程图

（1）架桥车到位，打开稳定支腿；
（2）架桥车上移动架推出，我岸端桥跨运输车行驶至架桥车旁，架桥车上的吊臂起吊端桥跨；
（3）移动架收回，将移动架上的齿轮与我岸端桥跨中导梁上的拨齿啮合；
（4）利用移动架上的齿轮，将我岸端桥跨向车头方向推出，留出下一个桥跨拼装的位置；
（5）架桥车上移动架推出，对岸端桥跨运输车行驶至架桥车旁，架桥车上的吊臂起吊端桥跨；
（6）移动架收回，将移动架上的齿轮与对岸端桥跨中导梁上的拨齿啮合；
（7）顶起支腿，利用移动架上的齿轮，将对岸端桥跨向车尾方向推出，留出下一个桥跨拼装的位置；
（8）起吊中桥跨，架设架与前端的桥跨相连，将前端桥跨移回与中桥跨连接，作业手将高压液压管快速接头连接在桥跨上，利用液压将主梁与导梁分别进行连接；
（9）起吊中桥跨，架设架与后端的桥跨相连，将后端桥跨移回与中桥跨连接，作业手将高压液压管快速接头连接在桥跨上，利用液压将主梁与导梁分别进行连接；
（10）如此将全桥的若干个桥跨全部连接（或者根据需要确定连接的节数）；
（11）将桥跨的主梁向车头方向适当移动，以配重后确保重心的位置处于可控的范围；
（12）利用拨轮将导梁上的拨齿拨动，使得导梁向对岸推送并到位；
（13）适当旋转架设架，使得导梁在对岸的一端着地；
（14）利用架设架上的拨齿，将主梁沿导梁推送到对岸；
（15）摆动架设架，使得桥梁我岸一端着地；
（16）架桥车驶离，打开两端的跳板，翻开桥梁两侧的盖板，固定桥梁，架桥结束。

第三节　浮桥的架设方法

一、浮桥的架设方法

在江河上架设浮桥通常采取的方法有门桥架设法、旋转架设法、单舟架设法、混合架设法、陡岸架设浮桥法等。

（一）门桥架设法

门桥架设法是将桥节门桥逐次引入桥轴线架设的方法；可自一岸架设或两岸同时架设；通常在流速较高，或江河状况复杂时采用。这种方法机动灵活，受地形、流速限制较小，因此，是一种常用的方法。

（1）一岸架设法（图11-6）：是将桥节门桥自一岸引入桥轴线并逐次接长成浮桥。通常在河幅不宽或流速较高的情况下采用。当桥节门桥分别系留在桥轴线上、下游岸边时，按先上游后下游,先近后远的顺序顶推(牵引)门桥进入桥轴线,最后移动岸边舟闭塞浮桥(闭塞位置选择在对岸流速较低处);当桥节门桥都系留在桥轴线下游时,按先近后远的顺序顶推(牵引)门桥进入桥轴线。闭塞门桥应在带有岸边舟的桥节门桥进入对岸桥轴线后再进入桥轴线,最后移动岸边舟使浮桥闭塞。

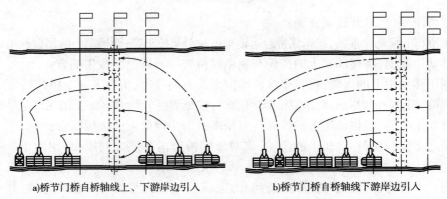

a)桥节门桥自桥轴线上、下游岸边引入　　　b)桥节门桥自桥轴线下游岸边引入

图 11-6　一岸架设法

(2)两岸架设法(图 11-7):是将桥节门桥自两岸引入桥轴线向河中接长成浮桥;通常在河幅宽大、流速较高、泛水条件好的江河上采用。

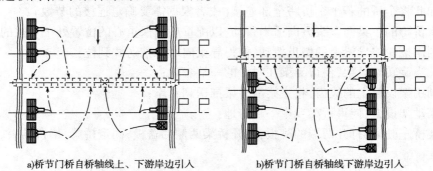

a)桥节门桥自桥轴线上、下游岸边引入　　　b)桥节门桥自桥轴线下游岸边引入

图 11-7　两岸架设法

(3)门桥架设法的作业组织。

门桥班:通常由门桥长 1 名、钩篙手 1 名、投锚手 1 名、连接手若干名组成(桥段每增加一个舟应增加 1 名投锚手)。

岸边班:每岸一个,每班作业手 3 名(第 1 名为班长),其中连接手 2 名,系留手 1 名。

动力班:根据桥节门桥的数量、流速高低决定所需汽艇数量。通常流速在 2.5m/s 以下时,每个三舟桥节门桥配备一艘汽艇(流速低时可适当增加门桥长度)。每艘汽艇由驾驶员、副驾驶员(兼投锚手)各 1 名组成。

(4)桥节门桥进入桥轴线的方法:桥节门桥由下游引入桥轴线时,门桥长按下述顺序(口令)进行指挥作业。

①离岸准备:汽艇靠上门桥后,门桥班接过汽艇上递过来的固定钢索,挂在两个边舟的内侧羊角上,再将下游锚交给汽艇上的投锚手。

②离岸:门桥长指挥钩篙手和汽艇(倒车)使门桥离岸,汽艇顶推门桥按规定路线驶向上游投锚线的位置。在流速高、流向紊乱的江河上架桥时,主流线附近的数个门桥不能超过桥轴

线到上游去投锚,以免门桥失控冲垮架好的桥段,应在架桥前将锚从锚机上卸下连上尼龙或麻索锚纲投到相应处,锚纲用浮标(救生圈)漂至桥轴线,待门桥引入桥轴线后,再与锚机上的锚纲用卸扣相连。

③投锚:当舟首到达投锚线时,门桥长下达"投锚"口令,投锚手将上游锚投下,同时松锚纲,汽艇减速,使门桥下滑。

④对正:门桥滑到桥轴线时,投锚手停放锚纲,门桥长指挥钩篙手和汽艇,使门桥靠拢码头,下达"松(紧)锚纲"口令,投锚手调整锚纲,使门桥对正桥头并进行固定;然后,门桥上两名作业手将汽艇固定钢索从尖舟"羊角"上解脱,汽艇副驾驶员将钢索收回放好,汽艇到下游投锚线投下游锚。

⑤连接:门桥对正桥头后,门桥长下达"连接"口令,连接手迅速取下纵向拉紧装置绞盘上的钢索回圈,从方销导孔中将钢索回圈引出,挂在相连方舟方销头部的挂钩上(事先将方销头拨出舟外),用并舟具操纵绞盘旋转,将方销拉入导孔,直到完全定位,再拔出横销,将方销固定,用定位销将横销定位;然后,按结合 200kN、600kN 浮桥桥节门桥的方法结合纵向接头,其他作业手整理器材、固定下游锚纲,准备连接随后进入桥轴线的门桥。

⑥闭塞:应根据浮桥组成的确定中规定的方法,或根据闭塞间距的大小,两岸向水侧或陆侧移动。移动前,岸边班将牵引装置固定在岸边舟的陆侧端,将牵引装置上的圆环放在舟车的牵引钩内,浮桥长指挥向水侧或陆侧移动,使浮桥闭塞。闭塞后,岸边班将岸边舟的固定钢索与埋在岸上的锚(桩)相连,并张紧钢索,使浮桥的纵向稳固。

桥节门桥由上游引入桥轴线的方法与下游的相同,可采取汽艇牵引法,但闭塞门桥必须放在桥轴线下游。

(5)桥轴线的校正:浮桥闭塞后,门桥长持标杆位于门桥中央,投锚手就位,浮桥长指挥投锚手松(紧)锚纲,使浮桥轴线与标定的桥轴线重合。然后,检查浮桥各部分是否连接好,作业手将吊杆插入尖舟首部插孔内,将吊钩钩在羊角上并张紧钢索。架设 200kN 浮桥时还应将缘材插入插座内,然后将栏杆(并舟具)插入栏杆内,并设置栏杆绳。浮桥夜间通载时,应在浮桥下游设置缘材,再在缘材上装设夜光浮标。

(6)岸边舟的岸侧应有 1~2.5m 着地支承,不可浮起。浮桥架好后,提升器链环应予以放松。

(二)旋转架设法

旋转架设法,通常在河幅较小、流速不高,且河中无浅滩、暗礁的江河上采用。先在上游投锚线的上游 20~30m 处沿一岸或两岸将结合好的桥节门桥连接成桥段,然后将其旋转引入桥轴线架设浮桥。可一岸旋转或两岸旋转。

(1)一岸旋转架设法[图 11-8a)]

是将桥节门桥在一岸(通常在我岸)连接,然后旋转引入桥轴线进行架设。自一岸架设时,对岸的岸边舟同两个河中舟连接成桥段,在浮桥架到对岸前设置好;浮桥的闭塞在对岸进行。

(2)两岸旋转架设法[图 11-8b)]

先将桥节门桥在两岸连接成桥段,两岸同时旋转将桥段引入桥轴线,最后用闭塞门桥进行浮桥闭塞。

(3)旋转架设法的作业组织

岸边班:两岸各设 1 个班,每班作业手 3 名(第 1 名任班长),其中升降手 2 名,系留手

1名。

投锚班：投锚班的数量和作业手的数量应根据上游锚的数量和投锚汽艇数量确定，通常每个上游锚设投锚手1名。

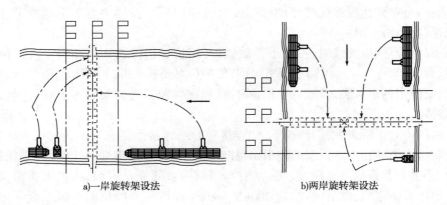

图11-8　旋转架设法

系留班：两岸各设1个班，每班由班长1名、作业手4名组成。

动力班：一般每个桥段设1个班，人员根据使用的汽艇数量确定，每艇有正、副驾驶员各1名。

（4）浮桥段旋转进入桥轴线的方法

浮桥段旋转进入桥轴线，浮桥长按下述顺序(口令)进行指挥作业。

①离岸准备：作业手在桥段两端舟陆侧的"羊角"上各固定1根系留绳。靠下游的系留绳递给岸上的系留班；上游的系留绳整理好，准备在旋转过程中投给另一岸的系留班。上游用1艘汽艇牵引，将钢索挂在桥段靠上游的第1个河中舟的羊角上，其他汽艇顶推，将钢索挂在顶推舟的"羊角"上。再将下游锚交给汽艇上的投锚手。用斜张纲固定时，可将靠岸门桥的钢索和斜纲预先设置好。

②旋转：当浮桥长发出桥段旋转的信号时，桥段长迅速指挥钩篙手和汽艇驾驶员，使桥段上游离岸旋转；在旋转过程中，钩篙手和所有汽艇驾驶员协力控制桥段的速度和方向；待桥段旋转到与主流线垂直时，向对岸系留班投系留绳。然后，浮桥长指挥两岸系留班和岸边班，校正桥段位置，当接近投锚线时，浮桥长下达"投锚准备"的口令，投锚手投下浮标并做好投锚准备。

③投锚：当舟首到达上游投锚线时，浮桥长下达"投锚"口令，投锚手将上游锚投入河中，同时放松锚纲，汽艇减速使桥段下滑。此时，桥段上的作业手将牵引汽艇的钢索取下，汽艇离开，副驾驶员收回钢索。

④对正：桥段到达桥轴线时，浮桥长指挥投锚手停放钢索，下达"松(紧)锚纲"的口令，投锚手调整锚纲，使桥段对正桥轴线。然后，桥段上的作业手将汽艇的固定钢索取下，汽艇副驾驶员收回钢索，到达下游投锚线投下游锚。

⑤闭塞：按门桥架设法的闭塞方法进行。

（5）校正桥轴线

校正桥轴线与门桥架设法的相同。

(三)单舟架设法

通常在岸边作业场地狭窄,只能一辆舟车泛水;舟桥器材陆续运到渡口或破冰架桥时采用。其方法是将陆续泛水的河中舟结合好后,由一岸引入桥轴线进行架设。这种方法所需作业人员少,但架桥时间较长。

(四)混合架设法

通常在江河流线偏于一岸和河幅较宽时采用。其方法是靠一岸或两岸的桥段采用旋转架设法,河中或一岸的桥段采用门桥架设法。

(五)陡岸架设浮桥

当河岸陡峭且修整困难时,可考虑采用以下方法架设浮桥。

(1)当岸高 $h \leqslant 2m$ 时,舟桥器材可直接由舟车泛水,再用其他机械化桥的桥跨作岸边过渡跨,架设混合浮桥(图11-9)。

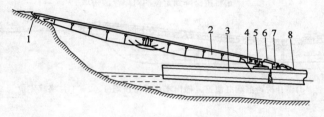

图11-9　混合浮桥
1-老虎头;2-固定桥的桥跨;3-带式舟桥;4-系紧索;5-础板;6-跳板;7-支座;8-衬垫物

(2)当 $2m < h < 3.5m$ 时,舟桥器材可用吊车泛水,再用坦克冲击桥桥跨作岸边过渡跨,架设混合浮桥。

二、利用浮墩架设法

利用浮墩架设桥梁主要分为以下步骤。

步骤一:在岸边设置滚轮,一方面在滚轮上拼装桥跨,另一方面在水中拼装第一个浮墩;然后推送桥跨,将桥跨一端与第一个浮墩连接固定。

步骤二:继续推送桥跨,并及时在水中拼装第二个浮墩。

步骤三:将桥跨部分改为铰接结构,并将桥跨与第二个浮墩连接固定。

步骤四:继续推送桥跨,并适时提升对岸桥跨端部,解除第一个浮墩与桥跨的连接,并使桥梁端部搭上对岸的桥础上。

步骤五:将第一个浮墩固定至靠近我岸的合适位置,降低桥跨并与第一个浮墩连接固定。

步骤六:全桥进行锚定固定,并铺设桥板,桥梁架设完成。

浮桥架设过程如图11-10所示。

三、浮桥各种架设方法的特点

浮桥的各种架设方法的原理、适应时机、特点等见表11-2。

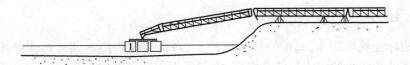

a）将前端降到临时浮游桥墩上

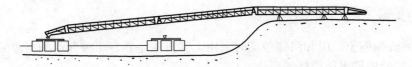

b）前推桥节，并将对岸浮游桥墩(4、5、6)定位，降下桥节

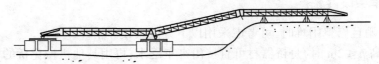

c）将桥跨降到定位的对岸浮游桥墩上

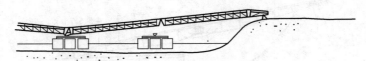

d）提升桥跨前端并前推，撤出本岸浮游桥墩(1、2、3)并将其定位

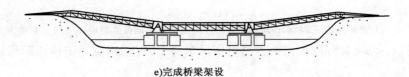

e）完成桥梁架设

图 11-10　浮桥架设过程图

浮桥的各种架设方法的原理、适应时机、特点　　　　表 11-2

序号	方法	原　理	适用时机	特　点	备　注
1	门桥一岸架设法	在预有准备工作的情况下，一旦架设开始，从一岸(通常是我岸)向另外一岸(通常是对岸)逐个连接，闭塞在一岸	河幅较宽、流速较大的江河，河中有时有障碍可以避开，两岸有隐蔽的场地	(1)架设作业较快； (2)架设作业具有一定的突然性； (3)闭塞通常靠近一岸，比较方便	预先准备工作：利用河岸、河汊、湾道等事先进行器材泛水、结合好桥节门桥(或浮桥段)，并构筑好栈桥、下河坡路，进行隐蔽
2	门桥两岸架设法	在预有准备的情况下，架桥开始时，桥节门桥从两岸分别引入桥轴线进行连接，浮桥闭塞在河中央，但是需要避开主流线	河幅更宽、流速较大，两岸敌情可控，河中有障碍可以避开	(1)架设作业面多，架设速度更快； (2)可以很好地利用两岸隐蔽地形，减少门桥水中航行的时间； (3)浮桥闭塞在河中，比较困难； (4)两岸同时架设，桥轴线要把握成直线	

240

续上表

序号	方法	原理	适用时机	特点	备注
3	门桥多点架设法	先在特别宽大江河（长江中下游）中固定1~2个定位门桥,以定位门桥与岸边作为两岸架设法,有多个闭塞点	主要用于长江等特大江河架设浮桥	(1)组织严密可以提高架设速度,达成浮桥架设的突然性;(2)多个点的闭塞,增加浮桥闭塞工作量和难度	预先准备工作:利用河岸、河汊、湾道等事先进行器材泛水,结合好桥节门桥（或浮桥段）,并构筑好栈桥、下河坡路,进行隐蔽
4	旋转一岸架设法	在预有准备的情况下,一旦架桥开始,将浮桥段用旋转的方式引入桥轴线,架设浮桥	河道中无障碍,当流速小时,上下游均可旋转,当流速较大时,只能从下游向上游旋转	(1)架设速度快,架桥的突然性强;(2)在岸边闭塞,操作简便;(3)如果利用张纲的系留索进行旋转,效率高,定位准	
5	旋转两岸架设法	在预有准备的情况下,一旦架桥开始,将浮桥段用旋转的方式从两岸分别引入桥轴线,架设浮桥	河道中无障碍,一般从下游向上游旋转,闭塞在中央	(1)架设速度快;(2)适用的江河较宽;(3)闭塞在河道中央,操作困难	
6	单舟架设法	将浮游桥脚舟逐个引入桥轴线,进行连接架设浮桥	河幅小,泛水场地狭窄,或者破冰架桥时用	(1)架设速度慢;(2)破冰架桥时破冰工作量可以减少	
7	混合架设法	以上两种或者两种以上方法的混合运用	适时使用	与使用方法有关	
8	陡岸架设法	是浮桥与固定桥的连接架设	陡岸时采用	(1)可以克服一定的陡岸障碍;(2)两种器材的连接要稳固可靠	
9	利用浮墩架设法	用桁架式结构作为上部结构,用浮墩作为支撑架设浮桥	有相关器材时可以采用	(1)根据浮墩数量的多少,可以克服较宽的江河障碍;(2)架设作业动作复杂、组织困难	

第四节 渡河桥梁架设技术发展设想

一、创新架桥原理

新的架桥原理和相关技术的发展可以促使装备发展取得重大突破,法国、德国等国家已经研制一车可架设1座长桥或2~3座短桥的模块化桥梁原理样机;法国、美国等国正在开展同时具备干湿沟渡越能力的桥梁装备研制,目前国内处于原理样机研制阶段。具体来说,以下技术课题研究势在必行。

(1)模块化冲击桥及其架设技术研究:以发展新一代的模块化冲击桥为目标,重点研究双节组合成桥及其全互换架设技术,实现一台架桥车架设两座段桥或一座长桥的功能,全面提高冲击桥的综合保障效能。

（2）干湿沟一体化桥梁技术研究：研究提出同时具备克服干湿沟障碍能力的渡河桥梁总体方案和战术技术指标，确定关键技术，进行技术攻关，为新型干湿沟渡河装备的研制提供技术支持。

二、攻克关键技术

传统的渡河桥梁装备架设方法主要有车辆架设、人工架设等，这些架设方式都是在相对比较坚硬的地面或是有准备的河岸上进行的，对于松软、泥泞岸滩一直都是一个难题。此外，敌火力下架桥也是工程兵面临的一项艰巨任务。为此，很多国外的渡河桥梁装备的研发中引入了架设方法的创新理念，用以在难以通行地段及危险地区架设桥梁。

1. 直升机拖拽架设技术

为了实现登陆部队快速抢滩上岸，美军采用了由直升机拖曳架设充气式栈桥系统的理念，如图 11-11 所示。在 LMCS 轻型模块式栈桥系统研究的基础上，美军采用一种更轻型的栈桥系统使"斯特瑞克"旅级战斗队车辆通过泥泞岸滩，这种栈桥系统下部为充气结构，可以借助直升机以拖曳方式快速部署在泥滩上。通过拖曳式架设栈桥系统，可以迅速在舰艇与岸上路面间架设克服泥泞岸滩障碍的通路，既可以保障第一波登陆部队快速抢滩登陆，也可以保障后续部队的后勤保障支援。通过引入拖曳式架设理念，一改以往登陆栈桥需要大量时间进行架设及仅适用于后勤支援保障的状况，能够满足伴随先头部队突击登陆的需求。

图 11-11　渡河桥梁架设新技术的应用

2. 遥控自动架设技术

桥梁架设方式的另一个发展趋势是自动架设及遥控架设。美军正在针对已经进入现役的 REBS 快速架设桥梁系统开发遥控自动架设系统，并将 REBS 快速架设桥梁系统集成到"斯特瑞克"底盘上。美军针对未来战斗系统和未来部队开发的"确保行动机动性克服沟壑技术"，就是采用遥控架设方式快速架设桥梁，确保士兵远离危险。

可以看到，与国外先进的架设手段相比，我国现阶段渡河桥梁架设方法还显得比较滞后，这必将会严重影响我军渡河桥梁战时的伴随保障能力，因此，积极借鉴国外渡河桥梁架设技术的先进经验，大胆创新，不断提高渡河桥梁装备的保障能力。

第十二章
渡河桥梁装备器材的固定技术

第一节 渡河桥梁装备固定基本概念

在复杂环境下架设的各种桥梁,包括固定式桥梁、带式浮桥、桥脚分置式浮桥,都要进行渡河桥梁装备的固定。

各种桥梁在水中的桥脚或桥脚舟会受到水阻力的作用,另外架设在江河、河谷上的桥梁受到风力的作用,这些阻力是垂直于桥梁轴线方向的水平力,对桥梁的影响较大,而顺桥轴线方向的水平力影响较小。

桥梁架设完毕在通车时,车辆荷载加速、减速会产生沿桥轴线方向的惯性力,车辆荷载在桥梁上改变方向,会产生横向摇摆力。同时,车辆荷载在桥梁上行驶也会受到风力的作用,产生沿风力方向的力。

综上所述,由于水力、风力、车辆与桥梁的共同作用,会产生沿桥轴线方向的纵向力和垂直于桥轴线方向的横向力,因此要对桥梁分别进行纵向固定和横向固定。

固定式桥梁和桥脚分置式浮桥一般在两岸设置桥础,桥础由桥础材和桥础桩等组成,而桥础桩就起到纵向固定的作用。带式浮桥是用跳板与岸边连接,跳板在岸坡有一定的摩擦力,同时岸边的浮桥段用斜向拉索固定在岸上,斜向拉索可抵御纵向力的作用。

固定式桥梁由于只受风力的横向作用,部分固定式桥梁有桥脚桩立于水中,受到水阻力的影响。此阻力由于桥脚桩的体积较小而较小,因此在部分大跨度固定式桥梁下部设置斜向抗风拉索,而横向力主要靠桥脚下部的础板、两岸的础材在土壤中的摩擦力加以抵御,不需进行专门的固定。

而带式浮桥、桥脚分置式浮桥的下部结构都在水中,且靠浮力来承受垂向荷载,其横向水阻力、风阻力较大,且车辆荷载的横向摇摆力也不容忽视。因此要开展专门的设计、计算。

本章主要针对浮桥的横向固定加以介绍。

第二节 浮桥的阻力

一、桥脚舟水阻力形成原因及有关因素

架设在江河上的浮桥和运动着的门桥,其桥脚舟均处于动水中。桥脚舟在静水中时,舟体浸水表面各点上均受到水静压力的作用。舟体表面水静压力的合力在水平方向的分力为零。桥脚舟在动水中时,舟体浸水表面各点上均受到水动力的作用,它包括黏性摩擦作用力和水动压力两部分。舟体表面水动力的合力在水平方向的分力称为桥脚舟的水阻力。

水阻力就物理现象分析,可认为由三部分组成,即摩擦阻力、涡流阻力和兴波阻力。

摩擦阻力是由水的黏度与舟体表面形成摩擦制动作用所产生的,它与水的黏度、流速、舟体浸水面积、舟体曲度及表面粗糙度等因素有关。

水阻力中除去摩擦阻力,剩余部分即为水动压力引起的阻力,谓之剩余阻力。由于舟体干扰具有黏性的水流,从而导致舟体周围水流能量的损耗及压能、势能和动能的重新组合。此时舟体周围水流的压能引起了剩余阻力。剩余阻力包括两部分,即涡流阻力和兴波阻力。

涡流阻力是由于水流在舟尾产生旋涡,使舟尾压力降低,从而引起舟体首尾之间存在压力差额而形成压力阻力。当具有黏性的水流绕流舟体时,紧贴舟体有一层相当厚度的水流(即边界层)受到黏滞力的作用,在流动中不断消耗着水质点的动能。这些水质点到达舟尾时,其中有些水质点动能不足,不能继续前进而停下来,它们在舟尾区外层水流较高的压力作用下,在舟尾形成一些做反向运动的水流,即涡流。涡流运动引起舟尾压力下降。涡流阻力与流速、舟型(尤其是尾型)以及水的黏度、舟体浸水部分尺寸(尤其是长宽比)等有关。舟尾呈流线型可以大幅减少旋涡的形成,从而可以大幅度减小舟体的涡流阻力。

兴波阻力是由于舟体的正面阻水兴波作用,造成舟首压力的增强而形成的压力阻力。由于舟体浸水部分正面阻碍水的流动,改变了舟体周围水流的速度和压力的分布情况,引起恒等于大气压的自由水面发生起伏,继而由于重力作用和惯性作用,水面发生周期性振荡,此即波浪形成的原因。水面的起伏包括舟首隆起的壅水和舟首、舟尾两个波群,每个波群均包括两组波浪(即散波和横波)。凡压力大处,水面升高;凡压力小处,水面跌落。因此壅水和波浪造成了舟首压力的增强、舟首尾压力的差额。兴波阻力与流速、舟型(尤其是首型)及舟体浸水部分尺寸等有关。舟首呈V形的尖形倾斜舟首,可以大幅减少舟首正面阻水兴波的作用,从而大幅度减小兴波阻力。舟首若做成与水流运动方向相垂直的封头,则会引起最严重的阻水兴波作用,从而使兴波阻力大幅增高。

水流绕流桥脚舟时涡流和波浪的状况,如图12-1所示。

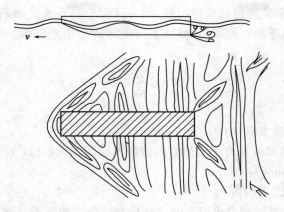

图 12-1 水流绕流桥脚舟产生涡流和波浪

以上所述是裸舟体的水阻力。桥脚舟裸舟体之外还有一些突出部件,动水对它们的作用同样有上述三种物理现象。突出部引起的水阻力即舟体突出部阻力。对于一般民用船只,突出部主要是舭龙骨、舵、推进器等,突出部阻力在总阻力中仅占很小一部分,约占 5% ~ 6%。在制式舟中,舟体突出部件主要是舟间连接设备及为满足陆上装车运输要求而设置的装卸车设备、固定设备等,它们体积小、尺寸小,引起的水阻力值极为有限,加以制式舟总水阻力较大(舟体线型差),因而突出部阻力在总阻力中所占比重就比民用船只更小。一般情况下,在计算舟体水阻力时不考虑突出部的影响。但是,在执行任务时如果还装备了一些构件(如动水板等,构件尺寸较大),突出部阻力就相当可观了,此时应充分考虑突出部阻力。

当用民舟作桥脚舟时,由于舟体具有良好的流线型,总阻力较小,且在总阻力中摩擦阻力占较高的比重,其值可达总阻力的 70% ~ 80%。当用制式舟作桥脚舟时,由于舟体线型较差,总阻力较大,且在总阻力中,摩擦阻力只占较小的比重,其值往往只占总阻力的 5% ~ 10%。因而,涡流阻力、兴波阻力是制式桥脚舟水阻力的基本组成部分,我们一定要注意这个特点。

桥脚舟的水阻力,实质上只取决于水流因素(以流速为主要特征)和舟体自身因素(以舟体浸水部分尺寸及首尾线型为主特征),由于水流因素受到诸如河幅宽窄、河水深浅以及桥脚舟组合配置状况等条件的影响,因此,水阻力和大小还与水的相对深度 T/h(T 为舟体吃水,h 为水深)以及跨度 l 与舟宽 B 的比值 l/B 等因素有关,它们反映了浅水因素和波浪干扰因素的影响。

熟悉水阻力成因及有关因素具有重要意义,它不仅可以指导我们正确、合理地计算浮桥、门桥中的桥脚舟水阻力,而且可以指导我们在必要时采取一系列技术措施(如合理处理首型、尾型,调整舟体长宽比,调整浮桥、门桥的跨宽比等)有效减小水阻力。

二、桥脚舟水阻力近似计算

(一)基本公式

我们能够定性地认识桥脚舟水阻力的成因及有关因素,但是要从理论上定量地计算水阻力却是困难的,因为水阻力与一系列水力因素和结构因素有着复杂的函数关系。在实践中,通常只要求确定桥脚舟的总水阻力,通常只运用经验公式进行近似计算。桥脚舟总水阻力计算的经验公式很多,它们都是通过试验得出的,因为试验中都有一定的条件,所以在运用公式时也必须注意满足其使用条件。否则,计算结果与实际情况相差较多。下面推荐一个常用的经验公式:

$$R = C \frac{\rho}{2} V^2 \Omega_H \qquad (12\text{-}1)$$

式中:R——桥脚舟的总水阻力(N);

ρ——水的重度,淡水取 9800N/m³;

Ω_H——桥脚舟浸水部分垂直于水流方向的最大横剖面面积(m²);

V——计算流速(m/s);

C——总阻力系数(无因次)。

在运用式(12-1)计算桥脚舟水阻力时必须注意该公式的特点。该公式用于具体计算单个桥脚舟的水阻力,但其着眼点却在于整个门桥、整个浮桥结构物。计算结果不是反映一个孤立的桥脚舟的水阻力值,而是反映在一个特定的门桥、一座特定的浮桥内呈船队性质工作的一系列桥脚舟的水阻力的合理值。因此,在计算桥脚舟水阻力时,必须着眼于门桥、浮桥整体结构物,合理确定 Ω_H、V 及 C 的数值。

① Ω_H 与桥脚舟吃水有关,而门桥、浮桥中各桥脚舟吃水不同,同一桥脚舟其吃水也与结构物上有无活载以及活载位置如何有关。因此,必须注意合理确定吃水值。在计算漕渡门桥的牵引动力以及为设计浮桥上游水平固定系而计算桥脚舟水阻力时,均按照由静载和活载综合引起的吃水深度计算舟中剖面水下部分面积 Ω_H。其中活载吃水可以取最大活载吃水,也可以取平均活载吃水,按当时具体情况确定(详见后述)。在计算桥节门桥的牵引动力以及为设计浮桥下游水平固定系而计算桥脚舟水阻力时,通常均按照仅由静载引起的吃水深度计算舟中剖面水下部分面积 Ω_H。

② V 值的确定与结构物类型及其具体运用条件有关。计算浮桥中的桥脚舟水阻力时,首先遇到的问题是各舟处于不同的水流速度中,不能每个舟都各取一个计算流速值。在实际计算时,全桥各舟都取一个共同的计算流速,这就是架桥前江河的平均流速,其值可按下述规律确定:

设江河主流上的最大表面流速实测得 V_M,则河幅较窄(小于 60m)时,V 值取 $0.75V_M$;河幅较宽时,V 值取 $0.65V_M$。

对于河幅较为宽阔,河中与岸边部分流速差异较大的江河,可将河幅分成三段(河中及两岸),分别测出各段最大表面流速,从而按上述规律得出各段的计算流速。

计算漕渡门桥和桥节门桥中的桥脚舟水阻力时,V 值取门桥的静水航速。因此,门桥逆水航行时,其值为门桥在航道相对岸边的运动速度加上航道上的流速;门桥顺水航行时,其值为门桥相对岸边的运动速度减去航道上的流速。航道上的流速取表面流速。

(二)三个分系数

C 是浮桥和门桥桥脚舟的总水阻力系数,通常用三个分系数的乘积表示[式(12-2)],其中每一个分系数反映一定的因素对水阻力的影响,这些影响通过深入的理论分析和系统的试验已经得到明确。

$$C = C_0 C_l C_h \qquad (12\text{-}2)$$

第一个分系数 C_0 是水流无限深时孤立的单个桥脚舟的阻力系数,它主要与桥脚舟的线型及其基本尺寸之比值有关。在表 12-1 中列出几种不同桥脚舟的系数 C_0 值。从表中可看出,影响水阻力的基本因素是舟体的首型和尾型。另外,桥脚舟越是瘦长,水阻力也越小,即长宽比值增大,阻力系数也有所减小。对于制式的带式浮桥(带式门桥)来说,当宽度为 4~5m 时 $C_0=0.6$;当宽度为 8~10m 时 $C_0=0.5$。平底船横水流方向放置,$C_0=0.9$。

系数 C_0 值   表 12-1

外形特征		长宽比 L/B	简 图	系数 C_0
舟首	舟尾			
垂直封头		<3.0		1.25
		>4.5		1.00
雪橇形 $\alpha=40°\sim45°$		<4.5		0.50
雪橇形 $\alpha=20°\sim45°$	垂直封头	<3.0		0.60
		>4.5		0.42
雪橇形 $\alpha=20°\sim25°$		>4.5		0.38
滑雪板形		>4.5		0.32
熨斗形		>4.5		0.29
匙形		>4.5		0.26

续上表

外形特征		长宽比 L/B	简 图	系 数 C_0
舟首	舟尾			
V形	匙形	>4.5		0.23
以舟舷迎向水流时的阻力系数				0.90

  第二分系数 C_l 是水流无深时桥脚舟因横向组合编成船队而相互干扰的阻力系数,它主要与浮桥(门桥)的跨度 l 和桥脚舟宽度 B 的比值(即跨宽比)有关;阻力系数 C_l 反映跨度与舟宽比值的变化对桥脚舟总水阻力的影响,主要反映舟间波浪干扰对总阻力的影响。当跨宽比不当时,舟侧、舟后的波浪会由于相互干扰而得到增强,因而加大了兴波阻力;当跨宽比恰当时,波浪会由于相互干扰而减弱,因而减小了兴波阻力。在表 12-2 中列出随 l/B 值而变化的 C_l 值,从中可知:l/B 在 2.5~3.0 范围内时,波浪干扰产生最为不利的影响;当 l/B = 1.0 时,即桥脚舟密集配置时,就构成了带式浮桥,桥脚舟侧向的散波系统消失,只产生舟后的横波系统,因而减小了兴波阻力。对于带式门桥也有类似的情况。

系 数 C_l 值   表 12-2

跨宽比(l/B)	1.0~1.1	1.5~2.0	2.5~3.0	>4.0
C_l	0.8	1	1.2	1

  第三个分系数 C_h 是浅水影响阻力系数,它主要与水的相对深度 h/T(其中,h 为水的平均深度,T 为桥脚舟重心位置吃水深度)、门桥的静水航速或浮桥渡口架桥前的平均流速 V 以及浮游结构物的类型有关。阻力系数 C_h 反映桥脚舟受相对水深的减小而总阻力急剧增加的浅水影响作用,在实际计算桥脚舟水阻力时具有重大意义。在深水的江河中,门桥、浮桥的一系列桥脚舟的吃水使水流受到的限制和挤压几乎可以忽略不计。但在浅水江河中,尤其是急流浅水江河中,过水断面很小,门桥、浮桥对水流的限制和挤压就是十分严重的问题了。首先,它使水流流速增加,以确保在被大大压缩了的过水断面上原流量不变。同时,在浅水中,舟体对水流的扰动加剧了。围绕舟体的水流作用使桥脚舟产生进一步的下沉和严重的尾倾,并产生很高的波浪,从而进一步加大了阻拦水流的面积,进一步加大舟下流速,进一步使流态紊乱。水阻力的大小与流态有关,紊流中的摩擦阻力要比层流中的摩擦阻力大 50~100 倍;水阻力又与流速的高次方成比例,摩擦阻力大约为流速的 1.855 次方,涡流阻力大约为流速的 2 次方,兴波阻力则大约为流速的 4~6 次方。某轻型舟桥深水条件下实船水阻力试验资料表明,桥脚舟总水阻力为流速的 2.6~3.2 次方。浅水影响是严重的,桥脚舟在浅水中的总水阻力可以比在深水中大几倍甚至几十倍。因此,在实际架设浮桥和牵引门桥中,注意浅水影响是非常重要的。

  阻力系数 C_h 值可依据表 12-3 查出。查表前应具体确定水的相对深度 h/T(其取值与计算 Ω_H 时一致,不考虑舟体倾斜,取重心位置处的吃水值;h 为水深,对于浮桥,h 为平均水深,即以浮桥河中部分区段的过水断面面积除以河中部分长度获得。浮桥在河面上并不是处处流

速都为 V，一般来讲，中间流速大，两边流速小，若将浮桥按 V 大小分段计算阻力时，h 为平均水深；对于门桥，h 为航道水深平均值）。当水的相对深度 $h/T \geqslant 10 \sim 12$ 时，对于实际遇到的流速来说，浅水的影响可以略去不计，而取 $C_h = 1$，即认为该处河流具有无限的深度。查表前还从表 12-3 中可知，V 值增大时，系数 C_h 值也增大。浮游结构物的类型对 C_h 值影响很大。带式门桥和带式浮桥由于其桥脚舟密集配置，因而比桥脚分置式门桥和浮桥对水流的挤压大得多，浅水影响也大得多。从表 12-3 中可以看出，浮桥的浅水影响系数远大于门桥的，具体原因如下。

一是，浮桥在江河全宽内限制水流断面，它对水流的限制大大超过门桥；

二是，水深和流速沿江河全宽分布实际是不均匀的，对于浮桥很可能产生高的流速和浅的水深的不利组合影响，其中有些是由于主流线的往返摆动形成的。

所以，在其他条件都相同的情况下，浮桥的 C_h 值要比门桥的 C_h 值大得多。

系 数 C_h 值 表 12-3

结构物的类型	相对水深 h/T	门桥航速或断面平均流速 $V(\mathrm{m/s})$					
		0.5	1	1.5	2	2.5	3
桥脚分开配置的门桥和浮桥	2		1.60	1.65	2.25	3.80	4.50
		1.35	3.50	5.00	8.00	11.00	12.80
	3		1.23	1.27	1.69	2.57	3.58
		1.23	1.95	2.23	3.14	3.88	5.00
	4		1.05	1.07	1.30	1.75	2.70
		1.15	1.35	1.50	2.00	2.70	3.30
	5		1.00	1.02	1.13	1.32	1.77
		1.12	1.20	1.40	1.80	2.28	2.65
	6		1.00	1.02	1.05	1.12	1.25
		1.10	1.20	1.40	1.70	2.00	2.20
	8		1.00	1.00	1.00	1.01	1.05
		1.10	1.15	1.20	1.30	1.35	1.45
带式门桥和带式浮桥	3		1.90	2.90	4.60	7.00	10.00
		10.00	27.00	43.00	50.00	65.00	
	4		1.50	2.00	2.65	3.34	4.16
		6.10	9.35	14.25	25.50	40.40	
	5		1.24	1.36	1.62	1.88	2.11
		3.45	4.30	5.20	13.75	28.00	
	6		1.10	1.10	1.15	1.25	1.35
		1.75	2.00	2.50	9.00	20.00	
	9		1.01	1.03	1.05	1.08	1.10
		1.35	1.80	2.20	5.00		
	10		1.00	1.00	1.00	1.00	1.00
		1.15	1.30	1.45	1.50		

注：对于每个相对水深，有上、下两栏，其中上栏数据用于门桥，下栏数据用于浮桥。

公式(12-1)较全面细致地反映了门桥、浮桥的结构特点,舟体线型尺度特点以及门桥、浮桥具体运用条件对桥脚舟水阻力的影响,因而用该公式计算门桥、浮桥的桥脚舟水阻力,计算结果较为接近实际情况。

三、浮桥风阻力

架设在江河上的浮桥和运动着的门桥,其水面以上部分(结构部分及活载部分)均受到风压力的作用。在设计浮桥的水平固定装置、设计门桥漕渡设备及计算门桥牵引动力时,必须充分考虑到风压力的作用。

(一)风压强度的确定

在计算浮桥和门桥的风压力之前,首先必须合理确定风压强度。风压强度是风在某个最大风速时对垂直于风向的平面上所造成的压强,单位是 Pa。我们只考虑稳定风压,即在给定的时间间隔内,把风对浮桥、门桥的作用力看作不随时间而改变的,即风的速度、方向以及其他物理量都看作不随时间而改变的量。将风压强度定得过高,会使渡河设备及动力过于浪费,同时也不必要地加大了作业量;将风压强度定得偏低,会使渡河设备过弱、动力不足,使渡河变得不安全并难以完成任务。因此,按照具体的器材条件及渡河条件,进行具体分析,合理确定风压强度,是计算浮桥、门桥风压力的基础。

由风速变换为风压强度的计算,可由空气动力学上的伯诺利方程来完成。设风速为 V,则基本风压强度 ω_0 可按下列标准风压强度公式求得:

$$\omega_0 = \frac{5}{8}V^2 \tag{12-3}$$

作用于浮桥、门桥上的风压强度 ω 为:

$$\omega = K \cdot K_z \cdot \omega_0$$

式中:ω_0——基本风压强度(Pa);

K——风载体型系数,即风吹到浮桥、门桥表面引起的压力或吸力与原始风速计算的理论风压的比值,它与浮桥、门桥的体型、尺度等有关;

K_z——风压高度变化系数。

对于一般浮桥、门桥,风压强度可用下式计算:

$$\omega = 0.8V^2 \tag{12-4}$$

式中:V——风速(m/s)。

根据我国的风力等级表,按上式计算的风速与相当风压强度对应关系如表12-4所示。

风力等级和相当风压强度值　　　　表12-4

风力等级	相当风速(m/s)		相当风压强度(Pa)	
	范围	平均值	范围	平均值
3	3.4~5.4	4.4	9~23	16
4	5.5~7.9	6.7	24~50	36
5	8.0~10.7	9.4	51~92	71
6	10.8~13.8	12.3	93~152	121
7	13.9~17.1	15.5	153~234	192

续上表

风 力 等 级	相当风速(m/s)		相当风压强度(Pa)	
	范围	平均值	范围	平均值
8	17.2~20.7	19.0	235~343	288
9	20.8~24.4	22.6	344~476	408
10	24.5~28.4	26.5	480~645	562

由于浮桥、门桥及其附属水上摩托器材抗风浪能力较小,同时它们建筑高度小,使用期短,因而考虑风荷载时,风压标准一般定得不高。在具体确定风压强度时,通常有两个途径,一是直接按给定的风压标准取值,二是按给定或实测的风级、风速间接换算风压。

(1)为设计渡河桥梁装备和器材而考虑风荷载时,风压强度取 $\omega=500Pa$,约相当于十级风下的风压值。

(2)现场建筑高度较低的一般浮桥的水平固定装置及一般门桥的系留设备时,风压强度取 $\omega=300Pa$,相当于八级风下的风压值。

(3)现场设计建筑高度较大的浮桥(如桁架式浮桥、铁道浮桥等)的水平固定系统及建筑高度较大的门桥(如铁道门桥、高架作业门桥等)的系留设备、牵引动力时,风压强度应考虑受风压高度变化的影响,按下式计算取值:

$$\omega = 240 + 27y_w$$

式中: y_w——迎风面重心高出水面的距离(m),计算得出的 ω 值不应小于350Pa。

对于门桥,上式结果应乘以系数1.1,从而确保门桥在相当于九级大风的恶劣条件下仍能安全工作。

(4)临时执行任务或遇其他特殊情况(如时间紧迫、动力短缺、器材不足等),对浮桥架桥点及门桥渡口在使用期间出现的最大风速确有把握时,可运用预计最大风速换算风压强度,即按公式(12-3)换算之。由于此时风级通常在6~7级范围内,因此 ω 值一般不超过200Pa。

(5)当执行试验任务,要求较为准确反映浮桥、门桥上的风压强度值时,应通过浮桥、门桥上的风速计,实测出实际风速值,再按风压强度计算公式(12-3)算出风压强度值。

(二)阻风面积的计算

计算阻风面积时,设风向与浮桥桥轴线和门桥车行道中心线相垂直。桥脚分置式浮桥阻风面积通常是以一个半门桥为计算单位,带式浮桥阻风面积通常是以一只桥脚舟为计算单位,门桥的阻风面积则是以整个门桥为计算单位。阻风面积与各计算单位的诸元有关,与有无活载及吃水值大小有关,在计算时,应根据设计要求进行具体分析。

(1)当设计浮桥上游横向水平固定装置时,考虑浮桥承受来自上游方向的风压,阻风面积按桥上有密布活载计算,活载为设计荷载,活载间距为浮桥通行要求规定的最小间距。此时浮桥桥脚舟吃水深度按静载吃水和活载吃水之和计算。对桥脚分置式浮桥,一个半门桥阻风面积 Ω 可看作由 Ω_1、Ω_2 和 Ω_3 三部分组成(图12-2)。

$$\Omega_1 = C_1 B$$

式中: Ω_1——一只桥脚舟的阻风面积(m^2);

C_1——舟干舷高(m);

$$C_1 = H - (T_1 + T_2)$$

H——舟高；
T_1——静载吃水；
T_2——活载吃水；
B——舟宽(m)。

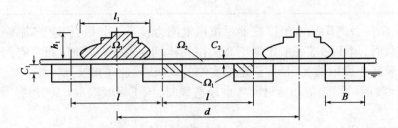

图 12-2　在桥脚分置式浮桥中一个半门桥阻风面积计算图

$$\Omega_2 = KC_2 l$$

式中：Ω_2——单节间桥跨部分的阻风面积(m^2)；
　　　l——浮桥跨度(m)；
　　　C_2——桥跨结构物(含缘材、桥板等)高度(m)；
　　　K——桥跨结构密实系数。梁式桥跨：$K=1$；桁架式桥跨：桥跨断面内有2片桁架时 $K=0.4$，桥跨断面内有3片或3片以上桁架时 $K=0.5$。

$$\Omega_3 = 0.7 l_1 h_1 \frac{l}{d}$$

式中：Ω_3——活载阻风面积(m^2)；
　　　l_1——活载车体外廓长度(m)；
　　　h_1——活载车体外廓高度(m)；
　　　l——浮桥跨度(m)；
　　　d——活载间距(m)；
　　　0.7——活载结构密实系数。

故桥脚分置式浮桥一个半门桥计算单位的阻风面积 Ω 为：

$$\Omega = \Omega_1 + \Omega_2 + \Omega_3 = C_1 B + KC_2 l + 0.7 l_1 h_1 \frac{l}{d} \tag{12-5}$$

对于带式浮桥，一个桥脚舟计算单位的阻风面积 Ω 为：

$$\Omega = \Omega_1 + \Omega_3 = C_1 B + 0.7 l_1 h_1 \frac{B}{d} \tag{12-6}$$

式中的各符号意义同前，其值为带式浮桥中相应的值。

(2)当设计浮桥下游横向水平固定装置时，考虑浮桥承受来自下游方向的风压，阻风面积通常按桥上无活载情况计算，即桥脚舟吃水按静载吃水 T_1 计算。

此时

$$\Omega_3 = 0 \quad C_1 = H - T_1$$

对于桥脚分置式浮桥：

$$\Omega = C_1 B + K C_2 l \tag{12-7}$$

对于带式浮桥：

$$\Omega = C_1 B \tag{12-8}$$

注意：有时由于桥下流速较小以及桥上按最小允许间距布满轻载车辆时，下游方向的风会对浮桥下游横向水平固定装置带来最不利的影响。此时应按桥上密布轻型荷载的情况计算阻风面积，也按此情况计算水阻力值。

(3) 当计算桥节门桥进入桥轴线的机械动力而考虑风压力时，应以整个门桥为计算单位，按空载情况计算来自上游风的阻风面积：

$$\Omega = n(\Omega_1 + \Omega_2) \tag{12-9}$$

式中：Ω——桥节门桥阻风面积(m^2)；

n——桥节门桥中半门桥个数；

其余符号意义同前。

(4) 当计算漕渡门桥的牵引机械动力或设计漕渡(滑纲渡及系留渡等)系留设备而考虑风压力时，应以整个门桥为计算单位，按满载情况计算来自上游风的阻风面积。以桥脚分置式门桥为例，漕渡门桥阻风面积计算如下。

$$\Omega = n(\Omega_1 + \Omega_2' + \Omega_3') \tag{12-10}$$

式中：Ω——漕渡门桥阻风面积(m^2)；

n——门桥内桥脚舟数；

Ω_1——单个桥脚舟阻风面积(m^2)；

Ω_2'——门桥桥跨结构阻风面积，(m^2)，$\Omega_2' = K C_2 L$，L 为门桥长度(m)；

Ω_3'——活载阻风面积(m^2)，$\Omega_3' = 0.7 l_1 h_1$。

浮桥、门桥计算单位上的横向风压力 W_1：

$$W_1 = \Omega \cdot \omega \quad (N) \tag{12-11}$$

即风压力为阻风面积与风压强度之积。

(三) 浮桥纵向风压力

浮桥横向压力与水阻力共同引起浮桥的横向定位及水平弯曲问题，对浮桥工作的影响是严重的。浮桥纵向风压力，主要引起浮桥纵向定位问题。由于浮桥沿桥轴线方向(纵向)桥脚舟密集排列，投影重叠，桥跨结构连贯一线，因而阻风面积较小。加以纵向风来自陆岸，不同于横向风来自沿河水面，受地面粗糙系数的影响，同样风级条件下，风压强度较小(按横向最大风压强度的40%计算)，因而纵向计算风压力是不大的。纵向风压力以及活载纵向制动力等均由浮桥岸边系留设备承受。但在计算时，纵向风压力不与活载纵向制动力叠加，它们分别单独进行计算，同时，前者又小于后者。因此，在设计计算浮桥岸边系留设备时，可以不计算浮桥纵向风压力。

第三节　浮桥投锚固定方法

浮桥水平固定分为承受活载纵向水平力和纵向风力的纵向固定,承受水流压力、横向风力和活载侧向水平力的横向固定。

浮桥的纵向水平固定首先由浮桥全长上部结构承重构件的联结物保证,即由纵向接头保证,其次由浮桥两端的岸边固定装置保证。纵向水平固定时应估计到因水位变化和活载作用而引起的浮桥水平投影长度的变化。为此,在较长时间使用的浮桥中央设置一个纵向位移调整器,而在短浮桥上则在任一岸边设置。

在短时间使用的浮桥上通常不设置纵向位移调整器。上部结构的两端固定在桥础上,桥础本身则由固定桩固定,而岸边节间和河中部分的上部结构则由岸边固定钢索和固定桩固定到河岸上。固定钢索(图12-3)上有一可供大范围内改变(粗调整)其长度用的钢索调整器和一个供拉紧用的螺旋紧定器。这些固定装置不能承受活载的侧向水平力。类似的制式固定装置在很多情况下却不能保证浮桥长时间正常工作。它们在制动力的作用下很快损坏,浮桥开始产生很大的纵向位移,其进出口受到损坏。当桥础设置在荷载通过浮桥会引起波浪的浸水区域内时,这种现象特别容易发生。在这些情况下,常使用应用器材对岸边固定装置进行加固,或以更长的应用固定钢索进行固定,以保证系留桩避开波浪的浸水区域。

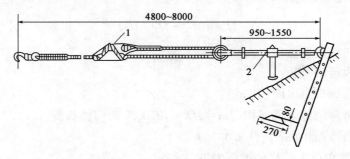

图12-3　固定钢索和桩(尺寸单位:mm)
1-钢索调整器;2-螺旋紧定器

在实际运用中,浮桥纵向水平固定通常是有保证的,只作结构上的考虑(如桥跨接头连接稳固、加强岸边固定装置、减缓浮桥进出口坡度等)即可,不必进行计算设计。

浮桥的横向水平固定可采用投锚固定、横张纲固定、斜张纲固定(即系留固定)、锚定门桥固定、动力固定以及混合固定等方法。每种固定方法都有自己的特点。具体运用时,在全面分析江河特点、器材条件、架桥时间、浮桥任务等因素的基础上,选择合适的固定方法。从我国江河情况来看,当水流速度在2m/s以下,且河底土壤性质良好时,一般可以锚住。因此,投锚固定是我军架设浮桥时的基本固定方法。

浮桥横向固定可分为能承受水压力(浮桥水阻力)和上游风压力的上游固定,能承受下游风压力的下游固定。上游固定通常要比下游固定更为牢靠。横向水平固定装置应能保证浮桥在工作中桥轴线始终保持正直状态。当桥轴线发生水平方向弯曲时,水平固定装置应使浮桥水平弯曲强度得到保证。在实际运用中,浮桥横向水平固定按渡河桥梁装备和器材使用要求的规定(如有关投锚的具体规定)进行作业时,该固定通常是有保证的。但在特殊情况下(如河底土质不良、流速较大等)浮桥横向水平固定必须进行计算设计。

一、用于浮桥固定的各种锚

(一)锚的分类

按抓力产生的方式区分,有抓力锚和重力锚(依靠锚自重而产生抓力,如石笼锚和混凝土箱形锚);按锚爪结构区分,有转爪锚(锚爪可以转动,如丹福锚等)和固爪锚(锚爪固定,如海军锚等);按加工制作方法区分,有铸造和焊接锚;按装备情况区分,有制式锚(随渡河器材装备到部队的锚)和应用锚(临时收集到的地方锚及现地加工制作的锚,如四爪锚、石笼锚等)。

锚作为船舶、浮桥投锚水平固定的主要设备,应针对不同类型的船舶和不同结构的浮桥,在不同的工况和地质条件下,使用不同的锚。随着技术的发展和研究的深入,锚的种类越来越多。为了更好地使用和研究,对锚应进行分类。常见的分类方法还有:

(1)锚杆的结构

锚按锚杆结构分为有杆锚和无杆锚等。

(2)按锚爪的数量

锚按锚爪的数量分为独爪、二爪、三爪、四爪和多爪锚等。

(3)按锚的用途

按锚用途则分为停泊锚、固定锚、深水锚、定位锚等。

(4)按锚的工作机理

锚按其工作的机理分为抓力锚、重力锚、负压力锚、动力锚等。

(二)常见锚的类型

在舟桥装备和船舶上常用的抓力锚有海军锚、霍尔锚、马氏锚、丹福锚、单犁锚、犁锚组等,还有各种各样的重力锚。这些锚根据其抓力的大小,适用于不同的舟桥和船舶,不同的工况和地质条件。

(1)海军锚

海军锚的结构见图12-4,它有两个锚爪与锚冠和锚杆连接,在其靠近锚卸扣处有一锚横杆,因此称其为有杆锚。海军锚一旦抛锚并经过水平拖曳必定会翻转,使得一爪朝下,在锚缆的拉力及锚的作用下,一爪逐渐啮入土层,完成抓底过程。海军锚的主要优点:抓重比高,一般为4~8倍,同时结构简单、使用可靠、对于土质的适应性广;缺点是锚杆固定、收存不便,操作复杂费时,另一个缺点是一爪入土、一爪朝上,可能会缠绕锚纲。

(2)霍尔锚

霍尔锚的结构见图12-5,其锚干与锚头是活动的,用销轴连接在一起,锚爪可以绕销轴左右旋转45°,锚冠两侧设有助抓突角。霍尔锚投锚后两个锚爪平躺河底,锚冠四周有突缘,靠近锚冠的重心位置高出河底,这时的袭角大约为18°,在锚缆的拖曳下,支点在爪尖锚冠处逐渐升起,爪尖压力逐渐增加,锚爪逐渐啮入土层,直到锚缆拉力与锚爪力平衡为止。其优点:制造装配容易且使用方便,具有可转动的锚爪,拖动时两个锚爪很容易同时啮入土层;缺点是抓重比低,锚杆尾部由于受到风浪影响,两爪间土层容易受到破坏,且当两爪入土深度不同时,容易形成力矩,导致翻锚事件的发生。

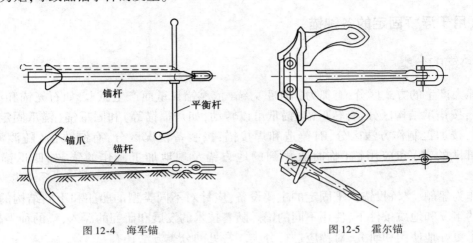

图 12-4 海军锚　　　　　图 12-5 霍尔锚

(3) 马氏锚

马氏锚的结构见图 12-6,其特点是锚爪中有短横杆,锚爪宽大而长,抓力大但结构弱,适用于小艇的投锚固定,为一种大抓力锚。

(4) 丹福锚

丹福锚的结构见图 12-7,它是有杆转爪锚,也是一种大抓力锚。与其他常用锚相比,为了确保锚的稳定性,降低翻转的可能性,丹福锚减小了锚爪间的距离,同时改进了锚冠的造型,即将锚冠改为带有横杆的锚,使得锚在入土前保持在能够产生最大抓力的最佳状态,保持锚头平卧,两爪前倾并能够同时入土;同时改变了锚爪的形状,理想的锚爪形状容易入土,啮入土层较深,尽量保证全部爪面与土体有效的啮合,保持土层的结构和力学特性;而且增加了锚爪的面积,使其与土体接触面大,增加其抓力,同时考虑其强度和整体稳定性,使锚爪有足够的入土力。丹福锚整体性能较好,且使用、收存方便,在大部分舟桥器材中将其作为制式锚使用。

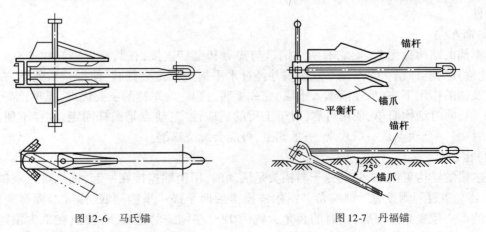

图 12-6 马氏锚　　　　　图 12-7 丹福锚

(5) 犁锚组

犁锚组的结构见图 12-8,其可由单犁锚组合而成。犁锚组的基本特征是重量轻、抓力大、成本低、易制造、结构强等,但是体积大、投锚作业不便。

二、锚链索的组成及性质

锚定系统的锚链索是一种将浮动结构物连接于锚定点或系泊点的柔性部件,不能承受剪切应力或弯矩。在锚定系统中,锚链索的组成部分一般有:锚链、锚纲、合成纤维绳。锚链和锚纲是组成锚链索的主要部分。

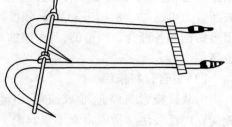

图 12-8 犁锚组

(1) 锚链

锚链由许多链环连接而成的。链环分为有档链环与无档链环两种,同样链径的有档链环强度约比无档链环高 20%。在离岸作业锚定系统中,大都采用 64～102mm 直径的有档锚链。由于使用和运输上的原因,锚链在制造上常要分段,为构成整根锚链索就要使用连接件。锚链连接件的形式有多种,如 Kenter 型连接环、Baldt 型连接环及 D 型卸扣。前两者的结构对称、光滑,经过导向装置和链轮的顺滑性比后者好,但由于其结构上的原因,其耐疲劳的性能比后者差。永久性锚定系统会长时间遭受周期性荷载的作用,其锚链索的耐疲劳的性能就特别重要,因此在使用中应尽可能少用连接环。现今,制造所需要长度的连续锚链已不困难。为提高普通链环的疲劳寿命,建议取消链档焊接,因在链档焊趾处容易出现疲劳裂缝。

凡锚爪必须与水底啮合而且要处于稳妥的啮合状态,以产生最大的锚抓力,则要求锚杆始终平躺在河底上,不能翘起,即要求使用锚链来保持其与水底相切,施于锚链上的拉力为水平方向,否则锚爪与水底的啮合就会遭到破坏,锚爪会从泥土中翻出,抓力降低,就有可能走锚。换言之,锚只能产生水平方向的抓力,因此,在抛锚时最好有一段锚链平顺躺卧在河底,以保证锚体不受提升力,稳妥啮合于水底。

(2) 锚纲

现阶段,我军浮桥的锚定过程中,主要选用锚纲作为锚链索进行投锚固定和移位。锚纲由钢丝组成,它是先由若干根钢丝先拧成股,再由若干股拧成索。股与索拧向相同的叫作顺绕,拧向相反的叫作交叉绕。每股可以由直径相同的钢丝捻成,也可由直径不同的钢丝捻成,因此股的组成有多种。锚纲组成种类如图 12-9 所示,锚纲的中心构件叫作芯,它可以是一股钢丝芯或一股纤维芯。芯是钢丝绳的基础,当锚纲承受负荷时,芯的作用是支持其他的股,使其保持在原位上且芯中油脂使锚纲在工作时内部得到润滑,从而减小钢丝间的摩擦。芯的另一作用是使索易于弯曲。

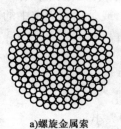
a) 螺旋金属索

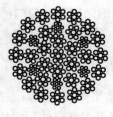
b) 股索

c) 多股索

图 12-9 锚纲组成种类

锚纲按组成种类可分为裸钢丝绳或蒙皮钢丝绳。蒙皮多为塑性材料,可挤压在已造好的钢丝绳上,这样形成的蒙皮可提高钢丝绳的耐磨性和抗腐蚀性。钢丝多用碳素钢制成,犁钢的破断应力可达 17.58~19.33MPa,强度特别高的钢的破断应力则超过 19.33MPa。钢丝绳也有用不锈钢和各种合金制造的,其耐腐蚀性比碳素钢好,但其强度与耐久性都不及犁钢高,造价也高。

(3) 复合材料锚纲

为减轻锚索的自重,合成锚索(Synthetic Mooring Line)在锚定中获得广泛应用,同时其性能受到广泛关注。合成锚索不仅材料与钢制锚链或锚纲不同,更重要的是其构成全然不同。从运动学角度,构成缆绳的各单元可以视为一圆形的螺旋线,于是,螺旋线的半径、缆绳长度和螺距则称为描述缆绳特征的三个运动学参数。特别令人关注的是损伤模型给出了一个损伤评价指标。

$$D = \alpha_1 \left(\frac{\varepsilon_m - \varepsilon_t}{\varepsilon_b} \right)^{\beta_1} \tag{12-12}$$

式中:ε_m——由一个单元定义的最大变形;

ε_t——损伤出现前必须超越的变形基准;

ε_b——在单向作用下一单元达到最大应力时的变形;

α_1、β_1——损伤参数。

对于聚氨酯缆绳的变形同作用其上的张力已经不存在线性关系,而呈显著的时间特性。因此,直接模拟聚氨酯缆绳的动力特性是十分困难的。工程中常用的是基于试验获得的聚氨酯缆绳的杨氏模量 E 与其密度比的经验公式:

$$\frac{E}{\rho} = \alpha + \beta L_m - \gamma L_a - \delta \lg(\tau) \tag{12-13}$$

式中: L_m——平均张力;

L_a——张力幅值;

τ——激励周期;

α、β、γ、δ——相应的系数。

三、浮桥系留桥段的划分

浮桥横向水平固定的方法有很多,不论是哪种方法,浮桥在横的方向上都是通过一系列点的固定实现全桥固定。这些点或者是投锚固定中的锚纲固定点,或是斜张纲固定中的斜纲固定点,或是横张纲固定及定位门桥固定中的系留纲的固定点,或是动力固定中的动力艇的顶推点。当桥轴线正直时,各个系留点都对应一个相应的系留桥段。

(一)系留点的布置

浮桥横向水平固定系留点的布置,应依据下列条件考虑:

(1)与系留点相对应的系留桥段上的计算横向水平力的大小

该计算横向水平力(H)包括水压力(R)和风压力(W):

$$H = R + W = n(R_1 + W_1) \quad (N) \tag{12-14}$$

式中：n——系留桥段中所包括的浮桥计算单位的个数（桥脚分置式浮桥为半门桥个数，带式浮桥为桥脚舟数）；

R_1、W_1——一个浮桥计算单位上的水阻力和风压力。

当 H 值较大时，系留点布置较密；H 值较小时，系留点布置较稀。由此可知：上游固定的系留点、主流部分的系留点、流速较大情况下的系留点布置较密；相反，下游固定的系留点、岸边部分的系留点以及流速较缓情况下的系留点应布置较稀。一般情况下，用渡河桥梁装备和器材作业时，系留点布置可参照有关器材作业教材的规定确定。

（2）浮桥横向水平固定装置的强度条件及锚定力条件

固定装置的强度较高、锚定力较大时，可以允许系留点稀疏布置，使之与较大的 H 值相对应。

（3）浮桥上系留点的局部结构强度条件

渡河桥梁装备和器材中，系留点即为各桥脚舟的锚纲固定铁；应用器材浮桥中，系留点即为各舟的系留柱。布置浮桥系留点时，系留桥段上的 H 值应不超过系留点局部结构强度所能提供的安全系留力。

（4）相邻系留点间浮桥的横向水平弯曲强度条件

当允许系留点稀疏布置时，必须考虑由此而此起的浮桥横向水平弯曲强度。对于桥跨为型钢梁、木桁的桥脚分置式浮桥，由于横向水平弯曲刚度很小，允许有较大的弯曲变形，因此横向水平弯曲强度问题不突出。对于桥跨为桁架的桥脚分置式浮桥，尤其是带式浮桥，由于横向水平弯曲刚度很大，不允许有较大的弯曲变形，因此控制系留点的布置，保证浮桥横向水平弯曲强度就是一个极为重要的问题。可以把浮桥看作支承在一系列系留点上的有限刚度（水平刚度）连续梁，在水平荷载作用下，浮桥会产生水平弯矩、水平弯曲应力。当浮桥上有活载通行时，浮桥会产生垂直方向的弯矩、竖向弯曲应力。水平弯曲应力和竖向弯曲应力的叠加构成了浮桥空间弯曲的强度问题。因此，浮桥容许水平弯矩值与桥上载重因素有关。

在布置系留点时，必须使浮桥横向水平荷载集度引起的两系留点间的水平弯矩值小于规定值。

（5）浮桥架设作业及撤收作业要求

为了减小作业量、减少作业时间，应尽可能增大浮桥系留点的间距，尽量减小系留点的数量。

（二）系留桥段长度的划分

当桥轴线正直时，可以认为浮桥上各系留点共同均衡工作，与系留点相应的系留桥段由左右相邻的系留点间距中线来划分。

当桥轴线总体偏曲时或产生局部弯曲时，必为一些系留点发生松动所致。此时各系留点不能共同均衡工作，与系留点相应的系留桥段则发生变化，最不利的系留点（未发生松动或松动较少的系留点）其系留桥段长度大幅度增长。因此，在浮桥使用过程中，通过经常观察和调整，保持桥轴线的正直，是十分重要的。

四、浮桥投锚固定

在投锚固定浮桥时，系留桥段是以锚纲通过系留点而固定，锚纲则通过水下锚而固定。各锚投置在与桥轴线平行的投锚线上，锚纲方向应与投锚线相垂直，如图 12-10 所示。

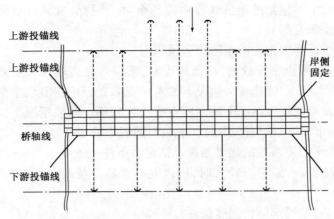

图 12-10 浮桥的投锚固定图

投锚线分为上游投锚线和下游投锚线。投锚线到桥轴线的距离通常为最大水深的 7~10 倍,但不少于 30m。如果河中有很深的航道部分,则上下游各可标定两条投锚线,每条投锚线到桥轴线的距离根据河中相应地段的平均深度而确定。投锚线是投锚作业的基准。

在用投锚固定的浮桥中可以设置一个或两个引出桥节,以通过船只。引出桥节(或引出门桥)的固定采用交叉锚纲,以便更好地操纵桥门,开放作业。门旁的桥段,其端部应加强固定(图 12-11)。

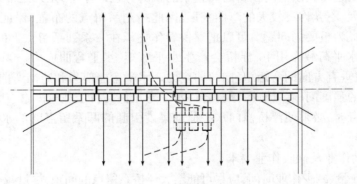

图 12-11 引出桥节的投锚固定

投锚固定的特点是结构简单、操作方便;作业准备时间短,完成作业费时少;便于紧急开放桥门和紧急撤收浮桥;安全程度高,锚多且分散工作,一锚松动,其邻近锚可以参与工作,并不立即危及全桥的安全;锚定的质量与江河水深、流速、河底土质关系密切,同时与锚型的选择以及投锚作业的正确与否有关。

第四节 浮桥投锚固定计算

一、锚和锚纲的工作状态

受水平力 H 作用的系留桥段,用单位长(在水中)重 p_0 的锚纲固定,如图 12-12 所示。

锚和锚纲的正常工作状态应当是:锚爪稳固抓住河底,邻近锚的锚纲有一段长度($C'C$)是平卧河底的(谓之卧链长度),然后是悬于水中的锚纲段(CB),B 为系留桥段的系留点。这种工作状态依靠合理控制投锚线到桥轴线的距离及正确进行投锚作业来保证。锚纲的 CB 段即为一段悬索,一段斜抛物线。

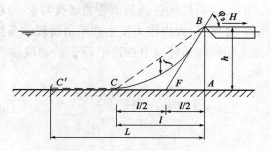

图 12-12　锚和锚纲的正常工作状态

根据悬索基本原理可知,悬索的抗力 H、跨度 l、单位长度重 p_0 和中矢 f 间的关系为:

$$H = \frac{p_0 l^2}{8f}$$

由于锚纲悬索 C 点切线水平,悬索斜挂两端点高差为 h,则悬索垂向中矢 f 为:

$$f = h/4$$

由此可得:

$$H = \frac{p_0 l^2}{2h}$$

则得投锚线至浮桥系留点水平距离计算式如下:

$$L = \sqrt{2Hh/p_0} \tag{12-15}$$

设锚位距离系留点的水平距离为 L,则:

(1) 若 $L > \sqrt{2Hh/p_0}$

则锚与河底之间不发生竖向脱离,卧链长度为:$L - \sqrt{2Hh/p_0}$。

(2) 若 $L = \sqrt{2Hh/p_0}$

则锚位处于 C' 点,锚位处锚纲的切线呈水平,锚纲恰好全部悬在水中,无卧链。

(3) 若 $L \leqslant \sqrt{2Hh/p_0}$

则锚位处锚纲切线不水平(当锚足够重时),若锚重量较轻,锚与河底之间会发生竖向脱离。

在前两种情况下,锚仅承受水平力,不承受上拔力。在第三种情况下,锚除承受水平拉力 H,还承受竖向上拔力 V 作用,如图 12-13 所示,这是锚和锚纲的不正常工作状态。

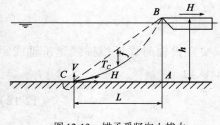

图 12-13　锚承受竖向上拔力

二、锚纲的张力计算及锚纲的选择

由锚纲工作状态图可知,锚纲内张力的水平分力,恒等于系留桥段的水平力 H。此处忽略了水流对锚纲的作用力,忽略了上下游两面锚定的相互影响。

锚纲任意截面中的内力为:

$$T = \frac{H}{\cos \varphi}$$

式中：φ——锚纲任意截面处的切线与水平线的夹角。

显然，最大内张力发生在系留桥段的系留点 B（如锚纲固定铁等）处。由于抛物线的两端点处切线与通过弦中点且平行于抛物线轴（此处为竖轴）的直线交于一点，因此，如图 12-12 所示：

$$\tan\varphi_B = \frac{2h}{l}$$

$$\cos\varphi_B = \frac{l}{\sqrt{l^2 + 4h^2}}$$

$$T_B = \frac{H\sqrt{l^2 + 4h^2}}{l} \approx H\left(1 + \frac{2h^2}{l^2}\right) \tag{12-16}$$

式中：T_B——锚纲 B 点内张力（N）；
  H——系留桥段的水平力（N）；
  h——系留桥段处水深（m）；
  l——锚纲从系留点到卧链端头 C 的水平距离（m）。

$$l = \sqrt{2Hh/p_0}$$

当锚纲材料为钢索时，用公式（12-16）计算锚纲内力较合适；当锚纲用麻绳，尤其是用自重很轻的聚乙烯塑料绳时，由于锚纲在水中每延米重 p_0 值很小，锚纲工作状态不同于悬索，可认为锚纲沿直线 $C'B$ 受拉，各点内张力均相同，即：

$$T_B = \frac{H}{\cos\alpha} = \frac{H\sqrt{L^2 + h^2}}{L} \approx H\left(1 + \frac{h^2}{2L^2}\right) \tag{12-17}$$

式中：H——系留桥段的水平力（N）；
  h——系留桥段处水深（m）；
  L——锚位至系留点间的水平距离（m）；
  α——锚位和系留点间的连线与水平线的夹角。

由式（12-16）、式（12-17）可知，不论锚纲材料如何，只要在投锚时保证投锚线至桥轴线距离不小于桥下水深的 7~10 倍，锚纲张力（T_B 或 T）可近似认为：

$$T = H \tag{12-18}$$

式中：T——锚纲内张力（N）；
  H——系留桥段的水平力（N）。

依据计算所得锚纲内张力 T 来选择锚纲，T 应不大于锚纲的安全拉力 $[T]$，即：

$$T \leq [T] = \frac{S}{K_1} \tag{12-19}$$

式中：S——锚纲破断拉力（N），查附表 C-1（钢索）、附表 C-5（麻绳）确定；
  K_1——安全系数：钢索 $K_1 = 2$，麻绳和聚乙烯塑料绳 $K_1 = 3$。

三、锚定力的计算及锚的选择

投锚固定浮桥时,锚和锚纲可能处于正常工作状态,也可能处于非正常工作状态。在正常工作状态下,锚仅受到水平力的作用,没有竖向上拔力,因为卧链部分的张力的方向是水平的,其值等于系留桥段上水平力 H。在非正常工作状态下,锚既受到水平力的作用,又受到竖向上拔力的作用,可以近似把 $C'B$ 看作一条直线,锚纲张力 T:

$$T = \frac{H}{\cos\alpha} \approx H\left(1 + \frac{h^2}{2L^2}\right)$$

张力 T 在水平方向上的分力 N 为锚所受到的水平拉力:

$$N = T \cdot \cos\alpha = H \tag{12-20}$$

张力 T 在垂直方向上的分力 V 为锚所受到的竖向上拔力:

$$V = T \cdot \sin\alpha \approx T \cdot \tan\alpha \approx H\left(1 + \frac{h^2}{2L^2}\right) \cdot \frac{h}{L} \tag{12-21}$$

无论采用何种材料的锚纲,锚的受力均按非正常工作状态计算。

按照锚的受力选择锚以及校核现有锚的锚定力时,必须满足以下两个条件。

(1)锚所受的水平力 N 应不大于锚的安全抓持力 $[N]$,即:

$$N \leq [N] = \frac{K_2}{1.5}G \tag{12-22}$$

式中: G——锚重(N);

K_2——锚的抓力系数,与锚型及河底土壤性质有关;

1.5——安全系数。

锚的类型有多种,重力锚的抓力主要依靠其巨大的重量对河底产生正压力,从而在锚有滑动趋势时产生很大的摩擦阻力,构成锚的抓持力。若河底松软,锚的沉陷会引起土壤的变形,还会引起的土壤的阻力,进一步加大了锚的抓力。其抓力与锚型、锚重及土壤性质有关。

抓力锚在受力时,入土的锚爪推动爪前土壤作缓慢运动,使土壤变形、锚受到阻力,因而提供了抓力。此抓力与锚爪因素有关,即与锚爪入土角度、锚爪入土深度、锚爪形式、面积等有关,与锚爪长和锚杆长的比值有关,与土壤性质有关。抓力锚的自重影响锚爪入土深度,也会引起在河底移动中的摩擦作用,因此,其抓力与锚重也密切相关。

锚的抓持力通常由试验确定。在使用制式锚时,应熟悉它们的特点。海军锚锚爪易于抓住河底,在水平力超载时,锚爪划开河底土壤发生蠕动漂移,不会立即丧失承载力。丹福锚锚爪如同犁板,在流速较大及河底坚硬条件下较难抓住河底,一旦抓住河底则可提供较大的抓持力。在水平力超载时,犁板会撕开支持它的棱形土块,突然丧失承载力。因此,丹福锚在使用时其安全可靠程度不及海军锚。霍尔锚介于两者之间。各种制式锚以及应用犁锚组的抓力系数 K_2 见表12-5。

钢质锚的抓力系数(K_2) 表 12-5

河底土壤	铸造锚		带轻爪的焊接锚			单犁锚	犁锚组
	海军锚	霍尔锚	重量大于1000N的海军锚	汽艇锚	重量在500N以下的丹福锚		
砂土	2.7~3.3	2.0~2.7	4~8	5.2~9.5	44	23~25	23~25
砾石、卵石	2.0~5.3	2.0~2.7	2.7~4.7	3.3~4.7	30~40	—	6~8
淤泥	1.3~2.7	1.3~2.0	7.3~11.5	3.3~16	20~24	19~20	19~22
石砾土	2.0~5.3	2~4	6~12	9.5~18.5	30~40	—	6~8
黏土	7~10	6~9	3.3~6.0	5~9	40~63	14~19	14~19
腐殖土	4~6	3~5	4~8	5~8	44	—	—
各种土壤平均值	2~4	2.0~2.7	4.0~7.3	4.7~12.0	44	14~16	14~16

注：较大数值适于大粒砂砾(圆滑卵石除外)和密实的河底土壤。

当河底土壤是岩石或淤泥时，可采用下列形式的非钢质应用锚：钢筋混凝土块、混凝土块、石笼锚、用碎石压沉的船或已沉没的船只。当这些锚的总重量在150kN以下时，其水平抓力取其在空气中的重量。重量较大的锚或用碎石压沉的船，水平抓力等于它们在水中的重量。带爪板的专用混凝土锚，其水平抓力同样以锚重的倍数(即抓力系数)来表示，抓力系数可查表 12-6。

带爪板的专用混凝土锚抓力系数(K_2)值 表 12-6

河底土壤	锚重(kN)				
	20以下	40	60	80~100	150以上
砂土、砂壤土、砂质黏土	2.5	2.0	1.7	1.5	1.2
黏土、砾石、卵石	1.6	1.3	1.1	1.0	0.8

重力锚的实际抓力，有条件时，可通过锚在具体的设置位置进行松弛试验来校核。

(2)锚所受的竖向上拔力 V 应不大于锚的安全抗拔力 $[V]$：

$$V \leqslant \frac{K_3}{1.5} G \tag{12-23}$$

式中：G——锚重(N)；

K_3——锚的抗拔阻力系数，对海军锚取1.5，对丹福锚取3.0，对重力锚取1.0；

1.5——安全系数。

四、为投锚固定的几个问题

(1)投锚固定装置的强度条件通常由下列不等式表达：

$$T \leqslant [T] \quad N \geqslant [F] \quad V \leqslant [V] \tag{12-24}$$

当固定装置和系留桥段均已确定时，即按上述不等式校核固定装置，强度不满足时可调整系留桥段长度；当系留桥段已确定，固定装置未确定时，按上述不等式设计或选择固定装置。

(2)正确投锚、适时调整桥轴线、适度张紧上下游的锚纲，是投锚固定计算设计的基础。因为不正确投锚会使锚在河底不能正常工作，使锚位至系留桥段的距离大小不能得到保证，甚至会使锚位交错、锚纲交织;适时调整桥轴线,以保证各系留桥段的固定装置均衡、一致地工作,避免有些系留桥段松弛、有些系留桥段超载的情况出现。浮桥的锚固是上下游同时进行的双面锚固。因此,当系留桥段上尚未作用有最不利的水平力 H 时,两面的锚纲和锚均处于预应力状态中。因此在调整桥轴线已达正直之后,不可过度张紧锚纲,以免过分加大锚纲的内张力。一般的张紧锚纲作业所带来的影响在计算锚固装置时可以忽略不计。因为当一面的锚因固定装置上出现最不利荷载时(例如,出现大风),由于锚固装置的弹性变形,必然使一系列系留桥段发生微小的移位,这种移位会减弱甚至消除另一面锚固装置所产生的预抗作用。

(3)锚纲在系留点的竖向分力、水平分力与系留桥段水平力形成的力偶构成系留桥段上的倾复力矩,加大了舟首(或舟尾)的吃水,使浮桥车行部发生横倾,影响了活载通行性能,改变了系留桥段上水平力(水阻力部分)的大小,降低了浮桥的动水稳定性。为了平衡此倾复力矩,可视情况采用向桥脚舟下游移动车行部的措施,以便在通载时形成扶正力矩。在计算锚固装置时,不再考虑系留桥段倾斜带来的水平力对 H 值的影响。

(4)在河水较浅及流速较缓的情况下,锚纲上水压力的作用完全可以忽略不计。但是,当河水较深,尤其是流速湍急时,锚纲上水压力将在锚纲内引起很大的内张力(T'),从而对锚纲抗拉强度、锚的水平抗拉力、锚的抗拔力以及浮桥下的倾复力矩增大带来的动稳性问题提出了更高的要求,深水急流河流中架桥的实践及有关锚纲上水压力的试验,都充分证明了这个问题。

当考虑水流对锚纲的压力时,不论锚纲采用何种材料,均认为锚和锚纲处于正常工作状态(图12-14),同时认为作用在锚纲上的水平方向上的水压力集度 p,不随水深变化而变化。水压力集度 p 可按下式计算:

$$p = c \times d \times \rho \times \frac{V^2}{2} \quad (N/m) \tag{12-25}$$

式中:d——锚纲直径(m);

ρ——水的重度,淡水取 9800N/m³;

V——水流沿深度方向上的平均流速(m/s),取最大表面流速的85%;

c——锚纲截面形状系数,圆形取 0.8。

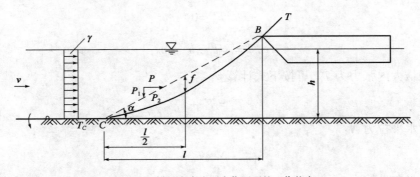

图 12-14 锚纲在水流压力作用下的工作状态

水压力集度 P 可分解为 BC 方向的 P_2 和垂直于水面方向的 P_1 两个分集度:

$$P_1 = P \cdot \tan^2\alpha \quad P_2 = P \cdot \frac{\tan\alpha}{\cos\alpha} \tag{12-26}$$

锚绳中矢度 f：

$$f = l/4$$

锚绳计算单位重 P'（在水中）：

$$P' = P_0 + P_1 \tag{12-27}$$

若投放锚绳足够长,锚绳河底有卧链时,则卧链端部至系留点距离 l 为：

$$l = \sqrt{\frac{2Hh}{p_0 + p_1}} \tag{12-28}$$

近似计算时可认为：

$$\cos\alpha = \frac{l}{\sqrt{l^2 + h^2}} \quad \sin\alpha = \frac{h}{\sqrt{l^2 + h^2}} \tag{12-29}$$

若投放锚绳长度有限,锚绳河底无卧链时认为：

$$\cos\alpha = \frac{L}{\sqrt{L^2 + h^2}} \quad \sin\alpha = \frac{h}{\sqrt{L^2 + h^2}} \tag{12-30}$$

式中：L——投锚线至系留点间水平距离。

由系留桥段水平力 H、锚绳单位延米水中计算垂直荷载 $p' = p_0 + p_1$ 引起的锚绳内张力 T'_B 及 T'_C 如下。

有卧链时：

$$T'_B = T'_C = H\left(1 + \frac{2h^2}{l^2}\right) \tag{12-31a}$$

无卧链时：

$$T'_B = T'_C = \frac{H}{\cos\alpha} \tag{12-31b}$$

由 BC 方向上的水压力集度分量 p_2 引起的锚绳内张力 T''_C、T''_B：

$$T''_B = 0$$

$$T''_C = \sqrt{l^2 + h^2} \times p_2 \tag{12-32}$$

故锚绳最大内张力为 T_C,可按下式计算：

$$T_C = T'_C + T''_C \tag{12-33}$$

锚最大水平拉力 N：

$$N \approx T_C \tag{12-34}$$

锚最大竖向上拔力 V：

$$V \approx T_C \sin\alpha \tag{12-35}$$

由此可知,锚和锚绳的工作状况和受力大小除与系留桥段水平力 H、水流速 v 有关外,还取决于锚绳投放长度、锚绳材料、直径及每延米自重等。

第五节 浮桥横张纲固定及计算

一、固定装置及特点

在横张纲固定浮桥时,首先在两岸设置锚定座和塔架,然后横跨江河张起主索,在主索上固定一系列系留纲,系留桥段即是以系留纲通过系留点而固定的(图12-15)。

（一）横张纲固定装置系统的组成部分

横张纲固定装置系统由以下四部分组成:

(1)两岸锚定座,主要承担固定横张的主索及稳定塔架等作用。其形式主要有竖桩锚定座、卧桩锚定座、重力式锚定座及其他一些锚定结构和措施。

(2)两岸塔架,主要起到抬高横张主索的作用。主索被抬高有利于浮桥的架设作业,有利于浮桥的固定。塔架可用竖向拼装的金属桁架结构形式,也可用独脚塔架即独根圆木、混凝土柱等形式。塔架四周应设置稳定索。塔架顶部应构筑索鞍部,以便支承和导引跨河主索。

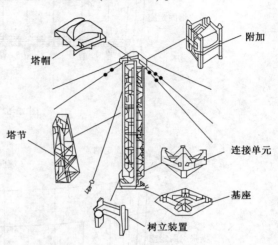

图12-15 浮桥横张纲固定

(3)主索,是支撑系留索的受力构件,通常使用强度高、承载能力大、弹性变形小的钢索。通常情况下,上游、下游都要张纲,以保证浮桥在水流压力和各种方向风力作用下的稳固。上游可以张单纲(即单纲固定),如图12-16所示,也可张双纲(即双纲固定),如图12-17所示。浮桥(平行)多纲固定、带浮游支座的横纲固定分别如图12-18、图12-19所示。

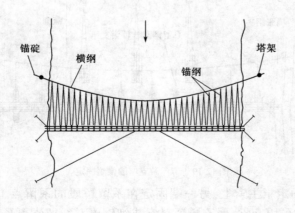

图12-16 单纲固定

当主索有可能垂入水中时,应设置一系列浮体支托主索。用交叉的双纲时,应在交叉点设置浮体。主索垂度由岸边控制,主索在塔架的陆侧部分称为后拉钢索,后拉钢索与锚定座中引出的锚定钢索用一系列钢丝卡固定。

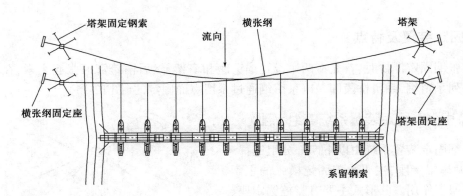

图 12-17　双纲固定

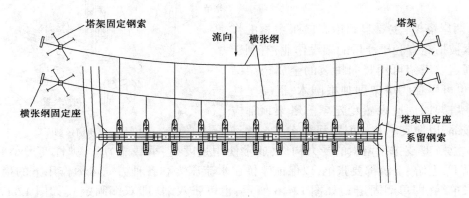

图 12-18　浮桥(平行)多纲固定

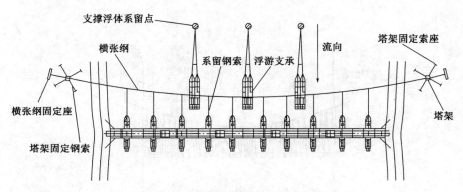

图 12-19　带浮游支座的横纲固定

(4)系留索:一端固定于主索上,另一端固定在系留桥段的系留点上,直接承受系留桥段的水平荷载 H。系留索可用麻索、聚乙烯塑料索或细钢索。系留索可预先固定在主索上并托以浮标顺流漂浮于江面上,待系留桥段就位后,从中捞起系留索,固定在系留桥段上;也可以预先固定在系留桥段上,待靠近主索时,将系留索另一端的挂钩挂于主索上。前一作业法适用于低塔架或无塔架支托抬高主索时,后一作业法更适于两岸有高塔架抬高主索时。

横张纲固定装置系统可以预先设计制造成制式器材装备部队,也可采用应用器材经设计计算在现场使用。

(二)横张纲固定浮桥的特点

横张纲固定浮桥的主要特点有:

(1)横张纲固定是依靠张纲固定装置在水面以上对浮桥实施固定,因而它不受河底土质、水深诸因素的影响。在河底情况复杂时,如河底为坚硬的石质或松软的淤泥,投锚固定困难,横张纲固定是非常适宜的。由于张纲作业及设置塔架作业困难,横张纲固定适于较窄的河幅,河幅最好不超过300m。

(2)横张纲固定装置在水面上固定浮桥,因而对提高浮桥的动水稳性有利,锚纲上缠绕漂浮物的弊病也完全可以避免。在高流速江河里架设浮桥,最好采用横张纲固定。

(3)横张纲固定比其他固定方法在器材、作业和计算上都要复杂,因而必须在器材准备充分、现场设计计算熟练、作业队训练有素的情况下,采用这种方法固定浮桥。在一般情况下,横张纲固定浮桥比投锚固定慢,主要因为设置两岸锚定座和塔架,以及张拉主索、调整主索垂度费力费时。

(4)横张纲会导致江河无法通航,即使浮桥分解了,由于跨河主索未撤,仍然不可通航。因此,对于通航要求较高的江河,不宜用横张纲法固定浮桥。

(5)在横张纲固定中,无论是主索,还是塔架、锚定座,器材都是集中受力的,一处遭到破坏,则全桥遭到破坏。因此,必须使结构具有足够的安全系数。在采用横张纲固定时,必须事先根据任务情况、江河条件进行简要的设计计算,以确保固定装置系统安全可靠地工作。

(三)横张纲固定法的使用时机

横张纲固定法的使用时机:

(1)对于预有准备的横张纲固定装置系统和经过训练的作业队,在无通航要求的情况下,横张纲固定可用于架设浮桥的所有的时机。

(2)对于预有准备的张纲固定装置系统和经过训练的分队,专用于石质、泥沙质河底条件下架设浮桥时的固定,即只在投锚固定无效时,才使用横张纲固定。

(3)对于河底及水情复杂的重要渡河方向和预备渡口,可用应用器材或半制式器材设计横张纲固定装置系统,兼作在必要情况下实施滑纲渡的设备。

二、横张纲固定基本假设

(一)基本假设

(1)柔性假设:主索是绝对柔性的,不能承受任何弯矩。

(2)弹性假设:主索材料服从胡克定律。

(3)荷载假设:主索以小垂度柔索形式工作,系留纲较多且分布在主索的大部分长度上,因而可把主索自重及由系留纲传递来的集中力全部换算为布满全跨的均布荷载。

(4)共面假设:在系留纲足够短(即主索变形线最低点接近或重合浮桥舟首系留点)以及

系留纲张力足够大(即浮桥在设计荷载作用下)的条件下,可以认为:主索和一系列系留纲张紧在同一平面内,即忽略了主索、系留纲自重对主索摆动角度、对系留纲悬吊角度的影响,认为各系留纲悬吊角度均相同,且同处于主索摆动的平面内,该平面与水平面夹角为 β。

(5)主索外形假设:主索在张设后架桥前在垂面内或在水平面内呈抛物线形工作;主索在架桥后的设计荷载作用下,在 β 平面内呈抛物线形工作。

(6)主索截面假设:主索在受力过程中截面不变。在计算中不考虑截面的横向增量,即泊松比 $\mu = 0$。

运用上述假设进行近似计算,可以大大简化计算过程,同时,其计算精度又可保证实际作业中的要求。

(二)基本参数

1. 主索跨度 L

主索跨度即两岸塔架间距离。两岸塔架(其连线即塔架轴线,应平行于桥轴线)间距应尽量减小,通常可按下式确定:

$$L = 1.2B \tag{12-36}$$

式中: B ——河幅宽度(m)。

具体确定塔架位置时,应在考虑水位变化影响及锚定座设置条件的基础上,尽量靠近河边。

2. 塔架高度 h

当有条件时(河幅较小,岸较高或有可架设高塔架的器材、设备时)可设置高塔架,即横张主索在初垂度 f_0 条件下,主索底部悬吊距水面1m高,以便水上架设作业。此时:

$$h = (f_0 + 1) - h_0 \tag{12-37}$$

式中: f_0 ——主索初垂度(m);

h_0 ——设塔架点处岸高出水面值(m)。

要求两岸塔架顶部高程相同。由于两岸地形条件不尽相同,所以两岸塔架自身高度可不一致。设置高塔架时,系留纲通常比较长。

当设置高塔架不具备条件时,可设置低塔架。为保证横张主索不垂直入水下,需设置一系列浮标浮托主索。此时塔架高度由当时条件(岸边地形条件及塔架器材条件等)具体确定。

3. 塔架轴线至系留点的水平距离 S'

水平距离 S' 应保证尽可能缩短系留纲的长度,以满足共面假设条件。在采用低塔架方案时,水平距离 S' 近似等于主索水平终垂度 f_H 加浮桥中央系留索长度,该系留索长度可取1m左右。

$$f_H = \frac{HL^2}{8l'[T]} \tag{12-38}$$

式中: $[T]$ ——主索容许张力(即主索破断拉力的一半)或为主索预计达到的张力(小于容许张力);

f_H ——一般为主索跨度 L 的5%~10%,如计算后不能满足要求时,则改变钢索的直径(或根数);

H——系留桥段水平力;

l'——单根系留钢索对应的系留桥段长度值。

4. 主索初垂度 f_0

主索初垂度 f_0 的确定应考虑多方面的因素。垂度小,有利于降低塔架高度,有利于浮桥架设作业,有利于保持桥轴线正直。但垂度过小会造成张紧主索费力费时以及主索受力过大,要求用直径更大的钢索作主索等问题。应根据当时作业的具体条件和要求确定初垂度的大小,通常初垂度为 $3\% \sim 7\%$。可以先定塔架高及终垂度,再反算主索初垂度。

5. 主索弹性模量 E

主索采用钢索材料。钢索在拉伸过程中有钢丝的弹性变形,也有钢索内部的非弹性几何变形,因此其 E 值是个变量。E 值可在 $1.0 \times 10^5 \sim 1.5 \times 10^5$ MPa 范围内取值。

新索、受力较小的索以及未经预拉的索,E 取较小值;旧索、受力较大的索以及经过预拉的索,E 取较大值。

三、横张纲固定装置系统的计算

(一)系留纲张力的计算

系留纲受力简图如图 12-20 所示。

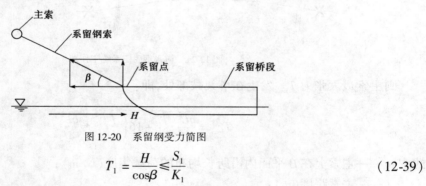

图 12-20 系留纲受力简图

$$T_1 = \frac{H}{\cos\beta} \leqslant \frac{S_1}{K_1} \tag{12-39}$$

式中:T_1——系留纲内张力(N);

H——系留桥段水平力(N);

S_1——系留纲的破断拉力(N);

K_1——安全系数,钢索取 2,麻索及聚乙烯塑料索取 3;

β——系留纲的仰角,近似于主索的摆角,当两岸有塔架时:

$$\tan\beta = \frac{h'}{S'}$$

h'——塔架顶点高出系留桥段的系留点的距离;

S'——塔架轴线到系留点的水平距离。

(二)横张主索张力的计算

主索在 β 平面内呈抛物线形(图 12-21)工作。位于 β 平面内沿跨长均匀分布、作用于主

索上的荷载集度 q 为：

$$q = \frac{T_1}{l'} + g_0 \sin\beta \qquad (12\text{-}40)$$

式中：T_1——单根系留纲张力(N)；
　　　l'——单根系留纲对应的系留桥段长度(m)；
　　　g_0——主索单位每延米自重(N/m)；
　　　β——主索所在平面与水平面的夹角。

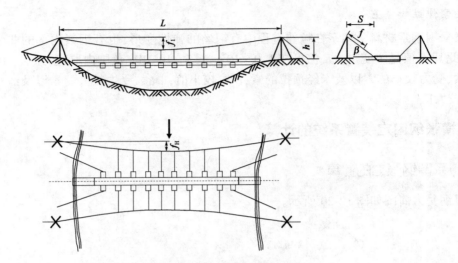

图 12-21　横张纲固定系统工作图

则主索最大张力 T_{max} 发生在塔架鞍部处，即：

$$T_{max} = \frac{qL^2}{8f}\sqrt{1 + 16\left(\frac{f}{L}\right)^2} \approx \frac{qL^2}{8f} \qquad (12\text{-}41)$$

式中：q——主索上在 β 平面内沿跨长均布的荷载集度(N/m)；
　　　L——主索跨度(m)；
　　　f——主索在 β 平面的终垂度(m)。

主索强度条件应满足：

$$T_{max} \leq \frac{S_P}{K_S}$$

式中：S_P——用作主索的钢索的破断拉力(N)；
　　　K_S——安全系数，该值不小于 2。

当横张主索中内张力很大时，浮桥采用双纲固定较为适宜，如图 12-18 所示。图中为双纲固定方式，它都使每根主索所受的内力比单纲体系减小一半。

在式(12-41)中，f 值可根据塔高、塔架轴线到系留点的水平距离、初步算出的 f_H 等，从几何关系中求出。

根据共面假设的条件，系留索的长度(在浮桥中央舟上)与 f 值相比是很小的，并处于同一平面中(与水平面成 β 角)。为了保证横张钢索在设计荷载作用下形成 f 值,必须在选定的初垂度中加以保证,初垂度应符合计算出的数值。

在初始状态下主索张力为:

$$T_0 = \frac{g_0 L^2}{8f}$$

索长为:

$$L_0 = L\left[1 + \frac{8}{3}\left(\frac{f_0}{L}\right)^2\right] \tag{12-42}$$

在最终状态下主索张力为:

$$T_1 = \frac{q_0 L^2}{8f_0}$$

索长为:

$$L_1 = L\left[1 + \frac{8}{3}\left(\frac{f}{L}\right)^2\right] \tag{12-43}$$

运用胡克定律:

$$\Delta L = \frac{\Delta T}{EF} L_0$$

其中,ΔT 为最终状态和初始状态的张力差值:

$$\Delta T = T_1 - T_0 = \frac{L^2}{8}\left(\frac{q}{f} - \frac{g_0}{f_0}\right)$$

ΔL 为索长差值:

$$\Delta L = L_1 - L_0 = \frac{8}{3L}(f^2 - f_0^2)$$

代入后得:

$$\frac{8}{3L}(f^2 - f_0^2) = \frac{\frac{L^2}{8}\left(\frac{q}{f} - \frac{g_0}{f_0}\right)}{EF} \times L_0$$

在求 f_0 时,上式化简后为(在这里显然可以忽略 L 和 L_0 的差值):

$$f_0^3 + \left(\frac{3L^4 q}{64EFf} - f^2\right)f_0 - \frac{3L^4 g_0}{64EF} = 0 \tag{12-44}$$

式中:f——主索终垂度(m);

L——主索跨度(两岸塔架间距)(m);

L_0——主索初始状态长度(m);

g_0——主索单位每延米自重(N/m);

f_0——主索初始垂度(m);

EF——主索抗拉刚度(N);

E——弹性模量;

F——主索横截面面积。

主索计算可按下列步骤进行。

(1)确定主索跨度 L,计算塔架顶点高出系留桥段系留点距离 h' 及塔架轴线到系留点的水

平距离 S'，令：
$$S' = f_H + 1$$

(2) 计算主索摆动平面与水平面的夹角 β 及 β 面内主索终垂度 f：
$$\tan\beta = \frac{h'}{S'} \quad f = \frac{f_H}{\cos\beta}$$

(3) 计算系留纲张力 T_1：
$$T_1 = \frac{H}{\cos\beta}$$

(4) 计算主索上的荷载集度 q：
$$q = \frac{T_1}{l'} + g_0 \sin\beta$$

(5) 计算主索最大张力 $T_{\max}$，并校核其强度：
$$T_{\max} = \frac{qL^2}{8f} \leq \frac{S_P}{K_S}$$

(6) 根据式(12-44)计算初始垂度，根据式(12-42)计算索长。

(三) 塔架的计算

塔架的作用在于支承和抬高主索。主索通过塔架顶部鞍座与锚定座引出的后拉钢索连接起来。必须保证锚定座、后拉钢索、塔架所形成的立面与主索端部相切(图 12-22)，从而使主索在最大受力时不对塔架产生侧向作用，使塔架仅受轴向力的作用。这一点是通过张纲固定装置系统的现场经始(测量、放线、定位等)作业来保证的。

通过系留纲和主索的设计计算，我们已经确定了下列因素：桥轴线位置，塔架轴轴线位置，塔架设置点位置，塔架高度 h 及塔架顶点到水面的高程($h + h_0$)，主索、系留纲共面且与水平面的夹角 β，主索跨度 L，主索初始垂度 f_0 及终垂度 f 等。这些就是经始作业的基础，通过上述因素准确定锚定座的位置和方向。

横张纲固定装置系统经始作业，见图 12-22。图中 B 为锚定座位置，A 为塔架位置，C 为塔架顶点，h 为塔架高。y 为锚定座偏离塔架轴线的距离，x 为锚定座位于塔架后的距离，z 为锚定座与塔架间的距离。

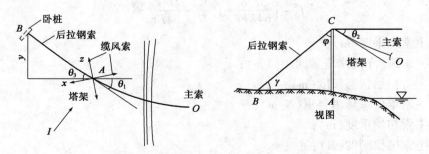

图 12-22　横张纲固定装置系统经始作业图

BCO 为主索，CO 段为跨中主索，BC 段为后拉钢索、γ 为后拉钢索倾角，φ 为后拉钢索与塔架间的夹角，θ_1 为主索端部水平投影与塔架线间之夹角，θ_2 为主索端部垂直立面上投影与水平面夹角。

为保证锚定座、后拉钢索和塔架所成的立面与主索端部相切,需使 $\theta_1 = \theta_3$。
由于

$$\theta_1 = \arctan\left(\frac{4f_x}{L}\right) = \arctan\left(\frac{4f\cos\beta}{L}\right) \quad \theta_3 = \arctan\left(\frac{y}{x}\right)$$

故锚定座的方向(即后拉钢索的方向)必须满足下式要求:

$$\frac{y}{x} = \frac{4f\cos\beta}{L} \tag{12-45}$$

锚定座的具体位置视 y、x 的具体值而定,宜选择在便于构筑锚定座的地点。

在确定了锚定座的方向和位置后,即知后拉钢索与塔架间的夹角 φ,就可以计算出主索通过塔架顶部索鞍对塔架的压力 N。

设后拉钢索张力为 T',主索跨端张力为 T_{max},由于 C 点的各水平方向力平衡,得:

$$T_{max}\cos\theta_2 = T'\sin\varphi$$

$$T' = T_{max}\frac{\cos\theta_2}{\sin\varphi}$$

式中: $T_{max} = \frac{qL^2}{8f}\sqrt{1+16\left(\frac{f}{L}\right)^2} \approx \frac{qL^2}{8f}$;

$\varphi = \arctan\frac{z}{h}, z = \sqrt{x^2+y^2}$;

$\theta_2 = \arctan\left(\frac{4f_y}{L}\right) = \arctan\left(\frac{4f\sin\beta}{L}\right)$。

塔架正压力 N 为:

$$N = T_{max}\sin\theta_2 + T'\cos\varphi \tag{12-46}$$

常用独根圆木做成独脚塔架。独脚塔架按压杆稳定条件进行校核。

$$\sigma = \frac{N}{F} \leq \varphi[\sigma] \tag{12-47}$$

式中: N——塔架正压力(N);

F——塔架横截面面积(m^2);

$[\sigma]$——塔架材料抗压允许应力(MPa);

φ——允许压应力折减系数。

压杆折减系数 φ 是压杆长细比 λ 的函数。φ 与 λ 对应关系见表12-7。

压杆折减系数 φ 值　　　　　　　　表12-7

λ	φ	λ	φ	λ	φ
0	1.00	70	0.60	140	0.16
10	0.99	80	0.48	150	0.14
20	0.97	90	0.38	160	0.12
30	0.93	100	0.31	170	0.11
40	0.87	110	0.25	180	0.10
50	0.80	120	0.22	190	0.09
60	0.71	130	0.18	200	0.08

$$\lambda = \frac{l_k}{i}$$

式中：l_k——塔架计算长度，与塔架两端支持方式有关，顶端因有缆风索牵制，可当铰支端考虑，因此塔架计算长度取决于下端固定情况：当下端采取埋桩形式，深度1.2~1.5m，并确实嵌固，可按固定端考虑，则塔架为一端铰支、一端固定的压杆，有 $l_k = 0.7h$；当下端采取支托形式定位固定时，可按铰支端考虑，则塔架为两端铰支的压杆，有 $l_k = h$。

i——回转半径，$i = \sqrt{J/F}$（J 和 F 分别为塔架横截面的惯性矩和面积）。当独脚塔架为圆木时，$i = \frac{r}{2}$（r 为圆木半径）。

(四)锚定座的形式及设计

在横张纲固定浮桥的作业中，构筑锚定座是最重要的工程之一。横张主索上受到浮桥上全部水压、风压力的综合作用，主索内部产生巨大的张力，这就要求以直径较大的高强度钢索来充当主索，其极限强度达一百多千牛到几百千牛。然而，只有锚定座具有与设计所要求的主索同等极限强度时，主索的安全工作才是有保证的。因此，对锚定座的设计计算同对主索和塔架的设计计算具有同样的重要性。此外，锚定座的构筑又往往是最费力费时的，往往由于锚定座工程的拖延，使浮桥迟迟不能架起来，影响渡河工程保障任务的完成。因此，合理确定锚定座的结构形式和尺寸，快速确定其承载力，快速进行锚定座构筑作业，是实现横张纲固定的重要要求。

1. 横张纲固定装置系统对锚定的要求

(1)锚定座的位置

由塔架的设计计算可知，锚定座应位于塔架与后拉钢索所形成的平面内。后拉钢索延伸线与地面的交点即锚定座位置。

(2)安全锚定力的大小和方向

锚定座的安全锚定力一般取 $2T'$，锚定力的方向即为后拉钢索的张力 T' 方向。

2. 横张纲固定浮桥时常用的锚定座形式

(1)卧桩锚定座

卧桩锚定座又称为水平锚定座。它是由一根或几根圆木捆在一起，水平横置埋入土内当作系留横木(卧桩)，在横木上缠绕锚定钢索，并按后拉索同样方向引出地面，以提供锚定力的结构物，如图12-23所示。卧桩埋入深度应根据锚定受力的大小、方向以及土质情况决定，一般为1.5~3.5m，能提供的锚定力为30~400kN。当荷载超过750kN时，锚定常用水平栅或圆木做成的木壁加强。卧桩锚定座结构简单，使用方便。

在实际运用这种锚定座时，可在现场对锚定座进行具体结构设计。通过对锚定座在垂直力作用下的稳定性、在水平力作用下的土压力以及水平系留横木的强度条件三个方面的计算，也可通过查阅参考资料直接选用符合锚定力要求的水平锚定座结构标准方案。前一种方法虽能灵活处理各种情况，但过于烦琐，很难满足野战条件下的快速设计；后一种方法虽然简单快速，但不能灵活机动、实现因地制宜。

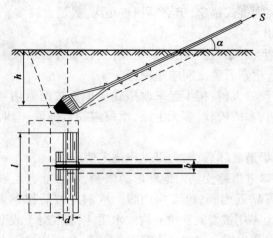

图 12-23 水平锚定座

(2)竖桩锚定座

植入土壤中的桩柱(木桩、混凝土桩等),不仅具有轴向承载能力,而且具有横向承载力,因此,桩顶可对缠绕其上的缆索提供锚定力。

垂直桩的横向承载力问题很复杂,因此,计算结果常与实际情况出入较大,横向承载力取决于桩在土中的嵌固条件、桩与土的变形性质、桩本身的强度条件以及土壤的承压能力。

桩横向承载能力的计算也是以桩的水平载荷试验为基础的。在工程中,常常直接用单桩水平载荷试验确定单桩的横向承载力。

竖桩锚定座可分为单桩、并列桩(由系材连接的两个单桩)、桩群以及有支撑圆木加固的桩。其使用时机一般是:单桩用于土壤可植(埋)桩、锚定力要求 10~30kN 的时机;并列桩用于土壤可植(埋)桩、锚定力要求 30~50kN 的时机;桩群用于土壤可植(埋)桩、锚定力要求 30~100kN 的时机;有支撑圆木加固的桩用于松软土壤。

(3)重力式锚定座

任何一个重物都可当作锚定座设施,停下的汽车、拖拉机、巨大的石块,都可利用,这叫作重力式锚定座,或叫作压载锚定座。

需要对锚定座进行三方面估算,即估算系留缆索点的结构强度(抗弯、抗剪、挤压等强度)、压载重物与地面的摩擦力、压载重物倾倒的稳定性及竖向稳定性。例如,竖向稳定性,一个混凝土块锚定座,其重量应相当于后拉钢索垂直上拔力的 4.8~6.0 倍,以此来确定混凝土块的体积(G/γ)。

若缆索固定点与岩石接触,则岩石承受应力应小于 1MPa。

压载锚定座常与桩式锚定座共同使用,以压载加强桩式锚定座,或以桩式锚定加强压载锚定座。

(4)综合措施锚定座

有些锚定座是多种措施综合工作的。例如在沙洲上构筑锚定座,就常将埋设水平桩、植桩、压载等措施综合使用。

因为砂质松散,摩擦角小,所以基坑挖不大,挖不深,在卧桩之前都必须植桩,上部回填必须混合杂草等物,除此之外,上部以砂袋进行压载。

在砂洲上也可用单纯的桩式锚定,但必须植桩很深,数量也较多。

(5)地形、地物的利用

石嘴锚定座:突出的生根孤石也可用做锚定座,但石嘴直径需较大且突出较多,钢索缠绕时,为防止岩石割坏缆索,钢索石嘴之间应垫钢钎。

树干锚定座:根深叶茂的大树,树干经采取措施保护不被钢索切割时,可用作锚定座。但热带山区江河岸边的大树,木质松软,多无主根,须根多靠近地面,有时河谷中风大,树干摇动厉害,故不宜作锚定座。

建筑物的利用:如桥梁遭破坏后,墩台可供作锚定使用。

坑洞式锚定座:当渡口进出路受到山地地形的限制,不可能有足够的直线地段,可采用坑洞式锚定座。它的位置可靠近山脚,也可在山腹。坑洞应按后拉钢索倾斜角开掘,并被复❶(岩石坚硬系数在8级以上不用被复),在坑底构筑木质、钢筋混凝土或型钢锚定轴。系留纲在锚定轴上缠绕一周引出坑洞,再以索卡固定。坑洞不必回填,洞口开挖尺寸根据具体情况确定。

3. 锚定座构筑作业

往往由于作业量大和作业正面小,展不开兵力,不能快速开设锚定座,拖长了整个架设舟桥(或开设滑纲渡口)的时间。

为解决这个矛盾,必须对以下四个方面进行深入研究。

(1)机动灵活地决定锚定座的结构形式。根据具体地形、土质、材料、工具、所需锚定力及作业时间要求等,灵活决定锚定座结构形式。例如,适当增大基坑长宽度,减小深度以增大作业面,加速作业进度。

(2)要有标准化图式,既要做到心中有数,又要大大简化运算。

(3)采用预制构件。锚定座必须准备质量好的木材、混凝土构件或型钢,必要时可用桥桁、桥板材料代替。较长时间埋设地下的卧桩必须作防腐处理。最好采用单独的锚定座钢索(15~20m),这样就可在主索张拉作业之前(或同时)完成锚定座作业,不必等待主索缠绕卧桩。锚定座钢索绕过卧桩通过索道孔(以木板被复保证钢索不被土掩埋,不被其他物体卡结)引出,与主索卡结。在撤收器材时间紧迫时,可只抽出锚定座钢索而丢弃卧桩。

(4)开设基坑,快速出土。尤其是坚硬土质条件,作业十分困难,基坑位置应及早进行经始作业(以便及早投入作业),并尽量选择易于开挖的地段,作业中应善于组织作业力突击,并尽可能采用机械工具和爆破技术。

第六节 浮桥其他固定方法

一、浮桥斜张纲固定

用岸边斜张钢索固定系留桥段,即斜张纲固定法,又叫作系留固定法,如图12-24所示。斜张纲固定浮桥的器材及作业都比较简单,只要用系留索将系留桥段系在岸边的系留桩柱、锚

---

❶ 被复是指先用木板等覆盖,再用石块、泥土掩盖。

环或锚定座上并紧定即可。这一切作业均在桥头（投掷绳、引系留索）及岸边（固定、紧定系留索）进行。

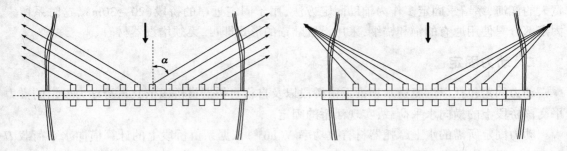

图 12-24　斜张纲固定浮桥

系留索的直径大小和数量与系留桥段上的水平力 H 的大小、系留索和桥脚舟轴线间的夹角 α 等有关，系留索内张力按下式计算

$$T = \frac{H}{\cos\alpha} \tag{12-48}$$

α 角应在 $30° \sim 60°$ 之间。

得到系留索内张力 T 后，即可按下式校核系留索强度：

$$T \leqslant \frac{S}{K} \tag{12-49}$$

式中：S——系留索破断拉力（N）；

　K——安全系数，麻绳、聚乙烯塑料绳取 $K=3$，钢索取 $K=2$。

若浮桥短期使用，其间风力作用不大，江河流速较缓、河幅不宽时，一座浮桥用少数几根系留索就能有效固定住。例如，固定纵长 100m 的浮桥仅用 4 根上游系留索即可。对具有较大水平刚度的浮桥，例如带式桥，在不宽的河上，可以仅采用岸边系留索固定，如图 12-25 所示，浮桥中段可不必固定，但此时必须注意，浮桥横向水平弯矩值不得超过规定的要求。

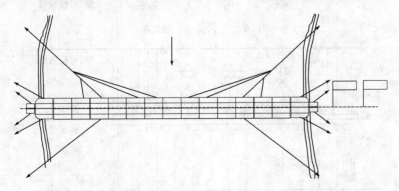

图 12-25　带式桥的斜张纲固定

采用系留索固定浮桥时，河面不能过宽，因为浮桥过长会带来系留索过长、过多的问题，系留索与桥轴线的夹角也难以保持在 $30° \sim 60°$ 之间，系留索的紧定也是问题。同时，由于系留索固定给浮桥带来很大的轴向力以及系留索本身对水上机动造成的障碍，浮桥的架设、撤收作业都比较困难，例如必须从两岸向河中架设，必须从河中向两岸分解，河中闭塞遇到流速大、

岸边部分难以移动的复杂情况。

系留索固定多在流速大、石质河底、河幅在100m以下的江河上架设浮桥时使用,对于较宽大的江河,系留索固定多作为辅助固定方法,用于固定近岸的桥段(20~30m),这时系留索固定部分只使用原有的锚和锚纲,采用设置陆锚的形式即可,无须增设器材。

二、动力固定

动力固定包括以汽艇逆水顶推系留桥段以及自行舟桥器材桥段依其自身动力发出的推力平衡该桥段上的横向水平荷载,实现浮桥的固定。

动力固定所需的水上摩托器材有效功率$N(\text{hp}❶)$依据系留桥段上的计算横向水平荷载H(N)及江河平均流速$V(\text{m/s})$而确定:

$$N = \frac{HV}{7.50\eta} \quad (\text{hp}) \tag{12-50}$$

式中:η——推进效率系数,对于功率等于或大于300hp的,取0.35;对于功率小于300hp的,取0.30;由车辆装载或拖带运输的汽艇,取0.20。

若已知摩托器材的牵引力,则按牵引力不小于系留桥段上总的横向水平力H来考虑摩托器材的布置及总的数量要求。

三、锚定门桥(舟)固定

锚定门桥(舟)固定法(图12-26)是在浮桥的上流投重达2000~4000N的犁锚或其他重锚,用于固定"锚定门桥(舟)",再用系留纲将30~60m桥段系留于锚定门桥(舟)的固定装置上,以此来固定浮桥。此方法通常在河宽、水深、流速大、河底松软易受冲刷等情况下采用其他固定方法难以奏效时采用。

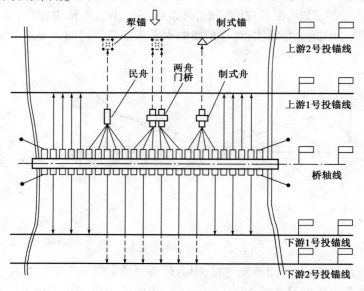

图12-26 锚定门桥(舟)固定法

❶ hp即马力,1hp=745.700W。

锚定门桥(舟)的设置距离,应根据固定半门桥的数量和边舟系留纲与桥轴线的夹角(不小于50°)而定,通常在上流离桥轴线60~70m处。锚定门桥的投锚线距离,为水深的7~10倍。为了使锚定门桥(舟)有准确的固定位置,不因偏流或风的影响而漂动,可在其两侧各斜投一个上流锚。

锚定门桥(舟)要有足够的浮力、稳定性和作业面。锚定门桥(舟)可用制式器材或民用器材结构,其上应设投起锚机械、吊杆、锚纲和投起锚钢索。如用渡河桥梁装备和器材结合锚定门桥时,通常用两个半门桥结合,每个半门桥用2~3个舟。

锚定门桥(舟)固定的计算分为两部分:一是该门桥(舟)的下游部分,以一系列系留纲系留若干个系留桥段,这是一个斜张纲系留固定计算问题;二是该门桥(舟)的上游部分,以一条或两条锚纲及重锚固定,承受所有系留纲传递到门桥(舟)上的水平力,这是一个投锚固定计算问题。除此之外,还应对若干横向、纵向水平力给门桥(舟)带来的稳性问题进行校核,见图12-27。

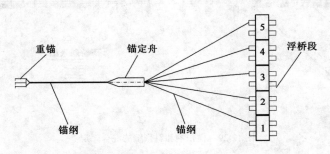

图12-27 锚定门桥(舟)固定计算图

四、混合固定方法

混合固定是多种固定措施的综合,如投锚与系留综合,投锚与张纲综合,张纲与系留综合,等。只要依据具体情况灵活运用,可以得到较为合理的舟桥固定方案(图12-28)。

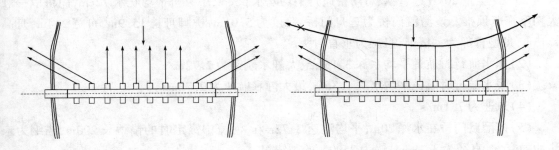

图12-28 混合固定浮桥

依据各系留桥段固定方法的不同,分别按投锚、斜张纲、横张纲固定进行混合固定计算,其中横张纲部分,由于承载部分只是一段长度 a,引起的主索最大张力 T_{max} 可按荷载布满全跨 L 时引起的 T 折减计算。可认为:$\alpha = 0.5L$ 时,$T_{max} = 0.75T$;$\alpha = 0.6L$ 时,$T_{max} = 0.84T$;$\alpha = 0.7L$ 时,$T_{max} = 0.91T$;$\alpha = 0.8L$ 时,$T_{max} = 0.96T$。

在较为宽大的江河上架设混合结构体系的浮桥,即河中部分因为水深流速大,架设桥脚分置式浮桥,而两岸水浅部分的流速小,便可架设带式浮桥。在河中分置式浮桥段采用横张纲固定在主索上,而两岸侧的带式浮桥段的锚定采用斜张纲的方式固定在两侧陆上,以便减少主索的张力和设置难度(图12-29)。

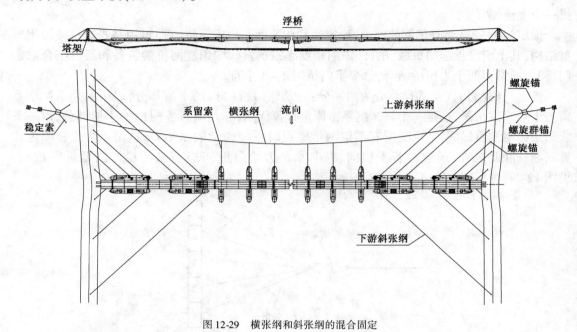

图 12-29　横张纲和斜张纲的混合固定

第七节　浮桥锚定计算示例

(1)重型舟桥500kN大面积漕渡门桥,中心装载重型自行火炮一辆(全重460kN)及战斗人员20名(全重20kN)。装载后门桥边舟平均吃水66cm,中央舟平均吃水72cm,门桥以一艘大功率拖艇顶推。该漕渡门桥为三舟门桥,跨度为5.01m,桥脚舟长15.9m,舟宽2.4m,舟高1.15m,舟型首部为雪橇形,舟尾为垂直封头。

(2)深水航行时航道平均水深3.1m,最大静水航速为2.72m/s。

(3)浅水航行时航道平均水深1.36m,最大静水航速为2.72m/s。

(4)风速为7.1m/s。

(5)该漕渡门桥在水深20m,平均流速2.72m/s,河流中锚定时的锚纲长200m,锚纲为未涂油的麻索,直径为3.18cm,锚为2500N的犁锚组。

计算内容如下:

(1)漕渡门桥水阻力的计算(深水);

(2)漕渡门桥水阻力的计算(浅水);

(3)风压力的计算;

(4)锚定计算。

计算过程如下:

(1)漕渡门桥水阻力的计算(深水)

运用式(12-1)计算:

$$R = C\frac{\rho V^2}{2}\Omega_H$$

式中,ρ、V 已知,Ω_H 易于求出:

$$\rho = 1020 N \cdot s^2/m^4, V = 2.72 m/s$$

$$\Omega_H = B \cdot T = 2.4 \times (0.66 \times 2 + 0.72) = 4.9 (m^2)$$

为计算总水阻力系数 C,需用内插法确定三系数 C_0、C_l 和 C_h。

①确定 C_0 值,桥脚舟的长宽比:

$$\frac{L}{B} = \frac{15.9}{2.4} = 6.6 > 4.5$$

查表 12-1,可知:

舟首雪橇形($\alpha = 20° \sim 25°$),舟尾垂直封头,$L/B > 4.5$ 时 $C_0 = 0.42$;
舟首雪橇形($\alpha = 20° \sim 25°$),舟尾同舟首,$L/B > 4.5$ 时 $C_0 = 0.38$;
舟首雪橇形($\alpha = 40° \sim 45°$),舟尾同舟首,$L/B > 4.5$ 时 $C_0 = 0.50$。

比较以上三种情况可得:

舟首雪橇形($\alpha = 40° \sim 45°$),舟尾垂直封头,$L/B > 4.5$ 时,有:

$$C_0 = 0.50 \times \frac{0.42}{0.38} = 0.55$$

②确定 C_l 值。

根据桥脚舟的跨宽比:

$$\frac{l}{B} = \frac{5.01}{2.4} = 2.09$$

查表 12-2 可得:

$l/B = 2$ 时,$C_l = 1$;$l/B = 2.5$ 时,$C_l = 1.2$。

则当 $l/B = 2.09$ 时,$C_l = 1 + (1.2 - 1.0) \times \frac{0.09}{0.5} = 1.04$。

③确定 C_h 值。

由于 $h = 3.1 m$,$T = \frac{0.66 \times 2 + 0.72}{3} = 0.68 (m)$。

则相对水深 $\frac{h}{T} = \frac{3.1}{0.68} = 4.56$。

查表 12-3(应用内插法),得 $C_l = 1.81$。

故 $C = C_0 \times C_l \times C_h = 0.55 \times 1.04 \times 1.81 = 1.04$。

$$R = 1.04 \times \frac{1020 \times 2.72^2}{2} \times 4.9 = 19228 (N)$$

(2)漕渡门桥水阻力的计算(浅水)

因 $h = 1.36 m$,$T = 0.68 m$,故相对水深 $\frac{h}{T} = \frac{1.36}{0.68} = 2.0$。

查表 12-3,并用内插法计算:

$$C_h = 3.8 + \frac{4.5 - 3.8}{3.0 - 2.5} \times (2.72 - 2.5) = 4.108$$

因此

$$C = C_0 \times C_l \times C_h = 0.55 \times 1.04 \times 4.108 = 2.35$$

$$R = 2.35 \times \frac{1020 \times 2.72^2}{2} \times 4.9 = 43448(N)$$

由于大功率拖艇最大牵引力约为21000N,因此在这条浅水航道中,运用一个大功率拖艇顶推门桥,是无法达到2.72m/s的静水航速的。

(3) 风压力计算

漕渡门桥长 $L = 16m$；桥桁为槽钢,高 30cm；桥板为木质板,厚 75mm；缘材为槽钢,高 12cm。

重型自行火炮车体外廓长 $l_1 = 6.77m$,车体外廓高 $h_1 = 2.48m$,则:

$$C_1 = \frac{(1.15 - 0.66) \times 2 + (1.15 - 0.72)}{3} = 0.47(m)$$

$$C_2 = 0.075 + 0.12 + 0.30 = 0.495(m)$$

①门桥上的风压强度。

$$\omega = 0.8V^2 = 0.8 \times 7.1^2 = 40.3(Pa)$$

②门桥阻风面积。

$$\Omega = n\Omega_1 + \Omega_2' + \Omega_3' = nC_1B + KC_2L + 0.7l_1h_1$$
$$= 3 \times 2.4 \times 0.47 + 1 \times 0.495 \times 16 + 0.7 \times 6.77 \times 2.48$$
$$= 3.38 + 7.92 + 11.75 = 23.05(m^2)$$

人员阻风面积,每人(坐姿)按 $0.3m^2$ 计算,20人共计 $6m^2$。

③门桥风压力。

$$W_l = \omega \cdot \sum\Omega = 40.3 \times (23.05 + 6) = 1171(N)$$

④门桥航行总阻力。

$$H = R + W_l = 19228 + 1171 = 20399(N)$$

(4) 锚定计算

①不考虑水流对锚纲的压力。

相对水深 $\frac{h}{T} = \frac{20}{0.68} = 29.41 > 12$,可认为不存在浅水影响,$C_h = 1$。

总水阻力系数 $C = C_0 \times C_l \times C_h = 0.55 \times 1.04 \times 1 = 0.572$。

故得 $R = 0.572 \times \frac{1020 \times 2.72^2}{2} \times 4.9 = 10575(N)$。

由风速 $V = 7.1m/s$,根据式(12-3)或查表12-4得:$\omega = 36Pa$。

则 $W_l = \omega \cdot \sum\Omega = 36 \times 29.05 = 1046(N)$。

门桥总水平力 $H = R + W_l = 10575 + 1046 = 11621(N)$。

若锚纲在河底有卧链,则:

锚纲每延米重 $p = 7N/m$(查附表C-5);

锚纲每延米水中重 $p_0 = 0.35p = 2.45N/m$。

则 $l = \sqrt{\dfrac{2Hh}{p_0}} = \sqrt{\dfrac{2 \times 11621 \times 20}{2.45}} = 436(\text{m})$。

由于投放锚纲长仅200m,故锚纲处于非正常工作状态。

锚纲张力、锚的水平力、上拔力为:

$T \approx H = 11621(\text{N})$;

$V \approx H = 11621(\text{N})$;

$V = T\sin\alpha \approx 11621 \times \dfrac{20}{200} = 1162(\text{N})$。

锚纲强度和锚定力校核:

查附表C-5并内插得,麻索 $K_1 = 3$, $S = 40130\text{N}$。

则锚的安全拉力 $[T] = \dfrac{S}{K_1} = \dfrac{40130}{3} = 13377(\text{N})$。

锚纲内张力 $T = 11621\text{N} < [T] = 13377\text{N}$,锚纲强度有保证。

锚重 $G = 2500\text{N}$,查表12-5,得 $K_2 = 24$,则锚的安全抓持力 $[N] = \dfrac{K_2}{1.5}G = \dfrac{24}{1.5} \times 2500 = 40000(\text{N})$,锚的水平力 $N = 11621\text{N} < [N] = 40000\text{N}$,足够。

锚的抗拔阻力系数 $K_3 = 1.5$,则锚的安全抗拔力 $[V] = \dfrac{K_3}{1.5}G = \dfrac{1.5}{1.5} \times 2500 = 2500(\text{N})$。

锚所受的竖向上拔力 $V = 1162\text{N} < [V] = 2500\text{N}$,足够。

②考虑水流对锚纲的压力。

门桥总水平力 $H = 11621\text{N}$。

锚纲在水平方向上的水压力集度:

$$p = c \times d \times \rho \times V^2 / 2 = 0.8 \times 0.0318 \times 1020 \times 2.72^2 / 2 = 96(\text{N/m})$$

设锚纲呈俯角 α,则有 $\tan\alpha = \dfrac{20}{200} = 0.1$。

则垂直于水面方向的分集度 $p_1 = p\tan^2\alpha = 0.96\text{N/m}$。

顺沿锚纲方向的分集度 $p_2 = \dfrac{p\tan\alpha}{\cos\alpha} = 9.6\text{N/m}$。

若锚纲在河底存在卧链,则:

$$l = \sqrt{\dfrac{2Hh}{p_0 + p_1}} = \sqrt{\dfrac{2 \times 11621 \times 20}{2.45 + 0.96}} = 369(\text{m})$$

由于投放锚纲长度为200m,故锚纲仍处于非正常工作状态。

锚纲强度校核:

锚纲最大内张力 $T_C = T'_C + T''_C = H + L \cdot p_2 = 11621 + 200 \times 9.6 = 13541(\text{N})$。

$T_C > [T] = 13377\text{N}$,但仅超过1.2%,仍认为锚纲强度有保证。

锚定力校核:

锚最大水平拉力 $N \approx T_C = 13541\text{N} < [N] = 40000\text{N}$,足够。

锚最大竖向上拔力 $V = T_C \sin\alpha \approx 13541 \times \dfrac{20}{200} = 1354(\text{N}) < [V] = 2500\text{N}$,足够。

③考虑水流对锚纲的压力与不考虑水流对锚纲压力的差值见表12-8。

水流对锚纲压力的影响值 表12-8

参　　数	考虑水流对锚纲的压力	不考虑水流对锚纲的压力	差　值	百　分　比
锚纲张力	13541N	11621N	1920N	16.5%
锚的最大水平力	13541N	11621N	1920N	16.5%
锚的最大竖向上拔力	1354N	1162N	192N	16.5%
系留点到卧链端部水平距离	369m	436m	-67m	15.4%

第十三章
渡河桥梁技术装备的发展趋势

第一节 外国军队渡河桥梁装备的发展现状

一、外军渡河桥梁装备发展现状

世界上发达国家的军队十分重视渡河桥梁的研究和发展,在第二次世界大战中,以及近年来几场局部战争中,渡河桥梁装备技术也起到了关键作用。世界各国在冲击桥、机械化桥、浮桥、海岸栈桥、桁架桥、自行舟桥等方面各自领跑。

美军冲击桥、海岸栈桥处领先水平;俄罗斯的带式舟桥独领风骚;英国的桥梁族概念设计颇有特色;法军的自行舟桥使别国望尘莫及;瑞典的快速桥发展领先,见表13-1,先进的渡河桥梁装备的具体性能介绍见第一章相关内容。

外军渡河桥梁装备发展现状　　表13-1

序号	军用固定桥装备	渡河桥梁装备和器材	机械化路面装备	海岸登陆栈桥系统
1	美国的"狼獾"冲击桥	俄罗斯 ПП-91 舟桥	德国 FSG 折叠式路面器材	英国 Mabey Uniflote 浮箱系统
2	德国"鬣蜥"冲击桥	俄罗斯 ПП-2000 舟桥	法国 TEMP TRAIL 可展开的战术机动路面	英国 MEXEFLOTE 多功能浮箱和港口设备

续上表

序号	军用固定桥装备	渡河桥梁装备和器材	机械化路面装备	海岸登陆栈桥系统
3	德国"鼹鼠"机械化桥	军 PFM 摩托化浮桥	英军 Faun 快速跑道修理系统	美国陆军用 MCS 模块式栈桥系统
4	英国 90 年代桥梁系统中的近距离支援桥	德军 FFB2000 带式舟桥	英国 30 吨级铝制可卷路面	美军 Flexifloat 模块式驳船系统
5	俄罗斯的 TMM-6 重型机械化桥	美军 IRB 改带型带式舟桥	法国的 640SPP 塑料可卷路面	MCS 模块式栈桥(美陆军)
6	英国中型桁梁桥	英德 M3 自行舟桥	捷克金属车辙路面	NL 驳运栈桥系统等(美海军)
7	瑞典的 FB48 快速桥	俄罗斯 ПММ-2 自行门桥	苏联的带式路面器材	ACBL 两栖货物登陆驳船系统(美军)
8	印度的 BLT T-72 冲击桥	法国 EFA 自行舟桥		美国快速安装防波堤系统

二、外军渡河桥梁装备的发展趋势

1. 注重提高器材的主要性能

外军渡河桥梁装备十分重视主要性能的提高。例如承载能力大多达到 70 军用吨级;架设人员为每台(套)装备 2 人;架设速度浮桥每 100m 为 30min 左右,固定桥每延米 1~2min;浮桥克服流速为 3~3.5m/s 的江河障碍,装备的可靠性也显著提高。

2. 加强装备的信息化建设

进入 21 世纪以来,世界各国的渡河桥梁装备的信息化水平有了明显提高。例如在美军"狼獾"冲击桥中,配置了大容量储存器及数据库、任务处理器及车长用电子设备、车长用控制面板、驾驶员用集成式显示装置、定位与导航装置、车载智能配电装置、远距离开关控制模块、模拟输入模块等。

3. 水陆机动能力、三化水平

外军渡河桥梁的机动能力方面,注重以下几个工作:一是采用通用装备底盘,使得装备运输车辆统一;二是采用越野性能好的车辆改装;三是部分装备采用标准集装箱尺寸,提高可运输性;四是发展水上运输能力。

在标准化、通用化、系列化的"三化"方面,也注重做了以下工作:一是按照系列化发展,例如德国"鼹鼠"桥系列就发展了机械化桥、冲击桥和模块化桥(图 13-1);二是考虑了装备通用性,例如,俄罗斯的 ПМП 舟桥、ПП-91 舟桥和 ПП-2000 舟桥大部分部件具有通用性;三是考虑了新老装备的兼容性,例如美军 SRB 舟桥和 IRB 舟桥就可以结构成混合的门桥;四是考虑了标准化建设,例如英国 20 世纪 90 年代桥梁族,大部分构件、部件都是标准通用的。

图 13-1 "鼹鼠"模块化桥

4. 适量发展可空运器材

美军研制的 LAB 轻型冲击桥可以用 C-141 大型运输机空运,英军研制的 Alvis/SEI 冲击桥系统可用 C-130 大力神运输机进行空运,英军 20 世纪 90 年代研制的 BR90 桥梁系统中的近距离支援桥系统可用 C-130 大力神运输机进行空运,以色列的 TAB 12AT 空运桥(12m)便于用 C-130 和 LCU 运输机装运。

5. 采用新材料和新技术

在渡河桥梁装备中,外军一直追求新材料和新技术的运用。在美国的"狼獾"冲击桥采用了碳纤维复合材料、高强度合金钢等新材料和可以自动补偿地形、天气变化的自适应控制系统等新技术。在法国 EFA 自行舟桥中,采用了铝合金结构、前后展开式桥跨、充气橡胶浮囊等技术,使得自行舟桥的单车架设长度达到 23.5m。

第二节　渡河桥梁装备的发展设想

一、在固定桥梁技术装备方面

信息化伴随桥:伴随桥的信息化要求很高,既要有内嵌式交通数字模型,又要能够与上级指挥系统直接并网,以便实时掌握交通装备、随时接受保障任务、快速形成保障方案,进行快速化保障;根据数字模型可以自动进行桥梁保障任务的决策,到达现场并启用程序作业法进行自动架设。

模块化机械化桥:每辆桥车运载三个模块化桥节,可以架设一座 24m 的桥,或者一座 8m 和一座 16m 的桥,或者三座 8m 的桥,以满足不同场合的需要。

新型山地徒步桥:我军第一代徒步桥,架设复杂、人工作业量大、保障能力不强,新型徒步桥从材料、架设方法和性能指标都应有所改进。

智能化模块式伴随桥:在模块化伴随桥的基础上,向智能化方面发展,即在掌握上级指令后,可以依托研制的战场一体化数字模型和卫星实时侦察信息,智能判断保障任务的性质、地点、到达的机动路线,在保障地点又可以根据外加式侦察仪器和内嵌式智能终端获得保障地点的相关信息(障碍性质、障碍宽度)。

大跨度重型支援桥:支援桥的架设跨度将从现在的 51m 增加到 81m,架设时间基本不变,架桥车的功能进一步加强。当运桥车到达架桥车旁、吊臂吊起桥节时,架桥车进入自动化架设和关键数据检测的智能化阶段,在桥节到位后各种连接装置自动启动。该型支援桥的架设也具有模块化性质,即可以架设一座 81m 的桥,或者架设两座分别为 2~7 节的桥梁(每节 9m,总长 81m)。

可空投冲击桥:首先考虑总体重量较轻的轮式冲击桥的可空投技术,在冲击桥的折叠展开、固定运输、空中运动、空投技术、遥控架设等方面还需要进行大量探索和研究。

二、在渡河舟桥技术装备方面

新一代带式舟桥:在四折带式桥运用 40 年后,发展新型带式舟桥势在必行,新型带式舟桥在运载车辆、泛水方式、单车架设长度、承重梁、动力舟、锚定方法等方面都会有较大的改善。

三代轻型门桥：针对85式轻型门桥（一代）和新型轻型门桥（二代）装备的特点和存在的问题，新研制的三代轻型门桥将在运载能力、航渡速度、装备多样化运用、材料抗老化、舷外机国产化等方面有所改进。

智能化自行舟桥：在目前履带式自行舟桥和轮式自行舟桥相继问世、填补空白的基础上，选择更为先进的水陆两栖装甲底盘，采用各种智能化技术和模块化设计理论，提高自行舟桥的各项性能指标。在模块化方面，使得自行舟桥具有三种以上的架设吨位和架设长度，并且适应不同的江河流速，具有不同的水动力性能；在智能化方面，具有岸边地质和江河水文等环境数据的检测侦察手段，能够自动决策采用相应的模块保障形式，具有与上级实时通信、门桥单元相互间实时联络等功能，能够自动定位与导航等。新研制的智能化自行舟桥在装备的信息化、底盘车选型、单车架设长度、承载能力、"三防"能力、装备可靠性等将有所改善，以满足未来信息化战场的需要。

可空投舟桥：首先考虑轻便门桥和总体重量较轻的轮式自行舟桥的可空投技术，在轻便门桥和自行舟桥的新材料使用、折叠展开、固定运输、空中运动、空投技术、遥控架设等方面也需要进行大量探索和研究。由于其他的渡河桥梁装备和器材大多是系统、成套使用的，下一步考虑普通带式舟桥按序列、按成套空投使用。

渡场开设智能系统：渡场开设在未来信息化战场上的任务更加突出，情况千变万化，因此结合战场一体化数字模型，研制渡场开设的智能化系统势在必行，主要具有根据上级意图和战场环境、局势优选渡河方法（门桥渡河、浮桥渡河、其他渡河方法），比选渡口位置，选用渡河桥梁装备和器材，统计装备兵力数量，确定渡场其他组成位置（指挥所、检查站、集积场、观察所、救护站、待渡区、疏散点等），并在执行任务中随时更新调整，时刻保持与上级的通信、接受上级的指挥。

三、在机械化路面技术装备方面

二代重型机械化路面：与二代带式舟桥相似，针对重型机械化路面运用40年的情况，在底盘车、架设作业方法、路面承载量、适应地基状况、单车架设长度、路面连接与固定等方面将有所改进。

二代轻质路面：针对轻质路面的路面材料、抗老化性能、器材撤收性能、底盘车选型以及架设撤收方法、适应松软地基能力、装备可靠性等方面进行改进。

信息化两栖路面：已经研制的两栖装甲路面填补我军该类装备的空白，然而该装备的底盘车性能不佳、路面结构与材料等方面没有创新、装备的信息化程度不高，因此迫切需要研制新一代信息化两栖路面，在以上各个方面有所提高。

多功能轻质路面：未来的轻质路面，将是多功能、高性能的路面，既能适应江河岸边的浅滩、水网地区的泥泞，又能适应海岸的滩涂、变化的潮间带，以及其他松软地基，还可以在机场、公路的抢修中，快速构成路面；另外，其使单车架设长度更长、立体投送器材更加快捷、架设使用和撤收更加方便、克服障碍的能力更强。

化学固化松软地基技术：各种机械化路面的使用，都是在松软地基上架设（铺设）宽度不超过5m的条形通道，然而条形通道极易遭到敌人的二次破坏和封锁。松软地基的化学固化技术，将通过投送弹等方式，进行松软地基的区域固化，得到加强地基，便于战斗兵器通行，将大大增强泥泞、滩涂等松软地基的工程保障能力。该技术应具有固化速度快、渗透性强、固化地基通行能力大、对自然无危害或危害小、可通过自然或化学方法降解等特点。

四、在渡河桥梁配套装备方面

高性能舷外机：我军目前大功率舷外机主要是水星和雅马哈，都是进口产品，受到各种制约。因此，研制大功率、防水性能好、油耗少、便于操作使用、可靠性高的系列舷外机，是我军甚至我国相关行业努力的目标。

海岸登陆栈桥系统：我国在20世纪末研究了多用途浮箱后，海岸登陆栈桥系统出具雏形，但是没有继续发展。目前发展海岸登陆栈桥的机会已经来临，针对海岸地质条件和海岸水文环境，研制适合在海岸进行工程保障的栈桥系统，利用该系统可以快速在复杂的环境中架设栈桥、码头、滩涂通道，克服潮间带和超差影响，满足海流条件下的锚定等，同时该装备可以在长江、黄河等特大江河使用，也可以在其他江河入海口等作保障使用。

近海联合工程保障系统：在前期研究海岸登陆栈桥系统并得到广泛运用的基础上，研究保障功能更多、保障范围更广、保障手段多样、集成化程度更高的近海联合保障系统。该系统除了有原来海岸登陆栈桥系统的主要功能外，还有以下主要功能：可以带有动力设备，便于组合成冲滩平台、换乘平台、驳运平台；可以在较远的海域执行联合工程保障任务；可以构成施工作业平台、靠泊运输平台和材料集散平台；可以利用相关器材构成海岸（浅海）滩涂通道，克服潮间带和海流影响；还具有能源转换平台，利用太阳能、风力、海潮自发电、海水淡化等进行能源转换；可以供垂直起降飞机起降、供海船靠泊补给。

第三节　渡河桥梁装备发展的关键技术

渡河桥梁装备和器材经过几十年的迅速发展，已经为全军工程兵的舟桥部队克服我国境内的各类江河障碍提供了有力的技术装备，特别是20世纪70年代末研制的带式舟桥，成为我军舟桥的主力装备，其总体技术达到了当时国际先进水平。我国江河情况复杂多变，特别是在未来的信息化战场上对渡河桥梁装备和器材提出了更高的要求，总的说来，需要功能更多样、自动化程度更高、材料使用更合理、数字化程度更先进、机动性能更可靠、战场生存能力更强的渡河桥梁装备和器材。下面分别进行阐述。

一、新结构渡河桥梁装备和器材

这是实现战术技术性能指标最重要的技术途径。总体结构是指浮（门）桥的结构类型（桥脚分置式或带式），河中部分体系及连岸部分的形式，漕渡门桥的结构组成及其与岸边连接的样式，舟、主梁、桥面系融合的程度与结构形式，舟体型线和抗沉结构措施，桥段（门桥）划分拼装单元和运输单元的方案，桥段间、拼装单元间连接的结构样式，浮（门）桥载重能力变化及两种渡河方式互相转化的结构，浮桥闭塞、固定的结构；在水上动力与舟桥合为一体时，还要考虑动力及传动系统的结构布置。设计中根据国家工业发展现状，应用桥梁、船舶先进的结构理论，参考国内外舟桥器材的已有结构问题解决措施，拟制几个总体结构方案进行系统比较，确定全面符合战术技术性能指标的可行方案进行结构设计。在设计中对构件采用既能充分利用材料强度、减轻自重,又便于连接、使用、制造和运输的结构。

二、模块化渡河桥梁装备和器材

各种渡河桥梁装备和器材为了既保证其有足够的承载力,又要具有良好的机动性,因此都采用拼装式舟体的结构形式,即将舟体划分为首舟、尾舟、中间舟、岸边舟、动力舟(或者尖舟、方舟)等,舟体划分的样式和大小主要取决于运输车辆的情况。利用上述各种舟节,可以架设和拼装各种水上工程物。目前我军的渡河桥梁装备和器材一般可以架设2种以上的浮桥、结构,多种吨位门桥以及构筑码头、栈桥等。

但是,我军目前的渡河桥梁装备和器材主要是架设浮桥、结构门桥,因此对模块化的要求不高,一般只考虑同种舟体之间的互换性,并且连接方式的纵横向也是固定的。在未来的高技术战争中,特别是信息化战争中,渡河桥梁装备和器材不但要考虑浮桥、门桥的工程保障,还要考虑其他工程保障任务。例如,执行水上浮吊、水上驳运、水上换乘、水上冲滩、水上设障、水上排障等任务,需要多种结构形式的水上工程结构物,因此要在更深层次上考虑渡河桥梁装备和器材的模块化。

舟桥渡河装备如果实现单箱模数化尺度、高效可靠的连接机构、优化的主体尺度、适应多种工况的强度条件以及多级调整的岸滩适应性能,便可以实现高效、快速拼组搭设各种水上工程结构物。未来研制的舟桥渡河装备在执行濒海工程保障时,还要根据任务来结合构筑其他海上工程结构物,例如工程方驳、换乘门桥、高架栈桥、定位门桥、冲滩门桥、海上登陆门桥、浮游趸船、布雷扫雷平台、破障机动平台、减浪防浪结构和浮式保障平台等,甚至舟桥结构的主要模块可以作为伴随桥梁的上部结构而架设桥梁,作为路面器材克服海岸滩涂障碍等。

三、机电化渡河桥梁装备和器材

未来渡河桥梁装备和器材必须向机电一体化发展,才能更大程度提高渡河桥梁装备和器材的总体性能。机电一体化在渡河桥梁装备和器材执行任务的各个阶段中可以体现在不同方面。

在渡河桥梁装备和器材泛水作业时,利用渡河桥梁装备和器材上的自动泛水作业机构进行迅速泛水和装车,提高作业效率,减少作业手的作业量。特别是舟桥的泛水装车作业机构需要摈弃目前几十年来沿用的钢索绞盘机构,代之性能更加可靠的机电控制系统,减少泛水和装车过程中的故障。

在渡河桥梁装备和器材作业过程时,需要研究可靠的自动架设、自动撤收系统,特别是跳板架设、锚定设置等,目前的人工作业量较大、作业步骤较为烦琐,而且还经常出现作业故障,需要研究自动架设展开作业机构,应该在液压、闭锁、连接、解脱等方面有所突破。

在渡河桥梁装备和器材的使用中也有许多需要实现机电一体化的方面,例如自动锚定、自动平衡、自动维护、自动抢修等技术手段。特别是自动维护和自动抢修技术有许多值得研究的内容,当渡河桥梁装备和器材发生被枪弹贯穿等故障时可以通过采取自动检测、自动报警、及时堵漏、自动排水等技术手段,来确保渡河桥梁装备和器材的总体稳定性。

利用上述机电一体化技术来研制新型渡河桥梁装备和器材,使渡河桥梁装备和器材具有自动展开功能、自动连接功能、自动锚定功能、自动撤收功能、水上自行功能等,将促进渡河桥梁装备和器材向自行舟桥过渡,为研制成功真正的自行舟桥奠定基础。

四、新材料在渡河桥梁装备和器材中的应用

材料科学始终是各个工程领域的先导科学,渡河桥梁装备和器材的发展也与材料科学紧密相关。多年来,我们利用各种性能优良的高强度合金钢、低碳钢和相关材料研制了大批高性能的舟桥、桥梁和路面装备,但是在21世纪,随着材料科学的不断发展,新材料将不断运用到渡河桥梁装备和器材中。这些新材料主要包括铝合金、碳纤维、硼纤维、复合材料、玻璃钢等,它们有各自的特点,特别是在未来战场上,像碳纤维、硼纤维、复合材料、玻璃钢等非金属材料具有强度高、密度小的特点,尤其在敌人的侦察仪器设备下,暴露征候小,隐身性能好,有效降低被敌人侦察发现的可能性,提高战场的生存能力。另外,这些新型材料在舟桥军桥装备中的运用,也会提高装备的可靠性、可维修性、机动性等总体性能。

渡河桥梁装备和器材的每一步发展都与材料技术的发展密切相关,在19世纪初期,俄国沙皇为了远征周边的疆土,利用木质框架和外蒙牛皮制造了世界上第一代渡河桥梁装备和器材(也称为舟桥纵列),开创了渡河舟桥发展的历史;当高强度钢材大量用于渡河桥梁装备和器材时,各种性能优异的渡河桥梁装备和器材纷纷面世,克服长江、黄河这样的宽大江河障碍将不再是奢望;当美军将铝合金用于渡河桥梁装备和器材时,他们将原本性能优越的四折带式舟桥的总体性能又向前大大推进了一步;在未来,当各种新材料用于渡河舟桥渡河装备中时,势必带来渡河桥梁装备和器材的新一轮革命。因此我们在对渡河桥梁装备和器材的其他方面进行综合研究时,不能忽视材料科学的每一次变革和进步可能对舟桥渡河装备发展的影响。

五、数字化渡河桥梁装备和器材

数字化的舟桥部队再加上数字化渡河桥梁装备和器材,将是舟桥部队全面数字化的具体体现,因此需要做到以下四个方面。

战场情报格式化:开展渡河桥梁分队战场情报格式化工作,确定情报信息的存储分类和传输分类,以使战场侦察情报从一个节点录入后,即可为所有数字化网节点共享,为决策指挥提供及时准确的定量依据。智能决策支持系统:就是将人工智能嵌入决策支持系统中,构成智能决策支持系统,能提高决策指挥的快速性和准确性。工程保障方案优化与评估:渡河桥梁分队在生成行动方案时,实现渡河桥梁分队数字化,即可对行动内容方案模型化和评估优化。

网络通信数字化:根据渡河桥梁分队在作战中的地位和工程保障需求,渡河桥梁分队数字化网络通信系统可分为两个层次。第一层次是与上级指挥机构、军事情报信息网以及友邻部队的数字化广域网络通信系统,功能是获取信息和接收指挥。第二层次是对下级作战部队进行指挥与控制的数字化局域网络通信系统,功能是传达命令和实施监控。

作业监控数字化:其主要包括作业小组及单兵综合系统、工程侦察数字化系统、装备器材数字化等。其中,装备器材数字化又包括渡河桥梁分队战术数字化系统、渡河桥梁分队车内数字化系统、主要装备器材控制系统等。

作战训练数字化:作战训练模拟包括计算机模拟(虚拟的和实兵模拟)和高级作战试验等,它们既对渡河桥梁分队数字化进程所需的各种战术、技术指标以及措施提供定量依据,又为专业部分队提供数字化模拟训练手段,提高遂行工程保障的能力。作战训练数字化主要分

为分布式交互仿真和高级作战试验。

六、隐身式渡河桥梁装备和器材

利用渡河桥梁装备和器材遂行渡河工程保障任务，无论是在装备的集积、开进、展开过程，还是在浮桥架设、门桥结合和使用维护、撤收转移过程，由于渡河桥梁装备和器材体积庞大、目标明显，因此容易受到敌人的侦察和攻击。其战场的抗损性很差，战场的生存力很低。因此要努力研究渡河桥梁装备和器材在各个环节的隐身技术。

在开进、运输过程中的隐身技术。由于渡河桥梁装备和器材结构的特殊性，其体积庞大，特别是为了确保渡河桥梁装备和器材具有良好的陆上机动性，因此多采用薄板制作。渡河桥梁装备和器材的舟车一般是越野车辆。一套渡河桥梁装备和器材在陆上机动的车辆数量众多，如某型四折带式舟桥全套使用时舟车为66辆，整个车队的行军距离为4780m，将近5km。这样的队形很容易被敌人发现，往往是部队刚出营房，敌人已经侦察到动向；先头部队还没有到达目的地，攻击敌机已经到了头顶。一方面，将渡河桥梁装备和器材集成化，在运输开进过程中，尽量不暴露渡河桥梁装备和器材的特性；另一方面征集民用车辆来运输渡河桥梁装备和器材，并将渡河桥梁装备和器材的外表颜色平民化，也会提高渡河桥梁装备和器材的运输、开进的安全性。

在架设、使用过程中的隐身技术。渡河桥梁装备和器材无论是架设的浮桥还是结构的门桥，其都是在江河上使用的，江河上的工程结构物由于目标明显，渡河桥梁装备和器材与江河水面的介质反差大，容易暴露在各种侦察仪器下，因此架设、使用过程的隐身技术同样十分重要。利用新材料将有助于提高浮桥或者门桥在江河上的隐蔽性，因为非金属材料对于各种侦察波源的反射率小、成像率低，造成高空特别是太空侦察的"死角"；在装备的涂料技术上也可以下功夫，目前装备的外表颜色主要为草绿色。从白雪皑皑的东北乌苏里江，到茫茫一色的黄河；从碧波荡漾的内陆湖泊，到奔腾不息的长江，其周围环境的色差区别大，因此同样为草绿色的舟桥，在不同环境下的分辨率却大不一样。在未来信息化战场上，应该使渡河桥梁装备和器材具有"变色龙"性能。在架设使用前先进行工程侦察，获取周围环境的主要颜色，确定渡河桥梁装备和器材的伪装颜色，然后使用该颜色进行喷涂伪装，最后再进行架设，这样将有效降低浮桥或门桥的水上暴露的可能性，提高渡河桥梁装备和器材的战场生存能力。

七、智能化渡河桥梁装备和器材

智能化是指由现代通信与信息技术、计算机网络技术、工程技术、智能控制技术汇集而成的针对某一工程领域方面的应用。从感觉到记忆再到思维这一过程成为"智慧"，智慧的结果产生了行为和语言，将行为和语言加以表达的过程称为"能力"，两者合称为"智能"。智能一般具有以下特征：一是具有感知能力，即具有能够感知外部世界、获取外部信息的能力这是产生智能活动的前提条件和必要条件；二是具有记忆和思维能力，即能够储存感知到的外部信息及由思维产生的知识，同时能够利用已有的知识对信息进行分析、计算、比较、判断、联想、决策等；三是具有学习能力和自适应能力，即通过与环境的相互作用，不断学习积累知识，使自己能够适应环境变化；四是具有行为决策能力，即对外界的刺激做出反应，形成决策并传达相应的信息。具有以上特征的系统则为智能化系统或者智能系统。因此智能化实际上是信息化与自动化的有机结合。

渡河桥梁装备的运用时，往往装备数量多，作业环境恶劣，机构复杂，很多装备的展开、架设、连接、漕渡、撤收等需要经过长期专门训练的熟练作业手来操作，因此，需要开展智能化技术的研究。

渡河桥梁装备智能化（或者工程装备智能化），首先要建立在装备信息数据库和战场环境数据库的基础上，并采用最新侦察手段，包括卫星侦察、高空飞机侦察、无人机侦察、网络侦察、抵近侦察等，获得与工程保障有关的一切信息，并适时传输给智能化系统，利用强大的专家系统和知识库进行处理、分析、计算、对比、判断等，进行任务决策。对获得的战场信息和任务决策内容及时传输给执行任务的部队，部队利用渡河桥梁装备开展动员、行军、机动、集积、泛水、展开、连接、锚定、固定、试通车、使用、维护、撤收、转移等，并广泛运用智能化技术，提高作业效率，增加工程保障能力和战场生存能力（图13-2）。

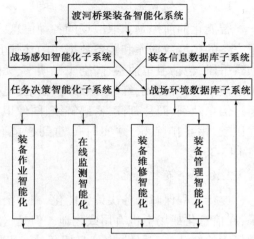

图13-2　渡河桥梁装备智能化系统

其中战场感知智能化以及任务决策智能化可以作为单独的模块进行使用，以便进行网上推演、红蓝军对抗、人员培训等。

（一）装备信息及战场环境数据库

1. 装备信息数据库

智能化系统开展智能决策，一是依托获得的环境参数，二是依托装备参数。因此装备的各项数据十分重要，主要包括部队所属装备的信息，大到装备类型、数量、主要性能、装备完好率等，也包括装备具体的战术技术指标，例如桥梁架设的长度、适应的水深或者桥脚高度、桥梁的吨位、架设所需作业手数量、架设时间、陆上机动速度、水上是否能够机动等；小到装备的具体性能，例如使用动力情况、燃油需要情况、装备维修情况，还有装备使用的部（分）队人员情况等。装备信息数据库是动态、开放的，需要与平时的维护管理工作联系起来，及时进行更新和补充。

2. 战场环境数据库

同时，我军要加快信息化技术装备的研制，就应该开展保障区域的战区山区交通数字模型、战区江河数字模型、战区交通数字模型等建设工作，以便于智能化渡河桥梁装备的运用。在统一的顶层设计的基础上，利用统一的开发平台，分别开发建设上述模型，将这些再内嵌在智能化系统中，可以有效提高装备的智能化决策水平。

根据科技的进一步发展，将来还将建设战场一体化工程保障数字模型，在前期分别研制战区山区交通数字模型、战区江河数字模型、战区交通数字模型的基础上，进行统一的顶层设计，利用统一的开发平台，将上述已经开发的数字模型进行集成，并开发相应的专业决策软件（如渡场开设决策软件、交通网络决策软件、桥梁加固与抢修决策软件等），将这些再内嵌在智能化装备中，可以极大提高智能化系统的技术水平。

(二)战场感知与任务决策智能化

1. 战场感知智能化

智能化的前提是获取战场的各种信息,而目前信息数据庞大浩瀚,真假难辨,因此在建立了完备的环境数据库和装备数据库的基础上,还需要实时开展战场信息获取,利用一切可能的侦察手段,包括卫星侦察、高空飞机侦察、无人机侦察、网络侦察,以及雷达、电磁、侦察仪器的抵近侦察,对可见光、红外、热红外、雷达、电磁频频、振动、声响等信息,进行多方面数据采集,通过信息甄别、照片判读、密码解锁、图像识别、目标比对等,对多渠道获得的信息相互验证、相互比较、相互排除等,并实时传输到智能化系统,以便获得实时的、符合战场环境的数据(图13-3)。

2. 任务决策智能化

遂行工程保障任务决策智能化,在各个部队针对各种装备都开展过研究,取得不少研究成果,在信息化战场上也有用武之地。但是这里所讲的工程保障任务决策智能化,应该以一个工程保障的部队[工兵团(旅)、舟桥团(旅)]为单位开展研究,在受领上级下达的工程保障总体命令的基础上,运用工程侦察和战场感知获取的资料,结合装备信息数据库、战场环境数据库,在智能化系统中加以自动决策(图13-4)。决策的内容主要包括:一是工程保障的方法,是指采用架设固定桥梁渡河、浮桥渡河、门桥渡河,还是采用绕行、抢修抢建桥梁等方法;二是在确定工程保障方法的基础上,决策确定适合完成该任务的部(分)队,进而确定进行保障的具体装备,如果是架设固定桥梁进行渡河,则要通过分析对比,确定采用重型机械化桥、重型支援桥、山地伴随桥、坦克冲击桥等,并给出装备的数量,如果是采用舟桥的方法渡河,要确定装备的类型(特种舟桥、新型特种舟桥、三代重型舟桥,或者四折带式桥、二折带式舟桥改进型)、数量等;三是决策确定辅助装备以及其他辅助器材,包括路面装备的种类与数量、水上动力的种类与数量、油料的种类与数量,以及锚碇器材、救生器材、固定器材、标识器材、防护器材、维修器材,等等。四是对工程保障的流程给出决策建议,包括工程保障的时间、地点、集积地点、机动路线、泛水位置、架设场地、隐蔽场所、指挥所位置等。

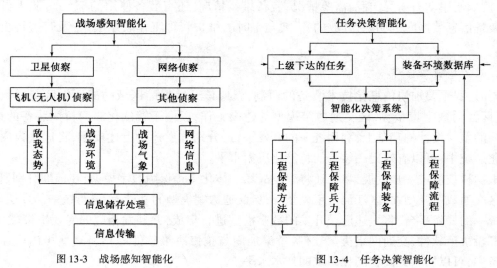

图13-3 战场感知智能化　　　　图13-4 任务决策智能化

(三)渡河桥梁装备作业智能化

针对机电程度越来越高、作业机构越来越复杂的渡河桥梁装备应该尽早开展智能化作业的技术研究工作(图13-5)。我军的渡河桥梁装备水平有的很高,但是架设使用比较复杂,例如山地伴随桥从器材近场后的准备作业开始,到桥梁架设完毕桥车退场为止,有单独的几十个基本动作,有些动作一次作业不成功或者不到位,可以再进行二次作业,但是有的动作做错了则有可能造成装备、人员的损伤,因此在训练和执行任务中必须严格按照操作步骤和操作规程进行,但降低了作业速度。开展智能化作业系统的研究,将装备、环境等参数进行实时处理,采用自适应环境的一键智能化操作,则可以大大加快作业速度,提高装备的保障能力,缩短平时的训练时间。

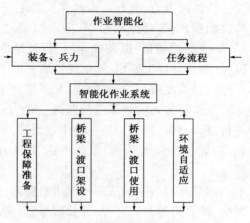

图13-5　工程保障作业智能化

例如,针对自行舟桥的过程保障,可以从以下方面进行作业智能化技术的开发。首先根据泛水场地的地形和江河的流速,进行决策,确定是在岸上展开泛水,还是泛水后再展开。其次根据在水中的情况,自动提升轮轴或者履带负重轮;根据江河中的流速等参数决定螺旋桨的转速,以保持在水中稳定或者以一定的速度航行;根据任务区分决定是采用门桥渡河还是架设浮桥;自动打开上下浮舟的桥跨及两侧的二级跳板;如果是门桥渡河,则根据岸边水深情况决定门桥靠泊岸边的位置,并用侧向推进力保持荷载上下门桥时的稳定;在航渡中根据江河上的情况,并采用实时侦察仪器,决定漕渡的航线,避免搁浅、与船舶碰撞或者与其他的自行门桥航线相互干扰;如果架设浮桥则自动航渡至桥轴线位置,并与其他自行舟桥逐次连接;确保桥轴线的正直和浮桥稳定;任务执行完毕,进行一键式分解,并按照收回跳板、折叠浮舟、放下车轴、上陆的步骤自行完成。

当自动完成整个工程保障任务较为困难时,也可以划分动作模块,进行模块化智能作业,例如,自行舟桥的桥跨展开、跳板展开、门桥间连接、水上漕渡等分别进行智能化作业,为最终装备的智能化作业创造条件。

(四)渡河桥梁在线监测智能化

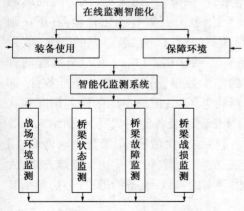

图13-6　在线检测智能化

大型复杂装备的状态(使用状态、库存状态)智能化监测十分重要,智能化监测的目的在于了解掌握装备的工作环境、使用工况、装备状态以及进一步的保障措施等(图13-6)。

智能化监测主要分四个方面,一是装备工作的环境监测,通过镶嵌的各种传感器,感知环境的温度、风力、风向,水流速度、水流方向、土壤性质等,以便决定装备的使用状态。

二是装备本身的状态参数,例如各液压机构的流量、压力、温度、速度、结构的应力、应变、锚定的受力、位移、接头的受力、受力频率等。

例如在重型支援桥的架设和通载过程中,需要监测的主要内容有:桥节拼装架设时的液压机构工作参数,电气设备的工作参数(电压、电阻、信号十分正常),结构受力的主要参数(主要受力杆件的内力、变形),连接接头的主要参数(受力、变形等),以及在架设及通载过程中的结构振动参数(包括振动频率、振动幅值、振动振型、振动阻尼等);另外,还要监测荷载作用状态,如荷载的质量、振动加速度、行驶速度、行驶间隔、行驶偏心等,这些参数一旦超过容许范围,就会自动发出警报,提醒使用者采取相应措施(降低桥梁架设推送速度、对正桥轴线行驶、降低行驶速度、拉大行驶间隔、加强锚定措施,等等),以确保装备安全使用。

三是对装备的故障进行监测,当状态监测后出现异常参数,与数据库的数据进行比对后,进行逻辑分析,判别装备是否出现故障、故障的类型(机械故障、结构故障、电气故障)、故障模式(失效、变形、无动作、电路不通、压力小)、故障的位置、故障的程度等,并提出相应的维修措施。

四是针对战场的战损情况进行监测,例如在敌人袭击下的桥梁是否受损,浮桥的锚定是否安全、桥脚舟是否贯穿等,并及时报警,提出抢修建议。

(五)渡河桥梁装备维护管理智能化

在渡河桥梁在线监测智能化的基础上,开展渡河桥梁装备维护管理的智能化研究十分重要,对于关重件的状态监测和维修更加重要。维护管理的智能化主要体现在自动识别、自动判断、自动修复的技术合成上,例如对于各种轮胎,在确定枪弹贯穿后立即得到气压参数,随即释放气雾胶补剂,进行补胎;对于舟桥的桥脚舟,一旦监测传感器检测到舟体进水后,立即启动混合发泡剂,进行高分子发泡以向舟外挤压排水,保持原有的排水量;如果检测到电气系统、液压系统出现故障,则立即启动冗余系统,进行应急作业;如果检测到其他零部件受到损坏,则立即调用图纸库进行3D打印,并及时更换。故障诊断智能化如图13-7所示。

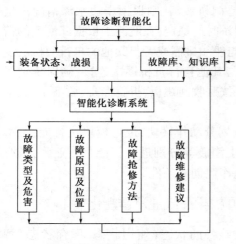

图13-7 故障诊断智能化

渡河桥梁装备的全过程管理十分重要,是装备"成建制、成体系,出保障力"的关键,从部队的编制与装备的列装开始,就要开展智能化管理,真正在到"换人,装备管理不间断",一旦装备列装部队,就运用智能化装备管理系统(图13-8)进行全过程的管理:采集装备的基本数据,分门别类地进行备件、部件、工具、使用说明书、维护说明书等的归档,并进行资料的电子化;记录定期的保养情况和状态,包括一级保养、二级保养、使用前保养、封存保养等;详细记录装备使用状况,包括出入库等级、使用背景、使用环境、使用目的,以及舟桥泛水次数、门桥结合次数、舟车摩托小时寿命、门桥漕渡次数、浮桥通载次数等;记录装备的维修参数,包括故障类型、位置、程度、维修方式、大修中修间隔、维修后的状况等,为装备的全寿命管理提供翔实的参数;装备的退役信息,包括装备的报废程序、调拨程序、处理结果等。

还要研究渡河桥梁装备和器材的示假技术,在第二次世界大战的末期,苏联红军为了强渡第聂伯河时尽量伪装真实渡口,而在渡口的上下游各设置了假渡口,吸引德军的轰炸和封锁,而掩护了真实渡口的正常使用。同样在未来的信息化战场上,要完全进行隐真是不现实的,也是不可能的,还要靠示假技术,包括假渡口、假浮桥的设置等,来吸引敌人的注意力,浪费敌军的侦察、轰炸、打击的资源,达到保护真渡口的目的。

八、无人化渡河桥梁装备和器材

随着科学技术的发展,尤其是信息化技术、通信技术和人工智能技术的发展,各式各样的无人机和无人系统也在人民生活和国防建设中广泛运用。当前,无人侦察飞机、无人打击飞机、无人察打机、无人水面艇、无人工程保障车等层出不穷。同样,在渡河桥梁装备领域,无人化技术也将逐步渗透到装备技术中。例如,对于渡河桥梁架设地域的工程侦察,便可以运用无人飞机、无人艇或者无人水陆工程车进行及时侦察,获得河幅、流速、水深、两岸地形等关键资料,并及时传输到指挥终端;在渡河工程保障中,可以在上游一定距离处设置江河无人监测站,监测上游的水文资料以及漂浮物、水面漂雷等,以便渡场指挥员及时决策;在浮桥锚定、门桥定位、桥梁架设等方面,都可以采用无人化技术,适时进行动力锚定、门桥自动定位、桥梁智能化架设等操作。无人化技术可以提高渡河桥梁装备的保障精度、架设效率、监测强度和保障能力。

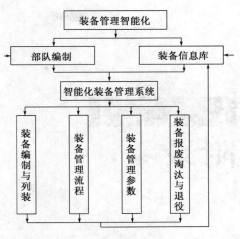

图 13-8 装备管理智能化

以上仅结合渡河桥梁装备和器材的模块化、机电化、新材料、数字化、隐身化、智能化、无人化等方面,对渡河桥梁装备和器材研制进行了展望和设想,但是渡河桥梁装备和器材总体性能还取决于装备的研制计划、编制体制、保障模式、训练手段以及国家工业技术的总体发展水平等。因此,渡河桥梁装备和器材在信息化时代将面临更大的挑战和发展机遇。

附录

附录 A 渡河桥梁用木材的相关参数

针叶树种木材容许应力的修正系数　　　　　附表 A-1

树　种	主要产区	弯曲应力	横纹压应力（径向）	顺纹压应力	横纹剪应力（弦向）
柏树	江南	1.30	2.00	1.40	1.50
罗汉松	海南岛		2.00	1.20	1.00
油杉	云南		1.20	1.50	1.20
油杉	福建		0.95	1.40	1.00
落叶松	东北		0.90	1.50	0.90
黑松	山东	1.20	1.40	1.00	1.20
怒江红杉	云南		1.30	1.30	1.00
南亚杉	海南岛		1.30	1.10	1.40
云杉	四川		1.00	1.30	0.75
金钱松	湖北		0.70	1.20	0.85
柏木	福建	1.10	1.20	1.00	1.00
苍山冷杉	云南		1.10	1.20	0.45

续上表

树 种	主要产区	弯曲应力	横纹压应力（径向）	顺纹压应力	横纹剪应力（弦向）
樟子杉	内蒙古	1.00	1.00	1.00	1.00
华山松、马尾松	山西、江南		0.90	1.00	0.80
杉木	四川		0.85	1.20	0.85
杉松、臭松	东北		0.70	1.10	0.95
杉木	安徽		0.70	1.00	0.70
杉木	湖南江华区		0.60	1.20	0.60
雪山冷松	新疆		1.10	1.10	1.00
红皮云杉	东北	0.90	1.00	1.00	0.90
红杉	四川		1.00	1.00	0.55
冷杉	甘肃		1.10	1.00	0.85
杉木	湖南,贵州	0.80	0.55	1.10	0.40
柳杉	安徽		0.50	0.90	0.75

注：表中是以东北红松容许应力修正为1作标准的其他木材容许应力的修正系数。

阔叶树种木材容许应力的修正系数　　　　　　　　　　　　　附表 A-2

树 种	主要产区	弯曲应力	横纹压应力(径向)	顺纹压应力	横纹剪应力(弦向)
青冈栎、石栎、槠木、麻栎	安徽				
木叶石栎、细子龙、酸枸木、锥栗	海南				
槠木	福建、湖南	1.40	2.20	1.50	1.70
青冈栎	云南				
杨槐	北京				
水曲柳	东北				
色木槭	东北				
红椎、大沟栗树	福建、广东				
西桦	云南				
槐	山东				
桦木	河南	1.30	2.00	1.40	1.50
栎木	湖南、河南				
琼楠	海南				
茅栗	安徽				
毛白杨	北京				
枫杨	安徽				
核桃树	东北				
杨树	新疆	1.20	1.50	1.10	1.40
浦树	云南				
重阳木、橄榄树	海南				
樟木	湖南				
箭杆柳	陕西	1.00	1.80	1.20	1.10
水曲柳	河南				
黄樟	广东	0.85	1.30	1.00	0.80
胡杨	新疆	0.70	2.00	1.00	0.75

附表 A-3

圆木和半圆木的断面积 F、断面系数 W、惯性矩 I

圆木直径	断面形状													
	圆木			一面欣削 $d/3$ 宽的圆木			两面欣削 $d/3$ 宽的圆木			两面欣削 $d/2$ 宽的圆木			半圆木	
	断面诸元													
	断面面积 (cm²)	断面系数 (cm³)	惯性矩 (cm⁴)	断面面积 (cm²)	断面系数 (cm³)	惯性矩 (cm⁴)	断面面积 (cm²)	断面系数 (cm³)	惯性矩 (cm⁴)	断面面积 (cm²)	断面系数 (cm³)	惯性矩 (cm⁴)	断面面积 (cm²)	断面系数 (cm³)	惯性矩 (cm⁴)
10	79	98	491	78	96	476	77	98	461	74	91	395	39	24	70
11	95	131	719	94	128	697	93	130	675	90	121	578	48	32	102
12	113	170	1018	112	166	987	111	169	956	107	158	819	57	41	143
13	133	216	1402	132	211	1360	131	215	1317	125	200	1128	66	52	197
14	154	269	1886	153	263	1829	151	268	1771	145	250	1517	77	65	265
15	177	331	2486	175	324	2410	174	330	2334	167	308	2000	88	80	349
16	201	402	3213	199	393	3115	198	401	3017	189	374	2585	101	98	452
17	227	482	4101	225	472	3976	223	480	3850	214	448	3299	113	117	576
18	254	573	5154	252	560	4997	250	570	4839	240	521	4147	127	139	724
19	283	674	6399	281	658	6203	279	670	6008	267	614	5148	142	164	899
20	314	786	7856	312	768	7616	309	782	7376	296	730	6320	157	191	1104
21	346	909	9549	344	889	9257	341	906	8966	326	845	7682	173	221	1342
22	380	1046	11502	377	1022	11151	374	1041	10799	358	971	9253	190	254	1616
23	415	1195	13740	412	1168	13320	409	1190	12901	392	1110	11054	208	290	1931
24	452	1358	16290	449	1327	15793	445	1352	15295	426	1261	13105	226	330	2290

续上表

圆木直径	断面形状 圆木			一面砍削 d/3 宽的 圆木			两面砍削 d/3 宽的 圆木			两面砍削 d/2 宽的 圆木			半圆木		
	断面面积 (cm²)	断面系数 (cm³)	惯性矩 (cm⁴)	断面面积 (cm²)	断面系数 (cm³)	惯性矩 (cm⁴)	断面面积 (cm²)	断面系数 (cm³)	惯性矩 (cm⁴)	断面面积 (cm²)	断面系数 (cm³)	惯性矩 (cm⁴)	断面面积 (cm²)	断面系数 (cm³)	惯性矩 (cm⁴)
25	491	1534	19180	487	1500	18594	483	1528	18008	463	1425	15430	245	373	2695
26	531	1726	22438	527	1687	21752	522	1719	21067	500	1603	18051	265	419	3153
27	572	1933	26094	568	1890	25297	563	1925	24499	540	1795	20992	286	469	3667
28	615	2156	30180	611	2107	29258	606	2147	28336	580	2002	24279	308	523	4241
29	660	2395	34727	655	2341	33667	650	2385	32606	622	2224	27938	330	581	4880
30	707	2651	39771	701	2592	38556	695	2641	37341	666	2462	31995	353	644	5589
31	754	2925	45345	749	2860	43960	742	2914	42574	711	2717	36479	377	710	6372
32	804	3218	51485	798	3146	49912	791	3205	48339	758	2988	41419	402	781	7235
33	855	3529	58229	848	3450	56450	841	3515	54671	806	3277	46844	428	857	8183
34	907	3860	65614	901	3773	63610	893	3844	61605	856	3585	52785	454	937	9221
35	962	4210	73681	954	4116	71430	946	4193	69179	907	3910	59275	481	1022	10354
36	1017	4582	82469	1010	4479	79950	1001	4563	77430	959	4255	66345	509	1112	11570
计算公式	$h = d$ $F = 0.785d^2$	$W = 0.0982d^3$ $I = 0.0491d^4$		$h = 0.971d$ $F = 0.779d^2$	$W = 0.096d^3$ $I = 0.0476d^4$		$h = 0.9426d$ $W = 0.0978d^3$	$F = 0.7726d^2$ $I = 0.0461d^4$		$h = 0.866d$ $W = 0.0912d^3$	$F = 0.7401d^2$ $I = 0.0395d^4$		$h = 0.5d$ $W = 0.038d^3$	$F = 0.03927d^2$ $I = 0.0069d^4$	

附表 A-4

方木的断面积、断面系数和惯性矩

宽度 (cm)	高度 (cm) 断面诸元																								
	15			16			17			18			19			20			21			22			
	断面面积 (cm²)	断面系数 (cm³)	惯性矩 (cm⁴)	断面面积 (cm²)	断面系数 (cm³)	惯性矩 (cm⁴)	断面面积 (cm²)	断面系数 (cm³)	惯性矩 (cm⁴)	断面面积 (cm²)	断面系数 (cm³)	惯性矩 (cm⁴)	断面面积 (cm²)	断面系数 (cm³)	惯性矩 (cm⁴)	断面面积 (cm²)	断面系数 (cm³)	惯性矩 (cm⁴)	断面面积 (cm²)	断面系数 (cm³)	惯性矩 (cm⁴)	断面面积 (cm²)	断面系数 (cm³)	惯性矩 (cm⁴)
11	165	412	3094	176	469	3759	187	529	4510	198	594	5346	209	662	6298	220	733	7337	231	808	8490	242	887	9768
12	180	450	3374	192	512	4099	204	577	4912	216	648	5826	228	722	6861	240	800	8000	252	882	9260	264	968	10650
13	195	487	3653	208	554	4449	221	626	5320	234	702	6319	247	782	7445	260	866	8667	273	955	10020	286	1048	11544
14	210	525	3935	224	597	4781	238	674	5725	252	756	6800	266	842	8001	280	933	9333	294	1029	10810	308	1129	12432
15	225	562	4230	240	640	5120	255	722	6145	270	810	7281	285	902	8578	300	1000	10000	315	1102	11590	330	1210	13310
16	240	600	—	256	682	5452	272	770	6549	288	864	7775	304	963	9155	320	1066	10667	336	1176	12330	352	1290	14200
17	255	637	—	272	725	—	289	818	6951	306	918	8260	323	1023	9720	340	1133	11333	357	1249	13120	374	1371	15100
18	270	675	—	288	768	—	306	866	—	324	972	8746	342	1083	10290	360	1200	12000	378	1324	13900	396	1452	15990
19	285	712	—	304	810	—	323	914	—	342	1026	—	361	1143	10880	380	1266	12667	399	1396	14680	418	1532	16850
20	300	750	—	320	853	—	340	963	—	360	1080	—	380	1203	—	400	1333	13333	420	1470	15450	440	1613	17750
21	315	787	—	336	896	—	357	1011	—	378	1134	—	399	1263	—	420	1400	—	441	1543	16200	462	1694	18620
22	—	—	—	—	—	—	374	1059	—	396	1188	—	418	1324	—	440	1466	—	462	1617	—	484	1774	19521
23	—	—	—	—	—	—	391	1107	—	414	1242	—	437	1384	—	460	1533	—	483	1690	—	506	1855	—
24	—	—	—	—	—	—	—	—	—	432	1296	—	456	1444	—	480	1600	—	504	1764	—	528	1936	—
25	—	—	—	—	—	—	—	—	—	450	1350	—	475	1504	—	500	1666	—	525	1837	—	550	2016	—
26	—	—	—	—	—	—	—	—	—	—	—	—	494	1564	—	520	1733	—	546	1911	—	572	2097	—
27	—	—	—	—	—	—	—	—	—	—	—	—	513	1624	—	540	1800	—	567	1984	—	594	2179	—
28	—	—	—	—	—	—	—	—	—	—	—	—	—	—	—	560	1866	—	588	2058	—	616	2258	—

附录

附表 A-5

方木的断面面积、断面系数和惯性矩

宽度 (cm)	高度 (cm)																							
	23			24			25			26			27			28			29			30		
	断面面积 (cm²)	断面系数 (cm³)	惯性矩 (cm⁴)	断面面积 (cm²)	断面系数 (cm³)	惯性矩 (cm⁴)	断面面积 (cm²)	断面系数 (cm³)	惯性矩 (cm⁴)	断面面积 (cm²)	断面系数 (cm³)	惯性矩 (cm⁴)	断面面积 (cm²)	断面系数 (cm³)	惯性矩 (cm⁴)	断面面积 (cm²)	断面系数 (cm³)	惯性矩 (cm⁴)	断面面积 (cm²)	断面系数 (cm³)	惯性矩 (cm⁴)	断面面积 (cm²)	断面系数 (cm³)	惯性矩 (cm⁴)
11	253	970	11150	264	1056	12672	275	1146	14323	286	1239	16111	297	1336	18152	308	1437	20123	319	1542	22356	330	1650	24750
12	276	1058	12167	288	1152	13824	300	1250	15625	312	1352	17576	324	1458	19683	336	1568	21952	348	1682	24389	360	1800	27000
13	299	1146	13180	312	1248	14976	325	1354	16927	338	1464	19041	351	1580	21323	364	1699	23781	377	1822	26421	390	1950	29250
14	322	1234	14200	336	1344	16130	350	1458	18229	364	1577	20505	378	1701	22963	392	1829	25616	406	1962	28453	420	2100	31500
15	345	1322	15220	360	1440	17280	375	1562	19531	390	1690	21970	405	1822	24603	420	1960	27440	435	2102	30486	450	2250	33750
16	368	1411	16220	384	1536	18450	400	1666	20833	416	1802	23434	432	1944	26244	448	2090	29269	464	2243	32518	480	2400	36000
17	391	1499	17250	408	1632	19600	425	1771	22135	442	1915	24899	459	2065	27884	476	2221	31098	493	2383	34551	510	2550	38250
18	414	1587	18250	432	1728	20730	450	1875	23437	468	2028	26364	486	2187	29524	504	2352	32928	522	2523	36583	540	2700	40500
19	437	1675	19280	456	1824	21900	475	1979	24749	494	2140	27828	513	2308	31164	532	2482	34757	551	2663	38615	570	2850	42750
20	460	1763	20300	480	1920	23040	500	2083	26040	520	2253	29293	540	2430	32805	560	2613	36587	580	2803	40648	600	3000	45000
21	483	1851	21300	504	2016	24200	525	2187	27343	546	2366	30758	567	2551	34438	588	2744	38416	609	2943	42680	630	3150	47250
22	506	1940	22300	528	2112	25344	550	2291	28645	572	2478	32223	594	2673	36084	616	2874	40245	638	3084	44713	660	3300	49500
23	529	2028	23320	552	2208	26500	575	2396	29947	598	2591	33687	621	2794	37725	644	3005	42074	667	3224	46745	690	3450	51750
24	552	2116		576	2304	27648	600	2500	31250	624	2704	35153	648	2916	39366	672	3136	43904	696	3364	48778	720	3600	54000
25	575	2204		600	2400		625	2604	32552	650	2816	36617	675	3037	41006	700	3266	45733	725	3504	50810	750	3750	56250
26	598	2292		624	2496		650	2708		676	2929	38081	702	3159	42646	728	3397	47562	754	3644	52842	780	3900	58500
27	621	2380		648	2592		675	2812		702	3042		729	3280	44286	756	3528	49417	783	3784	54875	810	4050	60750
28	644	4269		672	2688		700	2916		728	3154		756	3402		784	3658	51221	812	3925	56907	840	4200	63000

木板的断面面积和断面系数 附表 A-6

厚度(cm)	宽度(cm)											
	15		16		17		18		19		20	
	断面诸元											
	断面面积(cm²)	断面系数(cm³)	断面面积(cm²)	断面系数(cm³)	断面面积(cm²)	断面系数(cm³)	断面面积(cm²)	断面系数(cm³)	断面面积(cm²)	断面系数(cm³)	断面面积(cm²)	断面系数(cm³)
2.5	37	15	40	17	42	18	45	19	47	20	50	21
3.0	45	22	48	24	51	25	54	27	57	28	60	30
3.5	52	30	56	33	60	35	63	37	66	39	70	41
4.0	60	40	64	43	68	45	72	48	76	51	80	53
4.5	67	50	72	54	77	57	81	61	85	64	90	67
5.0	75	62	80	67	85	71	90	75	95	79	100	83
5.5	82	75	88	81	93	86	99	91	104	96	110	101
6.0	90	90	96	96	102	102	108	108	114	114	120	120
6.5	98	106	104	113	111	120	117	127	124	134	130	141
7.0	105	122	112	131	119	139	126	147	133	155	140	163
8.0	120	160	128	170	136	181	144	192	152	202	160	213
8.5	127	180	136	193	145	204	153	217	161	229	170	241
9.0	135	202	144	216	153	229	162	243	171	256	180	270
9.5	143	226	152	241	162	236	171	271	181	286	190	301
10.0	150	250	160	266	170	283	180	300	190	316	200	333
11	165	302	176	323	187	343	198	363	209	383	220	406
12	180	360	192	384	204	408	216	432	228	456	240	480
13	195	422	208	451	221	479	234	507	247	535	260	563
14	210	490	224	523	238	555	252	588	266	621	280	653

厚度(cm)	宽度(cm)											
	21		22		23		24		25		26	
	断面诸元											
	断面面积(cm²)	断面系数(cm³)	断面面积(cm²)	断面系数(cm³)	断面面积(cm²)	断面系数(cm³)	断面面积(cm²)	断面系数(cm³)	断面面积(cm²)	断面系数(cm³)	断面面积(cm²)	断面系数(cm³)
2.5	52	22	55	23	57	24	60	25	62	26	65	27
3.0	63	31	66	33	69	34	72	36	75	37	78	39
3.5	73	43	77	45	80	47	84	49	87	51	91	53

续上表

厚度 (cm)	宽度(cm)											
	21		22		23		24		25		26	
	断面诸元											
	断面面积 (cm²)	断面系数 (cm³)	断面面积 (cm²)	断面系数 (cm³)	断面面积 (cm²)	断面系数 (cm³)	断面面积 (cm²)	断面系数 (cm³)	断面面积 (cm²)	断面系数 (cm³)	断面面积 (cm²)	断面系数 (cm³)
4.0	84	56	88	59	92	61	96	64	100	67	104	69
4.5	94	71	99	74	103	77	108	81	112	84	117	88
5.0	105	87	110	92	115	96	120	100	125	104	130	108
5.5	115	106	121	111	126	116	132	121	137	126	143	131
6.0	126	126	132	132	138	138	144	144	150	150	156	156
6.5	137	148	143	155	150	162	156	169	163	176	169	183
7.0	147	171	154	180	161	188	168	196	175	204	182	212
8.0	168	224	176	234	184	245	192	256	200	266	208	277
8.5	178	253	187	265	195	277	204	289	212	301	221	313
9.0	189	283	198	297	207	310	216	324	225	337	234	351
9.5	200	316	209	331	219	346	228	361	238	376	247	391
10.0	210	350	220	367	230	383	240	400	250	416	260	433
11	231	423	242	444	253	464	264	484	275	504	286	524
12	252	504	264	528	276	552	288	576	300	600	312	624
13	273	591	286	620	299	648	312	676	325	704	338	732
14	294	686	308	719	322	751	336	784	350	817	364	849

厚度 (cm)	宽度(cm)							
	27		28		29		30	
	断面诸元							
	断面面积 (cm²)	断面系数 (cm³)	断面面积 (cm²)	断面系数 (cm³)	断面面积 (cm²)	断面系数 (cm³)	断面面积 (cm²)	断面系数 (cm³)
10	270	450	280	467	290	483	300	500
11	297	544	308	565	319	585	330	605
12	324	648	336	672	348	696	360	720
13	351	760	364	789	377	817	390	845
14	378	882	392	915	406	947	420	980

圆 木 的 体 积 附表 A-7

长度(m)	小头直径(cm)															
	10	12	14	16	18	20	22	24	26	28	30	32	34	36	38	40
	体积(m³)															
2.0	0.02	0.03	0.03	0.04	0.06	0.07	0.08	0.10	0.12	0.14	0.17	0.19	0.21	0.24	0.26	0.29
2.5	—	—	0.06	0.07	0.09	0.11	0.13	0.15	0.18	0.21	0.23	0.26	0.30	0.33	0.36	
2.7	—	—	—	0.08	0.10	0.12	0.14	0.17	0.19	0.22	0.25	0.29	0.32	0.36	0.39	
3.0	0.03	0.04	0.06	0.07	0.09	0.11	0.13	0.16	0.19	0.22	0.25	0.28	0.32	0.36	0.40	0.43
3.5	—	—	—	0.08	0.10	0.13	0.15	0.18	0.22	0.25	0.29	0.33	0.37	0.42	0.46	0.51
4.0	0.04	0.05	0.08	0.10	0.12	0.15	0.18	0.21	0.25	0.29	0.34	0.38	0.43	0.48	0.53	0.59
4.5	—	—	—	0.11	0.14	0.17	0.20	0.24	0.28	0.33	0.38	0.43	0.49	0.54	0.60	0.66
5.0	0.05	0.07	0.10	0.12	0.16	0.19	0.23	0.27	0.32	0.37	0.43	0.48	0.54	0.61	0.67	0.74
5.5	—	—	0.14	0.18	0.22	0.26	0.30	0.36	0.41	0.47	0.54	0.60	0.67	0.75	0.82	
6.0	0.07	0.10	0.13	0.16	0.19	0.24	0.28	0.33	0.39	0.45	0.52	0.60	0.66	0.74	0.82	0.91
6.5	—	—	—	0.17	0.21	0.26	0.31	0.36	0.43	0.49	0.57	0.65	0.72	0.81	0.90	0.99
7.0	0.08	0.11	0.15	0.19	0.23	0.29	0.34	0.40	0.47	0.54	0.62	0.70	0.79	0.88	0.98	1.08
7.5	—	—	—	0.21	0.26	0.31	0.37	0.43	0.51	0.58	0.67	0.76	0.85	0.96	1.06	1.16
8.0	0.10	0.14	0.19	0.23	0.28	0.34	0.40	0.47	0.55	0.63	0.72	0.82	0.92	1.03	1.14	1.26
8.5	—	—	—	0.25	0.30	0.36	0.43	0.51	0.59	0.68	0.78	0.88	0.99	1.11	1.22	1.35
9.0	0.12	0.17	0.22	0.27	0.33	0.39	0.47	0.55	0.63	0.73	0.83	0.94	1.06	1.19	1.31	1.45

注：表内所列的数值已考虑到圆木的直径变化率（变化率为1:100）。

附录 B　渡河桥梁用各种型钢的相关参数

热轧普通槽钢诸元　　附表 B-1

型号	断面尺寸(mm)			断面面积(cm^2)	理论质量(kg/m)	x-x 轴(垂直腹板)		y-y 轴(平行腹板)		长度(m)
	高度	翼缘宽度	腹板厚度			惯性矩(cm^4)	断面系数(cm^3)	惯性矩(cm^4)	断面系数(cm^3)	
5	50	37	4.5	6.93	5.44	26	10.4	8.3	3.55	5~9
6.3	63	40	4.8	8.444	6.63	50.786	16.123	11.872	4.50	
8	80	43	5	10.24	8.04	101.3	25.3	16.6	5.79	5~19
10	100	48	5.3	12.74	10	198.3	39.7	25.6	7.8	
12.6	126	53	5.5	15.69	12.37	391.466	62.137	37.99	10.242	
14a	140	58	6	18.51	14.53	563.7	80.5	53.2	13.01	
14b	140	60	8	21.31	16.73	609.4	87.1	61.1	14.12	6~19
16a	160	63	6.5	21.95	17.23	866.2	108.3	73.3	16.3	
16	160	65	8.5	25.15	19.74	934.5	116.8	83.4	17.55	

续上表

型号	断面尺寸(mm)			断面面积 (cm^2)	理论质量 (kg/m)	x-x轴(垂直腹板)		y-y轴(平行腹板)		长度 (m)
	高度	翼缘宽度	腹板厚度			惯性矩 (cm^4)	断面系数 (cm^3)	惯性矩 (cm^4)	断面系数 (cm^3)	
18a	180	68	7	25.69	20.17	1272.7	141.4	98.6	20.03	
18	180	70	9	29.29	22.99	1369.9	152.2	111	21.52	
20a	200	73	7	28.83	22.63	1780.4	178	128	24.2	
20b	200	75	9	32.83	25.77	1913.7	191.4	143.6	25.88	
22a	220	77	7	31.84	24.99	2393.9	219.6	157.8	28.17	
22	220	79	9	36.24	28.45	2571.4	233.8	176.4	30.05	
25a	250	78	7	34.91	27.47	3369.619	269.597	175.529	30.607	
25b	250	80	9	39.91	31.39	3530.035	282.402	196.421	32.657	6~19
28a	280	82	7.5	40.02	31.42	4764.587	340.328	217.989	35.718	
28b	280	84	9.5	45.62	35.81	5130.453	366.46	242.144	37.929	
32a	320	88	8	48.7	38.22	7598.064	474.879	304.787	46.473	
32b	320	90	10	55.1	43.25	8144.179	509.012	336.332	49.157	
36a	360	96	9	60.89	47.8	11874.2	659.7	455	63.54	
36b	360	98	11	68.09	53.45	12651.8	702.9	496.7	66.85	
40a	400	100	10.5	75.05	58.91	17577.9	878.9	592	78.83	
40b	400	102	12.5	83.05	65.19	18644.5	932.2	640	82.52	

槽钢组合连接横桁的断面系数　　　　　附表 B-2

槽钢型号	h 槽钢高度	b 槽钢翼缘宽	d 槽钢腹板厚	组合形式		
				单根	两根相扣焊接	单根与钢板焊接(钢板与腹板等厚)
	(cm)	(cm)	(cm)	$W(cm^3)$	$W(cm^3)$	$W(cm^3)$
5	5	3.7	0.45	3.55	25.18	9.04
6.3	6.3	4	0.48	4.50	35.36	12.88
8	8	4.3	0.5	5.79	46.95	17.92
10	10	4.8	0.53	7.80	67.78	26.29
12.6	12.6	5.3	0.55	10.24	95.81	37.68
14a	14	5.8	0.6	13.01	125.13	49.64
16a	16	6.3	0.65	16.30	164.38	66.12
18a	18	6.8	0.7	20.03	211.93	85.92
20a	20	7.3	0.7	24.20	256.07	103.31
22a	22	7.7	0.7	28.17	300.34	120.62

续上表

槽钢型号	h 槽钢高度 (cm)	b 槽钢翼缘宽 (cm)	d 槽钢腹板厚 (cm)	组合形式 单根 $W(cm^3)$	两根相扣焊接 $W(cm^3)$	单根与钢板焊接（钢板与腹板等厚）$W(cm^3)$
25a	25	7.8	0.7	30.61	339.42	138.06
28a	28	8.2	0.75	35.72	416.77	172.35
32a	32	8.8	0.8	46.47	545.20	225.46
36a	36	9.6	0.9	63.54	745.17	310.48
40a	40	10	1.05	78.83	964.96	411.21

热轧普通工字钢诸元　　　　　附表 B-3

型号	尺寸(mm) 高度	翼缘宽度	腹板厚度	断面面积 (cm^2)	理论质量 (kg/m)	x-x 轴(垂直腹板) 惯性矩 (cm^4)	断面系数 (cm^3)	y-y 轴(平行腹板) 惯性矩 (cm^4)	断面系数 (cm^3)	长度 (m)
10	100	68	4.5	14.3	11.2	245	49	33	9.72	
12.6	126	74	5	18.1	14.2	488.434	77.529	46.907	12.677	
14	140	80	5.5	21.5	16.9	712	102	64.4	16.1	5~19
16	160	88	6	26.1	20.5	1130	141	93.1	21.2	
18	180	94	6.5	30.6	24.1	1660	185	122	26	
20a	200	100	7	35.5	27.9	2370	237	158	31.5	
20b	200	102	9	39.5	31.1	2500	250	169	33.1	
22a	220	110	7.5	42	33	3400	309	225	40.9	
22b	220	112	9.5	46.4	36.4	3570	325	239	42.7	
25a	250	116	8	48.5	38.1	5023.54	401.883	280.046	48.283	
25b	250	118	10	53.5	42	5283.965	422.717	309.297	52.423	
28a	280	122	8.5	55.45	43.4	7114.14	508.153	345.051	56.565	
28b	280	124	10.5	61.05	47.9	7480.006	534.286	379.496	61.209	
32a	320	130	9.5	67.05	52.7	11075.525	692.202	459.929	70.758	6~19
32b	320	132	11.5	73.45	57.7	11621.378	726.333	501.534	75.989	
36a	360	136	10	76.3	59.9	15760	875	552	81.2	
36b	360	138	12	83.5	65.6	16530	919	582	84.3	
40a	400	142	10.5	86.1	67.6	21720	1090	660	93.2	
40b	400	144	12.5	94.1	73.8	22780	1140	692	96.2	
45a	450	150	11.5	102	80.4	32240	1430	855	114	
45b	450	152	13.5	111	87.4	33760	1500	894	118	

续上表

型号	尺寸(mm)			断面面积 (cm²)	理论质量 (kg/m)	x-x 轴(垂直腹板)		y-y 轴(平行腹板)		长度 (m)
	高度	翼缘宽度	腹板厚度			惯性矩 (cm⁴)	断面系数 (cm³)	惯性矩 (cm⁴)	断面系数 (cm³)	
50a	500	158	12	119	93.6	46470	1860	1120	142	
56a	560	166	12.5	135.25	106.2	65585.566	2342.31	1370.163	165.079	
56b	560	168	14.4	146.45	115	68512.499	2446.69	1486.75	174.247	6~19
63a	630	176	13	154.9	121.6	93916.18	2981.47	1700.549	193.244	
63b	630	178	15	167.5	131.5	98083.63	3163.98	1812.069	203.603	

注:常用材料为三号钢。

普通低合金钢热轧轻型槽钢诸元　　　　　　　　　　　附表 B-4

型号	断面尺寸(mm)			断面面积 (cm²)	理论质量 (kg/m)	x-x 轴(垂直腹板)		y-y 轴(平行腹板)	
	高度	翼缘宽度	腹板厚度			惯性矩 (cm⁴)	断面系数 (cm³)	惯性矩 (cm⁴)	断面系数 (cm³)
10Q	100	45	4	9.63	7.56	155	31	17.65	5.66
12Q	120	55	4.2	12.52	9.83	297	49.4	34.26	8.95
14Q	140	60	4.4	14.68	11.52	472	67.4	47.41	11.18
16Q	160	65	4.6	16.97	13.32	710	88.7	63.51	13.66
18Q	180	70	4.8	19.54	15.34	1030	114.4	83.97	16.66
20Q	200	75	5	22.86	17.94	1500	149.9	113.9	21.13
22Q	220	80	5.4	26.64	20.91	2102	191.1	149.85	25.97
25Q	250	85	5.8	31.48	24.71	3176	254.1	198.97	32.2
28Q	280	90	6	35.32	27.73	4434	316.7	247.63	37.41
32Q	320	95	6.2	40.12	31.49	6504	406.5	306.45	43.34

注:常用材料为16锰和16锰铜。

普通低合金钢热轧轻型工字钢诸元　　　　　　　　　　　附表 B-5

型号	断面尺寸(mm)			断面面积 (cm²)	理论质量 (kg/m)	x-x 轴(垂直腹板)		y-y 轴(平行腹板)	
	高度	翼缘宽度	腹板厚度			惯性矩 (cm⁴)	断面系数 (cm³)	惯性矩 (cm⁴)	断面系数 (cm³)
10Q	100	55	4.2	11.4	8.95	189	37.8	16.7	6.08
12Q	120	65	4.4	14.2	11.15	344	57.4	28.3	8.72
14Q	140	75	4.4	17.2	13.5	573	81.9	44.7	11.92
16Q	160	80	4.8	19.6	15.39	852	106.5	56	14
18Q	180	85	5	22.2	17.43	1209	134.3	69.6	16.37
20Q	200	90	5.2	25.8	20.25	1741	174.1	91.6	20.35
22Q	220	100	5.5	30.4	23.86	2498	227.1	133	26.58
25Q	250	110	6	36.8	28.89	3896	311.6	192	34.89
28Q	280	120	6.5	43.9	34.46	5803	414.5	269	44.77
32Q	320	130	7	52.7	41.37	9064	566.5	373	57.33

注:常用材料为16锰和16锰铜。

国 产 钢 轨 诸 元   附表 B-6

钢轨类型(kg/m)	高度(mm)	轨底宽度(mm)	轨顶宽度(mm)	轨腰厚度(mm)	自轨底至断面重心的距离(mm)	断面系数 W_x(cm³)	惯性矩 I_x(cm⁴)	磨损3mm 断面系数(cm³)	磨损3mm 惯性矩(cm⁴)	磨损6mm 断面系数(cm³)	磨损6mm 惯性矩(cm⁴)	磨损9mm 断面系数(cm³)	磨损9mm 惯性矩(cm⁴)
重轨 50	152	132	70	15.5	7.10	251.3	2037	242	1946	230	1827	264	1702
重轨 48	140	114	70	14.5	6.90	208.3	1489	207	1426	193	1334	182	1245
重轨 38	134	114	68	13.0	6.67	178.9	1204.4	171	1136	161	1050	148	972
重轨 33	120	110	60	12.5	5.76	131.8	821.9						
轻轨 24	107	92	51	10.9	5.305	90.12	486						
轻轨 18	90	80	40	10.0	4.29	51.0	240						

注：国产钢轨 38kg、43kg 和 50kg 的标准长度为 12.5m（1、2 级品）和 25.0m（3 级品），也生产其他长度的钢轨。

附录 C 各类绳索和铁钉材料参数

D 型钢丝绳诸元   附表 C-1

GB355-64 6×19			GB359-64 6×37			GB362-64 7×19			GB363-64 7×37			GB358-64 8×19			GB360-64 8×37		
直径(mm)	每延米的质量(kg)	最小破坏拉力(N)	直径(mm)	每延米的质量(kg)	最小破坏拉力(N)	直径(mm)	每延米的质量(kg)	最小破坏拉力(N)	直径(mm)	每延米的质量(kg)	最小破坏拉力(N)	直径(mm)	每延米的质量(kg)	最小破坏拉力(N)	直径(mm)	每延米的质量(kg)	最小破坏拉力(N)
7.7	0.21	28500	6.7	0.16	20600	7.5	0.23	33200	6.51	0.17	24000	11.5	0.42	54700	10.5	0.37	45700
9.3	0.31	41000	7.4	0.19	24700	8.25	0.28	40200	7.14	0.21	28900	12.5	0.49	64200	13.0	0.57	71400
11.0	0.42	55900	8.0	0.23	29300	9.0	0.33	47900	7.77	0.25	34200	13.5	0.57	74500	16.0	0.83	102500
12.5	0.53	73000	8.7	0.26	34200	9.75	0.39	56200	8.40	0.29	40000	15.0	0.75	97300	18.5	1.13	140000
14.0	0.69	92400	11.0	0.41	53500	10.5	0.45	65200	10.5	0.45	62500	17.0	0.95	123000	21.0	1.47	182500
15.5	0.85	114000	13.0	0.59	77100	12.0	0.59	85100	13.0	0.64	90000	19.0	1.17	152000	23.5	1.86	231000
17.0	1.03	138000	15.5	0.80	105000	13.5	0.75	107500	15.0	0.88	122500	20.5	1.42	184000	26.5	2.31	285500
18.5	1.22	164000	17.5	1.05	137000	15.0	0.93	133000	17.0	1.14	160000	22.5	1.68	219000	29.0	2.79	345500
20.0	1.43	192500	19.5	1.33	173500	16.5	1.12	161000	19.0	1.44	202500	24.5	1.98	257000	31.5	3.32	411500
22.0	1.66	223500	22.0	1.65	214000	18.0	1.33	191500	21.0	1.97	250000	26.0	2.29	298000	34.0	3.90	483000
23.5	1.90	256500	24.0	1.99	259000	19.5	1.56	224500	23.5	2.17	302500	28.0	2.62	342000	36.5	4.52	560000
25.0	2.17	292000	26.0	2.38	308500	21.0	1.81	260500	25.5	2.58	360000	30.0	3.03	389000	39.5	5.16	643000
26.5	2.45	329500	28.5	2.77	362000	22.5	2.07	299500	27.5	3.03	422500	32.0	3.38	439500	42.0	5.89	731500
28.0	2.74	369500	30.5	3.22	420000	24.0	2.37	340500	29.5	3.51	490000	33.5	3.78	492500			

续上表

GB355-64 6×19			GB359-64 6×37			GB362-64 7×19			GB363-64 7×37			GB358-64 8×19			GB360-64 8×37		
直径(mm)	每延米的质量(kg)	最小破坏拉力(N)	直径(mm)	每延米的质量(kg)	最小破坏拉力(N)	直径(mm)	每延米的质量(kg)	最小破坏拉力(N)	直径(mm)	每延米的质量(kg)	最小破坏拉力(N)	直径(mm)	每延米的质量(kg)	最小破坏拉力(N)	直径(mm)	每延米的质量(kg)	最小破坏拉力(N)
31.0	3.39	456000	32.5	3.68	482000	25.5	2.68	384500	31.5	4.01	562500	37.5	4.68	608500			
34.0	4.11	552000	35.0	4.21	548500	27.0	2.99	431000	34.0	4.58	640000	41.0	5.66	736000			
37.0	4.88	657000	37.0	4.75	619000	30.0	3.70	532000	36.0	5.17	722500						
40.5	5.74	771000	39.0	5.31	694000	33.0	4.48	644000	38.0	5.79	810000						
43.5	6.64	894500	43.5	6.57	857000	36.0	5.33	766500	42.0	7.15	1000000						
46.5	7.64	1025000	47.5	7.94	1035000	39.0	6.26	899500	46.5	8.69	1210000						
			52.0	9.45	1230000	42.0	7.25	1040000	50.5	10.29	1440000						
			56.5	11.10	1445000	45.0	8.33	1195000	55.0	12.09	1690000						
			60.5	12.85	1680000	48.0	9.47	1360000	59.0	14.00	1960000						
			65.0	14.77	1925000				63.0	16.04	2250000						

注：钢丝公称抗拉强度为 150kg/mm² 。

螺 杆 诸 元　　　　　　　附表 C-2

螺杆草图	直径(mm)		断面面积(螺纹底)(mm²)	容许拉力(kN)	容许剪力(kN)	方形垫板尺寸(cm×cm×cm)
	外径	螺纹底				
	10	8.376	52.3	8.0	6.0	4×4×0.35
	12	10.106	76.3	11.7	8.8	4.5×4.5×0.4
	14	11.835	104.7	16.1	12.1	5.5×5.5×0.5
	16	13.835	144.1	22.1	16.6	6.5×6.5×0.6
	18	15.294	174.4	26.8	20.1	7×7×0.6
	20	17.294	225.2	34.6	25.9	8×8×0.7
	22	19.294	281.5	43.2	32.4	9×9×0.8
	24	20.752	324.3	49.8	37.4	9.5×9.5×0.9
	27	23.752	427.1	65.6	49.2	11×11×0.9
	30	26.211	518.9	79.7	59.8	12×12×1.1
	33	29.211	633.0	97.2	72.9	13.5×13.5×1.2
	36	31.670	759.5	116.7	87.5	14.5×14.5×1.3
	39	34.670	912.9	140.2	105.2	16×16×1.5
	42	37.129	1045.2	160.5	120.4	17×17×1.5
	45	40.129	1224.0	188.0	141.0	18.5×18.5×1.7

倒刺钉的尺寸和质量　　　　　　　　　　　　　　　　　　　　　附表 C-3

直径 （mm）	长度（mm）					
	150	200	250	300	350	400
	质量（kg）					
12	0.151	0.196	0.240	0.286	0.330	0.375
14	0.210	0.270	0.330	0.390	0.450	0.510
16	0.279	0.359	0.439	0.519	0.599	0.679
18	0.360	0.460	0.560	0.660	0.760	0.860
19	0.400	0.510	0.622	0.733	0.845	0.956

两爪钉的尺寸和质量　　　　　　　　　　　　　　　　　　　　　附表 C-4

直径 （mm）	钉爪长度 （mm）	长度（mm）						
		200	250	300	350	400	450	500
		质量（kg）						
12	80	0.310	0.355	0.400	0.445	—	—	—
14	100	0.467	0.527	0.587	0.647	0.707	—	—
16	100	0.606	0.686	0.766	0.846	0.926	1.006	1.086
18	120	—	0.943	1.043	1.143	1.343	1.243	1.443

麻绳的诸元　　　　　　　　　　　　　　　　　　　　　　　　　附表 C-5

直径 （cm）	周长 （cm）	未涂焦油的麻绳		涂焦油的麻绳	
		100 延米的质量 （kg）	拉断力 （kN）	100 延米的质量 （kg）	拉断力 （kN）
1.11	3.5	8.75	6100	10.3	5750
1.27	4.0	11.7	7750	13.8	7350
1.43	4.5	14.6	9450	17.2	8950
1.59	5.0	17.4	11200	20.5	10650
1.91	6.0	24.8	15700	29.3	14900
2.07	6.5	29.3	17550	34.6	16650
2.39	7.5	39.5	23930	46.6	22260
2.87	9.0	57.2	34330	67.5	32230
3.18	10.0	70.0	40130	82.6	37670
3.66	11.5	92.0	51150	108.6	48510
3.98	12.5	110.0	58250	130.0	55250
4.78	15.0	156.0	83900	184.1	79600
5.57	17.5	216.0	107400	255.0	101850
6.37	20.0	280.0	138050	330.4	130900
7.96	23.0	440.0	201800	519.2	191400

国产镀锌铁丝诸元

附表 C-6

号 次	直径 (mm)	断面面积 (mm²)	1000m 长的质量 (kg)	最小拉断力 (N)
4	6.0	28.27	220.5	9895
5	5.5	23.76	185.3	8316
6	5.0	19.64	153.2	6874
7	4.5	15.90	124.0	5565
8	4.0	12.57	98.05	4400
9	3.5	9.62	75.04	3367
10	3.2	8.02	62.73	2815
11	2.9	6.61	51.52	2312
12	2.6	5.31	41.41	1858
13	2.3	4.16	32.41	1458
14	2.0	3.12	24.51	1100
15	1.8	2.55	19.85	891
16	1.6	2.01	15.69	704

聚乙烯塑料绳诸元

附表 C-7

直径 (mm)	破坏拉力 (N)	标距长 (cm)	标距断长 (cm)	总伸长 (cm)	延伸率 (%)
12	9120	10	20.3	10.3	130
14	13100	10	23	13	130
16	16300	10	23	13	130
20	25300	10	23	13	130
24	33700	6	14	8	133
32	58300	10			
36	63400				130
40	68800				130

注:适用温度在 -20~50℃。

参 考 文 献

[1] 中国人民解放军总参谋部兵种部.军用桥梁教范[M].北京:解放军出版社,1998.
[2] 易光湘,樊自建.渡河教范[M].北京:解放军出版社,2015.
[3] 国家军用标准.军用桥梁设计准则:GJB 1162—1991[S].北京:国防科工委军标出版社,1992.
[4] 国家军用标准.军用桥梁设计荷载:GJB 435—1988[S].北京:国防科工委军标出版社,1988.
[5] 王建平,程建生.舟桥设计理论[M].北京:国防工业出版社,2012.
[6] 王建平,黄亚新,程建生.浮桥工程[M].北京:人民交通出版社,2012.
[7] 程建生,王建平.舟艇原理与强度[M].北京:人民交通出版社股份有限公司,2015.
[8] 王建平,程建生,黄新磊.渡河工程[M].北京:人民交通出版社股份有限公司,2018.
[9] 胡业平.军用桥梁结构与架设指挥[M].北京:解放军出版社,2008.
[10] 胡业平.军用桥梁设计理论与方法[M].北京:解放军出版社,2008.
[11] 江克斌,金广谦,赵启林.军用桥梁结构设计原理[M].北京:国防工业出版社,2008.
[12] 中华人民共和国行业标准.公路桥涵设计通用规范:JTG D60—2015[S].北京:人民交通出版社股份有限公司,2015.
[13] 陈绍藩.钢结构设计原理[M].北京:科学出版社,2005.
[14] 黄旺福,黄金刚.铝及铝合金焊接指南[M].长沙:湖南科学技术出版社,2004.
[15] 中华人民共和国行业标准.铝合金结构设计规范:GB 5029—2007[S].北京:中国计划出版社,2008.
[16] 潘景龙,祝恩淳.木结构设计原理[M].北京:中国建筑工业出版社,2009.
[17] 夏冬桃.组合结构设计原理[M].武汉:武汉大学出版社,2009.
[18] 蒋志刚,严波,宋殿义.桥梁结构设计原理[M].长沙:国防科技大学出版社,2008.